北京大學《儒藏》編纂與研究中心 編

《儒藏》精華編選刊

豫章先賢九家年譜

〔清〕楊希閔 編
王瑞來 校點

北京大學出版社
PEKING UNIVERSITY PRESS

圖書在版編目(CIP)數據

豫章先賢九家年譜 /（清）楊希閔編；北京大學《儒藏》編纂與研究中心編. --北京：北京大學出版社，2024. 8. --（《儒藏》精華編選刊）. --ISBN 978-7-301-35273-1

Ⅰ. K820.856

中國國家版本館CIP數據核字第2024XX0569號

書　　名	豫章先賢九家年譜 YUZHANG XIANXIAN JIUJIA NIANPU
著作責任者	〔清〕楊希閔 編 王瑞來 校點 北京大學《儒藏》編纂與研究中心 編
策劃統籌	馬辛民
責任編輯	沈瑩瑩
標準書號	ISBN 978-7-301-35273-1
出版發行	北京大學出版社
地　　址	北京市海淀區成府路205號　100871
網　　址	http://www.pup.cn　新浪微博：@北京大學出版社
電子郵箱	編輯部 dj@pup.cn　總編室 zpup@pup.cn
電　　話	郵購部 010-62752015　發行部 010-62750672 編輯部 010-62756449
印 刷 者	三河市北燕印裝有限公司
經 銷 者	新華書店
	650毫米×980毫米　16開本　35.5印張　396千字 2024年8月第1版　2024年8月第1次印刷
定　　價	142.00元

目録

校點説明……一
漢晉二徵士年譜序……一
徐徵士年譜一卷
徐徵君年譜引用書目……二
漢徐徵士年譜……四
陶徵士年譜一卷
陶徵士年譜引用書目……一七
晉陶徵士年譜……一九
歐陽文忠公年譜一卷
歐陽文忠公年譜自序……三七
歐陽文忠公年譜引用書目……三九
歐陽文忠公年譜……四二
曾文定公年譜一卷
曾文定公年譜序……九二
曾文定公年譜引用書目……九四
曾文定公年譜……九六
朱子年譜序……一二四
年譜後序……一二五
附曾文肅曾文昭二公事略……一二六
王文公年譜考略節要四卷附存二卷
王文公年譜考略原序……一三八
王文公年譜考略節要序……一四一
王文公年譜考略節要卷一……一四三
王文公年譜考略節要卷二……一七八

王文公年譜考略節要卷三 …… 二〇八
王荆公年譜考略增 …… 二四二
王文公年譜考略節要卷四 …… 二五五
宋史本傳 …… 二五五
宋黄山谷書王荆公騎驢圖 …… 二六六
宋陸放翁入蜀記 …… 二六七
宋陸象山荆國王文公祠堂記 …… 二六八
元吴草廬臨川王文公集序 …… 二七三
明章汝明王文公集序 …… 二七五
明陳伯容甘露園長書四論 …… 二八四
明楊用修丹鉛録四條 …… 二九四
國朝沈歸愚别裁集選李石臺《荆公故宅》七律 …… 三〇四
蔡氏作五倫考五篇 …… 三〇六
蔡氏於卷末又作實録考 …… 三一一
王文公年譜考略節要附存卷一 …… 三一四
年譜推論一卷 …… 三一四
王文公年譜考略節要附存卷二 …… 三六〇
熙豐知遇録一卷 …… 三六〇
黄文節公年譜一卷
黄文節公年譜序 …… 三九九
黄文節公年譜引用書目 …… 四〇〇
黄文節公年譜 …… 四〇二
陸文安公年譜二卷
陸文安公年譜序 …… 四三九
陸文安公年譜引用書目 …… 四四二
陸文安公年譜卷一 …… 四四四
陸文安公年譜卷二 …… 四八五
附陸文安五兄事略 …… 四八五

吴聘君年譜一卷
吴聘君年譜序……五〇四
吴聘君年譜引用書目……五〇五
吴聘君年譜……五〇七
胡文敬公年譜一卷
胡文敬公年譜序……五三〇
胡文敬公年譜引用書目……五三一
胡文敬公年譜……五三二

校點説明

古人云，年譜爲一人之史。《豫章先賢九家年譜》則是九人之編年史。撰者楊希閔（一八〇六—一八八二），字鐵傭，號卧雲，江西新城縣（今黎川縣）人。清道光十七年（一八三七）拔貢，候選内閣中書。太平天國事起，在家鄉組辦團練抵抗。陷落後，舉家流落福建邵武、福州，爲福建學政吴南池及布政使周開錫先後延聘。同治九年（一八七〇）赴臺灣，主講臺南海東書院十一年。楊希閔崇奉宋儒樸實篤行之説，年輕時與龔自珍、梅曾亮等切磋學問。沿襲南宋以來崇尚鄉賢之傳統，專注江西文化。著述甚豐，撰有《鄉詩摭譚》《江西詩軌》《江西詩話》等。且長於詩詞，撰有《遐憩山房詩》《痛飲詞》《過存草》《覆音瓦草》《詩権》《絶句詩選》等。此外，尚有《傷寒論百十三方解略》《金匱百七十五方解略》《盱客醫譚》《水經註彙校》《四書改錯平》《讀書舉要》《客中隨記》等。寓居福州時刊行有《榕陰日課》。在臺灣期間，則著力於編撰歷史人物年譜，爲諸葛亮、李泌、陸贄、韓琦、李綱、王守仁撰有《四朝先賢六家年譜》，還爲江西先賢撰有這部《豫章先賢九家年譜》。

《豫章先賢九家年譜》包括《徐徵士年譜》一卷、《陶徵士年譜》一卷、《歐陽文忠公年譜》

一卷、《曾文定公年譜》一卷、《王文公年譜考略節要》四卷及《附存》二卷、《黄文節公年譜》一卷、《陸文安公年譜》二卷、《吴聘君年譜》一卷、《胡文敬公年譜》一卷，凡十五卷，譜主徐穉、陶淵明、歐陽脩、曾鞏、王安石、黄庭堅、陸九淵、吴與弼、胡居仁由漢迄明，均爲江西聞人，故名「豫章先賢」。九家之中，宋人居五，尤以王安石爲詳，文字分量約佔九家之半。九家年譜之撰，據總序所示，「徐、吴、胡無譜而作之，陶有譜而述之」，「歐、曾舊有譜而未見則作之，王、黄、陸舊有譜而有所增删」。即凡舊有年譜，可以寓目利用者，則加以增删辨誤，原本没有或未能寓目者，則自行編撰。編撰依據之資料，大多爲經見之史籍與文集，以及方志文獻。稀見文獻亦間有之，因此具有一定史料價值。本次校勘，以二十世紀九十年代以來編纂出版之《全宋文》核對本書之宋人年譜引文，失收者有之，彼殘而此全者有之，惜乎當年編纂《全宋文》時未能善加利用本書。

史料價值之外，編撰者楊希閔隨文所附識以「閔案」，尤具研究價值，案語包括史實辨誤以及編者議論，史才史識，不乏灼見。二十世紀五十年代出版清人蔡上翔之《王荆公年譜考略》，便將楊希閔案語抽出，編入各年譜文之下。由此可見學界對其史識之看重。清人評價楊希閔「考訂精詳，論事平允，非淺學者所能及」，洵非過譽。原無而新編之年譜，開闢草萊，其價值自不待言。舊有而改訂，或未見而自編者，亦價值不菲，可並行而互參。其間訂誤補苴發覆，尤爲可貴。

《豫章先賢九家年譜》始撰於光緒元年（一八七五），成書於光緒三年，雕版刊刻於光緒四年，成書頗速，一緣擁有資料基礎，一緣持有鄉梓情懷。本書成於晚清，别無版本可校。整理之際，主要依據譜文引述之史籍別集等文獻，按圖索驥，檢核原書。編者出於減省篇幅，引文多爲節略，檢核殊費功夫。且此書校勘不精，多有訛誤。核以原典，無論編者之誤，抑或校勘之訛，一經發現，均出異文校，以識異證誤。參校各書，若無版本説明，則爲景印文淵閣《四庫全書》本，校記中不再標注。與原典雖有異同，然文義不變者，概不出校。由於學力不逮，或無心之失，點校之誤勢必不少，切望博雅有以教之。

校點者　王瑞來

漢晉二徵士年譜序

僕嘗顔所居室曰「思穉懷潛」，而自爲之記。以爲人當衰耄輒思穉年，洊歷艱虞便懷潛遯，用顔所居爲「思穉懷潛」之室。而此二字，適與鄉先哲徐孺子、陶元亮之名相會。見者曰，是殆有所仰企乎？僕亦笑而不辨也。老友唐音伯壎工漢隸，屬爲書額，因述其事。音伯曰：「過書舉燭，昔有典故。影響附會，正是佳事。何不將漢晉二徵士各作一年譜，置案頭以實之？在君不過攷古，人視之，適似有意，而其樂乃汪洋汗漫，莫究詰矣。」僕欣然從之。陶公故有年譜，且不一家，今皆不在篋，無從覈異同。向作《鄉詩摭譚》，亦曾爲一譜附其中，大都攷證詩事，與今意趣又别，故不憚重疊爲之。徐君無集，事實少，《漢書》敘事多不繫年，略費鉤稽。或有舛迕，惟達者正定焉。光緒元年正月屬稿粗就，至三年四月始校定，寫存此本。江右新城楊希閔鐵傭書於臺陽海東書院。

徐徵君年譜引用書目

范蔚宗《後漢書》
謝承《後漢書》
袁宏《後漢紀》
《晋書》
皇甫謐《高士傳》
陶潛《聖賢群輔録》
《水經註》
《昭明文選》
劉義慶《世説》
《張曲江集》
《太平寰宇記》
《資治通鑑》
《曾南豐集》

《張揚園集》
《江西通志》
采自類書
《徐稺别傳》
《豫章古今記》
《續豫章記》
《漢雜事》
《海内先賢行狀》
《海内士品》

漢徐徵士年譜

江右新城楊希閔鐵傭編

漢和帝永元九年丁酉，徵士生

徵士徐氏，名穉，字孺子，豫章南昌人也。《後漢書》。孺子宅在州東北三里。孺子少有高節，追美梅福之風，❶乃於福宅東築室以居。《太平寰宇記》。孺子宅去城一里，一曰書臺。《豫章古今記》。

十年戊戌，二歲

十一年己亥，三歲

十二年庚子，四歲

十三年辛丑，五歲

十四年壬寅，六歲

---

❶「風」，《太平寰宇記》卷一〇六作「德」。

十五年癸卯，七歲
十六年甲辰，八歲
元興元年乙巳，九歲
年九歲，嘗月下戲。人語之曰：「若令月中無物，當極明耶？」穉曰：「不然。譬如人眼中有瞳子，無此必不明。」劉義慶《世説》。
殤帝延平元年丙午，十歲
安帝永初元年丁未，十一歲
二年戊申，十二歲
三年己酉，十三歲
四年庚戌，十四歲
五年辛亥，十五歲
六年壬子，十六歲
七年癸丑，十七歲
元初元年甲寅，十八歲
二年乙卯，十九歲
三年丙辰，二十歲

少年游國學中。江夏黄瓊教授於家，穉從諮訪大義。瓊後仕進，位三司，穉絶不復交。袁宏《後漢紀》。

閔案：從瓊學不定何年，姑繫於二十歲後。以下凡少年爲學之事，類記於左。

讀書樆山。《貧士傳》。少爲諸生，學《嚴氏春秋》《京氏易》《歐陽尚書》，兼綜風角、星官、筭曆、《河圖》《七緯》、推步、變易，異行矯時俗，閭里服其德化。有失物者，縣以相還，道無拾遺。謝承《後漢書》。少以經行，高於南州。皇甫謐《高士傳》。家貧，嘗自耕稼，非其力不食。恭儉義讓，所居服其德，屢辟公府，不起。《後漢書》。

四年丁巳，二十一歲

五年戊午，二十二歲

六年己未，二十三歲

永寧元年庚申，二十四歲

建光元年辛酉，二十五歲

延光二年壬戌，二十六歲

二年癸亥，二十七歲

三年甲子，二十八歲

四年乙丑，二十九歲

順帝永建元年丙寅，三十歲
二年丁卯，三十一歲
三年戊辰，三十二歲
四年己巳，三十三歲
五年庚午，三十四歲
六年辛未，三十五歲
陽嘉元年壬申，三十六歲
二年癸酉，三十七歲
三年甲戌，三十八歲
四年乙亥，三十九歲
永和元年丙子，四十歲
二年丁丑，四十一歲
三年戊寅，四十二歲
四年己卯，四十三歲
五年庚辰，四十四歲
六年辛巳，四十五歲

漢安元年壬午，四十六歲

二年癸未，四十七歲

建康元年甲申，四十八歲

冲帝永嘉元年乙酉，四十九歲

質帝本初元年丙戌，五十歲

桓帝建和元年丁亥，五十一歲

二年戊子，五十二歲

三年己丑，五十三歲

和平元年庚寅，五十四歲

元嘉元年辛卯，五十五歲

二年壬辰，五十六歲

永興元年癸巳，五十七歲

二年甲午，五十八歲

爲太尉黄瓊所辟，不就。

閔案：黄瓊於永興二年官太尉，至延熹元年免。二年復太尉，四年又免。辟穉不定何年，姑繫於最初之歲。總在此數年間。

永壽元年乙未，五十九歲

二年丙申，六十歲

陳蕃爲豫章太守，至便問徐孺子所在，欲先看之。主簿曰：「群情欲府君先入廨。」陳曰：「武王式商容之閭，席不暇煖。吾禮賢有何不可？」參《後漢書》及《世説》。蕃以禮請署爲功曹及師友祭酒，又特爲東向之坐，❶重席佩巾几，以候之。辭疾不起。❷參《後漢書》及《漢雜事》。蕃在郡，不接賓客，惟穉來，特設一榻，去則懸之。《後漢書》。既謁而退，蕃饋之粟，受而分諸鄰里。袁宏《後漢紀》。徵聘未嘗出門，蕃爲太守，召之則到，饋之則受，但不服以成其節。《海内先賢行狀》。

閔案：蕃爲太守年歲無攷，但由太守進尚書令，尋遷大鴻臚，史繫其爲鴻臚在延熹二年秋冬，知元年二年春當爲尚書令，永壽元二三年間當在豫章太守任也。今約略繫於二年。

後舉有道，家拜太原太守，皆不就。《後漢書》。

閔案：此據范《史》。玩一「後」字，知在此年之後矣，姑繫於此。

三年丁酉，六十一歲。

延熹元年戊戌，六十二歲

❶「東向之坐」上，《太平御覽》卷五一〇《雜記事》有一「設」字。

❷「起」，《太平御覽》引作「到」。

二年己亥，六十三歲

尚書令陳蕃、僕射胡廣等上疏薦穉等曰：「伏見處士豫章徐穉、彭城姜肱、汝南袁閎、京兆韋著、潁川李曇，德行純備，著於人聽。若使擢登三事，協亮天工，必能翼宣盛美，增光日月。」桓帝乃以安車玄纁備禮徵之，❶並不至。帝因問蕃曰：「徐穉、袁閎、韋著孰爲先後？」對曰：「閎生公族，聞道漸訓。著長於三輔禮義之俗，所謂不扶自直，不鏤自雕。至於穉者，爰自江南卑薄之域，而角立傑出，宜當爲先。」《後漢書》。　時以穉及姜肱等爲海内五處士。陶潛《聖賢群輔録》。

三年庚子，六十四歲

四年辛丑，六十五歲

五年壬寅，六十六歲

六年癸卯，六十七歲

七年甲辰，六十八歲

是年黄瓊卒。及瓊歸葬，乃負糧徒步往會葬。無資以自致，齎磨鏡具自隨，所在取直，然後得至。參《後漢書》及《海内士品》。　其赴弔，常豫炙雞一隻，以一兩綿絮漬酒中，暴乾以裹雞，徑到所赴冢隧外，以水漬綿，使有酒氣。斗米飯，白茅爲藉，以雞置前。醊酒畢，留謁即去，不告喪主。謝

❶「玄」，原爲避清康熙皇帝玄燁諱作「元」，今改回。以下逕改，不復出校。

承《後漢書》及《通鑑》。

孺子爲太尉黄瓊所辟，禮文有加，初不答命。瓊薨，負笈奔涉，齎一盤，醊哭於墳前。孫子琰，故五官中郎將，以長孫制杖，聞有哭者，不知其誰，亦於倚廬哀泣而已。孺子無有謁刺，事訖便去。子琰大怪其故，遣瓊門生茅季偉追請辭謝，終不肯還。應劭《風俗通》。時會葬者，四方名士郭林宗等數十人，各言聞豫章徐孺子來，何不相見，推問喪宰曰：「頃寧有書生來耶？」對曰：「先時有一書生來，衣麤薄，而哭之哀，不記姓字。」僉曰：「必孺子也。」於是推選能言語者陳留茅季偉候與相見，酤酒市肉，穉爲飲食。季偉請國家之事，穉不答。更問稼穡之事，穉乃答之。季偉還爲諸君説。或曰：「孔子云：『可與言而不與之言，失人。』穉其失人乎？」郭林宗曰：「不如君言也。孺子之爲人也，清潔高廉，饑不可得食，寒不可得衣，而爲季偉飲酒食肉，此爲已知季偉之賢故也。所以不答國事者，是其智可及，其愚不可及也。何不知之乎？」是時宦豎專政，漢室浸亂。林宗周旋京師，誨誘不息。穉以書誡之曰：「大木將顛，非一繩所維，何爲栖栖不遑寧處？」林宗感悟曰：「謹拜斯言，以爲師表。」參袁宏《後漢紀》。

閔案：誡林宗之言，范《史》以爲臨訣告茅容語，袁《紀》作致郭書。玩「謹拜斯言，以爲師表」，則致書更合。後攷司馬公《通鑑》，亦以爲致書。

八年乙巳，六十九歲

元年丙午，七十歲

永康元年丁未，七十一歲

郭林宗有母憂，稺往弔之，置生芻一束於廬前而去。衆怪，不知其故。林宗曰：「此必南州高士徐孺子也。《詩》不云乎：『生芻一束，其人如玉。』吾無德以堪之。」《後漢書》。

閔案：林宗以建寧二年卒，年四十二。其丁母憂在弔黃瓊之後，則必在永康上下間，姑繫於此。

靈帝建寧元年戊申，七十二歲

靈帝初，欲蒲輪聘稺，會卒，時年七十二。凡四察孝廉，五辟宰府，三舉茂才，皆不就。《後漢書》。

子胤，字季登，篤行孝弟，亦隱居不仕。太守華歆禮請見，固稱病不詣。漢末寇賊縱横，皆敬胤禮行，轉相約敕，不犯其間。建安中卒。《後漢書》。胤少遭父母喪，致哀毀瘁，嘔血發病。服闋，隱居林藪，躬耕稼穡，倦則誦經。貧窶困乏，執志彌固，不受惠於人也。謝承《後漢書》。稺亡，海内群英論其清風高致，乃比夷齊，或參許由。夏侯豫章追美明德，立亭於稺墓首，號曰思賢亭。《徐稺别傳》。白社西有徐孺子墓。吴嘉禾中，太守長沙徐熙於墓隧種松，太守南陽謝景於墓側立碑。永安中，太守梁郡夏侯嵩於碑旁立思賢亭。松大合抱，亭世修治至今，謂之聘君亭也。《水經注》章水條下。墓在郡西十里。《豫章古今記》。墓在南門外尉廳之側。徐廣《續豫章記》。墓在州南十里白社西。《太平寰宇記》。今亭尚存，而湖南小洲，世不知其嘗爲孺子宅，又嘗爲臺也。曾南豐記。墓在南昌進賢門外，望仙寺東，濱濠隧道深五尺。墓前有石刻隸書「漢南州高士徐孺子之墓」碑。未知即古白社否。參《江西通志》。

魏明帝甄表徐稺狀曰：「公車徵士豫章徐孺子，妙德高偉，清英絶世。前後三徵，未嘗降志。抗名山棲，養志浩然。有夷齊之高，蘧伯玉卷舒之術。」陶潛《聖賢群輔録》。

閔案：末二句，前後似有闕文。

晉孫綽《聘士徐君墓頌》曰：「巖巖先生，邁此英風。含真獨暢，心夸體冲。高蹈域表，淑問顯融。昂昂五賢，赫赫八俊。雖曰休明，或嬰險衺。豈若先生，保兹玉潤。超世作範，流光遐振。墳塋磊落，松竹蕭森。薈叢蔚蔚，虚宇愔愔。遊獸戲阿，嚶鳥鳴林。嗟乎徐君，不聞其音。徘徊丘側，凄焉流襟。何以舒藴，援翰託心。」

閔案：《頌》前尚有小序，不甚佳，未録。

晉殷允《祭徐孺子文》曰：「惟君資純元粹，含真太和，卓爾高尚，道映南岳。逍遥環堵，萬物不干其志；負褐行吟，軒冕不易其樂。時攜虚榻，佇金蘭之眷；千里命契，寄生芻之詠。非夫超悟身名、遁世無悶者，孰若是乎？夫誠素自中，微物爲重。蘋藻是歆，實過牲牢。」

晉王珣《祭徐聘士文》曰：「先生陶精太和，誕膺一德。藏器高樓，確爾特立。貞一足以制群動，純本足以息浮末。宣尼有言：『不事王侯，高尚其事。』若先生者，抑亦當之矣。限兹遐路，無由造敬。係佇靈宇，乃情依依。故貢薄祀，昭述宿心。神而有靈，倘垂尚饗。」

唐張九齡《徐徵君碣》曰：「先生受天元休，含道傑出。體資清純，動適玄妙。知道之將廢，乃窮則獨善。躬耕取資，非力不食。鄰落所處，率化無訟。在漢之季，遭時溷濁。不抗迹以庇物，故退非山林；❶不苟利以辱身，故進無禄位。諸公嘉招，雖不屑之就，及聞薨卒，徒步弔祭。士之感義，實衰世之有補；人而見德，俾後生之可尋。其廢中權、行中慮，皆此類也。昔夷齊介潔而遠去，沮溺野逸而難群。顔闔鑿坯以遁逃，接輿狂歌而詭激。此誠作者，或類沽名。夫有所不爲，至則偏也；無適不可，用之極也。先生則貶絶在心，而經修於世，純儉以存誠，❷博愛以體仁，應物以通會，❸全己以歸正。漢廷所以宗其德，天下所以服其行，豈與彼數子直道而已哉？❹予忝牧兹邦，風流是仰。在懸榻之後，想見其人；有表墓之儀，豈孤此地？則先生之德，其可没乎？乃銘曰：靈芝無根，醴泉無原。角立傑出，先生斯存。英英先生，德不可名。麟出無應，鳳飛入冥。道高事遠，迹陳名劭。勒石舊邦，以覿其妙。」

宋曾鞏《徐孺子祠堂記》曰：「漢元興以後，政出宦者。小人挾其威福，相煽爲惡。中材顧望，不知所爲。漢既失其操柄，紀綱大壞。然在位公卿大夫，多豪傑特起之士。相與發憤同心，直道正言，分别是非白黑，不少屈其意。至於不容，而織羅鉤黨之獄起，其執彌堅，而其行彌勵。志雖不就而

---

❶「非」，張九齡《曲江集》卷二〇《後漢徵君徐君碣銘並序》作「棲」，當是。
❷「誠」，《曲江集》作「戒」。
❸「通會」，蓋倒，《曲江集》作「會通」。
❹「道」，《曲江集》作「逕庭」。

忠有餘，故及其既殁而漢亦以亡。當是之時，天下聞其風慕其義者，人人感慨奮激，至於解印綬，棄家族，骨肉相免，❶趨死而不避。百餘年間，擅彊大、覬非望者相屬，皆逡巡而不敢發，漢能以亡爲存，蓋其力也。孺子於時，豫章太守陳蕃、太尉黄瓊辟，皆不就。舉有道，拜太原太守，安車備禮召，皆不至。蓋忘己以爲人，與獨善於隱約，其操雖殊，其志於仁一也。在位士大夫抗其節於亂世，不以死生動其心，異於懷禄之臣遠矣。然而不屑去者，義在於濟物故也。孺子嘗謂郭林宗曰：『大木將顛，非一繩所維，何爲棲棲不皇寧處？』此意亦非自足於丘壑，遺世而不顧者也。孔子稱顔回『用之則行，舍之則藏，惟我與爾有是夫』，孟子亦稱孔子『可以進則進，可以止則止，乃所願則學孔子』，而《易》於君子小人，消長進退，擇其所宜處，未嘗不惟其時則見，其不可而止。此孺子之所以未能以此而易彼也。孺子姓徐，名穉，孺子其字也。豫章南昌人。按圖記，章水北徑南昌城，西歷白社，其西有孺子墓。又北歷南塘，其東爲湖南。❷湖南小洲上，有孺子宅，號孺子臺。吴嘉禾中，太守徐熙於孺子墓隧種松，太守謝景於墓側立碑。晋永安中，太守夏侯嵩於碑旁立思賢亭，世世修治。至拓跋魏時，謂之聘君亭。今亭尚存，而湖南小洲，世不知其嘗爲孺子宅，又嘗爲臺也。予爲太守之明年，始即其處，結茆爲堂，圖孺子像，祠以中牢，率州之賓屬拜焉。漢至今且千歲，富貴湮滅者

❶「免」，曾鞏《元豐類稿》卷一九《徐孺子祠堂記》作「勉」，當是。

❷「湖南」，《元豐類稿》作「東湖」，當是。

不可稱數。孺子不出閭巷，獨稱思至今，則世之欲以智力取勝者，非惑歟？孺子墓失其地，而臺幸可考而知。祠之，所以示邦人以尚德，❶故并采其出處之意爲記焉。」

張楊園先生曰：「龐公耕於壟上，謂世人遺之以危，我獨遺之以安，甚得『天地閉，賢人隱』大意。郭林宗、管幼安識見高人一等，若徐孺子，不可及也。」

❶「示」，《元豐類稿》作「視」。

陶徵士年譜引用書目

本集宋刻、南宋刻、明刻、康熙黄刻、乾隆吴刻、道光李刻。

《晋書》

《宋書》

《南書》

《晋略》

《顔光禄集》

《昭明太子集》

《昭明文選》

《山谷集》

王觀國《學林》

《容齋隨筆》

《羅鄂州集》

《吴草廬集》

《潛研堂集》
《張楊園集》
《慎道堂集》
《江西通志》
采自類書
《雲仙雜記》
《廬山紀略》
《蓮社高賢傳》
《陶詩析義》

晉陶徵士年譜

江右新城楊希閔鐵傭編

晉哀帝興寧三年乙丑，徵士生

徵士陶氏，名淵明，一名潛，字元亮，尋陽柴桑人，大司馬侃之曾孫。祖茂，武昌太守。父某，未仕。母孟氏，晉征南大將軍長史嘉女。參《晉書》《宋書》本傳。

閔案：梁昭明太子傳、顏延之誄均作陶淵明，字元亮。《晉書》《宋書》《南史》本傳均作名潛。《晉書》作字元亮，《宋書》《南史》作字淵明，其不一如此。今以陶公自言證之，《孟府君傳》稱「淵明先親君之弟四女」，此義當稱名不稱字，則蕭、顏以爲名淵明者，信也。他日對檀道濟曰：「潛也何敢望賢？」此亦稱名之證，則《宋書》《南史》作名潛者亦信也。昔人云，在晉名淵明，在宋名潛，元亮之字則一，確無疑義矣。

又案：山谷《宿舊彭澤懷陶令》詩云：「歲晚以字行，更始號元亮。淒其望諸葛，骯髒猶漢相。」則似本名潛，字淵明，後乃以字行，字元亮。此亦存備一說。

晉帝奕太和元年丙寅，二歲

二年丁卯，三歲

三年戊辰，四歲

四年己巳，五歲

五年庚午，六歲

晉帝昱咸安元年辛未，七歲

二年壬申，八歲

晉孝武寧康元年癸酉，九歲

二年甲戌，十歲

三年乙亥，十一歲

太元元年丙子，十二歲

是年丁母憂。

閔案：《祭程氏妹文》：「慈妣早失，❶時尚孺嬰。我年二六，汝才九齡。」❷知在此年。

二年丁丑，十三歲

❶「失」，《陶淵明集》卷八《祭程氏妹文》作「世」。

❷「汝」，《陶淵明集》作「爾」。

三年戊寅，十四歲
四年己卯，十五歲
五年庚辰，十六歲
六年辛巳，十七歲
七年壬午，十八歲
八年癸未，十九歲
九年甲申，二十歲

是年悼亡。

閔案：公《怨詩》云：「弱冠逢世阻，始室喪其偏。」偏謂失偶。

十年乙酉，二十一歲
十一年丙戌，二十二歲
十二年丁亥，二十三歲
十三年戊子，二十四歲
十四年己丑，二十五歲
十五年庚寅，二十六歲
十六年辛卯，二十七歲

十七年壬辰，二十八歲

十八年癸巳，二十九歲

親老家貧，起爲州祭酒。不堪吏職，少日自解而歸。州召爲主簿，不就。躬耕自資，遂抱羸疾。參史傳。

閔案：陶公爲州祭酒，史無年月，集作癸巳，從之。

十九年甲午，三十歲

二十年乙未，三十一歲

二十一年丙申，三十二歲

晉安帝隆安元年丁酉，三十三歲

二年戊戌，三十四歲

三年己亥，三十五歲

四年庚子，三十六歲

是年爲鎮軍參軍，移家都下。

閔案：出爲參軍，或在上年，未定存疑。姑依詩集《始作鎮軍參軍經曲阿》詩次此。史及本集陶公參鎮軍，軍本無主名。臧榮緒《晉書》以爲作宋武參軍。近周保緒《晉略》意陶公必不爲宋武屬，謂爲武陵王遵鎮軍參軍。攷史，遵無鎮軍之名，似未合。又有指爲參劉牢之軍者，攷劉爲鎮北將軍，去北字，謂兵家所忌，似强爲之辭。亂世史書紀載斷續，書闕有間，存疑爲得。

五年辛丑，三十七歲

是年，丁父憂。

閔案：《祭程氏妹文》：「昔在江陵，重罹天罰。伊我與爾，百哀是切。感惟崩號，興言泣血。」此是丁父憂也。但未審在江陵定屬此一歲否，或前後皆有在江陵時也。既別無攷，姑系於此。

晉安帝元興元年壬寅，三十八歲

二年癸卯，三十九歲

三年甲辰，四十歲

義熙元年乙巳，四十一歲

是年三月，爲建威參軍。八月，爲彭澤令。十月，解官歸。　初爲建威參軍，謂親朋曰：「聊欲絃歌，以爲三徑之資，可乎？」執事者聞之，以爲彭澤令。公田悉令吏種秫稻，妻子固請種粳，乃使二頃五十畝種秫，五十畝種粳。郡遣督郵至縣，吏白應束帶見之。潛歎曰：「我不能爲五斗米折腰向鄉里小兒。」即日解印綬去職。賦《歸去來辭》，以遂其志。參《南史》。　在任送一力給其子，書曰：「汝旦夕之費，自給爲難。今遣此力，助汝薪水之勞。此亦人子也，可善遇之。」同上。《歸去來辭序》曰：「余家貧，耕植不足以自給。幼稚盈室，瓶無儲粟，❶生生所資，未見其術。親

❶「粟」，原作「栗」，今據《陶淵明集》卷五改。

故多勸余爲長吏，脱然有懷，求之靡途。會有四方之事，諸侯以惠愛爲德，家叔以余貧苦，遂見用於小邑。於時風波未静，心憚遠役。彭澤去家百里，公田之利足以爲酒，故便求之。及少日，眷然有歸與之情。何則？質任自然，❶非矯厲可得。❷饑凍雖切，違己交病，嘗從人事，皆口腹自役。於是悵然慷慨，深愧平生之志。猶將一稔，❸斂裳宵逝。尋程氏妹喪於武昌，情在駿奔，自免去職。仲秋至冬，在官八十餘日。因事順心，命篇曰《歸去來兮》，乙巳歲十一月也。」本集。

閔案：陶公參建威軍，史亦無主名。周保緒《晋略》謂是劉敬宣。攷敬宣去職在前，未合。或曰朱齡石，然又遠在後，亦未合，且闕疑。「自免去職」，據史傳是因不欲束帶見督郵。據陶公《歸去來序》，是因奔程氏妹喪。蓋二者皆有之。陶公不欲自形簡傲，言欲奔妹喪於武昌。此措辭得體處也。

二年丙午，四十二歲

三年丁未，四十三歲

四年戊申，四十四歲

---

❶「任」，《陶淵明集》卷五作「性」。

❷「可」，《陶淵明集》作「所」。

❸「將」，《陶淵明集》作「望」。

是年柴桑舊宅既燬，移居南村。本集。

五年己酉，四十五歲

六年庚戌，四十六歲

七年辛亥，四十七歲

八年壬子，四十八歲

九年癸丑，四十九歲

十年甲寅，五十歲

是年，劉遺民爲柴桑令，故集中有《贈劉柴桑》詩。　東林寺釋慧遠集緇素百二十有三人，於山西巖下般若精舍，結白蓮社。七月，彭城劉遺民撰《同誓文》，南陽張銓、豫章雷次宗、南陽宗炳、雍門周續之、南陽張野等與焉。其間譽望尤著，爲世推重，爲社中十八賢。陶公與遠公爲方外交，獨不入社。《廬山紀略》。　淵明常往來廬山，使一門生二兒舁籃輿以行。遠法師與諸賢結蓮社，以書招淵明。淵明曰：「若許飲酒則往。」許之。遂造焉，忽攢眉而去。《蓮社高賢傳》。　當時，周續之、劉遺民並遁迹匡山，陶公又不應徵命，謂之「尋陽三隱」。昭明太子所作傳。

十一年乙卯，五十一歲

十二年丙辰，五十二歲

十三年丁巳，五十三歲

十四年戊午，五十四歲

義熙末，徵著作郎，不就。《宋書》。　既絶州郡覲謁，其鄉親張野乃、❶周旋人、羊松齡、龐遵等，或有酒邀之，或要之共至酒坐。雖不識主人，亦欣然無忤，酣醉便反，未嘗有所造詣。惟至田舍及廬山游觀而已。《晋書》本傳。　刺史王宏以元熙中臨州，甚欽遲之，後自造焉。稱疾不見。既而語人云：「我性不狎世，因疾守閒，幸非潔志慕聲，豈可以王公紆軫爲榮耶？」❷宏每令人候之，密知當往廬山，乃遣其故人龐通之等齎酒，先於半道要之。潛既遇酒，便引酌野亭，欣然忘進。宏乃出與相見，遂歡宴窮日。潛無履，宏顧左右爲之造履。左右請履度，便於坐申脚，令度焉。宏要之還州，問其所乘。答曰：「素有脚疾，向乘籃輿，亦足自反。」乃令一門生二兒子共輿之。至州而言笑自適，❸不覺其有羡於華軒也。❹　宏後欲見，輒於林澤間候之。至於酒米乏絶，亦時相贍。其親朋好事，或載酒肴而往，潛亦無所辭焉。每一醉，則大適融然。又不營生産，❺家務

❶「乃」，《晋書》卷九四《陶潛傳》作「及」，則連詞，非人名。

❷「可」，《晋書》作「敢」。

❸「自」，《晋書》作「賞」。

❹「其」，《晋書》無此字。

❺「産」，《晋書》作「業」。

悉委之兒僕，未嘗有喜愠之色，惟遇酒則飲。或無酒，亦雅詠不輟。嘗言夏月虚閒，高卧北窗之下，清風颯至，自謂羲皇上人。性不解音，而畜素琴一張，絃徽不具。每朋酒相會。則撫而和之曰：「但識琴中趣，何勞絃上聲。」當九月九日，無酒，出宅邊叢菊中坐。逢宏送酒，見白衣人至，即便就酌，酣醉而歸。貴賤造之者，有酒輒設。潛若先醉，便語客：「我醉欲眠，卿可去。」其真率如此。郡將候潛，逢其酒熟，取頭上葛巾，漉酒畢，還復著之。周續之在尋陽三隱中，後刺史檀韶請續之出州，與學士祖企、謝景夷三人共在城北講《禮》，加以校讎。所住公廨，近於馬隊。潛乃示以詩曰：「周生述孔業，祖謝響然臻。馬隊非講肆，校書亦已勤。」蓋諷之也。參《晉》、《宋》、《南史》各本傳及昭明太子作傳。夏日聞田水聲，輒倚杖歎曰：「此水過吾師丈人遠矣。」❶《雲仙雜記》。

晉恭帝元熙元年己未，五十五歲

永初元年庚申，五十六歲

二年辛酉，五十七歲

三年壬戌，五十八歲

宋少帝景平元年癸亥，五十九歲

先是，顔延之爲劉柳後軍功曹，在尋陽與潛情款，後爲始安郡，經過尋陽，日日造潛，每往必酣飲

❶「遠」，《雲仙雜記》卷二無此字。

至醉。臨去，留二萬錢與潛。潛悉送酒家，稍就取酒。《宋書》本傳。

閔案：此條昭明太子所作傳與王宏刺江州時混同一敘，攷《宋書》顔出爲始安郡，在少帝即位後，故次此。

宋文帝元嘉元年甲子，六十歲

江州刺史檀道濟往候之，偃卧瘠餒有日矣。道濟謂曰：「賢者處世，天下無道則隱，有道則仕。今子生文明之世，奈何自苦如此？」對曰：「潛也何敢望賢，志不及也。」道濟遺以粱肉，麾而去之。昭明太子所作傳。

閔案：昭明敘此段在爲鎮軍建威參軍前。攷《宋書》，檀刺江州在宋少帝景平元年，知當次此。又案：檀公仕宋，陶已心非之，特臨州上官，不能明絶耳。又謂文明之世當仕，彌爲乖謬，陶更不與辨，第曰志不及。迨遺粱肉，則麾之。正孔子所謂危行言孫也。

二年乙丑，六十一歲

三年丙寅，六十二歲

四年丁卯，六十三歲

將復徵命，會卒於尋陽柴桑里，年六十三。世號靖節先生。昭明所作傳、顔延之誄。妻瞿氏，❶志

❶「瞿」，《南史》卷七五《陶潛傳》作「翟」。

趣亦同，能安貧苦節。夫耕於前，妻鋤於後。子儼、俟、份、佚、修。❶同上。　墓在今德化縣楚城鄉面陽山麓。《江南通志》。

潛少懷高尚，博學善屬文，穎脱不羈，任真自得，爲鄉鄰之所責。嘗作《五柳先生傳》以自況曰：「先生不知何許人，不詳姓字。宅邊有五柳樹，因以爲號焉。閑静少言，不慕榮利。好讀書，不求甚解，每有會意，便欣然忘食。性嗜酒，而家貧不能常得。親舊知其如此，或置酒招之，造飲輒盡，期在必醉。既醉而退，曾不悋情。環堵蕭然，不蔽風日。短褐穿結，簞瓢屢空，晏如也。常著文章自娱，頗示己志，忘懷得失，以此自終。」其自序如此，時人謂之實録。參《晋書》本傳。　潛弱年薄宦，不潔去就之迹。自以曾祖晋世宰輔，恥復屈身後代。自宋武帝王業漸隆，不復肯仕。所著文章，皆題其年月。義熙以前，明書晋代年號，自永初以來，惟云甲子而已。《宋書》本傳。

閔案：所云在晋書年號，入宋惟書甲子，此指文章言，如序記之類，不指詩。詩何必定有甲子年號？集文九卷，今存者才數首。就此數首攷之，《桃花源詩序》稱「太元中」，《祭程氏妹文》稱「義熙三年」，此書晋代年號之證也。《自祭文》但稱「丁卯」，此永初以後書甲子之證也。休文生元嘉中，見其全集，所言必不誤。五臣誤讀《宋書》，妄欲以詩證史，謂休文誤，休文初無誤也。此錢竹汀先生説。

---

❶「修」，《陶淵明集》卷七《與子儼等疏》作「佟」。

陶公有與子書，以言其志，并爲訓戒曰：「天地賦命，有往必終，自古賢聖，誰能獨免？子夏言曰：『死生有命，富貴在天。』四友之人親受音旨，發斯談者，豈非窮達不可妄求，壽夭永無外請故耶？吾年過五十，而窮苦荼毒，家貧弊，東西遊走，性剛才拙，與物多忤。自量爲己，必貽俗患，僶仰辭世，使汝幼而饑寒耳。常感孺仲賢妻之言，敗絮自擁，何慙兒子？此既一事矣。但鄰靡二仲，❶室無萊婦，抱茲苦心，良獨罔罔。少來好書，偶愛閑静，開卷有得，便欣然忘食。見樹木交蔭，時鳥變聲，亦復歡爾有喜。嘗言五六月北牕下卧，遇涼風暫至，自謂是羲皇上人。意識淺陋，日月遂往。恨緬求在昔，眇然如何？疾患以來，漸就衰損。親舊不遺，每以藥石見救。自恐大分將有限也。汝輩稺小，家貧無役，柴水之勞，何時可免？念之在心，如何可言？然雖不同生，當思四海皆兄弟之義。鮑叔、敬仲，分財無猜。歸生、伍舉，班荆道舊，遂能以敗爲成，因喪立功。他人尚爾，况共父之人哉！潁川韓元長，漢末名士，身處卿佐，八十而終。兄弟同居，至於没齒。濟北氾幼春，晋時操行人也。七世同財，家人無怨色。詩云：『高山仰止，景行行止。』汝其慎哉，吾復何言。」

顔延之《陶徵士誄》曰：夫璿玉致美，不爲池隍之寶；桂椒信芳，而非園林之實。豈其深而好遠哉？蓋云殊性而已。故無足而至者，物之藉也；隨踵而立者，人之薄也。若乃巢高之抗行，夷皓之峻節，故已父老堯禹，錙銖周漢，而綿世浸遠，光靈不屬，至使菁華隱没，芳流歇絶，不其惜乎！

❶「但」下，《宋書》並《陶淵明集》有「恨」字。

雖今之作者，人自爲量，而道路周塵、❶輟塗殊軌者多矣。豈所以昭末景，泛餘波？有晉徵士尋陽陶淵明，南岳之幽居者也。弱不好弄，長實素心，學非稱師，文取指達。在衆不失其寡，處言愈見其默。少而貧病，居無僕妾。井臼弗任，藜菽不給。母老子幼，就養勤匱。遠惟田生致親之義，追慕毛子捧檄之懷。❷初辭州府三命，後爲彭澤令。道不偶物，棄官從好，遂乃解體世紛，結志區外。定迹深棲，於是乎遠。灌畦鬻蔬，爲供魚菽之祭；織絇緯蕭，以充糧粒之費。心好異書，性樂酒德。簡棄煩促，就成省曠。殆所謂國爵屏貴，家人忘食者與！有詔徵爲著作郎，稱疾不到。春秋若干，元嘉四年月日卒於尋陽縣之某里。近職悲悼，❸遠士傷情。冥默福應，嗚呼淑貞。夫實以誄華，名由謚高。苟允德義，貴賤何算焉。若其寬樂令終之美，好廉克己之操，有合謚典，無愆前志。故詢諸友好，宜謚曰靖節徵士。其辭曰：物尚孤生，人貴介立。❹豈伊時邁，曷云世及。嗟乎若士，望古遥集。韜此洪族，蔑彼名級。睦親之行，至自非敦。然諾之信，重於布言。廉深簡絜，貞夷粹温。和而能峻，博而不繁。依世尚同，詭時則異。有一於此，兩非默置。豈若夫子，因心違事，畏榮好

❶「道路周塵」，宋刻遞修本《陶淵明集·陶徵士誄》作「首路同塵」。
❷「慕」，《文選》作「悟」。
❸「職」，《陶徵士誄》作「識」，當是。
❹「貴」，《文選》作「固」。

古，薄身厚志。世霸虛禮，州讓推風。❶孝惟義養，道必懷邦。人之秉彝，不隘不恭。爵同下士，禄等上農。度量難鈞，進退可恨。❷長卿棄官，稺賓自免。子之悟之，何悟之辨？賦詩歸來，高蹈獨善。亦既超曠，無適非心。汲流舊巘，葺宇家林。晨烟暮靄，春煦秋陰。❸陳書綴卷，置酒絃琴。居備勤儉，躬兼貧病。人否其憂，子然其命。隱約就閑，遷延辭聘。非直也明，是惟道性。糾纆斡流，冥漠報施。孰云與仁，實疑明智。謂天蓋高，胡諐斯義。履信曷憑，思順何寘。年在中身，疢維痁疾。視死如歸，臨凶若吉。藥劑弗嘗，禱祀非恤。傃幽告終，懷和長畢。嗚呼哀哉！敬述靖節，式尊遺占。存不願豐，没無求贍。省訃却賻，輕哀薄斂。遭壤以穿，旋葬而窆。嗚呼哀哉！深心追往，遠情遂化。自爾介居，及我多暇。伊好之洽，接閻鄰舍。宵盤晝憩，非舟非駕。念昔宴私，舉觴相誨。獨正者危，至方則閡。哲人卷舒，布在前載。取鑒不遠，吾規子佩。爾實愀然，中言而發。違衆速尤，迕風先蹷。身才非實，榮聲有歇。睿音永矣，誰箴予闕。❹嗚呼哀哉！仁焉而終，智焉而斃。黔婁既没，展禽亦逝。其在先生，同塵往世。旌此靖節，加彼康惠。嗚呼哀哉！

---

❶「讓」，《文選》作「壤」。

❷「恨」，《文選》作「限」。

❸「煦」，原作「喣」，今據《陶淵明集》改。

❹「予」，《文選》作「余」。

宋洪文敏公邁《容齋隨筆》卷八云：陶淵明高簡閒静，爲晋宋第一輩人。語其饑則簞瓢屢空，瓶無儲粟；其寒則短褐穿結，絺綌冬陳；其居則環堵蕭然，風日不蔽。窮困之狀，可謂至矣。其《與子儼等疏》云：「恨室無萊婦，❶抱兹苦心。汝等雖不同生，當思四海皆兄弟之義。管仲、鮑叔，分財無猜。他人尚爾，况同父之人哉！」然則猶有庶子也。《責子》詩云：「雍、端年十三。」此兩人必異母爾。淵明在彭澤，悉令公田種秫，曰：「吾常得醉於酒足矣。」妻子固請種秫，❷乃使二頃五十畝種秫，五十畝種秔。其自敘亦云：「公田之利，足以爲酒。故便求之。」猶望一稔而逝，然仲秋至冬，在官八十餘日，即自免去職。所謂秫秔，蓋未嘗得顆粒入口也。悲夫！

宋羅端良願《鄂州集·陶令祠堂記》略云：淵明生百代之後，雖清風高節，邈然難嗣，而言論所表，篇什所寄，率書生之素業，或老農之嘗務。真風所播，直埽魏晋澆習。嘗有詩云：「羲農去我久，舉世少復真。汲汲魯中叟，彌縫使其淳。」嗚呼！自頃諸人祖莊生餘論，皆言淳漓樸散，緊周孔禮訓使然。孰知魯叟爲此，將以淳之耶？蓋淵明之志及此，則其處己已審矣。在縣日，民事雖不具，然不以家累自隨，送一力助其子，而慈祥繾綣之意，與視儼等不殊。只此一語，便可祠之百世。

元吴文正公澄《陶集補註序》云：予嘗謂楚之屈大夫、韓之張司徒、漢之諸葛丞相、晋之陶徵士，是

❶「婦」，原作「歸」，今據《陶淵明集》改。

❷「秫」，《容齋隨筆》作「秔」，當是。

四君子者，其制行也不同，其遭時也不同，而其心一也。一者，志明君臣之義而已。欲爲韓而斃呂殄秦者，子房也。欲爲漢而誅曹殄魏者，孔明也。雖未能盡如其心，然亦略得伸其志願矣。靈均逆睹讒臣之喪國，淵明坐視强臣之移國，而俱末如之何也。略伸志願者，其事業見於世。末如之何者，將歿世而莫之知，則不得不託之空言，以泄忠憤。此予所以每讀屈辭、陶詩而爲之流涕太息也。屈子之辭，非藉朱子之註，人亦未能洞識其心。陶子之詩，悟者尤鮮。其泊然沖澹而甘無爲者，安命分也。其慨然感發而欲有爲者，表志願也。近世東澗湯氏，稍稍窺探其一二。吾鄉詹麒若麟，因湯氏所注而廣之。考其時，考其地，原其序，以推其志意。於是屈、陶二子之心，粲然暴白於千載之下。若麟之功，蓋不減朱子。嗚呼！陶子無昭烈之可輔以圖存，無高皇之可倚以復讎，無可以伸其志願而寓於詩。倘使後之觀之者又昧昧焉，豈不重可悲也哉！屈子不忍見楚之亡而先死，陶子不幸見晋之亡而後死。死之先後異爾，易地則皆然。其亦重可哀已夫。晋興寧乙丑歲淵明生，越六十有三年而卒。自昔丁卯至今丙寅，凡九百年。

閔案：昭明太子有陶集序，止中一段佳，云：「有疑陶詩篇篇有酒，吾觀其志不在酒，亦寄酒爲迹者也。其文章不群，詞采精拔，跌宕昭彰，獨超衆類，抑揚爽朗，莫之與京。横素波而旁流，干雲霄而直上。語時事則指而可思，論懷抱則曠而且真。加以貞志不休，安道苦節，不以躬耕爲恥，不以無才爲病。自非大賢篤志，與道污隆，孰能如此乎？」自此一段外，不如吴序之切實，故置彼録此。

又案：張楊園先生云：蕭統《陶淵明傳》，無一語得淵明之實。所載《五柳先生傳》，雖其自作，亦非本來如此。蓋必其晚年文字，隱居以後所著也。「性嗜酒」三字全非隱，乃有託而然。「自以曾祖晉世宰輔，恥屈身後代」，亦非其本指。然則劉裕未篡以前，何爲即不仕乎？淵明學識，晉宋間人無能及之者，讀其詩，自見之。

黄山谷《宿舊彭澤懷陶令》詩云：「潛魚願深渺，淵明無由逃。彭澤當此時，沈冥一世豪。司馬寒如灰，禮樂卯金刀。歲晚以字行，更始號元亮。淒其望諸葛，骯髒猶漢相。時無益州牧，指揮用諸將。平生本朝心，歲月閲江浪。空餘詩語工，落筆九天上。向來非無人，此友獨可尚。屬予剛制酒，無用酌杯盎。欲招千載魂，斯文或宜當。」

閔案：詠彭澤者，當以此爲得其深。

宋王觀國《學林》卷第七云：梁昭明太子作陶集序曰：「白璧微瑕，惟在《閒情》一賦。幸無諷諫，何必摇其筆端。」觀國熟味此賦，詞意宛雅，傷己之不遇，寄情於所願。其愛君憂國之心，惓惓不忘。蓋文之雄麗者也。昭明責以無諷諫則誤矣。古之言美人佳人，皆以比君子。《詩》曰「西方美人」，《九歌》曰「望美人兮未來」。張衡《四怨》詩，依屈子，以美人爲君子，以珍寶爲仁義，故其詩曰：「美人贈我金錯刀，美人贈我金琅玕，美人贈我貂襜褕，美人贈我錦繡段。」《閒情賦》之寄意遠矣，以爲微瑕者，其不見知耶？

晉江黄舣菴文焕《陶詩析義》謂其註陶有三例：古今論陶，統歸平淡，非知陶者。陶詩字字奇奥，險峭多端也。鍾嶸品陶爲「隱逸之宗」，不知陶公憂時念亂，思扶晉衰而抗宋禪，經濟憤腸，涌若海立，仡若劍飛也。若夫理學標宗，聖賢自任，重華、孔子，耿耿不忘，六籍無親，悠悠生歎，漢魏諸家誰及此？解斯，則靖節品行，竟當俎豆孔廡之間者也。開此三例，方免埋没。否則靡詰、韋、孟，群附陶派，誰察其霄壤者？

閔案：右論亦殊精確，節録於此。

乾、嘉間，建寧府徐經字芸圃《愼道堂集文鈔》有擬《上徵士陶潛從祀疏》云：臣游鄉校，歷觀兩廡從祀，類皆崇氣節、明道術、關風化者。臣愚以爲，若晋徵士陶潛，似不宜漏之也。潛世家子，博學不群，可以大用，乃躬耕自資，徵召不就。觀其胸中，實有所得。夫當風俗頹敗之際，而更加以逆謀篡亂之時，士争放慢，人無廉恥。潛生其間，獨能樂天知命，守道不移。《易》謂乾初九「確乎其不可拔，潛龍」者，真其人也。終《綱目》徵士書卒者，惟潛一人。朱子表其節義，以激千載之清風。而臣謂其德性，可爲群儒之雅範。蓋真理學不在講解，亦視其操履何如耳。潛之持躬既無所苟，而發爲言語，又復怡然理順，藹然可親。惟心純，則無乎不純。故讀其書，但覺其言之可味，初不知其忠義之氣所發。此等造詣，三代而下，末易到此。前明歸有光亦推陶子之道，可以進於孔氏之門，而病世之論者不究其實。所宜亟表而出之。願即敕下有司，集議從祀，俾海内曉然知國家發潛德之幽光，必能有所嚮慕，天下幸甚！

閔案：右論亦自歸震川、黄舨菴發之，存一説可也。

歐陽文忠公年譜自序

日長曝書，偶檢《歐陽文忠公集》一百五十八卷，竟無年譜，甚以爲憾。因上下鉤稽，按年編次，以補此譜。本集之外，正史別集，凡遇關涉，審慎采摭。間有疏辨，依條附見。文忠生平，以道義爲根柢，以六籍爲藩衛。匡弼而出於至誠，故君無所忤；糾彈而不避權要，故謗有必騰。至於正本衛道，薦賢敷政，發爲文章，遠紹唐漢，無非關繫世教，攄發性真。孟、韓而後，程、朱以前，砥柱障瀾，斯人之功，何可没也？歷事三朝，不爲不遇，而愠於群小，志事終鬱。雖厥問不隕，亦風波可畏矣。雖然此在當時，原於仇嫉，射景含沙，亦無足怪。乃相去世遠，略無恩怨，不爲成美，而徒誣惡，良不可解。洪文敏《容齋二筆》、王文簡《居易録》議文忠中年以後止思潁，無一語及松楸瀧岡之上。子孫不臨，阡表不作可也，直科以不孝之罪。嗚呼！二公博雅，言出人將信之，不知實鹵莽立論，不求事實也。試觀今次年譜，情事如何，二公能無悔怍？文忠之子叔弼沈毅有守，魏泰倚勢作横，不爲所屈，見於史傳。吕正獻當國，嘗患其不來，見於滎陽所言。而劉器之謂其奔競權門，正冰炭不類。誣罔如此，是誠何心？《元城語録》後人所輯，恐多僞入。然非熟攷生平，博徵雅記，不足以昭晰群疑也。古人往矣，曲之直之，於彼何與？又何與於我？然孟子謂人有四端，是非之心亦一端也。析疑申枉，要以明吾是非之心，而古人之是非亦明爾。若夫讀書論世，尚友古人，則年譜之作，其亦有小助矣。夫光緒三年三月之望，江右新城楊希閔鐵傭書於臺陽海東書院。

據樓攻媿、黄東發，皆云《歐集》有年譜，但閔所藏本則無之。海外無别本攷證，姑撰此譜以補缺云。

歐陽文忠公年譜引用書目

本集明刻、祠堂本、歐陽文粹
《宋史》
《通鑑長編》
《續資治通鑑》薛氏、王氏、畢氏
《通鑑輯覽》
《韓魏公集》
《范文正公集》
《王文公集》
《曾文定公集》
《蘇文忠公集》
《蘇文定公集》
《黄文節公集》
張文潛《柯山集》

《朱子集》《名臣言行録》
《張芸叟集》
《楊文節集》
《洪容齋隨筆》
《陸渭南集》
《樓攻媿集》
《吴文正集》
《歐陽圭齋集》
《宋元學案》
《四庫全書提要》
《江西通志》
錢竹汀《潛研堂集》
段茂堂《經韻樓集》
雜采叢書
《劉元城語録》
王銍《默記》

王漁洋《居易録》《池北偶談》

《何義門讀書記》

張含厂《漁洋詩話》❶

❶ 「厂」，通「广」，即「庵」字。下「張含广」同，不贅出校。

歐陽文忠公年譜

江右新城楊希閔鐵傭編

宋真宗景德四年丁未六月二十四日，公生

公歐陽氏，諱脩，字永叔，江西吉州廬陵人。唐太子率更令詢四世孫嘗爲吉州刺史，又八世生萬，復爲吉之安福令，子孫因家焉。曾祖彬，安福六世孫也，南唐武昌令。祖偃，南唐南京街院判官。父觀，咸平三年進士第，終泰州軍事判官，贈太子中書令，❶封鄭國公。母鄭氏，追封韓國太夫人。參行狀、碑誌。

大中祥符元年戊申，二歲

二年己酉，三歲

三年庚戌，四歲

是年，丁父憂。阡表云「四歲而孤」。韓國守節自誓，親教公讀書。家貧，至以荻畫地，教以書字。

---

❶「太子」，據韓琦《安陽集》卷五〇《歐陽公墓志銘》，當爲「太師」之誤。

公敏悟過人，覽輒成誦。家無書讀，就閭里士人家借讀。或因而鈔録，鈔録未畢，已能誦矣。晝夜忘寢，惟書是務。自幼作詩賦文字，下筆如成人。參碑及事迹。

四年辛亥，五歲

五年壬子，六歲

六年癸丑，七歲

七年甲寅，八歲

八年乙卯，九歲

九年丙辰，十歲

年十歲，得《韓文公遺文》六卷於李氏敝簏，乞得之，力學焉。《黄氏日抄》。

天禧元年丁巳，十一歲

二年戊午，十二歲

三年己未，十三歲

四年庚申，十四歲

五年辛酉，十五歲

乾興元年壬戌，十六歲

仁宗天聖元年癸亥，十七歲

二年甲子，十八歲
三年乙丑，十九歲
四年丙寅，二十歲
五年丁卯，二十一歲
六年戊辰，二十二歲
七年己巳，二十三歲
是年，補國子監生，秋取解第一。　有《謝國學解元啓》云：「伏覩解文，濫膺名薦。肆三合雅，方列於胄筵；旅百在庭，遽陪於方貢。惟遴柬之彌衆，叨首舉以爲榮。」末云：「敢不仰銜提獎，益勵進修。磨鉛鈍以爲銛，策蹇步而希驥。哆兮箕舌，已簸糠而在前；沛乎鴻毛，使培風而直上。用於知己，答乃初心。」本集。
八年庚午，二十四歲
是年，進士及第。
九年辛未，二十五歲
補西京留守推官。三月，有《與西京留府交代推官仲簡啓》。本集。
是年，元配夫人胥氏來歸。　《胥夫人墓誌》云：「年二十餘，以所爲文見胥公於漢陽。一見奇之曰：『子當有名於世。』因留置門下，偕至京師。明年，當天聖八年，某以廣文館生舉中甲科。又明年，胥公遂妻以女。公諱偃，潭州人，官至工部郎中、翰林學士。以清節爲時名臣。居家雖燕亦嚴，每端坐堂上，四顧終日如無人。雖嬰兒女子，無一敢妄舉足發聲。其飲食衣服，少長貴賤皆有常數。胥氏女既賢，又習安其所見。故去其父母而歸其夫，不知其家之貧。去其姆傅而事其姑，不知爲婦之勞。後二年三月生子，未逾月以疾卒，享年十有七。後五年，其所生子亦卒。後二十年，從其姑葬於吉州吉水縣沙溪之山。」本集。

明道元年壬申，二十六歲

仍前官。

二年癸酉，❶二十七歲

仍前官。　公在西京，與尹師魯洙游，偕爲古文。上下議論，迭相師友。又與梅聖俞堯臣游，爲歌詩相倡和，遂以文章名冠天下。王文康公知其賢，還朝薦之，遷鎮南軍節度掌書記、館閣校勘。參碑狀。　王文康知南京，❷公爲留守推官。一日當都廳勘事，有一兵自役所逃歸，文康問公勘兵事何爲未斷，公曰：「合送本處行遣。」文康曰：「似此，某作官處斷過甚多，推官新作官，不須疑。」公曰：「若相公直斷，雖斬亦可，有司則不敢奉行。」一夜，文康召問軍人斷否，公曰：「未。」

❶ 「二」，原作「辛」，今據上文「元年」改。

❷ 「南京」，《文忠集》附録卷五所載《事迹》作「西京」。

文康曰：「幾至誤事。」明日，遂送所屬處。事迹。

景祐元年甲戌，二十八歲

官館閣校勘。有《謝校勘啓》云：「竊以校讐之職，是正爲難。委方册於程文，折群疑於獨見。脱絢組之三寸，簡編多前後之乖；並《盤庚》之一篇，文章有合離之異。以仲尼之博學，猶存郭公以示疑；非元凱之勤經，孰知門王而爲閏。」又云：「逮親而得斗禄，雖慰於子心；斂版以揖上官，遂成於俗狀。學久矣而將落，思兀然而欲枯。進無取當時之資，退已失故時之步。」本集。

是年，續配夫人楊氏來歸。《楊夫人墓誌》云：「夫人故右諫議大夫、集賢院學士楊公大雅之女。歸之十月，以疾卒，享年十有八，景祐二年九月也。後十九年，從其姑葬於吉州吉水縣沙溪之山。」本集。

二年乙亥，二十九歲

是年，貶夷陵令。時范文正公知開封府，每進見輒論時政得失，宰相惡之，斥守饒州。在廷多論救，司諫高若訥獨以爲當黜。公貽書責之，謂其不復知人間有羞恥事。若訥上其書，貶峽州夷陵令。參史傳及碑。貶後，有《與尹師魯書》云：「五六十年來，天生此輩，沈默畏怪，布在世間，相師成風。忽見吾輩作此事，下至竈間老婢，亦相驚怪，交口議之，不知此事古人日日有也。每見前世有名人，當論事時，感激不避誅死，及到貶所，則戚戚怨嗟有不堪，雖韓文公不免此累。用此戒安道慎勿作戚戚之文。師魯察脩此語，則處之之心又可知矣。」

三年丙子，三十歲

仍夷陵。　有《上運使啓》云：「近以狂言，當蒙大譴。得一邑以庇身，使之思過。竊三鍾而就養，猶足爲榮。獲在公麻，是爲天幸。」　又《謝朱推官啓》云：「負弩而隨伍伯，當備前驅；折腰以揖上官，敢羞斂版。」本集。　在夷陵時，無以自遣，因舊案反覆觀之。見其枉直乖錯不可勝數，仰天歎曰：「以荒遠小邑且如此，天下可知。」自爾遇事不敢忽。學者求見，所與言未嘗及文章，惟談吏事。謂文學止於潤身，政事可以及物。史傳。

四年丁丑，三十一歲

移乾德令。　《答孫正之書》云：「三十年前，尚好文華，嗜酒歌呼，知其爲樂，而不知其非也。及後少識聖人之道，而悔其往咎，則已布出而不可追矣。」本集。

閔案：此書不定在此，姑係於此，取其可作箴言也。

寶元元年戊寅，三十二歲

仍乾德。

二年己卯，三十三歲

遷武成節度判官。　寶元中，趙元昊叛命，朝廷命將討伐，以鄜延、環慶、涇原、秦鳳四路各置經略安撫招討使。公以爲四路皆内地也，當如故事，置靈夏四面行營招討使。今自於境内，何所招討？　因竊料王師必不能出境。其後用兵五六年，劉平、任福、葛懷敏三大將皆自戰其地而大敗，由是至於罷兵，竟不能出師。《歸田録》。

閔案：所論自是遠圖。然宋代積弱，極一時之選，不過如此。儻更不量力，折足覆餗又如何？此非唐之太宗、明之成祖，不足以圖此也。

康定元年庚辰，三十四歲

召還，復校勘，遷太子中允。　時范文正公起爲陜西經略招討安撫使，辟公掌書記。公笑曰：「吾論范公，豈以爲利哉？同其退，不同其進，可也。」辭不就。史傳。　《答范公書》有云：「非惟在上者以知人爲難，士雖貧賤，以身許人，固亦不易。」本集。

慶曆元年辛巳，三十五歲

因《崇文總目》成書，自館閣校勘遷集賢校理、同知太常院。求補外，通判滑州。　有《上執政謝館職啓》云：「某方被罪譴，竄之荆蠻，流離五年，赦宥三徙。山水跋履，風波霧毒，凡萬四千里，而後至於京師。其奔走之役，憂思之勞，形意俱衰，豈暇舊學？比其來復，書已垂成，遂因衆功，豈有微効？」

二年壬午，三十六歲

官滑倅。

三年癸未，三十七歲

召知諫院。　是時，西師未解，京東西多盗，國用不給。仁宗知朝臣不任事，始登進范文正公、杜正獻公、富文忠公、韓忠獻公，分列二府，增諫院，❶取敢言士，公首被選，以太常丞知諫院。參碑及事迹。

閔案：當時增諫院四員。公之外，則蔡公襄、余公靖、王公素也。合二府范、杜、富、韓四公，真極一時之選。乃不久即爲黨議所傾。吾不爲諸臣惜，深爲仁宗惜也。

公每勸上延問執政，咨所宜行。既多所張弛，小人翕翕不便。公慮善人必不勝，數爲上分別言之。會朋黨之謗起，公乃爲《朋黨論》以進。大略謂：「君子以同道爲朋，小人以同利爲朋。小人同利之時，暫相黨引。及見利而争先，或利盡而相賊，雖兄弟親戚不能相保。君子則不然。所守者道義，所行者忠信，所惜者名節。以之修身，則同道而相益。以之事國，則同心而共濟，終始如一。故爲君者，但當退小人之僞朋，用君子之真朋，則天下治矣。」參狀及本集。公論事切直，人視之如讐，上獨獎其敢言，賜五品服，顧侍臣曰：「如歐陽修，何處得來？」史傳。命同修起居注，遂知制誥。故事，必試而後命。上知公之文，有旨不試。同上。九月，公有《諫院謝賜章服表》云：「伏蒙遣中使宣諭，出自宸衷，並不因臣僚薦舉，不得辭讓。陛下愛惜臣等至於如此，臣等愛君憂國之勤，固當事無大小，一一規正。致陛下纖過小失不見於外，然後可以稱臣等報君之心，如陛下愛惜臣等之意。」本集。又有《辭知制誥劄子》及狀。又有《辭直除知制誥狀》。

---

❶「院」，《欒城集》後集卷二三《歐陽文忠公神道碑》作「員」。

又《謝知制誥表》云：「陛下茂仁聖之姿，荷祖宗之業，日慎一日，曾未少懈。而自羌夷負固，邊鄙用師，勤儉率先於聖躬，焦勞常見於玉色。雖有憂民之志，而億姓未蘇；雖有欲治之心，而群臣未副。故每進一善，則未嘗不欲勸天下之能；每官一賢，則未始不欲盡人材之用。雖以爵禄而砥礪，尚須訓誡之丁寧。尤假能言，以諭至意。可稱是者，不大艱與？」又云：「恩出非常，理難屢瀆。及俯而受命，伏讀訓辭，則有必能復古之言，然後益知所責之重。夙夜惶惑，未知所措。」同上。

閔案：觀此奏，知仁宗用人，多失於姑息因循故事，多不舉，吏途亦雜。

是時内外多事，仁宗既進退大臣，遂欲改更闕失，方急於求治。公遇事感激，知無不言。上降手詔，出六條以責，諸公各亦有所陳述。公言：諸公所陳，宜力主張，勿爲群言所奪。事迹。

閔案：觀此奏，知除數公外，摇唇鼓舌者不少矣。畢竟小人多而君子少，諸公卒不能勝。

王文安公爲三司使，有爲無名詩中之者，公請嚴禁止之，以絶小人流言摇動朝政之漸。敕出官爵，購捕其人。時上欲改更朝政，小人不便，造作語言動摇。及敕榜出，此事遂絶。嗣後，上遂下詔勸農桑、興學校，改更庶事之弊。同上。　時天下久安，上下失於因循，盜賊所在皆起。公請遣使者按察州縣，朝廷命諸路轉運皆兼按察使。公言：轉運使苟非其人，則按察遂爲空名。復條陳按察六事。於是兩府聚議，盡破常例，不次用人。後來别因一劄子中備言此事。其後州縣多所升降，内外百職振舉。及杜待制杞爲西京轉運使，與御史蔡稟同治賊事。公言：杞可獨任，無用稟。杞果遂平諸賊，京西無事。同上。　時張温成方有寵，人莫敢言。因生皇女，染綾羅八千匹。公上言，乞裁損其恩寵，及其親戚恩澤太頻，可以減罷。極陳女寵驕恣以致禍敗之戒。同上。　皇叔燕王薨，議者以國用不足，請待豐年而葬。公乞減費而葬，以爲不肯薄葬，留之以待侈葬，徒成王之惡名，使四夷聞天子皇叔薨，無錢出葬，遂輕中國。有旨減節浮費而葬。同上。

澧州柿木成文，有「太平之道」四字。公上言，今四海騷然，未見太平之象，其瑞木乞不宣示於外。同上。　淮南轉運使李紹寧，❶到任便進羨餘錢十萬。公乞拒而不受，以彰朝廷均恤外方，防禦刻薄。同上。　前後所上章疏百餘，其間斥去姦邪，抑絶徼倖，以謂任人不可疑，節制不可不一，當推恩信以懷不服。其事往往施行。同上。

閔案：公以上諸奏，直而不訐，出於公忠，所以人主聽納。然非仁宗，亦有不盡然者。

四年甲申，三十八歲

奉使河東。　自西方用兵，議廢麟州，以省餽餉。議徙治合河津，請廢其五寨。命公往視利害，公曰：「麟州天險不可廢，廢則五寨不可守。五寨不守，府州遂爲孤壘，河内之民不安居矣。不若分其兵駐並河内諸堡，緩急得以應援，而平時可省轉輸。」由是麟州得不廢。參行狀及事迹。　又言：忻、代、岢嵐、火山軍並邊民田，廢不得耕，號禁地。吾雖不耕，而虜常盜耕之。若募民計口

❶「李」，《文忠集》附録卷二《行狀》並卷五《事迹》均作「吕」。

出丁爲兵，量入麤粟以耕，❶歲可得數百萬斛。不然，他日盡爲虜有。議下，太原帥臣以爲不便。持之久，乃從。參狀及誌。凡河東賦斂過重，民所不堪者，奏罷十數事。同上。自河東還，會保州兵亂，以龍圖閣直學士爲河北都轉運使。陛辭，上曰：「勿爲久留計，有所欲言言之。」對曰：「臣在諫院職得論事，今越職而言，罪也。」上曰：「第言之，勿以中外爲間。」參史傳。《詩譜後序》云：慶曆四年，始得《詩譜》於絳州而補正之，謂先儒之論非悖理害經者，不必相詆訾。盡其説而不通，然後得以論正。本集。

五年乙酉，三十九歲

官河北都轉運使。河北諸軍怙亂驕恣，小不如意，輒脅持州郡。公奏乞優假將帥，以鎮壓士心，軍中乃定。誌。初，保州亂兵皆招以不死，既而悉誅之。脅從二千人，分隸諸州。富公爲宣撫使，恐後生變，與公相遇於内黄，夜半屏人謀，欲同日誅之。公曰：「禍莫大於殺已降，况脅從乎？既非朝命，州郡有一不從，爲變不細。」富公悟乃止。同上。公奏置御河催綱司，以督糧餉，諸州賴之。同上。又置磁、相州都作院，以繕一路戎器。同上。河北方小治，三府諸公相繼以黨議罷去。❷公慨然上書論之，用事者益怒。會公之外甥女張，嫁公族人晟，以失行繫

---

❶「麤」，《安陽集》卷五〇《歐陽公墓志銘》作「租」。

❷「三府」，神道碑作「二府」，當是。

獄，言事者乘此欲並中公，遂起詔獄，窮治張資産。上使中監官勘之，卒辨其誣，猶降官以知制誥出知滁州事。參碑。　十月，《滁州謝上表》云：「謗讒始作，大喧群口而可驚；誣罔終明，幸賴聖君之在上。」又云：「伏念臣生而孤苦，少則賤貧。同母之親，惟存一妹。喪厥夫而無託，攜孤女以來歸。張氏此時，生才七歲，臣愧無蓍龜前知之識，不能逆料其長大所爲。在人情難棄於路隅，緣臣妹遂養於私室。方今公私嫁娶，皆行姑舅婚姻，况晟於臣宗已隔再從，而張非己出，因謂無嫌。乃未及笄，遽令出適。然其既嫁五六年後，相去數千里間，不幸其人自爲醜穢，臣之耳目不能接，思慮不能知，而言者及臣，誠爲非意。以至究窮於資産，固已吹析於毫毛。」又云：「臣自睿獎，嘗列諫垣。論議多及於貴權，指目不勝於怨怒。若臣身不黜，則攻者不休。苟令讒謗之愈多，是速傾危於不保。必欲爲臣明辨，莫若付於獄官。必欲措臣少安，莫若置之閒處。使其脱風波而遠去，避陷穽之危機。雖臣善自爲謀，所欲不過如此。」本集。

閔案：仁宗嘗曰：「如歐陽修，何處得來？」則相契者深矣。此等誣罔，即當宸斷其非。既遣中監勘明，何爲猶至降出？謝表委曲詳明，意甚深惋。君臣遇合如此，輒爲無根之謗所摇。然則仁宗亦柔厚有餘，英斷不足，所以振作擢舉諸賢，卒不能大有爲也。

閔又攷《魏公别録》云：執政賈昌朝、陳執中惡公，欲因張氏事深治之。令蘇安世鞫獄不成，蘇云：「不如煅鍊，就仍乞不録。」内官王昭明爲監勘官，正色曰：「上令某監勘，正欲爲公道爾。煅鍊何等語也？」公遂得清脱。然則公之降出，賈、陳之力也，仁宗竟不能照察哉。

又案《續資治通鑑》云：初，脩有妹適張龜正，卒而無子。有女，實前妻所生，甫四歲，無所歸，其母攜養於外氏。及笄，脩以嫁族兄之子晟。會張氏在晟所與奴奸，事下開封府。權知府事楊日嚴前守益州，脩嘗論其貪恣，因使獄吏附致其言以及脩。諫官錢明逸遂劾脩私於張氏，且覬其財。詔户部别官蘇安世同供奉官王昭明雜治，卒無狀，乃坐用張氏奩中物買田，立歐陽氏券。安世等直牒三司，取録問吏人，而不先以聞，故皆及於責。安世，開封人也。獄事起，諸怨脩者必欲傾脩，而安世獨明其誣。雖忤執政意，與昭明俱得罪，然君子多之。此與上《魏公别録》謂蘇欲煅成其獄大不同。後蘇與王同得罪，或《别録》有誤？今併記之以存疑。後又攷王銍《默記》，乃知上兩條猶未盡，今記於此云：歐陽文忠鋭意言事，大忤權貴。未幾，以龍圖閣直學士爲河北都運，宰相欲以事中之也。會令内侍供奉官王昭明同往相度河事，公言：「故事無内侍同行之理，臣實恥之。」朝廷從之。公在河北，職甚振，無可中傷。會公甥張氏，妹婿龜正之女，非歐生也，幼孤，育於家，嫁姪晟，與晟僕陳諫通，事發，鞫於開封府巡院。張引公未嫁時事，詞多醜。判官孫好揆止劾張與諫通事，不復支蔓。宰相怒，再命三司户部判官蘇安世勘之，遂用張前語。俄又差王昭明監勘，蓋以公前事，欲釋憾也。昭明至獄，見安世所勘獄牘，駭曰：「昭明在官家左右，無三日不説歐陽脩。今省判所勘，乃迎合宰相意，加以大惡。異日昭明喫劒不得。」安世懼，竟不易揆所勘，但劾公用張氏資買田産立户事奏之。宰相大怒，即降知制誥、知滁州，而安世坐降殿中丞、泰州監税，昭明降壽春監税。公責詞云：「不知淑慎以遠罪辜。知出非己族而鞫於私門，知女歸有室而納之群從。向以訟起晟家之獄，語連張氏之資。券既不明，辨無取驗。以其久參侍從，免致深文。可除延閣之名，還序右垣之次。仍歸漕節，往布郡條。體余寬恩，思釋前咎。」其後王荆公爲安世墓銘，盛稱能回此獄。不知揆守之於前，昭明主之於後，安世不能有所變更迎合也。此事非合衆説，難盡曲折，故詳録之兹，以見攷古之難。

六年丙戌，四十歲。

知滁州。

七年丁亥，四十一歲

知滁州。十二月有《謝上騎都尉進封開國伯加食邑三百户表》。本集。

八年戊子，四十二歲

轉起居舍人，移知揚州。❶ 二月，《揚州謝上表》云：「伏蒙聖恩，授臣起居舍人，依前知制誥、知揚州軍州事，已於今月二十二日赴任訖者。」中云：❷「偶自弱齡，麤知學古。謂忠義可以事國，名節可以榮身。自蒙不次之恩，亦冀非常之效。然而進未有纖毫之益，已不容於怨仇；退未知補

❶「揚」，原作「楊」，今據上下文義改。下兩處同。

❷「中云」，按，此下所引，據《文忠集》卷九〇，乃《潁州謝上表》，與移知揚州無關。

報之方，遽先罹於衰病。蓋積憂而自損，信處世之多危。」本集。

皇祐元年己丑，四十三歲

轉禮部郎中，移知潁州。　公謝表云：「臣自小無能，惟知嗜學。常慕古人而篤行，不知今世之難行。」又云：「臣羸知用舍，頗識廉隅。自被讒誣，迨於降黜。當舉朝沸議，未嘗以寸牘而自明；及累歲謫居，不敢以半辭而自理。其後再經寬赦，移鎮要藩。曾未逾年，遽求小郡。蓋臣知難當之衆怨，尚未甘心；思苟免之善謀，惟宜退迹。」本集。　八月，又《謝復龍圖閣直學士表》，末云：「臣稟生孤拙，本乏藝能。惟因學古之勤，羸識事君之節。苟臨危致命，尚當不顧以奮身；況爲善無傷，何憚竭忠而報國。」同上。

二年庚寅，四十四歲

遷吏部郎中，差知應天府兼南京留守。　公謝表有云：「迨此六年，外更三守。學偷安而杜口，負素志以愧心。朽質易衰，已凋零於齒髮；良時難得，尚希慕於功名。豈謂皇慈，未捐舊物，擢從支郡，委以名都。惟此別京，舊當孔道。簿領少勤於職事，厨傳取悦於路人。苟循俗吏之所爲，雖能免過；非有古人之大節，未足報君。」本集。

閔案：讀此表剛勁，有百折不挫之概。

三年辛卯，四十五歲

留守南京。

四年壬辰，四十六歲

居母憂。　母太夫人三月十七日以疾終於官舍，年七十二。

五年癸巳，四十七歲

居母憂。　歸葬母吉州，冬復還居潁。

至和元年甲午，四十八歲

服除，入見，鬚髮盡白。上怪之，問勞惻然，恩意甚厚，命判吏部流内銓。小人畏公且大用，僞爲公奏，乞澄汰宦官。宦官聞之，果怒。會選胡宗堯當改官，❶坐嘗以官舟假人，經赦去官，法當循資，公引對取旨，上特令改官。宦官有密奏者曰：「宗堯翰林學士胡宿之子，有司宥之，❷私也。」遂出公知同州。言者多謂公無罪，上悟，留刊修《唐書》，遷翰林學士。參碑誌。　上臨御久，偏閲群臣，未有稱上意者。上思富公、韓公之賢，復召寘二府。慶曆舊人，惟二公與公三人在朝廷。士大夫望治，翕然相慶。事迹。　有《辭翰林學士表》。　又《謝宣召入翰林狀》有云：「風波流落者十年，天日再瞻於雙闕。進對之際，已蕭颯於霜毛；慰勞有加，賜憫憐於玉色。」本集。

二年乙未，四十九歲

❶「選」下，據神道碑，當脱「人」字。

❷「宥」，神道碑作「右」。

以學士判三班院奉使契丹。契丹主命四貴臣押宴，曰：「此非常制，以卿名重故爾。」史傳。

嘉祐元年丙申，五十歲

判太常寺。有《舉梅堯臣充直講狀》，中云：「太常博士梅堯臣性純行方，樂道守節，辭學優贍，經術通明。長於歌詩，得風雅之正。望依孫復例，以補直講之員。」又舉布衣陳烈。又有《薦王安石吕公著劄子》，中云：「殿中丞王安石，德行文學爲衆所推，守道安貧，剛而不屈。司封員外郎吕公著是夷簡之子，器識深遠，沈静寡言。富貴不繫其心，❶利害不移其守。」又云：「安石久更吏事，兼有時才。公著性樂閒退，淡於世事。」又《薦張立之狀》。均本集。

二年丁酉，五十一歲

權知貢舉。是時，文體大壞，❷公患之，所取率以辭義近古爲貴，凡險怪知名者黜落殆盡。榜出，怨謗紛然，久之乃服。文章自是變而復古。史傳。二蘇出於西川，拔在高等。五六年間，文格遂變。事迹。是科程顥、張載、朱光庭、蘇軾、蘇轍、曾鞏皆及第。《通鑑輯覽》。

是年，公《乞差知洪州劄子》有云：「一入禁署，迨今三年。進無補於朝廷，退自迫於衰病。雖翰苑事無繁劇，聖恩曲賜優容，然非養病尸居之地。兼臣鄉里在吉州，昨於丁憂持服時，歸葬亡母，

---

❶「繫」，《文忠集》卷二〇《薦王安石吕公著劄子》作「染」。

❷「壞」，原作「壤」，今據四部叢刊本《歐陽文忠公集》附録卷一《行狀》改。

荒迷之中，庶事未備。本期服闋，上告聖慈，乞一近鄉州郡，冀得俸禄，因便營葺。而自叨禁職，荏苒歲時，貪寵忘親，此又人子之責也。所以夙夜彷徨，不能自止，欲望察臣懇迫，特許差知洪州一次。」

閔案：洪文敏《容齋二筆》云：公父崇公葬於里之瀧岡，自爲阡表。而公中年以後，乃欲居潁，無一語及松楸之思。瀧岡之上，無復有子孫臨之。每讀阡表，輒爲太息。嗟乎，此文不作可也。王文簡《居易録》信洪論，謂起永叔於九原，何以自解不孝之罪云云。二公殆未攷公全集，輕爲議論，遂至誣詆先哲。公乞洪州表時，五十一歲，明云營葺先墓，何謂中年以後無一語及松楸之思？自是而後，五十三歲，乞洪州至四次。五十四歲，又乞洪州至二次。通前後乞至七次，乃誣其無一語及松楸之思。至王文簡，竟武斷科爲不孝。後人以二公博雅，言當不謬，而不知謬之甚也。以下凡乞洪州表狀，悉載其目，或節其詞，皆爲二公之輕詆而徵信於後世也。　元歐陽原功《圭齋集》亦嘗申理此，併及公之子孫居潁者，並未遭元兵之阨。南宋人傳説之誤，詳後及鄙撰《從祀先儒小傳》中。　《瀧岡阡表》，公作於熙寧三年，公年六十四矣，越二年即薨。然則至老尚不忘表墓，何云瀧岡之上，無復有子孫臨之？公六十五始告歸，或一臨墓立表，明年即世，不至墓無怪。後來子孫雖居潁州，安知不歲歲遣人祭墓耶？容齋立言殊鹵莽。　後攷集中百五十三卷，皇祐二年有與十四弟焕字太明者書云，太君年老，未能一歸鄉里，親拜墳墓，祖墳更望與照管云云。皇祐五年，又與十四弟書云，諸大小墳營，且望更與照管，年歲間某歸相見云云。又一書云，但憂墳營，惟託勤爲照管云云。又至和元年有一書，二年又一書，皆託照管墳營事。又嘉祐元年一書則云，脩見乞洪州，亦只爲先墳也云云。如此尚得云無一語及松楸之思耶？吾謂安知不歲歲遣祭墓，不信而有徵耶？何云遂無子孫臨之也。

三年戊戌，五十二歲

加兼侍讀學士，❶權知開封府事。所代包孝肅公威嚴御下，名震都邑。公簡易循理，不求赫赫之名。有以包公之政勵公者，公曰：「凡人材性不一，用其所長，事無不舉。强其所短，勢必不逮。但當盡我所爲，烏可勉所短以徇人耶？」既而京師亦治。參行狀事迹。開封府多近戚寵貴，遇有犯事，復求内降寬免。公既授命，屢有其事，即上奏論列，乞令復求内降以免罪者，更加本罪一等。内臣梁舉直私役官兵，付開封府取勘，既而内降赦免。凡三次内降，公終格不行。事迹。閏十月，京師大雪，民多凍餒死者。明年上元，有司常例張鐙，公奏請罷之。同上。三月，有《辭侍讀學士劄子》。《再辭侍讀學士狀》。六月，有《辭知開封府劄子》。

四年乙亥，五十三歲

春，請罷府事，遷給事中充群牧使。正月，有《乞洪州第二劄子》，末云：「乞依蔡襄例除臣洪州一次。」又《乞洪州第三狀》。又《辭轉給事中劄子》。又再辭劄子。《舉吕公著自代狀》。

---

❶「兼侍讀」，神道碑作「龍圖閣」。

又《乞洪州第四劄子》。　有《乞與尹構一官狀》。構，師魯之子。　又《舉丁寶臣狀》。

五年庚午，五十四歲

《唐書》成，轉禮部侍郎兼翰林侍讀學士。尋以本職爲樞密副使。　有《爲提舉曾公亮進新修唐書表》。　有《辭轉禮部侍郎劄子》。　又再辭狀。　又《乞洪州第五劄子》，有云：「年齒老大，疾病侵陵。兼以父母墳墓遠在江外，未有得力子弟照管，誠心迫切。今來《唐書》已得了當，欲望聖慈差知洪州一次，所冀退養衰拙，兼便私營。」　又《乞洪州第六狀》，中云：「臣丁母憂日，扶護歸葬。方在憂禍，故事力有所不周。臣但仰天長號，撫心自誓，服闋便乞一江西差遣，庶幾近便營緝。至於種植松柏，置田招客，蓋造屋宇，刻立碑碣之類，事難倉卒。冀於一二年間，勉力可就。當是時，鄉人父老親族環列墓次，並聞臣言。自臣除服還朝，皆引領望臣歸踐前約。而臣遷延荏苒，一住七年。是臣欺罔幽明，貪戀榮禄，食言不信，罪莫大焉。」又云：「臣自數年以來，雖累曾陳乞，而懇誠不至，天聽未回。亦嚮欲伺候《唐書》了畢，今者幸已成書上奏。其餘所領，悉是尋常職務，伏望聖慈乞賜檢會數年以來前後陳乞，特許與除洪州一次。」

閔案：此次陳奏極懇切，而終不得請。君臣之間，有難言者如此。而後人乃誣其忘松楸之思，冤哉！

又有《乞洪州第七狀》，末云：「特煩詔諭，前例所無。捧讀驚惕，繼以感涕。惟臣材無可用，年又漸衰，外有私營，冀償夙素。欲望聖慈畀之一郡，使其志畢願從。」

閔案：仁宗意亦無他，欲留公在内，故不令外出，所以有副樞之命，旋有參知之命。公亦知終不得請，熙寧四年，年六十四矣，乃作《瀧岡阡表》，立於墓上。此其前後情事，可攷而知也。洪、王灝心論古，良不可訓。

九月，有《辭侍讀學士狀》。　十一月，有《辭樞密副使表》。　又有《薦布衣蘇洵狀》，中云：「眉州布衣蘇洵，履行純固，性識明達。亦嘗一舉有司不中，遂退而力學。其論議精於物理而善識變權，文章不爲空言而期於有用。」　又有《舉章望之曾鞏王回等充館職狀》，中云：「秘書省校書郎章望之學問通博，文辭敏麗，不急仕進，行義自修，東南士子以爲師範。太平州司法參軍曾鞏自爲進士，已有時名。所爲文章，流布遠邇。志節高爽，自守不回。前亳州衛真縣主簿王回學行純固，論議精明，尤通史傳姓氏之書，可備顧問。」　又《舉蘇軾應制科狀》，中云：「新授河南府福昌縣主簿蘇軾學問通博，資識明敏，文采爛然，論議蠭出。行業修飭，名聲甚遠。臣今保舉堪應材識兼茂明於體用科。」　臺諫論宰相陳執中過惡，執中猶遷延固位。公上疏，以爲陛下拒忠言，庇愚相，爲聖德之累。未幾，執中罷。史傳。　案，陳執中罷在至和元年。　狄青爲樞密使，有威名，上不豫，言籍籍。公請出之於外，以保其終，遂知陳州。同上。　案，此嘉祐元年事。　嘗因水災上言：「陛下臨御三十年而儲宮未建，此闕典也。漢文帝在位，群臣請立太子。群臣不自疑而敢請，文帝亦不疑其臣有二心。後唐明宗尤惡人言太子事，然漢文帝立太子之後，享國長久，爲漢太宗。明宗儲嗣不早定，而秦王以窺覬陷於大禍，後唐遂亂。陛下何疑而久不定乎？」其後建立英宗，蓋原於此。參史傳事迹。　案，此嘉祐元年事。　公在翰林，仁宗一日見御閤春帖子，讀而愛之，問左右，曰：「歐陽脩之詞也。」乃悉取宮中諸帖閱之，見其篇篇有意，歎曰：「舉筆不忘規諫，真侍從之臣也。」《吕氏家塾記》。　公在翰林，建言：「讖緯之書，❶悖經妨道。凡諸書及傳疏所引，請一切削去，無誤後學。」同上。　公在翰林八年，知無不言。河決商湖，❷北京留守賈昌朝欲開横壠故道，回河使東流。有李仲昌者，欲道入六塔河。議者莫知所從。公以爲河水重濁，理無不淤。下流既淤，上流必決。水性避高，決必趨下。横壠功大難成，雖成，必有復決之患。六塔狹小，不能容受大河。以全河注之，濱、棣、德、博必被其害。不若因水所趨，增治隄防，疏其下流，浚之入海。此數十年之利也。宰相陳執中主昌朝，文彦博主仲昌。後如仲昌言行之而敗，河北被害數千里。參史傳事迹。　案，此至和二年事。

閔案：此數條綜在翰林八年中事，而繫於此爾，非定一年事也。

又有《謝樞密副使表》。

六年辛丑，五十五歲

參知政事。　公在兵府，與曾公亮考天下兵數及三路屯戍多少、地理遠近，更爲圖籍。凡邊防久

❶「讖」，原作「纖」，今據清指海本《吕氏雜記》改。

❷「商湖」，《宋史》卷三一九《歐陽脩傳》作「商胡」，當是。

缺屯戍者，必加蒐補。其在政府，與韓琦同心輔政，凡兵民、官吏、財利之要，中書所當知者，集爲總目，遇事不復求之有司。史傳。　時富公久以母憂去位，公與韓公同心輔政，每議事，心所未可，必力争，韓公亦開懷不疑。故嘉祐之政，世多以爲得。碑。　有《論臺諫官唐介等宜牽復劄子》。　有《辭免參知政事表》。　有《謝參知政事表》。　又有《舉劉攽吕惠卿充館職劄子》，中云：「前廬州觀察推官劉攽辭學優贍，履行修謹，記問該博，可備朝廷詢訪。前真州軍事推官吕惠卿材識明敏，文藝優通，好古飭躬，可謂端雅之士。並宜置之館閣。」

閔案：吕惠卿後來狼狽，文忠所不及料。大概「材識明敏，文藝優通」八字自不爲過，朋黨傾軋之言，亦或有溢惡之處。孔子曰「不如鄉人之善者好之」，惠卿於此，容有節取。

七年壬寅，五十六歲

參知政事。　仁宗連失褒、豫、鄂三王，遂無皇子。言者常以國本爲急，每輒留中。六年秋，諫官司馬光、知江州吕誨有疏論述，上遽曰：「朕有意多時矣，但未得其人。」既而左右顧曰：「宗室中孰爲可？」韓公對曰：「此事豈臣下敢議？當出自聖意。」上曰：「宫中嘗養二子，大者可也。」遂啓曰：「其名謂何？」上曰：「名某，今二十歲矣。」❶公等遂力贊之，議乃定。明日奏事，因又啓

❶「二十歲」，《文忠集》卷二九並《續資治通鑑長編》卷三九均作「三十歲」。按，據《宋史》卷一三《英宗紀》，英宗生於明道元年，迄嘉祐六年整三十歲，可知本書誤。

之。上曰：「決無疑也。」公等奏言：「事當有漸，容臣等商量所除官。」既退，遂議且判宗正。上大喜曰：「如此甚好。」又奏曰：「此事若行，不可中止，乞陛下斷在不疑，仍乞自内中批出。」上曰：「此事豈可令婦人知？中書行可也。」命既出，今上再三辭避，前後十餘讓。公奏曰：「宗室自來不領職事，今外人忽見不次擢用，皆知將立爲皇子。不若正其名，立爲皇子，只煩陛下命學士作一詔書告報天下，事即定矣，不由某受不受也。」韓公力贊之，遂降詔立爲皇子。今上在濮邸，即有賢名。及遷入内，良賤不及三十口，行李蕭然，無異寒士，有書數厨而已。中外聞者相賀。參奏事録。

八年癸卯，五十七歲

四月英宗登極覃恩，轉户部侍郎。有謝表。又有《謝皇太后表》。宫車晏駕，皇子嗣位，海内泰然有磐石之固，然後天下詠歌仁宗之聖，以及諸公之賢。向之黨議，消釋無餘。至於小人，亦磨滅不見矣。碑。

閔案：用賢之效如此，此天意祚宋，俾仁、英、神三朝交際之間，得中書數公維持之也。

英宗治平元年甲辰，五十八歲

特轉吏部侍郎。有辭表。又有三劄子乞辭免。最後有謝表。英宗即位之初，以疾未親政，慈聖光獻太后臨朝。公與諸公往來二宫，彌縫其間，卒復明辟。碑。英宗以疾未親政，皇太后垂簾，左右交搆，幾成嫌隙。韓公奏事，太后泣語之故。韓以上疾爲辭，❶太后意不釋。公進曰：「太后事仁宗數十年，仁德著於天下。昔温成之寵，太后處之裕如，今母子之間不能容耶？」太后意稍和。公復進曰：「仁宗在位久，德澤在人，故一日晏駕，天下奉戴嗣君，無一人敢異同者。今太后一婦人，臣等五六書生耳，非仁宗遺意，誰肯聽從？」太后默然久之而罷。史傳。樞密使嘗闕人，公當次補，韓公、曾公議將進擬，不以告公。公覺其意，謂二公曰：「今天子諒陰，母后垂簾，而二三大臣自相位置，何以示天下？」二公大服而止。其後張康節公去位，英宗復將用公，公又力辭不拜。公再辭重位，諸公不喻其意而服其難。同上。孫侍郎長卿罷環慶路安撫，拜集賢院學士，爲河東轉運使。臺諫交章論列長卿守邊無狀，宜加降黜。中書以長卿歲滿得代，無過可黜，而臺諫論奏不已。六月十一日進呈，上厲聲曰：「已行之事，何可改？」公奏曰：「臣等不爲已行難改，若朝廷果是除授不當，能用臺諫之言改正，足以上彰陛下從諫之聖，臣等能不遂非而改過，亦是好事。但以長卿除授不爲非當，若從臺諫之言，使彼銜冤受屈，於理未安。」上然之。上又曰：「人言臺諫奪權。」公奏曰：「此則爲陛下言者過也。朝廷置臺諫官，專爲言事。若使默然，卻是失職。苟以言事爲奪權，則臺諫無職可供耳。」奏事録。

閔案：英宗謂人言臺諫奪權，即論孫長卿不已一事，亦見當時諫官已有氣燄。文忠所對，蓋欲

❶「辭」，《宋史》卷三一九《歐陽脩傳》作「解」，義勝。

作敢言之氣，勉人主從諫耳。然漸不可長。馴至濮議，臺諫官負氣好勝，抗衡中書，至人主詔榜朝堂，曉示群下。此亦豈可訓乎？無怪神宗之世，王介甫一有建白，臺諫交章，直似把持人主。大都謂介甫執拗。執拗誠有之，而臺諫氣燄，英宗已疑之，神宗能俯而就之乎？程明道曰：「新法之行，亦是吾黨有以激成之，當分其過。」大賢平議，得是非之公矣。

初，上入爲皇子，中外相慶。既而稍稍傳云有異議者，指蔡侍郎襄爲一人。及上即位，始親政，每語及三司事，便忿然有不樂之色。蔡公終以此疑懼，請出。既有除命，韓、曾二公因爲上言，蔡襄事出於流言，難以必信。前世人主疑似之嫌，害及忠良者可爲鑒也。公亦啓曰：「或聞蔡襄文字尚在禁中，陛下曾親見之乎？」上曰：「文字即不曾見，無則不可知其必無。」公奏曰：「若無文字，則事未可知。就使陛下曾見文字，猶須更辨真僞。往時夏竦欲陷富弼，先令婢子學石介書字，歲餘學成，乃僞作介與弼書，謀廢立事。書未及上，爲言者廉知而發之。賴仁宗聖明，弼得免禍。至如臣自母憂服闋初還朝時，有嫉臣者，乃僞撰臣一劄子，乞沙汰内官，欲以激怒群奄。是時家家有本，中外喧傳，只判銓得六日，爲内臣楊承德以差船事罷知同州，亦賴仁宗保全，得至今日。由是而言，陛下曾見文字，猶須審辨，况止是傳聞疑似之言，何爲可信？」上曰：「造謗者因甚不及他人，官家若信傳聞，蔡襄豈有此命？」參奏事録。　八月十四日，公獨對崇政殿，因奏曰：「近聞臺諫累有文字彈奏臣不合專主濮議，上荷陛下保全，知此議非臣所得獨主。臺諫文字既悉留中，言者於是稍息。」上曰：「參政性直，不避衆怨。每見奏事，時或與二相公有所異同，便相折難，其語更無回避。亦聞臺諫論事，往往面折其短，若似奏事時語，可知人皆不善也。今後宜少戒。」同上。

二年乙巳，五十九歲

仍前官。　正月，有乞外任，三次上表。　二次劄子。　八月水災，待罪乞避位，三次上表。

上問公曰：「水災以來，言事者多云不進賢。」公曰：「近來進賢之路太狹，誠當今之患。」上曰：「何謂？」公曰：「自富弼、韓琦當國以來，十數年間，外自提刑、轉運，内則省府之類，選擢甚精，時亦得人。然皆錢穀刑名强幹之吏，此所謂用材也。如臣所言進賢之路，謂館職也。」上曰：「如何？」公曰：「朝廷用人之法，自兩制選居兩府，今學士、舍人、待制，通謂之兩制。自三館選居兩制。是則三館者，輔相養材之地也。往時入三館有三路，今塞其二矣。」上曰：「何謂三路？」公曰：「進士高科，一路也；大臣薦舉，一路也；因差遣例除，一路也。往時進士五人已上及第者皆入館職，第一人有及第纔十年而至輔相者。今第一人及第者，兩任近十年，方得試館職。而第二人已下，無復得試。是高科一路塞矣。往時大臣薦舉，隨即召試，今但令上簿，候館閣闕人與試，而館閣人無員數，無有闕時，則上簿者永無試期。是薦舉一路又塞矣。惟有因差遣例除者，半是年勞老病之人也。此臣所謂進賢之路太狹也。」後數日，上因中書奏事，遂處分，令擇人試館職。同上。　又有《乞獎用孫沔劄子》。

閔案：英宗明斷，勝於仁宗，惜臨御不久耳。公尚有言降補僧官及御藥院置局諸事，言無不聽。以細小不録。

三年丙午，六十歲

仍前官。　三月，有《再乞外任表》。　又乞出第一劄子有云：「伏自濮園之議既興，言事之臣荒唐不學，妄執違經非禮無稽之説，恥於不用，不勝其忿，遂厚誣朝廷，借以爲名，因肆言訕上，指臣爲奸邪首議之人。陛下至聖至明，洞見中書與兩制所議本末，察臣無罪，曲賜保全。而呂誨等附下罔上，語言悖慢，無復君臣之禮，以至斥黷母后，非毁詔書等事，陛下皆屈意含容，不加顯戮，止於退罷而已。及詔定典禮，不如誨等所誣。既又詔牓朝堂，諭以本末。由是中外釋然，皆識朝廷本意。今則曲直已分，臣所被誣，亦已獲雪，更何以辨，豈合有言？而臣義有不得已者，蓋以執政之臣，天下之所瞻望。若名譽煊赫，非一人之榮，乃朝廷之榮。其或身名毁辱，非一人之辱，乃朝廷之辱也。呂誨等連章累疏，惡言醜詆。陛下爲臣愛惜，留中不出。誨等自寫章疏，宣布中外。雖誨等急於賣直，不惜國體，如臣者，豈合强顔忍恥，猶安厥位，使天下何所瞻望？由是言之，豈得已哉！」　又第二表。　又第二劄子有云：「陛下急於求治，取信輔弼，言無不從。臣於此時，不謂不得君，不謂不得位。而智識駑下，初無補報。既不能建明大義，鎮遏群言，又不能和會衆心，協於一德，遂致浮詞異論，中外諠譁。惟務含胡，無一言以辨正。但欲因循，苟於無事，以此養成群小，誣謗聖朝。上則煩黷睿聰，下則自取身辱。不堪任用，可黜不疑。」又云：「朝廷輕重，繫在大臣。大臣望重，則朝廷尊；大臣望輕，則朝廷不尊。大臣望輕猶不可，何況惡言醜詆，毀辱百端？今豺狼當路，姦邪在朝之語，下傳閭巷，外播四夷。以是而言，何止望輕而已。有臣如此，豈不爲朝廷之辱哉！」又有第三表。第三劄子。第四劄子。第五劄子。又有《薦司馬光劄子》。又第二劄子。

錢氏大昕曰：問：「宋濮安懿王之議，兩制謂宜稱皇伯，而歐陽公建議非之。後人多左歐陽而右司馬，然與？否與？」曰：「皇伯之稱，於禮無稽。古人稱伯父叔父、伯舅叔舅、伯兄叔兄、伯氏叔氏、伯子叔子、伯姬叔姬，皆以伯叔爲長幼之異名，無單稱伯叔者。『伯也執殳』，婦人謂其夫也。『侯主侯伯』，家之長子也。『將伯助予』，則不知誰何之人也。吾未聞以世父爲伯者也。禮：爲人後者，爲其父母服齊衰期，不聞改本生之親爲世父叔父者。漢宣嗣孝昭，尊史皇孫曰悼考。光武嗣孝元，亦立南頓以下四親廟。曰考曰親，則亦未没其父母之稱。誰非人子，以爲人後，而不得有其父母，於人子之心，自有難安者。歐陽之議，於禮於情，本無可易，非若嘉靖議禮諸人之佞邪也。」

段氏玉裁曰：王文簡謂宋之濮議，歐陽之説敢於負仁宗，其語甚鄙。夫謂本生父爲父爲考，亦天理人情之自然。僅稱皇考，不稱皇帝，固無礙於大統也。司馬公等失之拘泥，歐陽何失哉？文簡此論，不可不辨。

四年丁未，六十一歲

覃恩轉尚書左丞，依前參知政事。尋授刑部尚書，充觀文殿學士，知亳州事。正月，神宗登極。

二月，有《辭覃恩轉左丞表》。　又有謝表。　濮禮之議，臺官意公主之，遂專以詆公。　言者不勝補，外而來者持之愈急。　御史蔣之奇並以蜚語汙公，公杜門求辨其事。　中丞彭思永乘虚助之。神宗察其誣，連詔詰問。　詞窮，皆坐貶。　公亦堅求退，上知不可奪，除刑部尚書、觀文殿學士、知亳州。參碑。

閔案：此事《續資治通鑑》卷六十五載得首尾，更明白。　今節記於此。　朝論以濮王追崇事，疾脩者衆，欲擊去之，其事無由。　有薛良孺者，脩妻之從弟也。　坐舉官被劾，冀會赦免，而脩乃言不可以臣故徼倖。　良孺怨脩切齒。　脩長子發娶鹽鐵副使吴充女，良孺因謗脩帷薄，事連吴氏。御史中丞彭思永聞之，間以語僚屬。　御史蔣之奇始緣濮議合脩意，脩特薦爲御史。　方患衆論指以爲奸邪，求以自解。　及得此，獨劾脩，乞肆諸市朝。　帝疑其不然，之奇引思永爲證。　思永以帷薄之私非外人所知，但其首建濮議，違典禮以犯衆怒，不宜更在政府。　上以二人所奏付樞密院，脩亦上章自辨。　帝初欲誅脩，以手詔密問天章閣待制孫思恭。　思恭極力救解。　上悟，復取二人奏並脩章付中書，令二人具傳達姓名以聞，而皆謂出於風聞。　吴充亦上章乞力與辨正虚實，使門户不致枉受污辱。　於是上復批付中書根問，卒無據。　故二人同降黜。　上手詔賜脩，令起視事云云。　竊疑上與脩非有素嫌，何至因此便欲殺脩，賴孫思恭救而悟？　此出《墨史》，李燾《長編》亦載之，吾終疑其不實。

二月，有《乞根勘蔣之奇彈疏劄子》。　又《再乞根究劄子》，中云：「之奇誣罔臣者，乃是禽獸不爲之醜行、天地不容之大惡。臣若有之，萬死不足以塞責。臣若無之，豈得含胡隱忍，不乞辨明？」又云：「太抵小人欲中傷人者，必欲曖昧之事。❶貴於難明，易爲誣汙。然而欲以無根之謗，絶無形迹，便可加人，則人誰不可誣人，又誰能自保？」又《乞罷任根究蔣之奇劄子》。以下一連六七首。三月初四日，神宗御札云：「春暖，久不相見，安否？數日，❷以言者污卿以大惡，朕曉夕在懷，未嘗舒釋，故累次批出，再三詰問其從來事狀，訖無以報。前日見卿文字，力要辨明，遂自引過。今日已令降黜，仍出牓朝堂，使中外知其虚妄。事理既明，人疑亦釋。卿宜起視事如初，無恤前言。賜歐陽脩。」有乞罷政事，前後共三表。又乞外郡，一連三劄子。又辭刑部尚書劄子。又謝。六月，有《亳州謝上表》，中云：「叨塵二府，首尾八年。荷三朝之誤知，罄一心而盡瘁。若乃樞機宜慎，而見事輒言；陷穽當前，而横身不顧。竊尋前載，未有能全。一昨怨出仇家，構爲死禍。造謗於下者，初若含沙之射影，但期陰以中人；宣言於廷者，遂肆鳴梟之惡音，孰不聞而掩耳？賴聖神之在上，廓日月之至明。悉究罔誣，遂投讒賊。」又云：「平居握手，惟期道義之交；延譽當朝，嘗丐齒牙之論。而未乾薦禰之墨，已彎射羿之弓。知士其難，世必以臣爲戒；常情共惡，人將不食其餘。而臣自貽禍釁，幾至顛躋。」以上並本集。有

❶「欲」，歐陽脩《歐陽文忠公文集·表奏書啓四六集》卷四《再乞根究蔣之奇彈疏劄子》作「以」，義勝。

❷「數日」下，《文忠集》卷九三録《神宗御札》有一「來」字。

《亳州到任謝兩府書》，有云：「坐思補報，歎心存而願違；卻視風波，猶寢驚而夢噩。」又云：「識雖不早，悔尚可追。至於緝風雨之敝廬，治松菊之三徑，少假歲年之頃，即爲田畝之人。固將追野老而行歌，永陶聖化；恃仁人之在上，必保餘生。」同上。

神宗熙寧元年戊申，六十二歲

知亳州。有《亳州乞致仕》，一連五表。又一連五劄子。八月，授兵部尚書，依前觀文殿學士、知青州。有《辭免青州劄子》三首。《辭兵部尚書劄子》。又《青州謝表》。

二年己酉，六十三歲

知青州。有《謝傳宣撫問賜香藥銀合表》。又《謝賜漢書表》。又《乞壽州劄子》二首。

三年庚戌，六十四歲

除宣徽南院使、判太原府事、河東路經略安撫使。三辭不受，徙知蔡州。有《辭宣徽南院使判太原府事表》，一連五首。又《謝擅止散青苗錢放罪表》。又《蔡州謝上表》。有《瀧岡阡表》謂母述其父，祭必泣曰：「祭而豐不如養之薄也。」御酒食，又泣曰：「昔不足而今有餘，其可及也。」❶爲吏，夜燭治官書曰：「求其生猶失之死，而况世常求其死也？」本集。

四年辛亥，六十五歲

---

❶「可」，《文忠集》卷二五《瀧岡阡表》作「何」，當是。

知蔡州，尋以太子少師致仕。　有《乞致仕表》，一連三首。　又劄子二首。　又有《言青苗錢第一劄子》。　又第二劄子。　六月有《謝致仕表》。

五年壬子，六十六歲

是年閏七月二十三日，公薨於汝陰之私第。　上聞震悼，不視朝，贈太子太師，謚曰文忠。　恤後加賻，不與常比。誌。　八年秋九月，諸子奉公之喪，葬於新鄭旌賢鄉。　碑誌篆額曰「宋故推誠保德崇仁翊戴功臣觀文殿學士特進太子少師致仕上柱國樂安郡開國公食邑四千三百户實封一千二百户贈太子太師文忠歐陽公墓誌銘」。

特贈太師，追封兗國公。

初娶胥氏，翰林學士偃之女。　再娶楊氏，集賢院學士大雅之女。　復娶薛氏，資政殿學士簡肅公奎之女。　追封岐國太夫人。　男八人：發，承議郎；奕，光禄寺丞；棐，朝奉大夫；辨，承議郎。　餘早亡。　孫六人：愻，臨邑縣尉；憲，通仕郎；恕，奉議郎；愬，宣議郎；愿、懋，皆將仕郎。碑誌。

公著述：《易童子問》三卷、《詩本義》十六卷、《五代史》七十四卷、《居士集》五十卷、《歸榮集》一卷、《外制集》三卷、《内制集》八卷、《奏議集》十八卷、《四六集》七卷、《集古録跋尾》十卷、雜著述十九卷。　諸子集家書總目八卷。行狀。

閔案：今《四庫書目》及家塾藏本，皆統曰《文忠集》一百五十三卷，附録五卷。　計《居士集》五十卷、外集二十五卷、《易童子問》三卷、《外制集》三卷、《内制集》八卷、《表奏書啓四六集》七卷、《奏疏集》十八卷、雜著述十九卷、《集古録跋尾》十卷、《書簡》十卷、附録五卷。所著《詩本義》十六卷、《五代史》七十四卷，皆別行。

公在滁時，自號「醉翁」，晚年自號「六一居士」。曰：吾《集古録》一千卷，藏書一萬卷，琴一張，棋一局，酒一壺，吾老其間，是爲六一。行狀。

自云學道三十年，所得者平心無怨惡爾。公初以范希文事得罪於吕相，遠貶三峽，流落累年。吕公罷相，公始被進擢。後爲范公作《神道碑》，言西事時，吕公擢用希文，盛稱吕之賢，能釋私憾，而共力於國家。希文子純仁大以爲不然，刻石則輒削去此一節，云我父至死，未嘗解仇。公歎曰：「我亦得罪於吕相者，唯其言公，取信於後世也。吾嘗聞范公平生自言無怨惡於一人，兼其與吕公解仇書見在范集中，豈有父自言無怨惡於人，而其子不使解仇於地下？父子之性相遠如此，信乎堯、朱善惡異也。」公於經術，務究大本，所發明簡易明白。論《詩》曰：「察其美刺，知其善惡，以爲勸戒，所謂聖人之志者，本也。因其失傳，妄自爲之説者，經師之末也。今學者得其本而通其末，斯善矣。❶得其本不通其末，闕其所疑，可也。」不求異諸儒，嘗曰：「先儒於經不能無失，而所得者固多矣。盡其説而理有不通，然後得以論正。予非好爲異論也。」其於《詩》《易》，多所發明，爲《詩本義》，所改百餘篇，其餘則曰：「毛、鄭之説是矣，復何云乎？」被詔撰《唐

❶「善」上，歐陽脩《詩本義》卷一四《本末論》有「盡」字。

書》，又自撰《五代史》。其爲紀，一用《春秋》法。於《唐・禮樂志》，明前世禮樂之本出於一，而後世禮樂爲空名。《五行志》不書事應，盡破漢儒災異附會之説。其論著類此。《五代史》辭約而事備，及正前史之失爲尤多。修《唐書》，最後置局，專修紀志而已，列傳則尚書宋祁修也。朝廷以一書出於兩手，體不能一，遂詔公刊詳列傳，令删修爲一體。公雖受命，退而嘆曰：「宋公於我爲前輩，且人所見多不同，豈可悉如己意？」於是一無所易。及書成奏御，吏白：「舊制修書，只列書局中官高者一人姓名云。某等奉勅撰，而公官高當書。」公曰：「宋公於列傳用功深而爲日久，豈可掩其名而奪其功乎？」於是紀志書公姓名，列傳書宋姓名。此例皆前未有，自公爲始也。宋公聞而喜曰：「自古文人不相讓，而好相陵掩。此事前所未聞也。」公修《五代史記》，褒貶善惡，其法甚精。發論必以「嗚呼」，曰：「此亂世之書也，吾用《春秋》之法，師其意，不襲其文。」其論曰：「昔孔子作《春秋》，因亂世而立治法。余述本紀，以治法而正亂君。」此其志也。書減舊史之半，而事迹比舊史添數倍，議者以謂功不下司馬遷。又謂筆力馳騁相上下，而無駁雜之説。至於紀例精密，則遷不及也。亦嘗謂：「我作《伶官傳》，豈下《滑稽》者哉？」並遺事。公於古文，得之自然，非學所至。超然獨騖，衆莫能及。譬夫天地之妙，造化萬物，動者植者，無細與大，不見痕迹，自極其工。墓誌。公父鄭公嘗有遺訓戒用刑，母韓國夫人以語公，公終身行之。以謂漢法惟殺人者死，今法多雜犯死罪。非殺人者，多所平反。蓋鄭公意也。碑。張舜民遊京師，求謁先達。是時公與司馬公、王荆公爲學者所趍。諸公之論，於行義文史爲多，惟公與談吏事。

既久之，不免有請：「大凡學者之見先生，莫不以道德文章爲欲聞者。今先生多教人以吏事，所未喻也。」公曰：「不然。吾子皆時才，異日臨事，當自知之。大抵文學止於潤身，政事可以及物。吾昔貶夷陵，欲求《史》《漢》一觀，公私無有也。無以遣日，因取陳年公案，反覆觀之。見其枉直乖錯，不可勝數。以無爲有，以枉爲直，違法徇情，滅親害義，無所不有。且以夷陵荒遠褊小尚如此，天下固可知也。當時仰天誓心曰，自爾遇事，不敢忽也。迨今三十餘年，出入中外，忝塵三事，以此自將。今日以人望我，必爲翰墨致身。以我自觀，諒是當時一言之報也。」《張芸叟集》。　公嘗誦王沂公之言曰：「恩欲歸己，怨使誰當？」且曰：「貧賤常思富貴，富貴必履危機。此古人所歎也。惟不思而得，既得而不患失之者，其庶幾乎？」行狀。　公與其姪書云：「歐陽氏自江南歸明，累世蒙官禄。吾今又被榮顯，致汝等並列官品。當思報效，❶偶此多事。如有差使，盡心向前，不得避事。至於臨難死節，亦是汝榮事。昨書中欲買朱砂來，吾不闕此物。汝於官下宜守廉，何得買官下物？吾在官所，除飲食外，不曾買一物。汝可觀此爲戒也。」內翰蘇公題其後曰：「凡人勉强於外，何所不至？惟考之於其私，乃見真僞。此公與其弟姪家書也。」《東坡集》。　歐陽公，天人也，恐未易過，非獨不肖所不敢當也。天之生斯人，意其甚難，非且使之休息千百年，恐未能復生斯人也。世人或自以爲似之，或至以爲過之，非狂則愚而已。東坡與舒堯文簡。　歐陽

❶「嘗」，《歐陽文忠公集》卷一〇作「當」。

公作字如其爲文，外若優游，中實剛勁，惟觀其深者得之。《朱子集·跋歐陽文忠公帖》。

元托克托所修《宋史》本傳論曰：三代而降，薄乎秦漢。文章雖與時盛衰，而藹如其言，曄如其光，皦如其音，蓋均有先王之遺烈。涉晋魏而弊，至唐韓愈氏振起之。唐之文涉五季而弊，至宋歐陽脩又振起之。挽百川之頹波，息千古之邪説。使斯文之正氣，可以羽翼大道，扶持人心，此兩人之力也。愈不獲用，脩用矣，亦弗克究其所爲，可爲世道惜也哉！

蘇内翰軾序公之文曰：自漢以來，道術不出於孔氏，而亂天下者多矣。晋以老莊敗，梁以佛亡，莫或正之。五百餘年而後得韓愈，學者以配孟氏，蓋庶幾焉。愈之後三百有餘年，而後得歐陽子。其學推韓愈、孟子，以達於孔氏。其言簡而明，信而通，引物連類，折之於至理，以服人心，故天下翕然師尊之，曰歐陽子，今之韓愈也。宋興七十餘年，民不知兵，富而教之，至天聖、景祐極矣。而斯文終有愧於古，士亦因陋守舊，論卑而氣弱。自歐陽氏一出，天下争自濯磨，以通經學古爲高，以救時行道爲賢，以犯顔納諫爲忠。長育成就，至嘉祐末，號稱多士。歐陽子之功爲多。《名臣言行録》。

韓忠獻公琦祭公文云：維熙寧五年，歲次壬子，某月某日具官某，謹遣三班奉職、隨行指使李珪以清酌庶羞之奠，致祭於少師永叔之靈。惟公之生，粹稟元精。偶聖而出，逢辰以亨。歷事三朝，翼登大平。大名既遂，大功既成。年未及老，深虞滿盈。連章得謝，潁第來寧。神當畀以福禄，天宜錫之壽齡。胡不憖遺，遽爾摧傾。此冥理莫得致詰，而天下爲之失聲。嗚呼哀哉！公之文章，獨步當世。子長、退之，偉贍閎肆。曠無擬倫，逮公始繼。自唐之衰，文弱無氣。降及五代，愈極頹敝。唯公振之，坐還醇粹。復古之功，在時莫二。公雖云亡，其傳益貴。譬如天衢，森布列緯。海内瞻仰，日高而偉。公之諫諍，務傾大忠。在慶曆初，職司帝聰。顔有必犯，闕無不縫。正路斯闢，姦萌輒攻。氣勁志忤，❶行孤少同。於穆仁廟，誠推至公。孰好孰惡，是焉則從。善得盡納，治隨以隆。人畏清議，知時不容。各礪名節，恬乎處躬。二十年間，由公變風。公之功業，其大可記。屢殿藩垣，所至懷惠。嘗尹京邑，沛有餘地。早踐西掖，晚當内制。凡厥代言，典謨之懿。凡厥出令，風雷其勢。三代炳焉，公辭無媿。樞幄猷爲，台衡弼貳。撫御四夷，兵戈不試。整齊百度，官師咸治。服勞一心，定策二帝。中外以安，神人胥慰。不校讒言，懇求去位。公之進退，遠邁前賢。合既不苟，高惟戒顛。身雖公輔，志則林泉。七十致政，乃先五年。上惜其去，公祈益堅。卒遂其請，始終克全。嗚呼哀哉！余早接公，道同氣類。出處雖殊，趣向何異。既忝宰司，日規高誼。可否明白，襟懷坦易。事貴窮理，言無飾僞。或不知公，因罹謗忌。青蠅好點，白璧奚累。嗚呼哀哉！自公還事，心慕神馳。徒憑翰墨，莫挹姿儀。公嘗顧我，惠以新詩。雖亟酬答，奈苦衰疲。欲復爲問，動已踰時。忽承訃音，且駭且悲。哀誠孰訴，肝膽幾墮。公之逝矣，世鮮余知。不如從公，焉用生爲。遐修薄薦，奠公一巵。魂兮有靈，其來監兹。尚饗！

王荆公安石祭公文云：夫事有人力之可致，猶不可期。況乎天理之冥漠，又安可得而推？惟公生

---

❶「志」，《安陽集》卷四四並《文忠集》附録卷二均作「忘」。

有聞於當時，死有傳於後世。苟能如此足矣，而亦又何悲？如公器質之深厚，智識之高遠，而輔以學術之精微，故形於文章，見於議論，豪健俊偉，怪巧瑰琦。其積於中者，浩如江河之停蓄；其發於外者，爛如日星之光輝。其清音幽韻，淒如飄風急雨之驟至；其雄辭閎辨，快如輕車駿馬之奔馳。世之學者，無問乎識與不識，而讀其文則其人可知。嗚呼！自公仕宦，四十年上下往返，感世路之嶇崎。雖屯邅困躓，竄斥流離，而終不可掩者，以其有公議之是非。既壓復起，遂顯於世。果敢之氣，剛正之節，至晚而不衰。方仁宗皇帝臨朝之末年，顧念後事，謂如公者，可寄以社稷之安危。及夫發謀決策，從容指顧，立定大計，謂千載而一時。功名成就，不居而去。其出處進退，又庶乎英魂靈氣，不隨異物腐散，而長在乎箕山之側與潁水之湄。然天下之無賢不肖，且猶爲涕泣而歔欷，而況朝士大夫平昔游從，又予心之所嚮慕而瞻依。嗚呼！盛衰興廢之理，自古如此。而臨風想望，不能忘情者，念公之不可復見，而其誰與歸？

曾舍人鞏祭公文云：維公學爲儒宗，材不世出。文章逸發，醇深炳蔚。體備韓馬，思兼莊屈。垂光簡編，焯若星日。絶去刀尺，渾然天質。辭窮卷盡，含意未卒。讀者心醒，開蒙愈疾。當代一人，顧無儔匹。諫垣抗議，氣震回遹。鼓行無前，跋疐非恤。世僞難勝，孤堅竟窒。紫微玉堂，獨當大筆。二典三謨，生明藏室。頓挫彌厲，誠純志壹。斟酌損益，論思得失。經體慮萌，沃心造膝。帝曰汝賢，引登輔弼。公在廟堂，尊明道術。清淨簡易，仁民愛物。政不煩苛，令無迫猝。棲置木索，里安户逸。櫝斂兵革，天清地謐。日進昌言，從容密勿。開建國本，情忠力悉。卯未之歲，龍駕飈欻。❶再拯大艱，垂紳秉笏。乾坤正位，上下有秩。功被社稷，等夷召、畢。公在廟堂，總持紀律。一用公直，兩忘猜昵。不挾朋比，不虞訕嫉。獨立不回，其剛仡仡。愛養人材，獎成誘掖。甄拔寒素，振興滯屈。以爲己任，無有廢咈。維公平生，愷悌忠實。内外洞徹，初終若一。年始六十，懇辭冕黻。連章累歲，乃俞所乞。放意丘樊，脱遺羈馽。沈浸圖史，左右琴瑟。志氣浩然，不陋蓬蓽。意謂百齡，重休累吉。還斡鼎軸，贊微計密。云胡傾殂，憖遺則弗。聞訃失聲，皆淚横溢。戇冥不敏，早蒙振祓。言繇公誨，行繇公率。戴德不酬，懷情獨鬱。西望轜車，莫持紼綍。維公犖犖，德義譔述。爲後世法，終天不没。託辭敘心，曷能髣髴。嗚呼哀哉，尚饗！

蘇文忠公軾祭公文云：嗚呼哀哉！公之生於世，六十有六年。民有父母，國有蓍龜。斯文有傳，學者有師。君子有所恃而不恐，小人有所畏而不爲。譬如大川喬嶽，雖不見其運動，而功利之及於物者，蓋不可以數計而周知。今公之没也，赤子無所仰庇，朝廷無所稽疑。斯文化爲異端，學者至於用夷。君子以爲無與爲善，而小人沛然自以爲得。❷譬如深山大澤，龍亡而虎逝，則變怪雜出，舞鰌鱓而號狐狸。昔公之未用也，天下以爲病。而其既用也，則又以爲遲。及其釋位而去也，莫不

---

❶「欻」，原作「歘」，今據《歐陽文忠公集》附録卷一改。

❷「得」下，《東坡全集》卷九一並《文忠集》附録卷二皆有「時」字。

冀其復用。至其請老而歸也，莫不悵然失望。而猶庶幾於萬一者，幸公之未衰。孰謂無復有意於斯世也？❶奄一去而莫予追，豈厭世溷濁，潔身而逝乎？將民之無禄，而天莫之遺。昔我先君，懷寶遁世。非公則莫能致，而不肖無狀，因緣出入，受教於門下者十有六年。於兹聞公之喪，義當匍匐往救，而懷禄不去，愧古人以忸怩，緘詞千里，以寓一哀而已矣。蓋上以爲天下慟，而下以哭吾私。嗚呼哀哉！

又一首云：維元祐六年，歲次辛未，九月丙戌朔，從表姪具位蘇軾，謹以清酌肴果之奠，昭告於故太師兗國文忠公安康郡夫人之靈。嗚呼！軾自齠齔，以學爲嬉。童子何知，謂公我師。晝誦其文，夜夢見之。十有五年，乃克見公。公爲拊掌，歡笑改容。此我輩人，餘子莫群。我安將休，❷付子斯文，再拜稽首，過矣公言。雖知其過，不敢不勉。契濶艱難，見公漢陰。❸多士方譁，而我獨南。公曰子來，實獲我心。我所謂文，必與道俱。見利而遷，則非我徒。又拜稽首，有死無易。公雖云亡，言如皎日。元祐之初，起自南遷。叔季在朝，如見公顔。入拜夫人，羅列諸孫。敢以中子，請婚叔氏，夫人曰然。師友之義，凡二十年。再升公堂，深衣廟門。垂涕失聲，白髮蒼顔。復見潁人，潁

---

❶「孰謂」下，《東坡全集》並《文忠集》附録卷二皆有「公」字。

❷「安」，《東坡全集》並《文忠集》附録作「老」。

❸「漢」，《東坡全集》並《文忠集》附録作「汝」。

人思公。曰此門生，雖無以報，不辱其門。清潁洋洋，東注於淮。我懷先生，豈有涯哉！尚饗。

蘇文定公轍祭公文云：維年月日，具官蘇轍，謹以清酌庶羞之奠，致祭於故觀文少師贈太師九丈之靈。嗚呼！嘉祐之初，公在翰林。維時先君，處於西南。世所莫知，隱居之深。作書號公，曰是知予。公應嗟然，我明子心。吾於天下，交遊如林。有如斯文，見所未曾。先君來東，實始識公。傾蓋之歡，故舊莫隆。遍出所爲，歎息改容。歷告在位，莫取蔽蒙。❶報國以士，古人之忠。公不忘言，❷其重鼎鍾。厥聲四馳，靡然向風。嗟維此時，文律頹毀。奇邪譎怪，不可告止。剽剥珠貝，綴飾耳鼻。調和椒薑，毒病唇齒。阻嚼荆棘，斥棄羹胾。號兹古文，不自愧恥。公爲宗伯，思復正始。狂詞怪論，見者投棄。踽踽元昆，與轍皆來。皆試於庭，羽翼病摧。有鑒在上，無所事媒。馳詞數千，適當公懷。擢之衆中，群疑相豗。公恬不驚，衆惑徐開。滔滔狂瀾，中道而回。匪公之明，化爲談俳。❸公德日隆，歷蹈二府。轍方在艱，撫視逾素。納銘幽宅，德逮存故。終喪而還，公以勞去。公年未衰，屢告遲暮。自亳徂青，迄蔡而許。來歸汝陰，嘯傲環堵。轍官在陳，於潁則鄰。拜公門

❶「取」，《欒城集》卷二六《祭歐陽少師文》並《文忠集》附録卷二均作「此」。
❷「忘」，《欒城集》並《文忠集》附録作「妄」。
❸「談」，《欒城集》並《文忠集》附録作「詼」。

下，笑言歡欣。杯酒相屬，圖史紛紜。辯論不衰，志氣益振。有如斯人，而止斯耶？書來告哀，❶情懷酸辛。報不及至，凶訃遄臻。嗚呼！公之於文，雲漢之光。昭回洞達，無有采章。學者所仰，以克嚮方。知者不惑，昧者不狂。公之在朝，以直自遂。排斥姦回，罔有劇易。後來相承，敢隕故事。雖庸無知，亦或勉勵。此風之行，逾三十年。朝廷尊嚴，庶士多賢。伊誰云從，公導其先。自公之歸，忽焉變遷。又誰使然，要歸諸天。天之生物，各維其時。朝暘薰風，春夏是宜。凍雨急雪，匪寒不施。時去不返，雖疆莫違。矧惟斯人，而不有時。時既往矣，公亦逝矣。老成云亡，邦國瘁矣。無爲爲善，善者廢矣。時實使然，我誰懟矣。哭公於堂，維其悲矣。嗚呼，尚饗！

宋樓宣獻公鑰跋公與張直講帖云：歐陽公筆札自成一家，故所見無僞帖，然鮮有如張氏所蓄之夥，蓋直講出歐門久矣。嗚呼！前輩風範，歎仰何極。與門人書，止以講學進道爲問。官稱直書，外封多用花押，皆今之所無也。出處君子之大致，可以自決。若范蜀公之不待年，固爲高矣，蓋有爲而發。公亦不暇俟從心之期，勤勤屢請，而後得之。本無可疑，而於士友間詢士論，恤清議，又或恐以爲速也。公欲稍遂休息，可漸調攝。公非他人比也，以憂世體國之切，雖曰忘疲，精力耗矣。六十四歲至蔡，明年六月得謝，又明年當熙寧五年之秋，而公薨矣。哀哉！節。

閔案：張直講名巨，字微之，晉陵人。初從安定學，後又受學於歐公。

❶「哀」，《文忠集》附録並《唐宋八大家文鈔》卷一六四均作「衰」，審前後文，當是。

元吴文正公澄集卷二十六《西陽宫記》云：西陽宫者，歐陽子之親之墳墓所託也。昔韓子二歲而孤，❶先世墓在河陽，時或往省。歐陽子四歲而孤，二親俱葬吉永豐之瀧岡，終身不能一至。此句誤。其葬太夫人即自至瀧岡，何云終身未一至。蓋其考崇公，官於綿而生子，於泰而遽終。❷妣越國太夫人鄭氏，以其子依叔父隨州推官。越一年，崇公歸葬於吉，葬後還隨。歐陽子年二十，預潁州貢。❸年二十四，登進士科。歷仕多在江北及留中朝。年四十六而太夫人喪，次年附歸崇公之兆，葬後還潁。崇公之葬，距越國之葬踰四十年。越國之葬，距文忠之薨，又二十六年。六十年間，欲如韓子之一省墳墓而不可得。其墳墓之託，幸有西陽宫焉。宫在永豐沙溪鎮之南，舊名西陽觀。莫詳肇創何代，宋至和乙未掘地得鐘，識云「貞觀己丑西陽觀鐘」。崇公諱觀，聲異而字同，乃請於朝，改觀爲宫。宫之後有祠堂，合祠崇公父子。阡表、世次二碑，豎於一亭中間。祠堂敝，里人新之。淳熙丙午，誠齋楊先生爲之記。其堂後復敝，陳氏子孫重葺。咸淳丙寅，巽齋歐陽先生爲之記。莆陽方侯崧卿守吉，出錢十萬，命尉陳元勳修築瀧岡阡門與牆。紹興辛亥，❹艮齋謝先生記其

---

❶「二」，《吴文正集》卷四八作「三」。據《舊唐書》卷一六〇《韓愈傳》記作「生三歲而孤」。

❷「於」上，《吴文正集》有「官」字。

❸「潁」，《吴文正集》作「隨」。

❹「紹興」，《吴文正集》作「紹熙」。按，據《吉安府志》，方崧卿知吉州在紹熙年間，可知本書作「紹興」誤。

事尤詳備。獨西陽無片文可稽。祠堂初記丙午至今，一百四十四年矣。祠堂續記丙寅至今，亦且六十四年矣。而宮之道士鞠文質，始遣其徒蕭民瞻來請記建宮本末。民瞻言宮之廣袤六畝而縮，禮神出葬，室屋俱完。田之歲入米以斗計，三百斛而贏，則宮之可藉以永久，宜也。而予竊有慨焉。嘗聞禮士去國，止之者曰，奈何去墳墓也。子路去魯，顏子俾之哭墓而後行。然則古人不得守其墳墓爲戚也。而唐宋二大文人，栖栖無所歸，末年就京就潁而家，悉不得歸近墳墓，豈所樂哉？今瀧岡之阡，歲時展省，而其子孫者，[1]西陽宮道士也。據禮之常，揆義之正，雖若可慊，儻非歐陽子之文上配韓子，如麗天之星斗，光於下土，人人尊仰，推之以愛敬。其親得此於人者，其不謂孝子哉！此予所以不能已於西陽宮之記也。

閔案：此文言外感慨，蓋即洪容齋、楊誠齋二公之意。謂公生四子，皆爲潁人。瀧岡之上，無復子孫臨之。此言歲時展省，其子孫者，西陽宮道士也。語尤沈痛。然此數公似均未攷其全集。集中乞知洪州表至七次，皆以省墓爲言。又有書簡，託其十四弟太明經紀墳墓及樹木田畝。則此六十年中，身雖未至，必遣子弟，間一至墓省視，可以推知，未可便斷爲無子孫臨之也。至其所以不得身至者，服官於朝，屢不得請，與庶士子身遠游進退在己者有別，則亦可以諒其情也。或又謂公子孫居潁，爲金人所戕，而崇公之後遂絕。此亦傳聞失實。吳文正此記雖未明言，卻亦含

[1]「而」，《吴文正集》作「如」，當是。

有此意。張含广宗柟嘗爲辨之云：「愚讀歐陽原功《圭齋集》，中有《送振先宗丈歸祖庭》詩，小序云：『歐陽乞守洪州，累表不得請，於是歸江右之志遂不果。蓋公之不得歸廬陵，其志深有可諒者矣。南渡以後，宗人多議公此事，洪景盧、楊廷秀之賢亦未免有此意。甚者謂公子孫居潁，爲金人所戕，而後遂絶。是大不然。近年奉詔修三史，一日於翰林故府擴得金人遺書，得元遺山手寫《壬辰雜編》一帙。中言安平都尉完顔斜烈，漢名鼎，字國器，嘗鎮商州，偶搜伏於竹林中，得歐陽公子孫甚多。以歐公之故，並其族屬鄉里二千餘人，悉縱遣之。則知未嘗殲於金兵也。振先歸，一似鄉先生桂隱劉公一觀云云。』❶圭齋之言，既爲文忠諒其志，併爲後事白其誣，識以諗論世之君子。」張含广言止此。據此，則吴文正作此記時，亦未見圭齋之論也。桂隱劉公名詵，《元史·儒林》有傳。此條余亦載之從祀先儒小傳。

又案：文忠門人，據《宋元學案》所載，則有焦千之、劉敞、劉攽、陳舜俞、丁隲、張巨、胡宗愈、王安石、曾鞏、蘇軾、蘇轍、王回、徐無黨，而蔣之奇亦列别附。吾意蔣可不列之門人也。以後世舉主之誼衡之，則公嘉祐二年知貢舉所取士，如程顥、張載、朱光庭，亦當在門人列。宋五子中取其二，亦盛矣。

---

❶ 上「一」，《圭齋文集》作「以」。

附伯和、仲純、叔弼三子事略

子發，字伯和。少好學，師事安定胡瑗，得古樂鐘律之説。不治科舉文詞，獨探古始立論議。自書契，君臣世系、制度文物，旁及天文、地理，靡不悉究。以父恩補將作監主簿，賜進士出身。累遷殿中丞。卒年四十六。蘇軾哭之，以謂發得文忠公之學，漢伯喈、晉茂先之流也。史傳。君爲殿中丞，時曹太后崩，詔定皇曾孫服制。禮官陳公襄疑未決，方赴臨，召君問其制。君從容爲言，事在杜佑《通典》甚詳。襄即奏用之。是時方下司天監討論占書是否同異，❶折中爲天文書。久未就，而襄方總監事，即薦君刊修。君爲推攷是非，取舍比次。書成，詔藏太史局。襄因奏言，舊渾儀壞不可用，而後所造新儀攷之又不合，願付君詳定。詔從之。君較三家，閔案：三家者，韓顯、周琮、沈括也。攷古注，又自因事立制，先爲定儀奏之。神宗召問曰：「浮漏以玉筒下水者，當堅久也。」君對曰：「玉不如銅。沈括用玉，今下水，比初加速矣。」上以爲然，遂以君法鑄新儀漏表，集其説，號《法要》。君治官無大小，不苟簡，所創立，後人不能更。其著書有《古今譜系圖》《國朝二府年表》《號録》。❷其未成者，尚數十篇。夫人吴氏，故丞相正憲公充之女，封壽安縣君。男一人曰憲，滑州韋城縣主

---

❶「占」上，張耒《柯山集》卷四九《歐陽伯和墓志銘》有「古」字。

❷「號録」上，據《墓志銘》，當脱「年」字。

簿。孫一人延世。元祐四年十一月甲子，❶葬君鄭州新鄭縣旌賢鄉劉村文忠公之兆。張文潛《柯山集·歐陽伯和墓誌銘》。

次子奕，字仲純，官光禄寺丞，年未四十卒，史無傳。《東坡集》有《祭仲純文》，可得其概。今録於此：嗚呼哀哉！文忠公之盛德，子孫千億，與宋無極，人惟曰不。❷仲純父之賢，壽考百年，一歲九遷，人惟曰當然，奈何官止於一命，壽不登四十。誰其尸之？百不償一。嗚呼哀哉！此不足云也。仲純父之生也，不以進退得喪有望於人。豈其死也，乃以死生壽夭有責於神？人徒知其文章之世其家，操行之稱其門，而不知其志氣之豪健，議論之剛果，使之臨大事，立大節，不難於殺身以成仁，則夫造物者之挾其死生之權也，豈能病君也哉？雖然，往者見君於潁水之上。去歲君來，見我於國門之東。攜被夜語，達旦不窮。凡所以謀道憂世而教我以保身遠禍者，懔乎其有似於文忠。今也奄兮忽焉而不復見也。能不長號而屢慟乎？道之難行，蓋難其人。豈無其人，利害易之。如仲純父不畏不慕，獨立不懼，則死及之。嗚呼哀哉！

閔案：仲純別無考見，蓋夭年故。觀坡祭文，則亦卓傑有立之士也。

中子棐，字叔弼。廣覽强記，能文辭。年十三時，見脩著《鳴蟬賦》，侍側不去。脩撫之曰："兒異日

---

❶ 「十一」，《墓志銘》作「十二」。按，元祐四年十一月無「甲子」。

❷ 「不」下，《東坡全集》卷九一《祭歐陽仲純文》有「足」字。

能爲吾此賦否？」因書以遺之。用蔭爲祕書省正字，登進士乙科，調陳州判官，以親老不仕。脩卒，代草遺表。神宗讀而愛之，意脩自作也。服除，始爲審官主簿，累遷職方員外郎、知襄州。曾布執政，其婦兄魏泰倚聲勢來居襄，規占公私田園，强市民貨，州縣莫敢誰何。至是，指州門東偏官邸廢址爲天荒，請之。吏具成牘至，棐曰：「孰謂州門之東偏而有天荒乎？」卻之。衆共白曰：「泰横於漢南久，今求地而緩與之且不可，而又可卻耶？」棐竟持不與。泰怒，譖於布，徙知路州，❶旋又罷去。元符末還朝，歷吏部、右司二郎中，以直秘閣知蔡州。蔡地薄賦重，轉運使又爲覆折之令，多取於民，民不堪命。會有詔禁止，而佐吏憚使者，不敢以詔旨從事。棐曰：「州郡之於民，詔令苟有未便，猶將建請。今天子詔意深厚，知覆折之病民，手詔止之，若有憚而不行，何以爲長吏？」命即日行之。未幾，坐黨籍廢，十餘年卒。史傳。　陳後山師道《送歐陽叔弼知蔡州》詩云：「潁陰爲別悔怱怱，十載相望信不通。晚遇聖朝收放逸，旋遭官禁限西東。又爲太守專淮右，賸喜郎君類若翁。梅柳乍新詩興動，可令千里不同風。」

閔案：弟六句指歐陽文忠亦嘗知蔡州也。

陳後山又有《次韻蘇公督兩歐陽》詩云：「吟聲正可候蟲鳴，酒面猶須作老兵。豈有文章妨要務，孰知詩律自前生。向來懷璧真成罪，未必含光不屢驚。血指汗顔終縮手，此懷端復向誰傾。」

---

❶「路」，《宋史》卷三一九《歐陽脩傳》作「潞」。

閔案：兩歐陽者，一叔弼，一季默也。季默名辨，文忠公第四子，行事無攷。後山至與叔弼同督作詩，則亦克承家學者矣。《後山集》尚有一二詩，不具録。

閔案：伯和不年，叔弼勁挺，卓有門風。攷吕滎陽有言，歐陽叔弼最爲静默。自正獻當國，嘗患其不來，而劉器之攻之，以爲奔競權門。器之賢者，猶有此誤，况他人乎？閔攷之史傳，證之吕説，叔弼何至奔競權門？宋人雜説如《邵氏聞見録》《温公日録》《涑水紀聞》《元城語録》多非原本，有真有僞，亦有傳聞失實誤入者，宜慎擇焉，不可全信也。若魏泰《東軒筆録》之類，❶更不足言。

---

❶「泰」，原作「秦」，今據上文改。

曾文定公年譜序

陳直齋《書録解題》謂南豐集有年譜，今通行《元豐類稿》五十卷本無之，豈佚在續稿、外集中耶？丁丑初夏，遂更作一年譜，與歐陽公年譜同爲補闕。文定文章，前人論之詳，不必説矣。獨生平受誣有二事。一則史載曾公亮對神宗言，曾某行義不如政事，政事不如文章。以是不大用。此元托克托等過采讕語以入史，非事實也。今攷其居家孝友，四弟九妹，教養婚嫁，獨力經營。其交友朋，虚懷下人，勸善規過，行義如何？當官戢盜剔弊，廉公有威，嚴而不苛，庶務修舉，政事又如何？舍實蹟而徇虚誣，此史官之失也。一則《温公日録》謂公父坐贓編管英州，因死焉，乃不奔喪，爲鄉論所貶。王介甫作《辨曾子》以解之。又好依漕勢以陵州，依州以陵縣，依縣以陵民。説來子固不成人品。今攷公父爲錢仙芝所誣，失官歸耳，非坐贓，亦未編管英州，介甫亦並無《辨曾子》文。其卒在南京，杜祁公爲之經紀，子固亦在側，有介甫博士墓誌、子固《謝杜相公啓》可覈。乃横造無根語，誣死者，惑後人。一端如此，他可類推。此等書直可燒燬，《名臣言行録》亦載之，不可解。原亦註明温公傳聞之誤。既知誤矣，何爲載之？嗟乎！此幸有實證可以辨白，脱無册可稽，一任污衊，著書如此，誠何心乎？歐公集存文多，又寓編年於分體，易檢校，故不記文字年月之目。曾集存文少，編次復凌雜，故於文字略攷年以係目。既有目矣，前人有評論此文字，即小字記於下。是蓋因事爲體，初無成例。總期於先哲有發明，來學有裨益而已。

光緒三年丁丑四月一日，江右新城楊希閔鐵傭書於臺陽海東書院。

據陳伯玉《書録解題》，南豐集年譜，朱名所輯，想宋刻有之。而《建昌府志》又有朱子《南豐年譜序》一篇，又書後一篇，糾譜載熙寧時舉陳師道爲檢討之謬。攷朱子集，此二篇文字皆未見，豈佚之耶？抑依託耶？閔藏《元豐類稿》，乃長洲顧氏刻本，實無年譜。或因其多誤而去之，不可攷矣。姑存此譜，以俟訪得舊譜質證。

後攷《四庫全書提要》著録，亦是長洲顧刻，稱年譜已佚，則兹譜良不可不作矣。又元南豐劉起潛《隱居通議》論曾文，猶及見《元豐續稿》四十卷，年譜亦存，並載朱子年譜及序後二篇。知《建昌府志》所載二篇，即從此出。但稱「丹陽朱熹」，「丹陽」字極可疑，朱子文集又未載，恐依託。今仍録二篇於譜末備攷。

曾文定公年譜引用書目

本集《元豐類稿》《南豐文粹》
《宋史》
李燾《通鑑長編》
《續資治通鑑》薛氏、王氏、畢氏
《陳後山集》
張文潛《柯山集》
《清江三孔集》
《楊龜山集》
《朱子集》《名臣言行録》
《樓攻媿集》
《黄氏日鈔》
《宋元學案》
《四庫全書提要》

《江西通志》
《建昌府志》
錢氏《潛研堂集》
采自叢書
《漁隱叢話》
《隱居通議》
方望溪《古文約選》
《静志居詩話》
《何義門讀書記》
《西江詩話》

曾文定公年譜

江右新城楊希閔鐵傭編

宋真宗天禧三年己未，公生此據荆公作公之祖諫議墓誌，云「公殁八年，而博士子鞏生」。

公曾氏，諱鞏，字子固，建昌軍南豐人。其先魯人，後世遷豫章，因家焉。四世祖延鐸，始爲建昌軍南豐人。祖致堯，字正臣，中進士第，官至尚書户部郎中，贈右諫議大夫。考易占，字不疑，中進士第，官大常博士，贈光禄卿。母周氏，豫章郡太君；吴氏，文城郡太君；朱氏，仁壽郡太君。兄弟六人：曅、鞏、牟、宰、布、肇。曅，周出。鞏、牟、宰，吴出。布、肇，朱出。

四年庚申，二歲

五年辛酉，三歲

乾興元年壬戌，四歲

仁宗天聖元年癸亥，五歲

二年甲子，六歲

公父是年進士第。

三年乙丑，七歲

四年丙寅，八歲

公父爲越州節度推官，當在此一二年間。

五年丁卯，九歲

六年戊辰，❶十歲

七年己巳，十一歲

八年庚午，十二歲

能文，語已驚人。誌。日試六論，援筆而成。狀。

九年辛未，十三歲

明道元年壬申，十四歲

二年癸酉，十五歲

景祐元年甲戌，十六歲

二年乙亥，十七歲

十六七時，闚六經之旨與古今文章。有過人者，知好之，鋭意欲與之並。《學舍記》。

---

❶ 「辰」，原作「戌」，今據干支順序改。

三年丙子，十八歲

十八歲，代父魯公作《縣學記》，有云：「不本之道，民成化而主於辭。」蓋指科目辭章之弊也，語甚有味。《隱居通議》。

四年丁丑，十九歲

寶元元年戊寅，二十歲

始冠，游太學。誌。

二年己卯，二十一歲

康定元年庚辰，二十二歲

歐陽公一見其文而奇之。誌。

閔案：歐陽公是年始還朝，復充館閣校勘。公見歐陽公，當在此時。

有《上歐陽學士第一書》。

慶曆元年辛巳，二十三歲

入太學，居數月，歸。見《王君俞哀辭》。

有《上歐陽第二書》。

二年壬午，二十四歲

家撫州。州掾張文叔與其内弟劉伯聲從，以學問相磨礲爲事。見《劉伯聲墓誌》。

三年癸未，二十五歲

九月，作《分寧雲峰院記》。何義門云：一篇俱以分寧土俗之不善立論，然但許其非，而不明先王之道以道之，則尚未合於君子忠厚之至也。閔案：後段「或曰，使其不汩溺於所學，❶其歸一當於義，則傑然視邑人者，必道常乎？未敢必也」，何嘗非明道以道之？《禿禿記》。黃東發云：孫齊溺嬖寵殺子之事，文老事覈，尤卓然爲諸記之冠，視班馬史筆，殆未知其何如。何義門云：仿解光劾趙氏書，當云書禿禿事乃合。

《上齊工部書》。中云：祖母年七十餘。知在此一二年。

四年甲申，二十六歲

有《上歐陽舍人書》。五月，有《上蔡學士書》。

閔案：以上二書，皆薦其友王安石。謂「王文甚古，行甚稱文。雖已得科名，居今知安石者尚少也。彼誠自重，不願知於人。如此人，古今不常有。如今時所急，雖常人千萬不害也」云云。❷薦寵如此，必有其實，非阿私所好可知。

祖母萬年縣太君黃氏卒，年九十二。見荆公作《曾公夫人黃氏墓誌銘》。

五年乙酉，二十七歲

---

❶「使其不汩溺於所學」，《元豐類稿》卷一七《分寧縣雲峰院記》作「使其人不汩溺其所學」。

❷「常」上，《元豐類稿》卷一五《上歐陽舍人書》有「無」字，本書脱，意遂相反。

有《上歐蔡書》。中云「昨者天子既更兩府，復引二公爲諫院」云云，知在此一二年間。《送劉希聲序》。

六年丙戌，二十八歲

有《送趙宏序》。黄東發云：謂平寇在太守而不在兵，前輩謂此文峻潔。《送王希序》。黄東發云：敘江西游覽之勝，謂見西山最正且盡者，大梵寺之秋屏閣。《建昌軍麻姑山仙都觀三門記》。黄東發云：此記與《鵝湖佛院記》略同，皆斥異端之無益。《再與歐陽舍人書》。此書薦王安石、王回兄弟。《與王介甫第一書》。中云：歐陽公賞其文，謂更欲足下少開廓其文，勿用造語及摹擬前人。孟、韓文雖高，不必似之也，取其自然耳。

七年丁亥，二十九歲

《醒心亭記》。黄東發云：爲歐陽公守滁作，使人灑然醒者也。九月，《上杜相公書》。黄東發云：勸以天下之材爲天下人用。何義門云：恐祁公尚未足以當此。《繁昌興造記》。上歐陽公謝爲作誌銘書。前歲曾奉父命，求歐陽公爲作祖父墓誌銘。是年，公父卒於南京。荆公墓誌銘云：博士失官，歸不仕者十二年。復如京師，至南京病卒。

閔案：《温公日録》云：子固父死英州，乃不奔喪，爲鄉議所貶。今覈墓誌及曾集《謝杜相公啓》，公父實殁於南京，杜祁公爲之經紀其喪，子固亦在側。死英州及不奔喪之説，横造謗誣，温公豈宜有此？此書出於身後，必妄人僞入也。王明清《揮麈後録》謂不疑之死，子固適留京師，亦誤。宋人雜説，不可信者極多。

八年戊子，三十歲

居父憂。　有《墨池記》。　《菜園院佛殿記》。　《金山寺水陸堂記》。

皇祐元年，三十一歲

居父憂。　是年，葬父與母於南豐之先塋。見荆公作博士墓誌及曾夫人墓誌。　有《宜黄縣學記》。方望溪云：觀此等文，可知子固篤於經，頗能窺見先王禮樂教化之意，故朱子愛而仿效之。　《思軒詩序》。

二年庚寅，三十二歲

《送周屯田序》。黄東發云：言古之致事而歸者有養，然今之士不必以動其意。《謝杜相公啓》。謝其經紀先人喪事，以至營護歸櫬，當在此既葬服除之後。

三年辛卯，三十三歲

四年壬辰，三十四歲

五年癸巳，三十五歲

兄曅卒於江州，年四十五。皇祐五年，以進士試於廷，不中，得疾。歸，卒於江州。見亡兄誌。

至和元年甲午，三十六歲

是年，元配晁夫人來歸，年十八。參狀碑。　有《學舍記》。　《先大夫集序》。

二年乙未，三十七歲

有《顔魯公祠堂記》。黄東發云：發明魯公功，實無餘藴。何義門云：此文零星曲折，亦似《王彦章畫像記》。　《致杜相公書》。中云：「九歲於此，初不敢爲書以進」，則當在此一二年間，庚寅謝啓别論。

嘉祐元年丙申，三十八歲

有《與孫司封書》。此書當在此年，以中及祖袁州，祖以元年知袁州，不久下世故也。　黄東發云：孔宗旦策儂智高必反。及反，乃死之，請白其事。　何義門云：反覆馳驟，於作者爲最有光燄之文，殆不減退之《張中丞傳後敘》也。　《與王介甫第二書》。當在王提點江東刑獄時，故中云時時小有案舉。

二年丁酉，三十九歲

中進士第章衡榜。　有《擬峴臺記》。黄東發云：摹寫甚工，前輩取以爲法者也。　何義門云：朱子謂擬《醉翁亭記》不似，然不失爲佳作。擬峴止一句提過，不涉羊、杜事。蓋所記者臺也，非獨講於避就之法。

三年戊戌，四十歲

有《思政堂記》。何義門云：中間發明思政之義最條暢。　《洪州新建縣廳壁記》。何義門云：吏之不能自安，感諷婉惻。

四年己亥，四十一歲

爲太平司法參軍。當在此一二年間。　爲司法，論決輕重，能盡法意，明習律令，世以法家自名者不及也。行狀。

五年庚子，四十二歲

召編校史館書籍，爲館閣校勘。當在此年冬間。　有《與王深甫書》。中云：在官折節於奔走，則尚爲參軍也，内召知當在冬間。

六年辛丑，四十三歲

是年至京。《祭晁夫人文》云：始來京師，辛丑之歲。　弟宰中進士第。見亡弟子翊志。　有《清心亭記》。何義門云：此文大旨與《梁書目録序》相似。

七年壬寅，四十四歲

官館閣校勘。　是年二月，晁夫人卒，年二十六。見亡妻墓誌。　繼娶李氏。來歸不知何時，附記於此。

八年癸卯，四十五歲

官京師。　有《新序目録序》。黄東發云：謂劉向《新序》三十篇隋唐猶存，今所見者十篇，最爲近古，而不能無失。　何義門云：可與《王子直文集序》參觀。　《梁書目録序》。黄東發云：辨佛患梁爲甚。　何義門云：此篇立論原本中庸，皆有次序，條理可觀。　《列女傳目録序》。何義門云：三代以後，少此議論。又云：詞純氣潔，無一冗長之字，此宋文之不愧匡、劉者也。　《禮閣新儀目録序》。黄東發云：謂人之所未疾者，不必改也。人之所既病者，不可因也。何必一一追先王之迹，能合乎先王之意而已。余謂此名言也。何義門云：「古今之變不同」數句，乃一篇大旨。厚齋謂此文指新法，非是。　《戰國策目録序》。黄東發云：謂此書論詐之便而蔽其患，言戰之善而諱其敗。有利焉而不勝其害，有得焉而不勝其失，亦名言也。方望溪云：南豐之文長於道古，故序古書尤佳。而此篇及《列女傳》《新序目録序》尤勝。純古明潔，所以能與歐、王並驅，而争先於蘇氏也。《陳書目録序》。《南齊書目録序》。《唐令目録序》。何義門云：千鈞筆該貫無遺。《徐幹中論目録序》。黄東發云：公謂其不合於道者少。《説苑目録序》。黄東發云：謂其所取往往不當於理。《鮑溶詩集目録序》。《李白詩集序》。

閔案：以上皆館閣所校定者，非一時作，然總在此數年間，因類記於此。

英宗治平元年甲辰，四十六歲

官京師。

二年乙巳，四十七歲

官京師。有《王深甫集序》。序不定作於是年，當在此一二年間。《與王介甫第三書》。介甫癸卯丁母憂，此云及大祥；又深父卒於治平二年七月，此云示及深父誌銘，則知作於此一二年間。《爲人後議》。此當爲濮議發，故知作於此時。時大臣嘗議典禮，言事者多異論。公著議一篇，據經以斷衆惑，雖親戚莫知也。後十餘年，歐陽公見之，曰：「此吾昔者願見而不可得者也。」參狀碑。

何義門云：此等文，後惟朱子能之。《文鑑》録温公之議而不載此文者，失之。

三年丙午，四十八歲

官京師。有《筠州學記》。何義門云：原原本本之論，朱子《大學章句序》亦采其説。《蘇明允哀辭》。《相國寺維摩院聽琴記》。《張文叔文集序》。中云：文叔喜從予問道，至今二十有六年矣。知當在此二三年間。

四年丁未，四十九歲

官京師。　有《贈黎安二生序》。中云：東坡自蜀以書至京師。攷坡公以三年歸蜀，故知在此一二年間。

神宗熙寧元年戊申，五十歲

官京師。　有《瀛州興造記》。《尹公亭記》。《廣德軍重修鼓角樓記》。何義門云謹潔。

二年己酉，五十一歲

爲《英宗實録》檢討，不踰月，出通判越州。編校書籍積九年，自求補外，轉積十餘年。行狀。　有《史館申請三道劄子》。《熙寧轉對疏》。當作於此時。　有《廣德湖記》。《送傅向老令瑞安序》。中云：余得之山陰。知在此時。《越州鑑湖圖序》。黄東發云：湖水濬治，諸公成説具在。公具詳之，以待來者。其事可載國史，而其文可以成誦。

三年庚戌，五十二歲

官越州。　十一月，兄子覺卒。公兄鼂之子，名覺，治平二年進士第，爲吉州司法參軍，用薦爲韶州判官，卒於道。　見《亡姪墓誌》。　有《錢純老詩序》。十一月。

四年辛亥，五十三歲

官越州。　爲通判，雖政不專出，而事賴以治。嘉祐中，州取酒場錢給牙前之應募者。錢不足，乃使鄉户輸錢助役。期七年止，期盡而責鄉户輸錢如故。公閲文書，得其姦，立罷之。且請下詔約束，毋得擅增募人錢。　歲饉，度常平不足以賑，前期諭屬縣，使富人自實粟，得十五萬石，視常平價稍增以予民。又出錢粟五萬貸民爲種糧，使隨歲賦以入，民賴以全活。以上皆墓誌。

五年壬子，五十四歲

改知齊州。有《齊州謝到任表》。中云：歷事聖君於三世，與游儒館者十年。蓋自庚子至己酉出判越州，凡十年也。《齊州北水門記》。齊俗悍，喜攻刼，其治以疾姦急盜爲本。曲堤周氏貲雄里中，子高賊良民，污婦女，服器上僭，力能動權豪，州縣吏莫敢詰。公至，首置之法。歷城章丘民聚黨村落間，號霸王社，椎埋盜奪，無敢正視者。公擒致，悉黥徒之。又屬民爲保伍，使譏察出入。有盜則鳴鼓相援，每發輒得。盜有葛友者，名在捕中。一日自出首，公飲食冠裳之，使夸徇四境。盜聞，多出自首。蓋外視章顯，實欲攜貳，其徒不能復合也。自是，外户不閉。參史傳及狀誌。會朝廷變法，公推法意施行之，有次第，民便安之。誌。

閔案：朝廷變法者，所謂新法也。公推行而民便安。然則紛紛者，其亦不推法意，務欲沮格而已。韓魏公行之，亦無大害。此可見當時謗讟，不可深信。

河北發民濬河，調及他路，齊當出夫二萬。縣初按籍二丁三丁出一夫，公括其隱漏，有至九丁出一夫者，省費數倍。徙無名渡錢，❶爲橋以濟往來。徙傳舍，自長清抵博州，以達於魏。視舊省六驛，人皆以爲利。既罷，州人絶橋閉門遮留，夜乘間乃得去。並行狀。

---

❶「徙」，曾肇《曲阜集》卷三《子固先生行狀》作「弛」。

六年癸丑，五十五歲

移知襄州。　有《襄州謝到任表》。中云：三易外邦，五回星歲。三易者，越州、齊州、襄州也。五歲者，己、庚、辛、壬、癸也。《齊州雜詩序》。黄東發云：公詩多齊州所作，有欣然安之之意。徙爲他州，不多作。雖作，不樂之矣。豈齊其壯年試郡，而後則久困於外，不滿其志耶？閔案：知齊亦非壯年。《齊州二堂記》。

七年甲寅，五十六歲

知襄州。　州有大獄，久不決，有當論死者。公閲其狀曰：「是當勿論，何得留此？」吏不能對。即出之。緣而釋者百餘人。州人叩頭曰：「吾州前坐死者衆矣，詎知非冤乎？」行狀。

陳無己師道。見公於江漢之間而受教焉，當在此時，蓋尚爲布衣也。陳於元祐中乃用薦起家，爲郡文學，子固不及見矣。參府志。　陳無己好學苦志，以文謁曾子固，子固爲點去百十字。文約而義意加備，無己大服。坡公知潁日待之厚，欲參諸門弟子閒。無己賦詩，有「向來一瓣香，敬爲曾南豐」之句，其傾倒於子固如此。《宋元學案》。

閔案：魏衍作《彭城先生集記》，謂無己年十六謁南豐。攷無己皇祐五年生，十六爲熙寧元年，南豐是時官京師，恐無由謁見。至七年，南豐知襄州，無己年二十二，謁見於江漢之間，情事較合。魏記恐誤，今不從之。

八年乙卯，五十七歲

知襄州。　有《襄州宜城縣長渠記》。

九年丙辰，五十八歲

移知洪州。　有《奏乞迴避吕升卿狀》，云：伏奉命差知洪州軍州事，已來赴任。今視吕升卿授江西轉運副使，伏緣臣先任齊，得替後，吕升卿爲京東路察訪，於齊州多端非理，求臣過失，賴臣無可捃拾，兼臣弟布與吕惠卿又有嫌，二事皆中外共知。今升卿任江西監司，洪州在其統屬，須至陳乞迴避云云。

閔案：此奏後，吕他轉耶，抑因是旋移福州耶？更攷。

有《洪州謝到任表》。　《王容季文集序》。何義門云：前半議論，可爲讀書法。　《强幾聖文集序》。攷幾聖九年卒，序不定作於是年，大概在此一二年間。　在洪州，歲大疫，自州至縣鎮亭傳，皆儲藥以授病者。其不能具飲食衣衾者，佐以庫錢。　師出安南，道江西者，詔爲萬人備。公不以煩民，爲之區處次舍井爨什器，皆前期而辦。兵既過，市里有不知。而他州以不早計擾民者，皆得罪。墓誌。

十年丁巳，五十九歲

移知福州。　亡弟子翊墓誌云：熙寧十年春，蒙恩予告，葬弟子翊於南豐。子翊名宰，嘉祐六年進士第，歷舒州司户參軍，潭州湘潭主簿。熙寧元年四月卒於湘潭，今始歸葬。　是年二月，又葬元配晁夫人於南豐之源頭。見亡妻晁氏墓誌。　有《孺子祠堂記》。中云：爲太守之明年。知在十年，未上福州任時也。《江東景德寺新戒壇記》。何義門云：不侈談其法，又不以儒者之論雜之，得作記正體。部中大盜數起，南劒州賊渠廖恩者，既赦其罪誘降之，餘衆猶陰相推附，至連數州。其尤桀者，在將樂縣。縣呼之不出，居人大恐。公遣使者以謀致之，前後自歸及就執者數百人。❶又請並海增巡檢以壯聲勢，自是水陸皆安靖。參神道碑及誌。福州無職田，歲收園蔬錢常三四十萬。公曰：「太守與民争利可乎？」罷之。後至者亦不復取也。參史傳。《福州上執政書》。《道山亭記》。陸文裕云：親至閩中，乃知其工。

元豐元年戊午，六十歲

召判太常寺。未至，改知明州。公以上年秋到福州。見《福州上執政書》。十月，《展墓文》云：「去歲在江西，蒙恩省視松楸。今自福州被召還朝，又得便道展拜墓下。」有《洪州東門記》。自福州被召還京師，過南昌時作。

二年己未，六十一歲

知明州，尋徙亳州。有《明州謝到任表》。是年正月二十五日到任。有《越州救菑記》。方望溪云：敘瑣事而不俚，非熟於經書及管、商諸子者不能爲此。在明州，有詔完城。既程工費，而公至。

---

❶「數百人」，《元豐類稿》附録墓誌作「幾二百人」。

初度城周二千五百餘丈，爲門樓十，故甓可用者收十之四五。❶爲再計，城減七十餘丈。募人簡棄甓可用者，量酬以錢，又得十之二。凡省工費甚衆，而力出於兵役傭夫，不以及民，城由是亟就。參狀誌。五月十三日，奉命知亳州。有《乞至京師迎侍狀》。《亳州謝到任表》。亳亦多盜。治之如齊，盜爲引去。行狀。公嘗謂，州縣困於文移煩數，民病於追呼之擾也。故所至，出教事應下縣，責其屬，度緩急與之期，期未盡，不復移書督趣。期盡不報，按其罪。期與事不相應，聽縣自言，别與之期。而案與期者，即有所追逮，州不遣人至縣，縣毋遣人至田里。❷縣初未甚聽，公小則罰典史，大則并劾縣官。於是莫敢慢事，皆先期而集，民不知擾，所省文移數十倍。事在州者，督察勾稽，皆有程式，分任僚屬，因能而使，公總覽綱條，責成而已。蓋公所領州，多號難治，及公爲之，令行禁止，莫敢不自盡政。巨細畢舉，庭無留事，囹圄空虛。人徒見公朝夕視事數刻而罷，若無所用心者。不知其所操者，約且要，而聰明威信，足以濟之，故不勞而治也。吏民初或憚公嚴，已而皆安其政。既去，久而彌思之。同上。

閔案：此條不盡治亳州事，蓋綜治數州皆如此而類敘焉。公自後不復官外矣。史載曾公亮對上言，曾鞏行義不如政事，政事不如文章，以故不大用。此必采自脞説，未得其實。今於行

❶「五」，《曲阜集》所載行狀作「公」，屬下讀。
❷「田」，行狀作「下」。

義政事，亦爲詳記，俾後有攷。

有《王平甫文集序》。

閔案：此文感慨平甫高才不見用，美平甫能求於内省，立於不朽，義甚高卓，然初無譏刺介甫意也。何義門評此文，謂平甫詩文不得薦郊廟、施朝廷者，介甫有責焉。又著其孝友與待人直而和，天下所同惜，奈何不容於家乎？此言尤駭怪。介甫爲平甫誌墓，甚哀惻。年止四十七，數舉進士不售，後乃以近臣薦，召試進士及第，官至秘閣校理，不爲不顯，何謂介甫與有責，然則必使一家官顯要爲賢乎？集中和平甫、寄平甫詩不下十餘首，有云「安得東風一吹汝，東一作冬。手把詩書來我傍」。又一首云：「欣然把酒相與閑，所願此時無一詭。豈無他憂能老我，付與天地從今始。」懇懇契愛之情，何至不容於家？誌末垂望其子云：「君祉所施，庶在於此。」可云周摯，文本無譏刺，好平地索瘢，誤人不少，故爲辨之如此。

三年庚申，六十二歲❶

移知滄州，未上，留判三班院。有《授滄州乞朝見狀》，云：「念臣違遠班列十有二年，伏望聖慈許臣朝見。」又有《移滄州過闕上疏》。何義門云：此文蓋欲以歌誦功德自在，其後「五朝大要，❷獨付

---

❶ 「二」，原作「一」，今據本譜所記年歲推改。

❷ 「要」，何焯《義門讀書記》第四卷作「典」，當是。

一人」所由來也。以視典引，文雖不及，然不事雕飾，自然質雅，宋文中不多得。朱子云，曾南豐初亦耿耿，後連典數郡，欲入而不得，故在福建亦進荔子，後得滄州。過闕上殿劄子，力爲諛説，謂本朝之盛，自三代以下所無。後面略略説要戒懼等語，所謂勸百而諷一也。然其文極妙。按荔子究未進也，立論宜考其實。朱子極熟於南豐文，何以云然？　此文仿《漢書·禮樂志》，然亦太詞費矣。　又《乞登對狀》云：「十月二十六日，伏蒙聖慈賜對延和殿。」　又《乞出知潁州表》云：「在外十有二年，歷更七郡。臣母年七十有一，比嬰疾疹，舉動艱難。臣弟布得守陳州，臣母憐其久別，欲與俱行。顧臣之宜，惟有旁郡，庶可奉視往來，以供子職。而抱疾之親，陸行非便。今與陳比境許、蔡、亳州及南京皆不通水路，惟潁可以沿流。臣不諱萬死，冒昧以請，伏望聖慈差臣知潁州一任。」　過闕，上召見，勞問甚寵，遂留判三班院。上疏議經費，上曰：「鞏以節用爲理財之要，世言理財者，未有及此。」史傳。　《議經費劄子》大略謂，景德官一萬餘員，皇祐二萬餘員，治平總二萬四千員，則官倍於景德。景德郊費六百萬，皇祐一千二百萬，治平一千三百萬，則郊費亦倍於景德。使歲入如皇祐、治平，亦費如景德，則省半矣。　《再議經費劄子》謂，臣待罪三班，按國承舊制，❶以供奉官、左右班殿直爲三班，員止三百。至天禧，乃總四千二百有餘。至於今，乃總一萬一千六百九十，宗室又八百七十。蓋景德員數已十倍於初，而今殆三倍於景德。吏部東西審官與天下他費，尚必有近於此者。浮

---

❶ 「國」下，《元豐類稿》卷三一《再議經費》有「初」字。

者必求其自而杜之，約者必求其由而從之。《請減五路城堡劄子》大略謂，將之於兵，猶弈之於棋。所保者必其地，所應者又合其變，故用力少而得算多。昔張仁愿築三受降城，相去各四百餘里，首尾相應，減鎮兵數萬。所保者，必其地也。仁愿之建三城，皆不爲守備，曰寇至則併力出戰，回顧猶須斬之。自是突厥不敢度山。所應者，合其變也。《請令長貳自舉屬官劄子》引《書·顧命》及陸贄之説爲證，且曰：「非惟搜揚下位，亦以閱試大官。」何義門云：言既可用，文亦雅而樸。《請州縣特舉士劄子》欲令通一藝以上充都事主事掌政之屬，❶以士易吏也，謂之特舉之士。《請改官制前預選官習逐司事務劄子》。

閔案：玩文定所上諸劄子，使用事變更，亦多節費，爲理財之要。然省去許多官員，以及裁濫用郊費，小人亦必翕翕不便，謗訕必多，其他推類可見。然則介甫新法不行，亦推類可見也。曰言利，曰刻減，曰變更舊制，隨事造名，孰諒謀國者之心哉？

四年辛酉，六十三歲

兼判太常寺，爲史館修撰。上手詔曰：「曾鞏史學見稱士類，宜典五朝史事。」遂以爲史館修撰，管勾編修院，判太常寺兼禮儀事。近世修國史，必衆選文學之士，以大臣監總，未有以五朝大典獨付一人如公者。公入謝曰：「此大事，非臣所敢當。」上曰：「此用卿之漸。」因諭公使自擇其

---

❶「政」，曾鞏《元豐類稿》卷三〇作「固」，李燾《續資治通鑑長編》卷三一〇作「故」，當是。

屬，公薦邢恕以爲史館檢討。墓誌。

閔案：歐陽文忠薦吕惠卿，曾文定薦邢恕，此二人後皆入姦臣傳。或典册辭命之任實有所長，用違其材，遂至狼狽耶？抑前後易操，二公不及料耶？

有《史館申請三道劄子》。又有《英宗實録院申請劄子》。黄東發云：此二劄子皆爲史者當知。有《再乞登對狀》。又《進太祖皇帝實録總敘》并狀。

五年壬戌，六十四歲

四月，擢中書舍人，賜金紫。有《謝中書舍人表》。命下，不俟入謝，便諭就職。時自三省至百執事，選授一新，除吏日至數十人，人人舉其職事以誡，辭約義盡，論者謂有三代之風，上亦數稱其典雅。行狀。又有《授中書舍人舉劉攽自代狀》。九月，丁母憂。

六年癸亥，六十五歲

四月丙辰，終於江寧府。敕所在給其喪事。公自大理丞五遷尚書度支員外郎，换朝散郎，勳累加輕車都尉。參狀誌。七年六月，葬於南豐從周鄉之源頭。碑。元配晁氏，宜興縣君，光禄少卿宗恪之女。繼李氏，嘉興縣君，司農少卿禹卿之女。子三：綰，瀛州防禦推官，知揚州天長縣事；綜，瀛州防禦推官，知宿州蘄縣事；綱，承務郎，監常州税務。孫六：悊、悳、愈、悬、忒、憩。碑。

公父光禄公，仕不達，家甚貧，奔走四方以致養。既孤，奉太夫人極孝，撫四弟九妹，友愛甚篤。

宦學婚嫁，一出公力。公既以文章名天下，其弟牟、宰、布、肇繼中進士科。布嘗任翰林學士，肇以選爲尚書吏部郎中，與公同時在館閣，世以爲榮。參史傳、狀誌。

公性嚴謹，而待物坦然，不爲疑阻。於朋友喜盡言，雖取怨怒不悔也。人有所長，獎勵成就之如弗及。與人接，必盡禮。遇僚屬，盡其情，未嘗有所按讁。在官有所市易，予賈必以厚，取賈必以薄。❶於門生故吏，以幣交者，一無所受。平生無玩好，顧喜藏書，至二萬卷。仕四方，常與之俱。手自讎對，至老不倦。又集古今篆刻爲《金石録》五百卷。公未嘗著書，既殁，集其稿爲《元豐類稿》五十卷、《續元豐類稿》四十卷、外集十卷。行狀。　自唐衰，天下文章不振，歐陽文忠公始正其體，一復於雅。其後公與王荆公相繼而出，爲學者所宗。於是，大家之文炳然與漢唐侔盛矣。❷韓維作神道碑。　曾鞏立言於歐陽脩、王安石間，紆徐而不煩，簡奥而不晦，卓然自成一家，可謂難矣。史論。

理宗時，賜謚文定，邑人陳宗禮所請。府志。　朱子集《跋南豐帖》云：「某未冠而讀南豐先生之文，愛其詞嚴而理正。居常誦習，以爲人之爲言必當如此，乃爲非苟作者。」又有一跋云：「予年二十許時，便喜讀南豐先生之文，而竊慕效之，竟以才力淺短，不能遂其所願。今五十年，乃得見其遺墨，簡嚴静重，蓋亦如其爲文也。」

---

❶「予賈必以厚取賈必以薄」，行狀所記正相反，作「取賈必以厚予賈必以薄」。

❷「家」，韓維《南陽集》卷二九《曾公神道碑》作「宋」。

閔案：南豐議論，原本經術，無所可疵。其爲世所疵者，謂楊雄合於箕子之明夷。頃閲澤州陳文貞公廷敬《午亭集》，卷三十二有《陳子昂仕武后論》，引及曾論楊雄，略爲申説，似有可通。今録其文於此：昔楊雄仕莽，君子恥之。唐武后以一婦人竊天下威柄，蕩覆唐室，此古今之異變，視莽爲何如也？當此時，其小人靦顔視之無論矣。其賢者則謂之何哉？嘗觀陳子昂氏，以言事武后數召見。今考其言，辭論雅飭，有兩漢之風，而薦圭璧於房闥，以脂澤污漫之。賢者之所以自處，其果謂之何也？曾鞏論楊雄謂有所不得去，又不必死，仕莽而就之，合於箕子之明夷。至論雄美新之文非可已而不已，比之箕子之囚奴。鞏之言雖未得爲至論，然以觀子昂之事，而歎賢者之所遭，其志亦有足悲者，何其與雄相似也？武后稱皇帝，改國號，子昂上《受命頌》，其亦美新之類乎？夫以武后之淫虐，隱慝既多，猜忌滋密，一時才望之臣，罕有得脱其禍者。以郝處俊之賢，猶不能忘情於身歿，子昂之所爲，豈得已者哉？或謂士不幸遭亂朝，即不必死，猶可潔身而去也，而鞏謂雄有所不得去，子昂亦蹈雄轍者，何哉？然考子昂後以父老解官歸，父喪，廬冢次，哀感聞者。縣令段簡聞子昂富，欲害之，家人納錢二十萬緡。簡薄其賂，捕送獄中，竟死於獄。子昂不辱其身，則捐其生而已矣。不仕於朝，則死於令而已矣。是以知人者，必論其世，而亦不得過爲刻覈之論也。　尋又攷洪文敏公《容齋四筆》，卷十三有一條云：齊莊公之難，晏子不死不亡，而曰：「君爲社稷死則死之，爲社稷亡則亡之，若爲己死而爲己亡，非其私暱，誰敢任之？」及崔、慶盟國人曰「所不與崔、慶者」，晏子歎曰：「嬰所不惟忠於君，利社稷者是與，有如上帝。」晏子此意，正與豫子所言「衆人遇我」之義同，特不以身殉莊公耳。至於據正以社稷爲辭，非豫子可比也。楊雄仕漢，親蹈王莽之變，退託其身，於列大夫中，不與高位者同其死，抱道没齒，與晏子同科。世儒或以《劇秦美新》貶之，是不然。此雄不得已而作。夫誦述新莽之德，止能美於暴秦，其深意固可知矣。序所言「配五帝，冠三王，開闢以來，未之聞」，直以戲莽耳。使雄善爲諛佞，撰符命，稱功德，以邀爵位，當與國師公同列，豈固窮如是哉？二條皆可助曾公張目。

又案：彭淵材憾曾子固不能詩，朱竹垞《静志居詩話》云：「予嘗見宋人所輯《唐宋八家詩韻》，則子固與焉，不得謂非詩家。而論者輒言文勝於詩，非真知音識曲者也。」

宋孔常甫武仲《祭曾子固文》云：惟公文爲世表，識在人先。憤道之息，志於必傳。絶衆超群，自其少年。况有宗工，摇引於前。❶雷動風興，聲薄於天。匪獨考古，窮探簡編。又達世用，不以迹牽。瀦爲積澤，決爲流泉。威爲秋肅，施爲春妍。時輩謂公，德業之全。外將六州，晚直内垣。商盤周誥，日代帝言。樞廷鈞府，衆曰必遷。壽柄誰操，付與何偏？山摧玉折，反掌之間。士亡宗師，國失能賢。我少方蒙，公發其源。長仕岱陰，從以周旋。辨惑論道，一語不捐。或鉤其細，豪積絲聯。

---

❶「摇」，孔武仲《清江三孔集》卷一九《祭曾子固文》作「援」。

或究其大，苞方括圓。面獎所是，奪其不然。粗若有知，❶公賜多焉。公方擇隱，在溢之壖。我亦於此，謀安一廛。謂當優游，從公於田。幽明隔矣，所志不宣。茫茫大空，孰招以還。武當上浮，❷追躡列僊。決不没没，凡鬼比肩。公名播後，不待銘鐫。公子俱秀，當復大官。念當會哭，阻以山川。東南悠悠，不見新阡。斂不造帷，窆不待棺。徒有傷悲，爲涕漣漣。尚饗！

閔案：觀此文，孔常甫亦常從公受學也。

陳後山師道《南豐先生挽詞》云：「早棄人間事，真從地下遊。丘園無起日，江漢有東流。身世從違裏，功言取次休。❸不應須禮樂，姑作後程仇。」「精爽回長夜，衣冠出廣庭。動庸留琬琰，形像付丹青。道喪餘篇翰，人亡更典型。侯芭才一足，白首太玄經。」

閔案：後山於南豐，所謂瓣香事之者。前首次聯，最沈實。兩首結聯，皆自慨不及其師。

宋張文潛耒《柯山集·書曾子固集後》云：元豐二年夏，曾公自四明守亳，道亳，❹予時自楚將赴河南壽安尉，始獲以書拜公於行次。公得予書，甚喜也，謂予曰：「我與子皆沂汴而西，能從我行

---

❶「知」，祭文作「之」。
❷「武」，祭文作「戓」。
❸「言」，《後山集》卷四並《宋文鑑》卷二三所録此詩均作「名」。
❹「亳」，《柯山集》卷四所録此文作「楚」，當是。

乎？」既而曰：「我行駛，非子能及也。子至永城，當纜舟陸走。一日至亳，爲旬日會也。」公遂行。後予病六十日，至永城，病未愈，不能騎，因永城令寓書於公。六年，予罷壽安尉居洛，而聞公卒，爲文一篇，將祭公於河南，而成都范祖禹夢得自謂嘗爲公舉，亦欲爲文以祭。謂予有往江南，約同祭之，未克也。八年四月，公弟翰林公自建昌赴京師，予謁見於咸平，知公已葬南豐。或客可寓以祭者，當書所爲文一弔公之墓焉。其意之所欲，則具之文矣。

閔案：觀此文，則張文潛、范夢得皆嘗受知於公者矣。

又案：《宋元學案》：受業南豐者，又有通判李先生撰，字子約，吴縣人，官至通判袁州。以興學校爲先務，有文翁、常衮風，子彌遜、彌大、彌正。綜計曾門，若撫州掾張文叔及其内弟劉伯聲見本集外，又若陳後山，師道。李子約，撰。張文潛，耒。范夢得，祖禹。孔常父，武仲。皆卓卓表著者矣。黄梨洲《宋元學案》曾門止載陳、李二人，尚攷之未盡。

宋陳宗禮《曾南豐先生祠記》云：嘉祐中，歐陽文忠公以古道倡，南豐之曾、眉山之蘇胥起而應。然求其淵源，聖賢表裏經術，未有若吾南豐先生之醇乎醇者也。以斯文明斯道，淑斯人，古所謂「鄉先生」正如是。没則祭之社，禮也。由元豐訖今二百年，尚曠兹典。歲在甲寅，楊君瑱來守盱，訪求文物之遺。慨然掇郡帑之餘，下屬邑地建祠，❶以慰是邦士君子之思。乃於邑之西隅，剗草取曠，爲

❶「地」上，《江西通志》卷一二六録此文有「度」字，本書蓋脱。

堂其中而置像焉。翼以兩廡，前有門，以謹闔闢。後有堂，以處衣冠之來聚者。經始於乙卯之夏，至丙辰之春落成。於是人無遠近，皆知斯文愈久愈光，而斯道愈有屬也，豈但爲觀美哉？予嘗竊禄中秘，遇當陛對，嘗述先生之文之道，賜謚立祠。❶朝廷既以文定易名，賢太守又爲祠以從衆欲。予適需次，與觀規畫。郡邑之士請書其本末，遂不敢辭。時寶祐四年正月望日。節。

閔案：陳公字立之，南豐人，淳熙五年進士，廷對策擢第三人及第。官至端明殿學士、簽書樞密院、參知政事，卒贈開府儀同三司、盱江郡侯，謚文定。

元虞集《南豐曾氏新建文定公祠堂記》云：南豐曾氏，自魯國公有六子，其顯者三人。文定公子固最賢，子開之文如其兄，而子宣最貴。子固之學，在孟子既没千五百年之後，求聖賢之遺言、帝王之成法於六經之中，沛然而有餘，淵然而莫測，赫然爲時儒宗。又云：官爵不過於郡守，奉入無踰於常僚，然猶悉其貲力，置義田於臨川郡之後湖與屬邑金谿之南原，立爲規約，以惠利其族，垂三百年矣。今其族孫元翊，以父遺命作公祠堂於後湖之上，使族人食焉而思其本，則公之遺意雖去之百世，烏有終窮哉！元統癸酉，祠堂成，適余自京師歸臨川，來求文以爲記。故爲書此，俾附諸義田規約之後。節。

閔案：此祠堂在臨川後湖者也，與前南豐城西祠各别。公捐貲置義田於臨川後湖及金谿之南

❶「賜」上，底本原空一格，《江西通志》空格處記作「請」。

原，以惠利其族人，此年譜所闕載，故當因祠記而補其遺行於此。

明李東陽《讀書巖曾文定公祠堂記》云：宋曾文定公子固居建昌府南豐縣，舊有書院在縣東奉親坊後，因以祀公。寶祐中，郡守楊瑱建祠迎盱門外，❶參知政事陳宗禮爲記。元統初，公族孫元翊祠於臨川，虞學士伯生爲記。季世兵燹，無復存者。國朝嘗建先賢祠於南豐縣學，公實與祀而弗專也。景泰間，訓導汪綸始即河東麓公舊讀書巖爲亭，名之曰曾巖祠亭。成化壬寅，無錫秦君廷韶來知府事，慨其祠宇卑隘，乃命知縣李昱相地鳩物，即巖之東而重建焉。背山爲堂，堂左右鑿石闢地爲東西廡，前爲門屋。屋之前，疊石爲洞。洞之前，因危石爲階五級，下屬於池。池之出，❷爲橋以達於衢。其旁則別爲亭。亭右折數步，則書巖故地也。甲辰春工告畢，於是命公子孫領祀事，而時謹視之。謂不可以無紀，書來京師，請予記之。夫立言者，必能明天下之理，載天下之事。理明事載，以翼聖道，俾世治，君子固有取焉。宋盛時，以文章鳴者數家，❸予於曾文定公獨有取焉。蓋其論學則自持心養性，至於服器動作之間，無有弗悉。論治則自道德風俗之大，極於錢穀獄訟百凡之細，無有弗備，皆合於古帝王之道與治。而凡戰國秦漢以來權謀術數之所謂學，佛老之所謂教，一

---

❶「盱」，原作「盱」，據李東陽《懷麓堂集》卷三二《曾文定公祠堂記》改。

❷「出」，《懷麓堂集》卷三二所録此文作「上」，當是。

❸「鳴」，《懷麓堂集》作「名」。

切排斥屏黜，使無得以亂其説者。其所自立，非獨爲詞章之雄也。夫有功於天下，則國祀之。有功於鄉，則有司祀之。公之賢，固天下之所不可闕者，❶而況其鄉哉？而況其子孫哉？節。

明羅汝芳《重修曾南豐查溪祠堂記》云：南豐先生起宋隆盛時，與歐陽文忠公相倡和，令當世學者咸知尊經。前以續孟學於不傳，後以開程學於未顯，洵如吴臨川所稱合乎程，接乎孟，而達乎孔者也。先生裔孫敏道就業明德，請先生祠堂記於予。溯先生查溪祠始於宋乾道八年，忠曾孫某卜址而創之。淳祐中，九世孫文忠就規制而廓之。歲久圮塌。嘉靖戊申諸裔孫重構前堂，然門屋猶卑隘也。萬曆戊寅，後增門廈，結砌階塗，歷秋冬告成，涓吉奉先生神主，祀於中堂，而以先生之子綰公、綜公、綱公爲之配。予故推本先生學術之正與建祠始末爲之記。

閔案：此是查溪祠，與上讀書巖祠又别。計公祠堂凡四：南豐城西也，臨川後湖、南豐讀書巖也，查溪也。

又案：文定六兄弟，伯兄曅，字叔茂，皇祐五年試進士於廷，不中，遂卒，年四十有五。熟於治亂興亡是非得失之故，有智策，能辨説，其貫穿反復，人莫有屈之者。見文定所作墓誌。文定之弟牟，與文定同年進士，爲臨川推官。宰亦進士，官湘潭主簿，卒年四十七。曅子覺，字道清，治平進士，吉州司法參軍，遷韶州判官，道卒。宰子經，字常一，紹聖進士，與秦少游交善，有《嘯竹軒》集

❶ 「所」，《懷麓堂集》作「祀」。

行世。宰孫秀之，大觀進士，官秘書省著作郎。忠與恭皆漕舉。宰曾孫季貍，字裘父，號艇齊，少師韓子蒼、吕居仁，再舉進士不第，遂謝去，讀書考古。劉珙、張孝祥皆薦於朝，不出。吕東萊、徐東湖、曾茶山極愛重之。壯而劉忠肅、李文簡禮爲上賓，老而朱晦菴、張敬夫親爲畏友。汪應辰有「四海曾裘父」之句，真德秀稱其道廣器博，可想見其人矣。宰元孫之子極，字景建。父滂，字孟博，季貍兄伯豸子也。滂學於金谿陸氏，極承家學，爲李雁湖、趙南塘所稱，朱子得其書及詩大異之。因詩忤時相史彌遠，謫道州卒。有《春陵小雅》《金陵百詠》行世。文定次孫怘，縉子。以仕累官司農丞、通判温州，需次於越。建炎三年，金人陷越，爲金人逮捕，不爲屈，詞氣慷慨，責其敗盟。金人怒，盡家屬四十口同日殺之越南門外，越人作大窖瘞其屍。金人去，怘弟昰知餘杭，製大棺殮其骨，葬之天柱山。事聞，贈諫議大夫，謚曰忠，予三資恩澤，官其弟岱子崈、兄悊子崌。崈後歷官至知南安軍。

又案：元劉起潛《隱居通議》卷十四云：濂洛諸儒未出之先，楊、劉崑體固不足道，歐、蘇一變，文始趨古，然理學或未及也。獨南豐曾文定公議論文章，根據性理，朱子專以爲法者，以其於周、程之先，首明理學也。世俗知之蓋寡，無他，公文自經出，深醇雅澹，非静心探玩，不得其味。予特嗜之，《元豐類稿》覽之熟矣。近得《續稿》四十卷，其間多少作，不能如《類稿》之粹，豈公所自擇或學者詮次，如莊子内外篇、山谷内外集之分與？中如《過客論》，則仿《兩都賦》。如《詔弟教》，則仿《客難》《僮約》《進學解》。如《襄陽救災記》，則仿《段太尉逸事》。朱子謂多摹擬古作，蓋此之類。又有《釋疑》一篇,亦仿西漢文字。前輩謂此乃公少年慕學,借以衍習其文耳。觀後《聽琴序》《題趙充國傳》《題魏鄭公傳》諸篇,皆其妙者,不可及也。其《上李連州書》,十五歲作。前集《秃秃記》,二十五歲作。又云續稿有《喜似》一篇,爲介甫作,尊敬甚至,及其得志,則與之異。又有雜識二三兵事,多仿《史》《漢》,文可觀。《宋史》《備要》,多采用之。閔玫明焦氏《國史經籍志》已無《元豐續稿》,今四庫著録亦止《類稿》五十卷,殆久佚不復見矣。起潛略載所見文字數篇,猶藉以得其厓略。惟載《朱子年譜序》及《序後》二篇,不見朱子文集,又地望稱丹陽可疑。今姑録二文於後備攷。

朱子年譜序

南豐先生者,諱鞏,字子固,姓曾氏,南豐人。丹陽朱熹曰:予讀曾氏書,未嘗不掩卷廢書而歎,何世之知公淺也? 蓋公之文高矣,自孟、韓以來,作者之盛,未有至於斯。其所以重於世者,豈苟而云哉? 然世或徒以是知之,故知之淺也。知之淺,則於公之事論之,猶不能無所牴牾。而况公之所以爲書者,宜其未有以知之也。然則世之自以知公者,非淺而妄與? 其可歎也已。公書或頗有歲月,以史氏記及他書舊聞次之,著於篇。

年譜後序

丹陽朱熹曰：世有著書稱公文章者，予謂庶幾知公。求而讀之，湫然卑鄙，知公者不爲是言也。然則世之自以知公者何如哉？豈非徒以其名歟？予之説於是信矣。其説又以謂，公爲史官，薦邢恕、陳無己以爲英録檢討，而二子受學焉。綜其實不然。蓋熙寧初詔開實録院，論次英宗皇帝時事，以公與檢討，一月免，豈公於是時而能有以薦士哉？其不然一也。恕治平四年始登進士第，元豐中用公薦爲史館檢討，與修五朝國史，其事見於實録矣。爲實録院檢討而與修英録於熙寧之初，則未有考焉。其不然二也。師道見公江淮之間而受教焉，然竟公時爲布衣，元祐中乃用薦起家，爲郡文學，是公於史館猶不得以薦之，况熙寧時豈有檢討事哉？其不然三也。一事而不然者三，則公所以教恕者，其在元豐史館之時乎？未可知也。此予所謂牴牾者。斯人爲世所重，自以知公，故予不得不考其實而辨其不然者。其書世或頗有，以故不論著著其是非者焉。❶

劉起潛曰：予考所謂「斯人爲世所重」者，不知爲誰。想在當時有權位，故不敢斥言之也。晦翁文字多稱紫陽，今自稱丹陽，未詳。閔疑此二篇近依託，録之俟後人攷論。

❶「是非」，劉壎《隱居通議》卷一四作「非是」，當是。

附曾文肅曾文昭二公事略

文肅、文昭二公集皆未見，今止據史傳摘記一二。間采一二别集。

曾文肅公事略

公名布，字子宣，南豐人。年十三而孤，學於兄鞏，同登第，調宣州司法參軍、懷仁令。史傳，下同。

閔案：公父卒於慶曆七年丁亥，史云九歲而孤，上溯之，則景祐二年乙亥公生也，登進士第則二十三歲也。

熙寧二年徙開封，以韓維、王安石薦，上書言爲政之本有二，曰厲風俗、擇人才。其要有八，曰勸農桑、理財賦、興學校、審選舉、責吏課、敘宗室、修武備、制遠人，大率皆安石指也。

閔案：所奏皆人人意中所有事，何必定出安石指？深文可笑。子宣非不能作文立論者，肯聽人指授乎？

神宗召見，論建合意，授太子中允、崇政殿説書，加集賢校理、判司農檢正，與吕惠卿共創青苗、助役、保甲、農田之法。

閔案：此所創諸法，亦或奉上旨，抑或實見未爲不便於民，迨後行之不善，則非逆料矣。有治法無治人，不得其人，雖善法有弊，况未必如先聖制作之悉盡善乎？

七年，詔求直言。布論判官吕嘉問市易掊克之虐。大概以爲，天下之財，良由貨不流通；貨不流通，由商賈不行；商賈不行，由兼併之家巧爲摧抑。故設市易於京師，以售四方之貨。常低昂其價，使高於兼併之家，而低於倍蓰之直，官不失二分之息，則商賈自然無滯矣。今嘉問乃差官於四方買物貨，禁客旅無得先交易。以息多寡爲誅賞殿最，故官吏牙駔惟恐裒之不盡而息之不夥。則是官自爲兼併，殊非市易本意也。事下兩制議，惠卿以爲沮新法。安石怒，遂去位。惠卿參大政，黜布知饒州，徙潭州。

閔案：彈劾甚當。謂自爲兼併，非市易本意，表裏都盡。子宣甘逆安石以去位，然則前所奏事非授安石指明矣。前不附王、吕，後又不附蔡京，乃信黨人謗誣，入之姦臣，恐有過處。

元豐末，復翰林學士，遷户部尚書。司馬光爲政，諭令增損役法，布辭曰：「免役一事，法令纖悉皆出己手。若令遽自改易，義不可爲。」尋出知太原府。

閔案：役法不可改，范忠宣、蘇文忠皆言於温公而不見聽。今子宣謂法令纖悉出己手，毫不自諱，亦不曲從，甘從外出，真激昂之士，非無本末者可同論也。

紹聖初，布同知樞密院，請甄賞元祐臣庶論更役法之不便者，以勸敢言。章惇遂興大獄，布多陰擠之。

閔案：子宣止請論更役法不便者以勸敢言，此蓋鄙薄當時趨附新相諸人。蔡京改役法五日，即報命於司馬公，尤表表者也。後蔡京卒傾子宣，未必不根於此。惇興大獄，自又一事，非因此言。

倘無此言，將遂已乎？不可借事文致。至謂正人流貶，布多陰擠之，略無實證，不敢謂無，不敢謂有。

掖庭詔獄，法官謂厭魅未成，❶不當處極典。布曰：「驢媚蛇霧，是未成否？」衆皆瞿然。於是，死者三人。

閔案：獄果有據，未容故出，亦是衆人瞿然，殆有難平反者乎？

哲宗崩，皇太后召大臣問誰可立。章惇有異議，布叱惇，使從皇太后命。

閔案：此一叱，尤見風概。

崇寧改元，召蔡京爲左丞。京與布異，因陳佑甫事，忿争失禮，罷知潤州。京積憾不已，加布以贓賄，令開封吕嘉問逮捕其諸子，煅煉訊鞫，誘左證，使自誣而貸其罪。布落職，提舉太清宫，太平州居住。久乃由廉州司户徙舒州，復大中大夫。

閔案：蔡京積憾不已，可知前請論役法不便者，指京也。陳祐甫事，子宣當自反，何至忿争無禮？此咎由自取。厥後用宿憾之吕嘉問煅成其罪，則君子所當矜恤平反者矣。

大觀元年，卒於潤州，年七十二。後贈觀文殿大學士，謚文肅。史傳止此。

閔案：綜公生平，有剛愎處，有躁競處，有昧於知人處。觀其弟文昭公致兄書，利害了然。而復

❶「厭魅」下，《宋史》卷四七一《曾布傳》有「事」字，不當省。

書以爲自處，亦有義理。可知其人矣。然遽入之奸臣，與章、蔡同傳，亦微失平。

又案：錢竹汀《潛研堂集·跋陳和叔宋史稿》云：和叔於《奸臣傳》，進史彌遠、嵩之，而出曾布，頗與鄙意合。可見心同理同，必有平反之者也。

又《潛研堂·跋九曜石題名》云：曾子宣爲子固之弟，風流儒雅，煇映一時。不幸附和紹述，致位宰相，史家遂入之奸臣之列。然子宣雖不爲公論所與，而能與章惇、蔡京立異，亦張天覺之流也。天覺可列傳，曾獨不可列傳乎？若史彌遠之奸邪，甚於侂胄，而轉不在奸臣之數，史家於此，未免上下其手。讀史論世者，不可無識也。

李仁父燾《通鑑長篇紀事本末》卷一百二十九云：建中靖國元年八月，三省進呈左司諫陳瓘所陳《日録》及《國用須知》。上顧曾布曰：「如此報恩耶？」布嘗薦瓘，故云。布曰：「本不欲喋喋，然理有當陳者，不敢已。臣紹聖初在史院不及兩月，以元祐所修實録，凡司馬光日記雜録，或得之傳聞，或得之賓客所記之事，鮮不偏載。而王安石有日録，皆當日君臣對面反復之語，乞取付史院，照對編修，此乃至公之論。其後紹聖重修實録，數年乃成書，臣蓋未嘗見。當日修書，乃章惇、蔡京。今日提舉史院，乃韓忠彦。而瓘以爲臣尊私史，壓宗廟，不知何謂也？神宗理財，雖所至用兵，而府庫充積。元祐非理耗散，又有出無入，故倉庫爲之一空。乃以爲臣壞三十年根本之計，恐未公也。」

閔案：此條僕亦附記於《荆公年譜》後。當時以王介甫日録爲私史，則司馬公日記、雜録又官書乎？合二者照對，存是去非，斯爲公論。或者初修實録、續修實録兩存，聽天下後世公論，亦爲允協。乃塗抹初修，不留原迹，便可爲信史乎？至所云神宗理財，府庫充積，元祐非理耗散，有出無入，倉庫遂爲一空，此殆是確鑿之論。何也？諸公一意沽名，寬征薄斂，而國用無所措矣。

吕居仁《童蒙訓》：龔彦和夬清介自立，少有重名。元祐間僉判瀛州，與弟大壯同行。大壯尤特立不群，曾子宣帥瀛州，欲見不可得。一日往過彦和，邀其弟出，不可辭也，遂出相見。即爲置酒，從容終日乃去。因題詩壁間云：「南北車書久混同，河間今有古人風。自慚太守非何武，已見州間出兩龔。」❶

閔案：觀此，則文肅虚懷下士風，尚亦可想見。

又案：文肅長子綖，字公冕，熙寧間以童子薦，官至通議大夫、江南安撫使。四子紆，字公衮，紹聖間中博學宏辭科，歷官州縣。崇寧癸未，坐黨籍貶零陵。建炎己酉，苗劉反，檄諸州兵入衛，御史中丞白紆忠，詔進秩二等。紹興二年，除顯謨閣，歷知撫、信、衢三州。上書辨雪宣仁后誣謗，士論韙之。官至中大夫、直寶文閣，有《空青集》十卷行世。爲文固守家法，山陰陸游讀其遺文，嘆舉世知空青不盡云。紆子惇，字宏父，進士，累官直祕閣、知台州，與洪适、謝伋友善。宋潛溪云：曾氏文定公鞏、文肅公布、文昭公肇起於南豐，文章名天下。而文肅之子司農少卿紆文有家

❶ 「已見州間出兩龔」，吕本中《童蒙訓》卷上作「得向河間見兩龔」。又《困學紀聞》卷一八辨此詩爲曾肇所作。

法，司農從孫季貍，此是文肅兄宰之曾孫。又能大肆於文，言質而義正，乾、淳間名公多敬畏之。嗚呼！何南豐曾氏多賢哉！

曾文昭公事略

公名肇，字子開，文定公弟。舉進士，調黄巖簿。用薦爲鄭州教授，擢崇文校書館閣校勘兼國子監直講、同知太常禮院。太常禮文殘缺，肇在職多所釐正。親祠地祇於北郊，自肇發之。史傳，下同。

閔案：子開此議未見，想在《曲阜集》中。

兄布以論市易事被責，亦奪肇主判。滯於館下，又多希旨窺伺者。衆皆危之，肇恬然無愠。

閔案：兄論市易，不當并責其弟，可怪。此吕惠卿爲之也，王荆公亦有責焉。子宣論市易事甚當，評見前。

曾公亮薨，肇狀其行，神宗覽而善之，遷國史館編修官，進吏部郎中。遷右司，爲《神宗實録》檢討。元祐初，擢起居舍人，尋爲中書舍人。論葉康直知秦州不當，執政訝不先白，御史因攻之。肇求去，范純仁語於朝曰：「若善人不見容，吾輩不可居此矣。」力爲之言，乃得釋。

閔案：曾氏兄弟在朝，均孤立無所附可見。

門下侍郎韓維奏范百禄事，太皇太后以爲讒毁，出守鄧。肇言：「維爲朝廷辨邪正是非，不可以疑似逐。」不草制。諫議大夫王覿以論胡忠愈出守潤州，肇言：「陛下寄腹心於大臣，寄耳目於臺諫。二者相須，闕一不可。今觀論執政即去，是愛腹心而塗耳目也。」帝悟，加觀直龍圖閣。　太皇受册，詔遵章獻故事，御文德殿。　肇言：「太皇當於此時特下詔，揚帝孝敬之誠，而固執謙德，屈從天聖兩制之議，天聖初，兩制定議，受册崇政。止於崇政，則帝孝愈顯，太皇之德愈尊矣。」　坤成節上壽，議令百官班崇政。　肇又言：「天聖三年，近臣班殿廷，百官上詣内東門拜表，至九年始御會慶。今太皇盛德，不肯自同章獻，宜如三年之制。」並從之。

閔案：以上議禮，皆侃侃謇謇，有典有則。

以寶文閣待制知潁州，徙鄧、齊、陳州、應天府。　七年，入爲吏部侍郎。　後又出知徐州，徙江寧府。帝親政，更用舊臣，稱肇議禮，趣入對。　肇言：「人主雖有自然之聖質，必賴左右前後得人，以爲立政之本。　宜於此時選忠信端良之士，寘諸近班，以參謀議，備顧問。　與夫深處法宫，親近暬御，其損益相去萬萬矣。」貴近惡其語，出知瀛州，與兄布易地。　時方治實録譏訕罪，降爲滁州。　稍復集賢修撰，歷泰州、海州。　徽宗即位，復召爲中書舍人。　章惇惡之，欲因事去肇，帝不聽。　元祐臣僚被譴者，咸以赦恩甄敘，肇請併録死者。　作訓詞，哀厚惻怛，讀者爲之感愴。　遷翰林學士兼侍讀，諫官陳瓘、給事中龔原以言得罪，無敢救者，肇極力論解。　時論者謂元祐、紹聖均爲有失，兄布傳帝命，使肇作詔諭天下。　肇見帝言：「陛下思建皇極，以消弭朋黨，須先分別君子小人，賞善罰惡不可偏廢。」開説備至。　已而，詔從中出。　建中靖國元年，因日食請對，言：「忠邪賢不肖，或有未辨。左右阿諛，壅蔽矯舉，民冤失職，鬱不得伸。　宜循省克責，以塞天變。」言發涕下，帝悚然順納。　兄布在位，引故事避禁職，拜龍圖閣學士，提舉中太一宫。未幾，出知陳州，歷太原、應天府、揚、定二州。崇寧初，落職，謫知和州，徙岳州，繼貶濮州團練副使、安置汀州。四年，歸潤而卒，年六十一。

閔案：公年六十一，逆數之，當生慶曆八年也。

自熙寧以來四十年，大臣更用事，邪正相軋，黨論屢起。肇身更其間，數不合。兄布與韓忠彦並相，日夕傾危之。肇既居外，移書兄曰：「兄方得君，當引用善人，翊正道，以杜惇、卞復起之萌。而數月以來，所謂端人吉士繼迹去朝，所進以爲輔佐侍從臺諫，往往皆前日事惇、卞者。一旦勢異今日，必首引之以爲固位計，思之可爲慟哭。比來主意已移，小人道長，進則必論元祐人於帝前，退則盡排元祐者於要路。異時惇、卞縱未至，一蔡京足以兼二人，可不深慮？」布不能從。未幾京得政，布與肇俱不免。

閔案：《續通鑑》卷八十七載文肅答文昭此書，有云：「布自熙寧立朝至今，時事屢變。惟其不雷同熙豐，故免元祐之竄斥；惟其不附元祐，故免紹聖之中傷。自處亦有義理，恐未至貽家族之禍也。」觀此，文肅若當蔡京執政時，超然遠引，不濡迹，受小人謗誣，則不至入姦臣傳矣。殆昧孔子「邦無道，富且貴焉，恥也」之戒乎？

肇天資仁厚，而容貌端嚴。自少力學，博覽經傳，爲文温潤有法。更十一州，多善政。紹興初，謚曰文昭。子統，至左諫議大夫，楊時嘗舉以自代。參史傳及楊龜山行狀。

閔案：史論謂肇以儒者而有能吏之才，觀所敷奏，亦直臣也。

公歷事英、神、哲、徽四朝，更踐十二州，歷吏、户、禮、刑四部侍郎，兩爲中書舍人，封曲阜縣開國侯，贈少師，謚文昭，所著有《曲阜集》四十卷、《西掖集》十二卷、内制五十卷、外制三十卷，史傳皆失載。府志載家傳。

《四庫全書·曲阜集提要》云：「肇立朝有守，屬黨論翻覆，以一身轉側其間，往往齟齬不合。又嘗力諫其兄布，宜引用善類，而布不從。所上奏議，如救韓維、繳王覲外任諸篇，皆爲史所稱述。今並在集中，可以攷見。其制誥亦爾雅典則，得訓詞之體。雖深厚不及其兄鞏，而淵懿温純，猶能不失家法。」

《西江詩話》載：文昭《邇英侍講筵作》云：「二閣從容訪古今，諸儒葵藿但傾心。君臣相對疑賓主，誰識昭陵用意深？」

閔案：此詩意思深妙。坐講侍講，都是形迹，只要君臣相對，有一片誠意相接處，則有交泰之象矣。昭陵，仁宗也。

陳後山集有《寄泰州曾侍郎肇》詩云：「八年門第故違離，千里河山費夢思。淮海風濤真有道，麒麟圖畫豈無時？今朝有客傳河尹，到處逢人説項斯。三徑未成心已具，世間惟有白鷗知。」文昭和之云：「故人南北歎乖離，忽把清詩慰所思。松茂雪霜無改色，雞鳴風雨不愆時。著書子已通科斗，自注：無己書言作《尚書》傳，故云。竊食吾方逐鷺斯。便欲去爲林下友，懶隨年少樂新知。」

閔案：文昭和詩，優於原唱。《曲阜集》外間少傳，故録一二。

宋曾暎《文昭公祠堂祭田記》云：盱水東三十里，爲唐源之梅潭。據潭上游，茂林修竹，爲吾家別墅。其下有院曰皈信，建自吴乾正年間。至我曾祖文昭公，愛其山水之麗，益加修飾。大觀丁亥，文昭公殁，我伯祖越州公緄、通直公縱、提舉公絢、我祖修撰公統、叔祖常州公綎、承議公緯、舍人公續、舒州公纁，封塋兆於院左。政和己丑，建曲阜祠堂於塋之前。紹興甲寅，立楊文靖公所作神道碑，以別墅之田十五畝歸諸院僧，俾供香火時祀。顧地利少而品儀不豐，諸子孫拜祭祠墓者日衆，歆福受釐或未足，於是八支宗長各損己貲，復置田二十畝附益之，以充其費，定爲祖宗同堂共享之儀。以司空、常侍、沂國、密國、魯國爲五祖而陳於上，進士茂叔、中書、安仁、湘潭、文肅、文昭爲六宗，序昭穆而列於旁，越州公等凡八位以次相侍而從祀於其下。若夫諸祖太君夫人，則惟分祭於墓，而萃涣合離之道得矣。惟時兄炎公新拜江州之命，暎則委身浙西，屢疏解官未得，不及即事其間。姪輩以諸父命來報成事，則甚喜，故記之如此，以示永久。節。

閔案：曾氏文物衣冠之盛，映照一時。文昭曾孫炎，官至集英殿修撰致仕，贈光禄大夫，樓宣獻爲作神道碑。暎官至吏部尚書，封臨川郡侯，爲張敬夫、真西山所重。文昭八子，大概亦見此記中，又補年譜之闕。文昭次子縱，爲蘇子由壻。縱子悟，字蒙伯，宣和三年進士，爲亳州士曹。金人破亳被執，駡賊死，屍無完膚，年三十三，妻孥同遇害。後有司爲建忠節祠祀之。悟之弟恬，字伯智，少事楊龜山、謝上蔡，以節義文章著。紹興十年中博學宏辭科，官至大宗正丞，輯有《孝行類要》二卷，龜山爲之序。

又案：樓宣獻公作文昭公孫侍郎炎神道碑云：宋興，崇尚儒術，振起一代之治。直史館、贈太師、密國公南豐曾公致堯以文鳴當世，直道正言事太宗、真宗，爲名臣。是生博士、贈太師、魯國公易占，有文章政事，❶而仕不合，荆國王文公志其墓。六子皆登進士第，達者三人：曰鞏，爲中書舍人，以道德文章名，學者宗之，號南豐先生；曰布，位宰相，謚文肅；曰肇，終翰林學士，謚文昭。當元祐盛際，徽皇初政，再爲詞臣，氣節議論，尤挺特卓偉。名儒如上蔡、龜山，俱謂端嚴有大臣之風，其後亦最盛。後六十餘年，曾孫刑部侍郎炎與從弟吏部尚書㬇相繼取世科，同爲天子從臣。故家文獻，表表一時，而南豐之曾益重於天下矣。侍郎字南仲，祖纁，明《春秋》擢第，官至奉議郎，贈左中大夫。父協，年十九，以詞賦魁胄監。一上不第，即攷古著書，有《雲莊集》行世，終朝奉大夫、知永州，贈正奉大夫。正奉語公曰：「吾家由密、魯二公至而祖，雖皆取科第，然師友淵源，非止利禄而已。汝當志其遠且大者。」因銘其書室曰「求己」以勉之。公隆興元年賜進士出身，授左迪功郎、泰州海陵縣尉兼主簿。遷儒林郎，調徽州教授。淳熙八年，改通直郎、知建康府江寧縣事。累官至通議大夫、集英殿修撰。卒贈光禄大夫。晚自號覺翁，有《覺菴集》。又銘曰：惟曾受氏，曲阜始封。舞雩之傳，望於南豐。有户部郎，事我二宗。博士繼之，顯不在躬。六子聯芳，第上攷功。德望彰徹，曰文昭公。本厚源深，實生覺翁。覺以求己，中積外充。早挹

❶「政事」下，樓鑰《攻媿集》卷九七《曾公神道碑》有「材」字，本書脱。

世科，奏最一同。翱翔周行，敭歷西東。仗節殊鄰，氣讋夷戎。外庸既訖，從上法宫。進難退易，先哲之風。聖化更新，起於間中。申畀鉅藩，疾已内攻。施弗盡才，奄其全終。西溪之原，父祖是從。後來方興，銘詔無窮。此條恰好爲曾氏一家總贊。覺翁行事多可取，不暇及録，其贊可得其大概矣。

王文公年譜考略原序

予竊不自揆，編次《荆國王文公年譜》有年，所閲正史及百家雜説不下數十卷，❶則因年以考事，考其事而辨其誣，已略具於斯編，因名其書曰考略。古之著書者，必推原所以作是書之意，而予於是譜告成，顧惝然若失，言有所不能盡，意有所不必達，則又何也？君子疾没世而名不稱焉，則凡善有可紀與惡之當褫，不出於生前事實，而後之論者雖或意見各殊，褒貶互異，而事實固不可得而易也。惟世之論公者則不然。公之没，去今七百餘年，其始肆爲詆毁者多出於私書，既而采私書爲正史，而此外事實愈增，欲辨尤難。由此更千百年，又將何所底止耶？所謂言有所不能盡者，此也。若其意有所不必達，因憶公有《上韶州張殿丞書》，其言曰：「自三代之時，國各有史，而當時之史，多世其家，往往以身死職，不負其意。蓋其所傳，皆可攷據。後既無諸侯之史，而近世非尊爵盛位，雖雄奇儁烈、道德滿衍，不幸不爲朝廷所稱，輒不得見於史。而執筆者又雜出一時之貴人，觀其在廷論議之時，人人得講其然不，尚或以正爲邪，以異爲同，誅當前而不慄，訕在後而不羞，苟以饜其忿好之心而止耳。而况陰挾翰墨以裁前人之善惡，疑可以貸褒，似可以附毁。往者不能訟當否，

---

❶ 「十」，蔡上翔《王荆公年譜考略》清嘉慶九年刻本（簡稱《考略》）作「千」，當是。

生者不得論曲直，賞罰謗譽又不施其間。以彼其私，獨安能無欺於冥昧之間耶？」嗚呼！盡之矣，此書不知出於何年，❶要必爲先人而發，在乎慶曆、皇祐間。當是時，公已見稱於名賢鉅公，而未嘗有非毁及之者也。然每讀是書而不禁欷歔累歎，何其有似後世詆公者，而公已先言之也。自古前代有史，必由繼世者修之。而其所考據，必有所自來。若爲《宋史》者，元人也，而元人盡采私書爲正史。當熙寧新法初行，❷在朝議論蠭起，其事實在新法，猶爲有可指數者。及乎元祐諸臣秉政，不惟新法盡變，而黨禍蔓延，尤在范、吕諸人初修《神宗實録》。其時《邵氏聞見録》、司馬温公《璅語》《涑水記聞》、魏道輔《東軒筆録》已紛紛盡出，則皆陰挾翰墨以饜其忿好之私者爲之也，又繼以范冲《朱墨史》、李仁甫《長編》，凡公所致慨於「往者不能訟當否，生者不能論曲直」，若重爲天下後世惜者，而不料公一身當之，必使天下之惡皆歸，至謂宋之亡由安石，豈不過甚矣哉？宋自南渡至於元，中間二百餘年，肆爲詆毁者，已不勝其繁矣。由元至明中葉，則有若周德恭謂神宗合赧、亥、桓、靈爲一人，有若楊用修斥安石合伯鯀、商鞅、莽、操、懿、温爲一人，抑又甚焉。又其前若蘇子瞻作《温國行狀》至九千四百餘言，而詆安石者居其半。無論古無此體，即子瞻安得有如是之文？後則明有唐應德著《史纂左編》，傳安石至二萬六千五百餘言，而亦無一美言一善行，是尚可與言史事

❶「出」，《考略》卷首序文作「作」。

❷「寧」，原避清道光帝旻寧諱作「甯」，今回改。以下逕改，不復出校。

乎哉？昔唐朱敬則爲正議大夫並修國史，韋安石閲其史稿，歎曰，董狐無以加。世人不知史官權重於宰相，宰相能制生人，而史官兼制生死。夫以彼好爲私書者無宰相之權，而有重於史官之勢，豈所謂不能無欺於冥昧之間非耶？且夫温柔敦厚，《詩》教也。《書》以道政事，《春秋》辨是非，尤在於屬詞比事而不亂。而後世有著《春秋》曰讞，鳴《尚書》者曰冤辭，則又有講學同門異户，而亦名之曰公案。若皆以爰書從事，此豈談經術言道德者所宜然？惟是非乎安石纍纍，若公案，若冤辭，雖有明哲，若交相讞焉。欲從而覆説之不能，故曰意有所不必達也。嗚呼！以予之爲斯譜，既不免類發憤者所爲，然言有所不能盡，意有所不必達，終於公上張殿丞書，不能無感於斯文。後世覽者，即以知予作是書之意可也。夫好而不知其惡，惡而不知其美，均辟也。予固好公者，然則予又烏敢居一於此哉？

嘉慶九年甲子夏五月上澣日，金谿後學蔡上翔元鳳謹書，時年八十有八。

王文公年譜考略節要序

論古人而溢美溢惡，非也。變亂美惡，使是非不明，尤不可。昔者匡章，通國皆稱不孝。孟子則曰「不孝五，章子有一於是乎」；陳仲子人以爲廉，孟子則曰「仲子惡能廉」，豈故爲異哉？欲以明天下真是非，不誣人，不爲人欺，斯足以知人論世也。金谿蔡元鳳先生撰《王文公年譜考略》二十八卷，證據詳而碻，議論通而不偏，可以知人論世，而敚病繁多，爲節其要得四卷。録既成，不禁撫卷三歎也。古今事變不同，唐以前小人軋君子耳，宋則君子軋君子，徒授小人以隙，禍害遂中於國家。韓忠獻、歐陽文忠世稱賢輔，濮議起，言者遂目爲奸邪，欺負君國可誅，而主張之者，呂獻可也。李忠定有浴日之功，及爲相，遂斥爲國賊，亟須竄殛，而發難者，張魏公也。由此觀之，當時於文公惡詬毒詈奚責焉。自來小人軋君子，是非易明也。君子軋君子，則將傎倒是非，誣直爲曲，小人乘之以亂是非曲直。如二蔡、二惇、汪、黄之徒奮袂攘臂，相齮相齕，去諸君子，如發槁振落葉。吾故曰，徒授小人以隙，禍害遂中於國家也。夫熙、豐行新法，主之者神宗也。文公相止八年，新法行十九年未改，豈能獨罪文公？神宗語鄧綰曰：「呂惠卿賢者也。」則呂亦神宗心所簡在者，非由荆公援引然也。史傳謂荆公去位，以韓絳、呂惠卿爲護法，故新法不改。此詬誣不足信，神宗非孱主，不由人把持也。且閭閻無揭竿之擾，邊夏無責言之及。黼扆憂勤，倉庫充實。見《長編紀事本末》。洶洶者獨在廷臣，是亦不可以已乎？故在熙寧時，攻文公者即訐君上，所以神宗每不直之。在紹聖時，右元祐者即傷神考，所以哲宗、徽宗亦不直之也。陳忠肅窺此意，作《尊堯集》頌神考而詆荆公。然而事實難揜，虚名何益？誅其心，仍毁熙、豐耳，所以朝廷毫不介意。又王楙《野客叢書》紹聖初謫蘇子瞻制詞云：「若譏朕過失，亦何所不容，乃代予言，詆誣聖考。乖父子之恩，害君臣之義。在於行路，猶不戴天。顧視士民，復何面目。」又曰：「雖汝軾文足以惑衆，辯足以飾非，然而自絶君親，又將誰懟？」此詞雖承時相風旨，究貽口實，不謂鑿空。至於文公受誣，有虚搆者，有疑似者，有變白爲黑者，辨具本書，可以檢覈。嗟乎！宋世諸賢，有幸而得美名者，有不幸而得惡名者，無孟子辨匡章、陳仲子之識，殆難語於知人論世也。

同治六年丁卯端陽後五日，江右新城楊希閔息齋書於永陽廨舍西齋。

案，蔡先生名上翔，字元鳳，號東墅，江西金谿人。乾隆辛巳進士，官四川東鄉縣知縣凡八年，丁母憂歸，遂不出。卒於嘉慶戊辰，年九十二。東鄉吴蘭雪司馬嵩梁爲作傳，新城陳石士侍郎用光誌其墓。生平著述甚多，而以《王荆公年譜考略》二十八卷爲精力所萃焉。閔又記。

是書體例以年爲經，頂格。以事爲緯，低一格。旁證及他人之事，首側加一「附」字，低二格。考略之言及有閔案者，各分别注明。考略低二格，閔案低二格三格不等，視所辨者降一格耳。辨論詩文瑣事，則小字載之。原書所無，今增入者，首側注一「補」字。

同治戊辰之春，《年譜攷略》外，閔别撰有《年譜推論》一卷，《熙豐知遇録》一卷，皆可與年譜相發明，故又附存二卷於末。

王文公年譜考略節要卷一

金谿蔡上翔元鳳原本
新城楊希閔息齋節録

宋真宗天禧五年辛酉，公生閔案：吴氏榮光《歷代名人年譜》載，公生是年十一月十二日辰時。此本之吴曾《漫録》。

《臨江府名宦志》曰：王益，字損之，臨川人，荆公父也。宋天禧中，判臨江軍。《清江縣古迹志》曰：維崧堂在府治内。宋天禧中，王益爲臨江軍判官，其子安石生於此，後人因名其堂曰維崧。

蔡氏《考略》曰：荆公生於天禧五年辛酉，至哲宗元祐元年薨，年六十六。正史誤載年六十八，後來史學名家者，❶不特無一人正之，且有因史誤而改爲生於天禧三年己未。正史之不足憑，開卷可見矣。公酬吴冲卿詩云「同官同齒復同科」，而祭冲卿文云「公命在酉，長我一時」，此公生辛酉碻

❶「來」下，《考略》卷一有一「以」字，本書所引蓋脱。

證。其他詩引用白雞事者，亦甚衆也。

乾興元年壬戌，二歲

正月朔改元，二月真宗崩。

仁宗天聖元年癸亥，三歲

二年甲子，四歲

三年乙丑，五歲

四年丙寅，六歲

五年丁卯，七歲

六年戊辰，八歲

七年己巳，九歲

八年庚午，十歲

《廣東名宦志》天聖八年，王益以殿中丞知韶州。三年以憂去。

閔案：姚薑塢《援鶉堂筆記》云：荆公少居金陵，見《李通叔哀詞》。

九年辛未，十一歲

明道元年壬申，十二歲

二年癸酉，十三歲

公《傷仲永》文云：「明道中，從先人還家。」當是楚公自韶州丁衛尉府君憂也。

景祐元年甲戌，十四歲

二年乙亥，十五歲

三年丙子，十六歲

公《憶昨》詩：「丙子從親走京國。」

四年丁丑，十七歲

十一月改元。《憶昨》詩：「明年親作建昌吏，四月挽船江上磯。」是年楚公通判江寧，公亦隨宦至江寧也。建昌「昌」字當作「康」。

寶元元年戊寅，十八歲

二年己卯，十九歲

二月十三日，父楚公卒，年四十六。蓋生於淳化五年也。楚公通判江寧，既卒於官，葬於江寧牛首山，子孫遂家焉。《憶昨》詩：「昊天一朝畀以禍，先子泯没予誰依？」

閔案：荆公父益之以寶元二年二月二十三日卒，公父母俱葬江寧，見子固志與平甫志。

康定元年庚辰，二十歲

居憂。

慶曆元年辛巳，二十一歲

《憶昨》詩：「母兄呱呱泣相守，三年厭食鍾山薇。」自寶元三年二月居喪，至是服闋。詩曰：「屬聞下詔收群彥，遂自下國趨王畿。」則入京師應禮部試也。

慶曆二年壬午，二十二歲

三月，賜禮部奏名進士諸科及第出身八百三十九人，公登楊寘榜進士第四名。是年，簽書淮南判官。

史本傳曰：「安石少學讀書，❶一過目終身不忘。其屬文，動筆如飛。初若不經意，既成，見者服其精妙。友生曾鞏攜以示歐陽脩，脩爲之延譽，擢進士上第。」

《考略》曰：子固上歐陽第一書在慶曆元年。至二年，再上第二書。及歐陽公《送曾鞏秀才序》皆無一語及公，而子固遂歸臨川矣。今曰公由歐陽公延譽擢第，是子固稱道公於歐公與歐公傾服公之書，皆未入目，而於二公相見之歲月，全未之考也。慶曆五年，子固始稱道公於歐公。六年、七年再稱道之。直至至和、嘉祐間，始與歐公相酬贈。本傳一開卷而乖謬若此，則由元人修史，皆雜采毀者之言爲之。六七百年來，從無有正其謬者。據《名臣言行録》，是説也出於温公《瑣語》。

是年，有《送孫正之序》。

❶「學」，《考略》卷二作「好」。

慶曆三年癸未，二十三歲

《憶昨》詩：「身著青衫手持版，奔走卒歲官淮沂。」又曰：「騰書漕府私自列，仁者惻隱從其祈。還家上堂拜祖母，奉手出涕縱橫揮。」又曰：「永懷前事不自適，却指舅館排山扉。」

《考略》曰：公自丙子以前，常隨宦遊至韶州。丙子以後，年十七至江寧，旅居喪三年，❶慶曆二年，成進士，官淮南。三年，歸臨川。即此一詩，二十三年以前，歷歷可見。造謗者謂公少年懷刺見濂溪，則真無其時無其地也。

是年有《傷仲永》文。《張刑部詩序》。《同學一首别子固》。《季通叔哀詞》。❷《上徐兵部書》。

慶曆四年甲申，二十四歲

是年，有《外祖母黄夫人墓表》。

閔案：姚薑塢先生云：是年還自揚州，見《外祖母墓表》。

五年乙酉，二十五歲

是年三月，韓琦罷知揚州。《邵氏聞見録》云：「魏公知揚州，王荆公初及第，爲簽判，每讀書至達

❶ 「旅」，《考略》卷二作「旋」，本書形近而誤。

❷ 「季」，據《考略》卷二並王安石《臨川文集》卷八六，當爲「李」字之訛。

旦，略假寐。日已高，急上府，不及盥漱。魏公見荆公年少，疑夜飲放逸。一日，從容謂公曰：『君少年，無廢書，不可自棄。』荆公不答，退而言曰：『韓公非知我者。』魏公後知其賢，欲收之門下，公終不屈。故荆公《熙寧日録》短魏公爲多。每曰『韓公但形相好耳』，作《畫虎圖》以詆之。《畫虎圖》並非荆公自作，辨見後。韓公薨，荆公挽詩云：『幕府少年今白髮，傷心無路送靈輀。』猶不忘少年之語也。」二句並無記憾之意，辨見後。

《考略》曰：謂君少年毋廢書，不可自棄，即非知己之言，亦不同於詬誶也，曷爲必作《畫虎圖》以詆之？且至數十年後作挽詞而猶不忘之？元祐修《神宗實録》采入《邵氏聞見録》《涑水記聞》爲多，皆謗書也。《安石日録》至紹聖初乃出，而兹猶必及之者，愈以見作僞者欲以實公之罪，而不覺已自露其拙也。李雁湖注《虎圖》詩云：或言公作此詩譏韓忠獻，恐無此。是雁湖亦不以此録爲然矣。曰「或言」者，爲伯温諱也。是時其父燾作《長編》多主邵、馬、楊、范，故凡註中言或云者，皆爲諸人諱也。李注又云：或言王介甫、歐陽永叔、梅聖俞與一時文人，❶坐中分題，賦《畫虎圖》，介甫先成，衆服其敏妙，永叔乃袖手。據此，則諸公分題賦詩，必在嘉祐初年。是時韓公不在坐，又去慶曆十餘年，曷爲與諸公賦詩而忽誚及韓公耶？況據其說，《畫虎圖》亦非荆公自作。此詩祇工於賦物，曷嘗一語涉於因物寄諷？至挽詩，則尤周内奇怪矣。公作韓公

---

❶「文」，《考略》卷三作「聞」，義勝。

挽詩二首，後一首云：「兩朝身與國安危，典策哀榮此一時。木稼曾聞達官怕，山頹果見哲人萎。英姿爽氣歸圖畫，茂德元勳在鼎彝。幕府少年今白髮，傷心無路送靈輀。」韓公歷相三朝，一代偉人，見於公内制、賀啓、挽詞，非韓公不足以當之。乃《聞見録》謂結聯猶不忘少年之語，是徒欲實介甫平日詆毁韓公爲果有是事耳。伯温造謗乖謬，何爲一至此也？閔案：此條參用十八卷中語。

《涑水記聞》曰：「初，韓魏公知揚州，介甫以新進士簽書判官事。魏公雖重其學，而不以吏事許人。❶介甫秩滿去，會有上韓公書者，多用古字，韓公笑而謂僚屬曰：『惜王廷評不在此，其人頗識難字。』介甫聞以爲輕己，由是怨之。」

《考略》曰：謂王廷評頗識難字，此亦何傷於人，即以爲輕己？又何必由是怨之？且廷評既秩滿去，何由得聞？即聞之，司馬氏又何從知其怨而筆之於書？予謂邵、馬所録，即實有其事，皆語言之微，無關於身名得失之數。而一則書於數十年之後，又百有餘年，且有悉采入於《名臣言行録》者，是皆不可以已乎？至延及王氏《日録》，亦太甚矣。閱罷，爲之三歎。

閔案：宋汪文定公應辰《玉山集》卷十六《與吕逢吉書》云：「聞之《涑水記聞》乃西京小守陵閹官所傳，❷蓋温公嘗屬其子孫勿傳也。則其所由來固可疑矣。昔嘗見胡德輝言，《温公日

---

❶「人」，據《考略》卷三並司馬光《涑水記聞》卷一六，當爲「之」字之誤。

❷「小」，據汪應辰《文定集》卷一六《與吕逢吉》，當爲「一」字之誤。

記》極有可疑。如記富鄭公惑一尼，言願爲蛆蟲，食其不潔。富公雖所見不同，何至此乎？而温公平日最推重富公，其他如文、韓，皆不能無譏，不應如此記事。德輝亦意必後來所增加云云。」觀此，知《記聞》《日録》未可憑信矣。

六年丙戌，二十六歲

是年，公在京師。

子固前有《與歐陽舍人書》稱道公之賢。無年月，大概在四年、五年。至是年，再與歐陽舍人書，其略曰：鞏之友有王安石，文甚古，行稱其文。雖已得科名，然在今知安石者尚少也。彼誠自重，不願知於人，然如此人，古今不常有。如今時所急，雖無常人千萬不害也，顧如安石，此不可失也。書既達，而先生使河北，不復得報，然心未嘗忘也云云。

《考略》曰：子固稱道公於歐公，至於再，至於三。是年，公年二十六，所謂文甚古，行稱其文，其人爲古今不常有，可謂終身不愧乎其言矣。乃近有刊《南豐集》於所致歐、蔡二書，止僅録其一。於此書，自「其略曰」以下至「書既達」書字止，删去以下百零字，❶且又自言其例曰，舊刻《再與歐陽舍人書》及《上蔡學士》，俱有薦王安石一段，事同而文不異，止於前書載之。夫前人重出者可删，則當時曷爲並存，而必待六百餘年後删之乎？原其意，蓋甚不悦荆公，若有傷於

❶「百零字」，《考略》卷三記作「一百零一字」。

子固知人之明。其實欲并一而删之，而又不得不存其一也。且於子固惓惓愛友之心，至是盡没，則亦誣子固甚矣。又有於「古今不常有」句，改爲「或亦不常有」者。即一句之中，不顧文義之難通如此。

附《濂溪年譜》慶曆六年丙戌：濂溪年三十，任南安司理參軍。程珦假倅南安，令二子師事之。是時明道年十五，伊川年十四。

《考略》曰：予嘗閲林德頌《源流至論》，貶損荆公，不遺餘力。其一曰：安石與程明道同學於濂溪，以不樂新法而絶。予以濂溪、荆公二家出處歲月考之，所謂同學者，此其時耶？抑别有其時耶？此其地耶？抑别有其地耶？此與羅景綸載荆公少年懷刺見濂溪，同一妄也。别有論見後。

七年丁亥，二十七歲

本傳：安石簽書淮南判官，舊制秩滿許獻文求試館職，安石獨否，再調知鄞縣。

子固《與介甫第一書》云：「鞏至金陵，自宣化渡江，來滁上見歐陽先生，住且二十日。今從泗上出，及舟船侍從以西，歐公悉見足下之文，愛歎誦寫，不勝其勤。」又云：「歐公甚欲一見足下，能作一來計否？」又云：「歐公更欲足下少開廓其文，勿用造語及模擬前人，請相度示及。歐云，孟、韓文雖高，不必似之也，取其自然耳。」

《考略》曰：子固與公第一書在此年，蓋在《致歐陽舍人書》後。當慶曆四年，子固上歐公書曰：「安石嘗與鞏言，非先生無足知我也。」今書云：「歐公甚欲一見足下，能作一來計否？」夫以兩人交相慕悦之情如此，猶遲十餘年，乃始相見於至和、嘉祐間，則公生平不妄交一人可知矣。

是年，有《與馬通判書》。《鄞縣經游紀》。《上相府書》。《考略》曰：是年相府賈昌朝、陳執中也。明年閏正月，文彦博同平章事，意潞公知公，實始於此。

八年戊子，二十八歲

二月癸酉，頒《慶曆善救方》。

是年，作《先大夫述》。《考略》曰：又有《答韶州張殿丞書》，亦爲先大夫而發。其言尤激昂悲痛，可爲千古監戒，兹不録，予別有論著。《上杜學士言開河書》。《考略》曰：杜杞，字偉長，金陵人。《上運使孫司諫書》。

《考略》曰：是時公年二十八，與上大夫言，絶無忌諱如此。觀其上孫、杜二書，其爲愛民惻怛之心，籌畫利害之明，老成謀國者弗如。宜乎歐陽公薦公疏云，議論通明，兼有時才之用。所謂無施不可，洵非虚譽。無如後人録公文，鮮有及之者也。

閔案：姚薑塢先生筆記云：公是年在鄞，見《鄞女志》。

皇祐元年己丑，二十九歲

公在鄞。

是年，有《善救方後序》。

閔案：是年，有《省兵詩》。李雁湖注引吕與叔《東見録》言，兵能以少勝衆，方爲省兵之善。而言及徐禧永樂之敗，至詆之爲奴才。《考略》極爲申辨，吾以爲此等枝葉，猶非年譜所必當辨者，今且略之。

二年庚寅，三十歲

公歸臨川。

是年，作《撫州祥符觀三清殿記》。　又撫州金峰有公題字云：「皇祐庚寅，自臨川如錢唐，過宿此。」

三年辛卯，三十一歲

通判舒州。

是年，題舒州山谷寺石牛洞泉穴。公自注：「皇祐三年九月十六日，自州之太湖，過懷寧縣山谷乾元寺宿，與道人文鋭、弟安國擁火游石牛洞，見李翺習之書，聽泉久之。明日復游，乃刻習之後。」「水冷冷而北出，❶山靡靡以旁圍。欲窮源而不得，竟悵望以空歸。」李注：晁無咎以此編入《續楚詞》。❷

❶「冷冷」，四部叢刊景明嘉靖本《臨川集》作「泠泠」，當是。

❷「編」，《年譜考略》作「篇」。

附程俱《麟臺故事》：皇祐三年四月，宰臣文彦博言：「直史館張瓌十餘年不磨勘，朝廷獎其退静，嘗特遷兩官。今自兩浙轉運使代還，差知潁州，亦未嘗以資序自言。殿中丞王安石進士第四人及第，舊制一任還，進所業求試館職，安石凡數任，並無所陳，朝廷特令召試，而亦辭以家貧親老。且文館之職，士人所欲，而安石恬然自守，未易多得。大理評事韓維嘗預南省高薦，自後五六歲不出仕宦，好古嗜学，安於退静。並乞特賜甄擢。」詔賜張瓌三品服。召王安石赴闕，俟試畢别取旨。韓維下學士院與試。然二人卒不就試。至和二年，始以維爲史館檢討。嘉祐元年，瓌同修起居注。四年安石直集賢院。

附陳襄與兩浙安撫陳舍人《薦士書》：節録。襄雖愚，所識近世豪傑之士於心，遇執事之能推賢，不敢隱惜，謹取其才行殊尤卓絶，素與之交，與素聞見而知者，敢以爲獻焉。有舒州通判王安石者，才性賢明，篤於古學，文辭政事已著聞於時。《考略》曰：案，此書所共薦者，殿中丞致仕胡瑗、潁州司法參軍劉彝、廬州合肥縣主簿孫覺等九人，兹不録。此書無年月可考，並録於此。

是年，有《乞免就試狀》。大略謂：伏念臣祖母年老，先臣未葬，弟妹當嫁，家貧口衆。難住京師，所當以此自陳，乞不就試。慢廢朝命，尚宜有罪。幸蒙寛赦，即賜聽許。不圖遜事之臣，更以臣爲恬退。令臣無葬嫁奉養之急，而逡巡辭避，不敢當清要之選，雖曰恬退可也。今特以營私家之急、擇利害而行謂之恬退，非臣本意。伏望聖慈特寢召試指揮，且令終滿外任。

《考略》曰：公由初仕至是十年，無一牘干謁貴人之門，以求速達。文潞公當世大賢，在相府首薦公。同時則有陳襄薦士書，公與焉。雖以潞公舉其恬退，猶自言辭試有故，恬退非臣本意。又數年，則有歐陽公薦之於朝。皆稱道其賢，如出一口。毀者乃謂「安石本楚士，未知名於中朝。以韓、吕二族爲巨室，欲藉以取重，乃深與韓絳、絳弟維及吕公著。三人更相稱揚之，名始盛」，而正史采之。嗚呼！爲是言者，亦曾考皇祐三年文潞公以韓維、王安石並薦乎？亦曾考陳襄與陳安撫薦士書謂安石「文學政事已著聞於時」乎？亦曾考嘉祐初歐陽公以王安石、吕公著並薦於朝乎？而是時劉敞之薦孫侔，亦曰「求之朝廷，吕公著、王安石之流」乎？由是言之，韓維、吕公著方藉文、歐二公與安石並薦，而韓、吕豈能重安石，安石亦奚藉韓、吕以爲重哉？乃毁者置諸君子不言，而曰藉韓、吕爲重，於此見毁者無之而不妄也。

皇祐壬辰四年，三十二歲

通判舒州。

是年有《老杜詩集後序》。《祭范潁州文》。《亡兄常甫墓誌銘》。

《考略》曰：范文正公卒於皇祐四年五月，公有祭文。其末云：「矧鄙不肖，辱公知尤。」則公嘗受知於范公，見重於當世大賢，固甚早也。陳師道有《上蘇公書》云：「文正謂荆公長於知君子，短於知小人。」而師道云：「由今觀之，豈特所短，正以反置之耳。」嘗以時考之，公由簽判淮南知鄞縣，倅舒州，凡文正及見之，荆公尚官卑職小，無有事權能進退人，安得有小人附麗之者？公有《答孫少述書》：「某天稟疏介，與時不相值，生平所得數人而已，兄固素知之。置此數人，復欲强數，指不可屈。」是君子得與通周旋者亦少也，何有於小人？　師道貶斥荆公太甚，而并謂文正所言爲未盡，道聽塗説，果何所聞而來哉？

五年癸巳，三十三歲

通判舒州。

是年，公祖母謝氏卒。　曾子固爲作《永安縣君謝氏墓誌銘》。

《考略》曰：史稱歐陽修薦爲諫官，以祖母年高辭。　按祖母謝氏卒於皇祐五年，明年五月改元至和。　是時歐、王尚未相識。　至元和三年，歐公再論水災狀，以包拯、張瓌、吕公著、王安石並薦，則謝氏卒已四年矣。　狀亦無薦爲諫官語。　其爲采摭雜書，繆妄可知。　集中又有薦王安石、吕公著劄子，兩人可補諫官，小注祇載至和中，而不曰某年。

是年，公有《發廩》詩。　原本又附録《感事》《兼并》《寓言》三詩於下。　閔以夾注辯論中義益可見，故今略之。

《考略》曰：《發廩》詩「三年佐荒州，市有棄餓嬰」，李注公於皇祐三年倅舒州，至和元年除館閣，則詩所謂三年者，蓋自三年至五年。　所見閭閻之疾苦，官吏之追呼，無不具託於詩，故予於《感事》《兼并》二詩，此非一時作，下同。　並録之，《寓言》又録之。　雁湖於《寓言》詩注曰：「予嘗見楊龜山誌譚勣墓此文今《龜山集》無之。　云：『公雅不喜王氏，或問其故，曰，説多而屢變，無不易之論也。　世之爲奸者，借其一説，可以自解，仗節死誼之士始鮮矣。』始予以勣言爲過，今觀此詩，不能無疑。」案公《寓言》詩云：「婚喪誰不供，貸錢免爾縈。　耕牧孰不給，佽粟助之生。　物羸我收之，物窘出使營。後世不務此，區區挫兼并。」又曰：「公詩嘗云：『俗儒不知變，兼并可無摧。』案公《兼并》詩云：「三代子百姓，公私無異財。人主擅操柄，如天持斗魁。賦予皆自我，兼并乃姦回。姦回法有誅，勢亦無自來。後世始倒持，黔首遂難裁。秦王不知此，更築懷清臺。禮義日已偷，聖經久湮埃。法尚有存者，欲言時所咍。俗吏不知方，掊克乃爲才。俗儒不知變，兼并可無摧。利孔至百出，小人私闔開。有司與之争，民愈可憐哉。」而此詩乃復挫兼并爲非。」案《兼并》詩既以兼并爲奸回矣，然先王經制宜講也，故曰「法尚有存者，欲言時所咍」。今「俗吏不知方，掊克乃爲材」固非，「俗儒不知變」，謂「兼并可無摧」亦非也。語意本如是。至《寓言》詩，「後世不務此，區區挫兼并」，視前詩一意相承。雁湖引龜山言，既於詞意俱失，而又以此爲奸。其言深文刻核，是豈學道人所宜出此？

雁湖注《兼并》詩，并引蘇子由言介甫小丈夫，又謂：「今日民遂大病，其禍出於此詩。蓋昔之詩病未有若此酷者。」豈其然哉？子由當元祐時，猶謂安石山野之夫，於吏事冥無所知。安石一生詩文具在，何肆口詆毁至此？閔謂此皆事後憎惡之言耳。憎而知其美者幾人哉？何深論於子由？

至和元年甲午，三十四歲

《辭集賢校理狀》。《辭集賢校理二》。歸臨川。

是年，有《通州海門興利記》。《考略》曰：此等文必廣爲録之，欲爲吏者知所警。《游褒禪山記》。

《金溪吴君墓誌銘》。吴蕃，公之母舅。

二年乙未，三十五歲

是年，曾公亮參知政事，公有《上曾參政書》。

嘉祐元年丙申，三十六歲

公爲群牧判官。

是年，有《桂州新城記》。《考略》曰：舊刻至和三年九月丙辰記。蓋是年九月庚寅，大赦改元。《上執政書》。《上歐陽永叔書》。《上歐陽永叔書》第二。又第三。又有詩《奉酬歐陽永叔見贈》。歐公原贈詩云：「翰林風月三千首，吏部文章二百年。老去自憐心尚在，後來誰與子爭先。朱門歌舞爭新態，緑綺塵埃試拂絃。常恨聞名不相識，相逢尊酒盍留連。」「欲傳道義心雖壯，强學文章力已窮。他日若能窺孟子，終身何敢望韓公。摳衣最出諸生後，倒屣常傾廣坐中。祇恐虚名因此得，嘉篇厚貺豈宜蒙。」

葉夢得《避暑録話》：王荆公初未識歐文忠公，曾子固力薦之。公願得遊其門，而荆公終不肯自通。至和初爲群牧判官，文忠還朝，始見知，遂有「翰林風月三千首，吏部文章二百年」之句。然荆公猶以爲非知己也，故酬之曰：「他日倘能窺孟子，終身何敢望韓公。」自期以孟子，處公以爲韓愈，公亦不以爲嫌。李雁湖注曰：河東王儔尚父嘗爲予言，觀介甫「何敢望韓公」之語，是猶不願爲退之，且譏文忠文善學韓也。然荆公於退之之文步趨俯仰，蓋升其堂，入其室矣。而其言若是，豈好學者嘗慕其所未至，而厭其所已得耶？韓子蒼言：歐陽文忠寄荆公詩云「翰林風月三千首，吏部文章二百年」，吏部蓋爲《南史》謝朓，於宋明帝爲尚書吏部郎，長五言詩。沈約云「二百年來無此詩」也。文忠公之意，直使謝朓事。而荆公答之曰「他日若能窺孟子，終身何敢望韓公」，則荆公之意竟指吏部爲退之矣。

朱翌《猗覺寮雜志》：歐陽永叔贈介甫云「翰林風月三千首，吏部文章二百年」，介甫答言「他日若能窺孟子，終身何敢望韓公」。議者謂介甫怒永叔以退之相比，介甫不知二百年事乃《南史》謝朓吏部也。沈約見其詩，云「二百年無此詩」，以介甫爲誤。以予考之，歐公必不以謝比介甫，介甫不應誤以謝爲韓也。孫樵《與高錫望書》曰：「唐朝以文索士，二百年間，作者數十輩，獨高韓吏部。」歐公用此爾，介甫未嘗誤認事也。見樵集。

《考略》曰：歐陽公詩好李白，文宗昌黎，故云「老去自憐心尚在」，三句作一氣讀，蓋公所以自道也。「後來誰與子争先」，則始及介甫矣。唐鄭谷讀《太白集》曰：「高吟大醉三千首」，此首句所由來也。「唐以文取士，二百年間，獨高韓吏部」，一見於《孫樵集》。若如歐公記舊本韓文云：「韓氏之文，没而不見者二百年，而後大施於今。」又寄蘇子美詩，「韓、孟於文詞，兩雄力相當。寂寥二百年，至寶埋無光」，則皆可爲次句碻證，首言詩，次言文也。韓子蒼見《南史》詞内偶同，❶遂强作解事，歐公豈於謝朓詩肯言「老去自憐心尚在」哉？介甫詩曰「欲傳道義心雖壯，强學文章力已窮」，言壯心猶在道義，若文章至力窮之後，

❶「内」，《考略》卷五作「句」，當是。

雖終身望韓公不能。此正答「後來誰與子争先」，而若不敢以韓公自任，曷嘗怒歐公以退之相比哉？合觀二公詩，其爲交相傾服，何其至也。故朱新仲之言是也，王儔説亦謬，而雁湖並録之，何也？至如葉夢得素好譏切荆公，此記亦徒爲後來荆公詆毁歐公張本，❶同歸於無稽之言已矣。

是年，歐陽公《再論水災狀》内薦列四人，包拯、張瓌、吕公著、王安石。其薦安石云：「大常博士、群牧判官王安石，學問文章知名當世，守道不苟，自重其身，議論通明，兼有時才之用，所謂無施不可者。」

《考略》曰：歐陽公自嘉祐以來所薦士，皆天下賢者，豈於安石爲失人也？毁者曰：安石未知名，欲藉韓、吕以取重。是時吕公著方與安石並薦，豈能重安石？即此可證其妄，辨已見前。

嘉祐二年丁酉，三十七歲

知常州，移提點江東刑獄。

是年，有《與劉原父書》云：「河役之罷，以轉運賦功本狹與雨淫不止，督役者以病告，故止耳。」又云：「前人費財於前，❷而利不遂於後，此某所以愧恨無窮也。若夫事求遂，功求成，而不量天時

❶「來」下，《考略》卷五有一「誣」字，本書蓋脱。

❷「前人」，《考略》卷五並《臨川文集》卷七四作「今勞人」。

人力之可否，此某所不能。則論某者之紛紛，豈敢怨哉？閣下乃以初不能無意爲有憾，此非某之所敢聞也。方今萬事所以難合而易壞，常以諸賢無意耳。」

附《司馬旦傳》：旦知宜興縣，市貫大溪，賈昌朝所作長橋壞廢歲久，旦勸民葺復，不勞而成。時王安石守常州，開運河，調夫諸縣，旦言役大而亟，民有不勝，則其患非徒不可就而已，請令諸縣歲遞一役，雖緩必成。安石不聽。秋，大霖雨，民苦之，多自經死，役竟罷。

《考略》曰：司馬旦，光之兄。父池，史有傳，而旦附焉。介甫《與劉原父書》，予嘗閲《東軒筆録》，謂嘉祐初李仲昌議開六漯河，王荆公爲館職，頗右之。既而功不成，仲昌贓敗，劉敞以書戲荆公曰：「要當如宗人夷甫，不與世事可也。」故荆公答之云云。竊疑開河事，歐陽公論之詳矣，荆公必未嘗與其事。且議河事在至和二年，荆公亦未爲館職也。其後閲《司馬旦傳》，乃知其有所自來。道輔爲熙、豐間人，何謬誤至此？

又《上曾參政書》。《考略》曰：據其書，似是由群牧判官初移提點江東刑獄。然史傳及諸書所載，年月多參差不合，故漫録於此。《答王深父書》。《考略》曰：此與曾子固答王介甫第二書似俱言提點江東刑獄時事，但不見介甫與子固書，即深父來書亦不見。今第就此書，❶可以互觀而得之。

三年戊戌，三十八歲

❶「就」，《考略》卷五作「録」，當是。

是年二月，自常州移提點江東刑獄。李注。

《上仁宗皇帝言事書》。

《考略》載其乾隆乙丑所作《讀上仁宗皇帝言事書》一篇，其略曰：荆公之學，原本經術。其《上仁宗皇帝書》，秦漢而下，未有及此者。宋承五代之餘，西北世爲邊患，太祖、太宗尚苦於兵，至澶淵之後，和議始成。雖以景德仁愛，有不忍戰其民之心，而金繒歲幣數十萬，歲輸於邊，中原之財賦耗矣。浸尋至仁宗、英宗，天下安於無事又六十餘年，而積弱之勢成矣。當是之時，公以不世出之才，而又遇神宗大有爲之君，其汲汲於變法者，蓋欲以救國家積弱之勢，振累世苟且之習，而非以聚斂媚君，以加息厲民，并非假財用不足以利一己之私也。觀其《與司馬諫議書》曰：「人習於苟且非一日，士大夫多以不恤國事，同俗自媚於衆爲尚。」是公慨然有志於天下之務，可見於斯矣。先是，范公應詔陳十事，援《易》言「窮則變，變則通，通則久」甚切，謂國家革五代之亂垂八十年，綱紀制度日削月侵，官壅於上，民困於下，❶不可不更張以救之。公書中之意，范公已先言之，安有如後人所謂議論高奇哉？要之，公不得行其志於天下，則舉朝攻新法者敗之，而斯文之在天壤間，終不失爲懸諸日月不刊也矣。

嘉祐四年己亥，三十九歲

---

❶ 「上」「下」，《考略》卷六並《范文正公奏議》卷上分別作「下」「外」。

提點江東刑獄。是年二月，罷榷茶。

公議榷茶法云：國家罷榷茶之法，而使民得自販，於方今實爲便，於古義實爲宜。而有非之者，蓋聚斂之臣，將盡財利於毫末之間，而不知與之爲取之道也。夫茶之爲民用，等於米鹽，不可一日以無。而今官場所出，皆粗惡不可食，故民之所食，大率皆私販者。夫奪民之所甘而使不得食，則嚴刑峻法有不能止者。故鞭朴流徙之罪未嘗少弛，而私販私市者亦未嘗絶於道路也。既罷榷之之法，則凡此之爲患，皆可以無矣。然則雖盡充歲入之利，亦爲國者之所當務也。況關市之人，自足侔昔日之利乎？昔桑弘羊興榷酤之議，當時以爲財用待此而給，萬世不可易者。然至霍光不學無術之人，遂能屈其論而罷其法，蓋義之勝利久矣。今朝廷之治，方欲剗百代之弊而復堯舜之功，而其爲法度，乃欲出於霍光之所羞爲者則可乎？以今之勢，雖未能盡罷榷貨，而能緩其一，亦所以示上之人恤民之深而興治之漸也。彼區區聚斂之臣，務以求利爲功，而不知與之爲取。上之人亦當斷以義，豈可以人人合其私説然後行哉？楊雄曰，爲人父而榷其子，縱利，如子何？以雄之聰明，其講天下之利害，宜可信。然則今雖國用甚不足，亦不可以復易已行之法矣。是以國家之勢，苟修其法度，以使本盛而末衰，則天下之財不勝用，庸詎而必區區於此哉？

《考略》曰：觀公於慶曆間《上孫司諫書》與《收鹽》詩，捕鹽之爲民害甚矣。觀公於嘉祐中《茶法議》與《酬王詹叔》詩，榷茶之爲民害甚矣。❶引楊雄父攙其子之言，公之惓惓民事，若恫瘝切身，故嘗數舉以爲言，而必欲人盡行之。何後來攻新法者，必曰挾管、商之術，又以桑弘羊爲比，而和者益衆？亦曾於公諸詩文而稍一寓目也哉？

是年，又有《王逢原墓誌銘》。《與崔伯易書》。《考略》曰：崔號曲轅先生，其人守道安貧，蓋與介甫、逢原氣類合。惟一仕於熙寧，即以媚附安石毀之。至極之，踞厠亦見執其帶尾，不知踞厠時何以有人在側，而見者皆笑，又何在側者之衆耶？鄙甚，穢甚。以此綴之傳尾，白玉成瑕，殆與常夷甫倚閣《春秋》一也。《與逢原第一書》。《考略》曰：公長逢原十一歲，定交甚早，散見詩文亦最多。所存尺牘七，其第一似屬定交之始，然不知在於何年。所言修身俟命之説，原本六經，宗師孔孟，自謂以己所學報足下，後來位極人臣，其於難進易退之節，終身守之勿渝，非徒知之，實允蹈之矣。《寄贈胡先生詩》。《考略》曰：安定胡先生長於公三十年，此固未相見，寄贈以詩，亦不知在於何年，兹於其卒也附見之。以先生聞名不相識之人猶寄贈不遺如此，彼連語終日夜之周茂叔，曾無一字相及，何也？吾故曰，二人者，無相見之事也。❷《明妃曲》，其一曰：「咫尺長門閉阿嬌，人生失意無南北。」李注：王深父曰：「孔子曰『夷狄之有君，不如諸夏之亡也』。人生失意無南北，非是。」黄山谷曰：「此言可謂極忠厚，然孔子欲居九夷，曰『君子居之，何陋之有』，恐

---

❶「榷」，《考略》卷七作「禁」。

❷「無相見之事也」，《考略》卷七作「是爲無是公烏有先生也」。

王先生意未爲失也。」《考略》曰：詩意是設爲家人問答，聊相慰藉之詞也。若曰爾之相憶，徒以遠在氊城，不免失意耳。獨不見漢家宮中，咫尺長門，亦有失意之人乎？此則詩人哀怨之情，長言嗟嘆之旨止此矣。若如深父、魯直率引《論語》，別求南北義例，要皆非詩本意也。《明妃曲》其二曰：「漢恩自淺胡自深，人生樂在相知心。」李注：范冲對高宗云：「臣嘗於言語文字之間，得安石之心，且如《明妃曲》詩，人多以失身胡虜爲無窮之恨，安石則曰『漢恩自淺胡自深，人生樂在相知心』，然則劉豫不是罪過，漢恩自淺而虜恩深也。此所謂壞天下人心。」公語意固非，然詩人務爲新奇，求出前人所未道，而不知其言之失也。然范公傅致亦深矣。

《考略》曰：公此詩，歐陽公、劉原父、司馬君實皆有和篇，使漢恩二語果有傷君臣大義，諸君子曷不能知之，而顧和之耶？即李注謂范公傅致太深，猶有不知其言之失云云。豈公詩尚有遺議與？夫恩之爲言，猶愛幸之詞云爾。明妃處漢宮，數歲未得見御，是愛幸所未及者，曰漢恩自淺可也。單于喜得明妃，其恩自深，亦就其愛幸之私言之，於明妃何有背主忘漢之嫌哉？「漢恩自淺胡自深，人生樂在相知心」，則亦擬行人回首，聊爲慰藉之詞，與前篇「好在氊城莫相憶」無以異也。而即繼之曰青冢已没，哀絃尚留，則與李白「死留青冢使人嗟」，杜甫「獨留青冢向黄昏」無以異也。安見所謂新奇求出前人所未道，必如范氏傅致太深，焉往而不爲詩禍哉？范冲爲祖禹子，祖禹於元祐中以與修《神宗實録》獲罪，紹興時冲又重修《朱墨史》，冲之詆毁此詩，一至此極，亦修怨之一端也。

閔案：荆公《韓子》詩云：「紛紛未盡百年身，舉世無人識道真。力去陳言誇末俗，可憐無補費精神。」此自借韓子以寄慨，非質言韓子也。李注謂爲不滿韓子，又濫引僞造南豐之言，不值一噱。固哉，高叟尚足與言詩耶？蔡氏又加分辨，吾謂不必也。今不録。　荆公又有詩云：「謀臣本自繫安危，賤妾何能作禍基。

但願君王誅宰嚭，不愁宫裏有西施。」此亦甚惡宰嚭之詞耳，亦不必滯看。近人詠明皇云：「但使姚崇還作相，君王妃子共長生。」與荆公議論不謀而合。一主去奸佞，一主重賢臣也。羅景綸《鶴林玉露》乃視爲奇貨，遽以大臣格君與遠聲色相詰難，是又安足與言詩也？羅又引白樂天「黄金何日贖娥眉」之句，以比荆公漢恩二語，謂天淵懸絕。此不惟不解荆公詩意，亦不知白詩之有疵。何也？蔡文姬流落胡虜，故可以金贖，明妃本係奉詔和戎，安有贖理？白公自是一時觸會，佇興而發，不必深求。援以衡論，則誤也。今亦不録。

嘉祐五年庚子，四十歲

五月，召入爲三司度支判官。

是年，有《上富丞相書》。《考略》曰：此書應是三司判官命初下上之，而不復以私計，不便聞之朝廷也。《度支副使廳壁題名記》。《考略》曰：此公抑兼并之意，詩文屢言之，即異日青苗法行，所謂「昔之貧者息之於豪民，今之貧者舉息之於官」是也。《相度牧馬所舉薛向劄子》。《考略》曰：嘉祐五年，歐陽修有《論監牧劄子》言：「臣所傾群牧司，近準宣差吴中復、王安石、王陶等同共相度監牧利害事。」六年，又有《論牧馬草地劄子》，可以合觀。《唐百家詩選序》。閔案：此條《考略》分辨甚析，以文長宜别論，故不録。

附山陽度正撰《周濂溪年譜》。嘉祐五年庚子，先生年四十四，六月十九日自合州解簽判職事還京師。先生東歸，王介甫爲江東提點刑獄，年三十九，已號通儒。先生遇之，與語連日夜。介甫退而精思，至忘寢食。據唐氏《左編》，此語采之邢恕。

《考略》曰：真西山書荆公《推命對》後曰：「荆公之學問源流不可得而考，然於濂溪周子，蓋嘗接其餘論，退而思之，至忘寢食，不可不謂其不嘗親有道者。而考其生平之言，無一與周子合，亦獨何哉？」真氏蓋本之年譜所載，而詬厲又加甚焉者也。羅景綸《鶴林玉露》曰：「荆公少年，不可一世，獨懷刺候濂溪，三及門而三辭焉。荆公恚曰：『吾獨不可自求之六經乎？』乃不復見。」嗚呼！一以爲不見，一以爲既見，是何言之異也？吾竊以爲二子之言皆妄也。其羅氏之妄何也？濂溪生天禧元年，荆公生天禧五年，以爲少年，則皆少年耳。荆公爲慶曆二年進士，年二十二。四年，子固上歐陽公書，安石言「非先生無足知我」，是自言非歐公無足知我，安有求見濂溪至三及門之煩耶？七年，子固與公書：「歐公甚欲一見，足下能作一來計否？」而公猶不一往見之。又十年，至至和、嘉祐間始見於京師，何濂溪未見其人，即知其不賢，以至三辭之決耶？吾是以知羅氏之説妄也。羅氏之説妄，則真氏之説亦妄。荆公原本六經，而曰無一言與周子合，則必周子無一言與六經合而後可。宋自天聖、明道以來，歐陽公以通經學古爲天下倡，一時若胡翼之、孫明復、石守道、劉原父、曾子固、王介甫、蘇明允父子，或以道德，或以文章，皆爲所稱揚汲引甚衆，而不及濂溪。濂溪往來豫章甚久，是時豫章，若李泰伯、劉原父、王介甫、曾子固，所交多一時賢者。及徧閲諸人全書，曾無一人及於濂溪。即濂溪生平，亦不聞與諸人講學。竊意後來諸儒所共推尊之周子，在當時猶爲未甚知名之周子耳。南渡講學諸儒謂周子獨得孔孟不傳之緒，則真氏謂無一言與周子合，豈惟介甫，且由秦漢以來，中間千五百年，如荀卿、楊雄、韓愈，皆不得與於道學之數。諸儒争爲是言久矣，詎荆公而不肆其詆毁？故曰真氏之説亦妄也。且吾由二氏説，復以歲月考之，天禧元年濂溪生於營道縣，天聖九年，年十五，父卒，從母入京師，依舅氏，則自年十五以前，皆在營道縣也。景祐四年，母卒，葬於潤州。康定元年，年二十四，起洪州分寧縣主簿，始以官職入江西。荆公生於天禧五年，幼隨父官韶州。十六從親至京。十七隨宦江寧。寶元二年，父卒，在江寧居喪。慶曆二年，年二十二，成進士，官淮南，而濂溪已先二年官分寧。是二人當少年時，未嘗一日相值，此則羅氏紀載之妄也。嘉祐三年，荆公自常州移提點江東刑獄。四年，年三十九。五年五月，召入爲三司度支判官，而濂溪於是年六月解合州簽事，歸京師，則荆公已去江東，而年已四十矣。以爲二人相遇於江東，其年與地皆不合，此則真氏沿襲之妄也。又三山林駉曰：「程明道與介甫同學於濂溪，後介甫用事，以不樂新法而絶。」此尤妄説。慶曆六年，明道年十五，伊川年十四，始見濂溪於南安，則介甫已官淮南，秩滿，即調知鄞縣，安得與明道同學於濂溪？比於無稽之言已矣。明蔡清介夫又言：「濂溪，宋之仲尼；二程，宋之顔、閔。惜乎神祖偏信金陵，而先生之學不大用於世，則當時君相棄賢之咎無所逃矣。」考金陵當國在熙寧三年，又三年而濂溪卒。濂溪仕宦三十年，中經文彦博、富弼、韓琦、曾公亮，皆天下大賢，相繼爲相又最久，未聞以不薦濂溪爲諸公罪，而獨歸於當國日淺之金陵，吾愈不能爲介夫解矣。大概當時詆毁安石者雖衆，尚未有累及神宗者。至明中葉，周德恭、蔡介夫、李東陽、楊用修騰謗益甚，君子可以觀世

伏讀《通鑑輯覽》，御批曰：史策所紀宰臣，北人南人皆互有賢否，豈獨一王安石？古稱立賢無方，顧所以用之耳。至地氣北南遷移，謂有關治亂，尤不足信。果如所云，未聞郅治之世，南方皆堅冰沍寒也。蓋地氣視人氣之盛衰。是時洛陽生聚蕃滋，人氣盛，故地氣因之而變，花木禽鳥亦隨地而異。即如

變矣。

嘉祐六年辛丑，四十一歲

六月戊寅，知制誥。

是年，有《除知制誥謝表》。《上時政疏》。《考略》曰：明法度，建賢才，大指與使還言事書無以異。然當仁宗享國日久之年，直舉晉梁唐三帝爲戒，而無所忌諱，非公不能爲此言也。

附《歐陽公舉劉攽呂惠卿充館職劄子》。節録。前真州軍事推官呂惠卿材識明敏，文藝優通，好古飭躬，可謂端雅之士。並宜置之館閣，以副聖朝養育賢臣之選。

《考略》曰：歐公於呂惠卿，嘉祐三年已導之於介甫矣。今又舉充館職，才學必有過人者。他日助行新法，介甫曷嘗有意於任用小人？以介甫潔身修行，造謗者必使衆惡皆歸，則於排斥惠卿，又何能盡出於實哉？故予於歐公語，必盡録之。

嘉祐七年壬寅，四十二歲

知制誥。

嘉祐八年癸卯，四十三歲

知制誥。

三月，帝崩。四月，皇子即皇帝位。

八月辛巳，公母吴太夫人卒於京師。曾子固有《仁壽縣太君吴氏墓誌銘》，即公母也。

附《邵氏聞見録》曰：嘉祐末，❶康節邵先生行洛陽天津橋，忽聞杜宇之聲，嘆曰：「北方無此物，異哉！不及十年，其有江南人以文字亂天下者乎？」客曰：「聞杜鵑，何以知此？」康節曰：「天下將治，地氣自北而南。將亂，自南而北。今南方地氣至矣，禽鳥飛類得氣之先者也。」

《考略》曰：杜鵑出於蜀中，傳爲望帝魂化而爲鳥。而南方遂多有之。故江左曰「子規」，蜀右曰「杜宇」，甌越曰「怨鳥」，其鳴曰「不如歸去」。昔人見於詩歌者，亦祇寫其聲音哀苦，寄情思歸而已。非若鵩止坐隅，鬼車載板，聞聲知避，不祥莫大也。唐張籍《和周贇善聞子規》詩曰：「秦城啼楚鳥，遠思更紛紛。」吴融《岐下聞杜鵑》詩曰：「化去蠻鄉北，飛來渭水西。」秦城岐下皆西北，既可自蜀飛來，獨不可自南來洛陽乎？今其説曰，天下將治，地氣自北而南，將亂自南而北。夫天地一氣，猶人生血脈也。血脈流通則手足便利，一有痿痺不仁，則或偏於左，或偏於右，元氣漓矣。今以北方爲皆和氣耶？故自北而南則治。以南方爲皆戾氣耶？故自南而北則亂。夫如是，則北方地氣可以向南，南方地氣不可以至北，則元氣偏枯，天地亦成爲痿痺不仁之器。此説之必不可通者也。周櫟園《書影》曰：五代耶律德光入洛陽，聞杜鵑，問李崧曰，此何聲也？崧以杜鵑對。五代已有之矣，邵子於天津橋聞之，不足駭也，豈未聞前事

深山窮谷，氣每先寒，通邑大都，候常多燠。此可爲徵矣。若夫禽鳥得氣之先，不過如鳩鵲呼鳴，預占來日晴雨，安能於數年之久，明示前知乎？雍精於術數，或假杜鵑以寓言，然術雖精而理實乖矣。

❶「嘉祐」，《邵氏聞見録》卷一九作「治平」。

乎？嗚呼！使伯温而知此，雖百喙不能辭其妄。自伯温倡之，後之好爲議論者，遂紛紛起矣。在宋則有趙彦衛《雲麓漫抄》曰：藝祖御筆：「用南人爲相，設諫官，❶非吾子孫。」石刻在東京内中。其後王荆公變法，吕惠卿實爲謀主。章子厚、蔡京、蔡卞繼之，卒致大亂。聖言可謂如日矣。渡江後，士大夫不復言，僅見於《邵氏聞見録》及《長編》云云。太祖統一天下，未有群奸在朝受南人爲相之害，安得有是言？既以爲石刻在東京内中，又以爲後僅見於《邵氏聞見録》及《長編》，可知其多出誣罔矣。必如石刻所云，則自太祖而下，若真宗、仁宗、英宗諫臣宰相多用南人，可謂非吾子孫乎？與荆公同時爲名諫官者，則有蔡襄、歐陽脩，與荆公同時又同邑，先荆公爲賢相者，則有晏元獻殊，是又何説也？明文林《瑯琊漫抄》曰《春秋》書鸜鵒來濟，下書昭公出奔。《宋史》宜書杜鵑鳴於天津橋，下即書以王安石爲群牧判官。文林生於明代，欲上改《宋史》，自比於孔子作《春秋》。夫《春秋》爲紀事之書，以事繫年，以年繫月，以月繫日。日月猶不可改，况可任意以改年乎？使康節之言爲可信，《聞見録》固云嘉祐末也，安石爲群牧判官，乃在至和二年，上距八九年矣。又丘瓊山以趙汸云在治平間，❷遂附於治平之末，則又視嘉祐末下移四五年矣。瓊山既知《宋史》不書而已，必欲從而載之，何也？嗚呼！

---

❶「設」，《雲麓漫抄》卷一〇作「殺」。本書及《考略》卷九均訛。

❷「丘」，原爲避孔丘諱作「邱」，今回改。下同，不復出校。

一年歲也，三人異詞，即三人異書，不知《春秋》二百四十二年中，果有如是之書法乎？經學之弊，史學之亂，一至於此！閔案：《考略》尚有《辨名臣言行録》外集一條，大指已見上，今不録。

附張方平《老蘇先生墓表》：節録。嘉祐初，王安石名始盛，黨友傾一時，其命相制曰「生民以來數人而已」，造作語言，至以爲幾於聖人。歐陽公亦已善之，勸先生與之游，而安石亦願交於先生。先生曰：「吾知其人矣，是不近人情者，鮮不爲天下患。」安石之母死，士大夫皆弔，先生獨不往，作《辨奸》一篇，當時見者多爲不然，曰：「噫！其甚矣。」先生既没三年，而安石用事，其言乃信。

《考略》曰：張安道《老蘇墓表》、老蘇《辨奸論》、子瞻《謝安道書》，皆僞作也。墓表最可怪者，攙入命相制詞。明允卒於治平三年，至熙寧三年，安石始同平章事，是時安道同朝，安得錯謬至此？而六七百年，未有斥其非者，惟穆堂李氏一及之。及閲《名臣言行録》，亦采入《蘇洵傳》，中間删去「命相制曰」二十四字。夫删之，似既知其妄。夫既知之，又爲之代覆其惡，吾誠不能爲造謗者解也，吾尤不能爲代覆其惡者解矣。《辨奸論》僞爲明允作也，穆堂李氏謂前明嘉靖間所刻《嘉祐集》十五卷，爲王氏藏本，並無《辨奸》一篇。乾隆己酉，予亦於書肆見此書，則穆堂斷爲邵氏僞作無疑也。慶曆二年，介甫年二十二成進士，已踐仕途。四年，曾子固稱其人爲古今不常有。皇祐三年，文潞公薦其恬退，乞不次進用。至和二年，初見歐陽公。次年，以王安石、吕公著並薦於朝，稱安石德行文章，爲衆所推，則年三十六也。而是年明允至京師，始識介甫，安石臚列醜惡，一至此極，而猶屢見稱於南豐、廬陵、潞國若此哉？且自慶曆二年，由簽判淮南，至嘉祐初，十五六年，無非在官之日，中間所交若曾子固，孫正之、王逢原、孫莘老、王深父、劉原父、韓持國、常夷甫、崔伯易、丁元珍、龔深父，皆號爲一時賢者，而無一人爲好名之士、不得志之人也。惟吕惠卿，後人以爲安石黨。考嘉祐三年，歐陽公與介甫書，乃始稱道其賢，是介甫識惠卿甚遲，而與共行新法，又爲明允所不及見者。彼造謗者，此外欲實指一好名之人爲何人，造作語言爲何語，私立名字爲何名，其將能乎？介甫自熙寧二年當國，七年辭位，八年再相，九年又辭，遂不復出。當時同朝所攻者，新法耳。以爲爲天下患，果有如王衍清談敗俗乎？果有如盧杞賊害忠良乎？果有如豎刁、易牙、開方三子禍起宫闈、傾人家國乎？則朱子以爲遂中他説，其實無一中也。方勺《泊宅編》謂作《辨姦論》，介甫方作館職，明允猶布衣也。據此必在六年以前，而墓表謂安石母死，士大夫皆弔，先生獨不往，作《辨姦》一篇，則又在嘉祐八年矣。參差不一如此。葉夢得《避暑録話》云：「荆公性固簡率，不緣飾，然而謂之食狗彘之食、囚首喪面者，亦不至是也。」是亦有不概於心者矣。史稱盧杞賊害忠良，唐室大憝，則以杞一人比介甫足矣。而又曰，「合王衍、盧杞爲一人，始足以禍天下，何也？易牙殺子，豎刁自宫，開方棄親，此皆不近人情之尤，而其後乘人主荒淫以禍人國者也。若介甫之姦未著，明允特先爲辨之，既曰合王衍、盧杞爲一人，又曰非特易牙、豎刁、開方三子之比。明允見微知著，果若是乎？介甫之姦果至於是乎？總考《辨姦》緣起，龔頤正《芥隱筆記》、方勺

《泊宅編》、葉夢得《避暑録話》其言履歷歲月，既皆不合原作僞者之意，以爲非有安道《墓表》，不足以實明允之果有是辨，非有子瞻《謝書》，不足以實安道之果有是表，而不知皆作僞者一人之言，一時之筆也。辨與表必僞作於元祐以後，故葉氏曰，比年少傳於世云。臨川李氏《紱穆堂書辨奸論後》云：老泉《辨奸論》、張安道《墓表》、子瞻《謝書》，此三文皆贋作，以當日情事求之，固參差不合也。《邵氏聞見録》敘《辨奸》緣起，與《墓表》正同。引用之耶？當明言《墓表》云云，不當作自敘語氣。暗合耶？不應詞句皆同。考荆公嘉祐初，未爲時所用，黨友亦稀。嘉祐三年，始除度支判官，上萬言書，並未施行。明年，命修起居注，辭章八九上，始受知制誥，糾察在京刑獄。旋以駁開封尹失入爲御史舉奏，又以争舍人院申請除改文字忤執政，遂以母憂去。終英宗之世，召不赴。乃云嘉祐初黨友傾一時，誤亦甚矣。以荆公爲聖人者，神宗也。命相之制詞在熙寧二年，而老泉卒於英宗治平三年，非其所及聞也。又考文定鎮益州，已爲大臣，老泉始以布衣見之，年又少於文定。其卒也，官止丞簿，而《墓表》以先生稱之，北宋風氣近古，必不爲此。曾文定爲二蘇同年友，其作老泉哀詞，直稱明允。伉直如文定，而謙抑過情如是，疑《墓表》與《辨奸》皆邵氏於事後補作也。老泉之卒也，歐陽公誌其墓，曾子固爲之哀詞。子固謂誌以納之壙中，哀詞則刻之墓上。是既有哀詞，不應復有《墓表》矣。《墓表》有蜀無人之語，而東坡《謝書》又云秦無人，詞既重複，文氣又相類，則亦邵氏所贋作耳。若夫收召好名之士，不得志之人，相與造作語言，以爲顔、閔、孟軻復出，❶則荆公本傳與全集具存，並無此事。荆公執政之後，或有依附之徒，而老泉已没不及見。老泉所及見之荆公，則官卑迹遠，非有能收召之力。吾不知所謂好名而不得志果何人？夫人之作奸，必有所利而爲之，荆公任天下之重，遭大有爲之君，毅然相與立制度，變風俗，排衆議而行之。凡以救國家之敝，非有絲毫自私自利之意，其術即未善，而心則可原，曾何奸之有哉？又曰：馬貴與《經籍考》「明允《嘉祐集》十五卷」，世俗所刻，不稱嘉祐。書名既異，又多至二十卷，併刻入《洪範》《謚法》等單行之書，又增附録二卷，意必有他人贋作闌入其中。近得明嘉靖壬申年太原守張鏜翻刻巡案御史澧南王公家藏本，其書名卷帙與《經籍考》同，而諸論中獨無《辨奸論》，乃益信此爲邵氏僞作確然而無疑。又嘆作僞者心勞日拙，蓋僞未有不破者也。

附東坡《謝張太保撰先人墓表書》：節録。伏蒙再示先人墓表，特載《辨奸》一篇，恭覽涕泗，不知所云。《辨奸》之始作也，自軾與舍弟皆有「噫，其甚矣」之諫，不論他人。惟明公一見，以爲與我意合，公固已論之先朝，載之史册。今雖容有不知，後世決不可没。而先人之言，非公表而出之，人未必信。信不信何足深計？然使斯人用區區小數以欺天下，天下莫覺莫知，恐後人必有秦無人之嘆。此墓表所以作，而軾之所流涕再拜也。

❶ 「閔」，《考略》卷一〇作「淵」，當是。

《考略》曰：先人有潛德幽光，得賢人君子爲之表揭，爲子孫者至於感激流涕以謝，固其宜也。若明允與介甫，既無一日過從之雅，亦未嘗有事權塞其登進之路，而子瞻於介甫，尤非有不共戴天之仇，曷爲一則曰涕泗，再則曰流涕，乃專在《辨奸》哉？《辨奸》爲一人私書，初未傳於世，而曰論之先朝，載之史册，何所據而云然？明允卒後四年，而荆公當國，新法始行，舉朝讙譁，豈其人果皆讀《辨奸》而然？而曰非明公表而出之，恐後人有秦無人之嘆，是又何説也？明允、安道、子瞻皆長於文，兼有善行者也。自《辨奸》《墓表》《謝書》紛紛競出，鄙俚醜惡，使三君子文與行俱失。吾之辨之，不獨爲介甫惜，尤惜三君子長爲千古受穢不小矣。

附元祐二年三月日，蘇軾《乞録用鄭俠王斿狀》：節録。「祕閣校理王安國以布衣薦，❶先皇帝所知，擢至館閣，召對便殿，而兄安石爲相，若少加附會，可立至富貴。而安國挺然不屈，不獨納忠於先帝，亦嘗以苦言至計規戒其兄，竟坐與俠游從，同時被罪。吕惠卿首興大獄，鄧綰、舒亶之徒構成其罪，必欲置此人於死。賴先帝仁聖，止加竄逐。曾未數年，逐惠卿而起安國。」又曰：「安國不幸短命，尤爲忠臣義士之所哀惜，臣等嘗識其少子斿，敏而篤學，直而好義，頗有安國之風，養成其才，必有可用。」

《考略》曰：史載鄭俠上《流民圖》在熙寧七年春夏之交。四月，王安石罷知江寧府。安石去而

---

❶「薦」，《考略》卷一〇所引並《東坡全集》卷五二《乞録用鄭俠王斿狀》作「爲」，屬下讀。

惠卿始興大獄，及辭連安國，而安石不知也。史云放歸田里，八月十七日而卒。是年安石有《撫慰安國弟亡謝表》，又有《平甫墓誌》可證也。今曰「曾未數年，逐惠卿而起安國」，使此表果子瞻爲之，豈宜錯謬至此？狀云「挺然不屈，納忠先帝，苦口至言，規戒其兄」，揆之當日情事，毫無實據。至如敏而篤學，直而好義，竊取《論語》，改换字句，與安道所作《墓表》抄集《論語》《中庸》，成語滿紙，如出一手。此子瞻謂與大顛書，雖韓氏家奴僕亦不爲也，而謂子瞻有是哉？

王文公年譜考略節要卷二

金谿蔡上翔元鳳原本
新城楊希閔鐵傭節録

治平元年甲辰，四十四歲

公在江寧居喪。

是年，有《虔州學記》。

附黄魯直《跋虔州學記遺吴季成》：「眉山吴季成有子，資質甚茂，季成欲其速成於士大夫之列也。夙夜督其不至，小小過差，則以鞭撻隨之。予謂季成教子之意則是，所以成就其子則非也。吾聞古人胥保惠，胥教誨，然後可以成就人材，未聞以鞭撻也，况父子之間哉？故手抄王荆公《虔州學記》遺之，使吴君父子相與講明學問之本，而求名師畏友以成就之，使季成能慈，其子能孝，則家道肥，不疾而速乎？」

附陳瓘《進四明尊堯集表》：節録。「又况臨川之所學，不以《春秋》爲可行。謂天子有北面之儀，謂君臣有迭賓之禮。禮儀如彼，名分若何？此乃衰世侮君之非，豈是先王訪道之法？贛州舊學記刊於四紀之前，壁水新廱像成於一埍之手。❶唱如聲召，應若響隨。」《考略》曰：《虔州學記》曰：「道隆而德駿者，雖天子北面而問焉，而與之迭爲賓主。此舜所謂承之者也。」此固解經之言，非見之章疏，等之新法，有改革朝儀之事。況「迭爲賓主」本於《孟子》，記已明白引之。即使其言過當，亦不過如欲有謀焉，則就之以德，則子事我者而已矣，何至如陳氏排擊不遺餘力哉？明允作《遠慮》有言：「聖人之任腹心之臣也，尊之如父師，愛之如兄弟，執手入卧内，同起居飲食。」此其説尤甚於介甫。使果有忌諱不忍言者，韓、歐二公何爲奏其書於朝，亦不聞仁宗大有譴責耶？黄魯直嘗手抄此記遺吴季成，以爲教子之法，豈韓魏公、歐陽公、黄魯直其智皆出瑩中下哉？

又有《答韓求仁書》：節録。求仁問於《易》者，尚非《易》之藴也。能盡於《詩》《書》《論語》之言，則此皆不問而可知。某嘗學《易》矣，讀而思之，自以爲如此則書之，以待知《易》者質其義。當是時，未可以學《易》也。惟無師友之故，不得其序，以過於進取，乃今而後，知昔之爲可悔，而其書往往已爲不知者所傳。追思之，未嘗不愧也。以某之愧悔，故亦欲求仁慎之至。至於《春秋》三傳，既不足信，故於諸經，尤爲難知。辱問皆不可答，❷亦冀有以亮之。

---

❶「壁」，《考略》卷一一所引並《宋文鑑》卷七一《進四明尊堯集表》均作「辟」。

❷「可」，《臨川文集》卷七二《答韓求仁書》作「果」。

《考略》曰：公嘗言伏羲作《易》，非天下之至精至神，其孰能與於此？故公與人言《易》，見於集中者，惟答韓求仁、徐絳、史諷三書。而其謙抑退讓，言已學未有所得，而亦不輕以告人，則三書如一。史稱公《易解》十四卷，今不傳，豈即公謂其書已爲不知者所傳者與？《春秋》斷爛朝報之説，穆堂李氏辨之甚詳。予謂公特不信傳，未嘗不信《春秋》。於此答書，尤爲碻證。且公甚尊信《春秋》，而亦不盡廢傳，全書可考而知也。《原性篇》以《春秋》比《易》，亡兄常甫墓誌謂以《詩》《書》《禮》《易》《春秋》授弟子，《復讐解》謂復讐之義見於《春秋傳》，見於《禮記》。欲求公一言之詆《春秋》者，不可得也。或曰：公既尊信《春秋》，當時不列於學官，不以之取士，何也？曰：當是時，公既不能以諸儒之言束於一家之説，因以難知之經以俟世之知經者。則雖不以之取士，而士之治《春秋》自在也。楊龜山、尹和靖，皆及見荆公者也。龜山之言曰：「熙寧之初，崇儒尊經，訓迪多士，以爲三傳異同無所考正，於六經尤爲難知，故《春秋》不列於學官，非廢而不用也。而士方急於科舉之習，遂闕焉不講。」林希逸曰：「尹和靖言介甫未嘗廢《春秋》，以《春秋》爲斷爛朝報，皆後來無忌憚者託介甫之言也。和靖去介甫未遠，其言如此其公。」希逸之言如此，而後人猶挾持浮説，攻排之不已，何也？　臨川李氏紱穆堂《書周麟之孫氏春秋傳後序》云：麟之浮薄小生，其述父訓，亦必未然，否則其父亦妄人也。其謂荆公欲釋《春秋》以行於天下，而莘老之傳已出，一見而有忌心，自知不能復出其右，遂詆聖經而廢之曰：「此斷爛朝報也。」不列於學官，不用於貢舉。

鄙哉斯言！荆公釋《春秋》，尚未著書，他人何由知之？見孫傳而生忌，詆其傳足矣，何至因傳而詆經？荆公之才與學，固十倍於莘老。予嘗取其書觀之，十駁四五。謂荆公不能出其右，豈不謬哉！荆公嘗自著《春秋左氏解》十卷，甚精核。辨左氏爲戰國時人，其明驗十有一事，自來治經者未之能及。其高第弟子陸佃農師、龔原深父並治《春秋》。陸著《春秋後傳》，龔著《春秋解》，遇疑難者，輒目爲闕文。荆公笑謂：闕文若如此之多，則《春秋》乃斷爛朝報矣。蓋病治經者不得經説，不當以闕文置之。意實尊經，非詆經也。至謂不列於學官，不用於貢舉，則更未然。熙寧四年二月改法，分經義以取進士，令士各占治《易》《詩》《書》《周禮》《禮記》一經，兼《論語》《孟子》，則《儀禮》與三傳等皆罷，不獨《春秋》也。宋初沿唐制，取士以九經、五經、開元禮、三史、三禮、三傳、學究、明經、明法等科。且據《續通鑑》，是年八月即書復《春秋》三傳取士。是改法之初尚未施行，而《春秋》旋復也。麟之晚出孫書於家傳三世之後，乃撰爲無稽之言，以誣荆公而六百餘年莫有爲之辨者。蓋科舉之習，束書不讀。不治經，故莫知議論之得失。不治史，故莫知古事之是非也。又陳氏《書録解題》稱蜀州晋原主簿遂寧馮正符信道撰《春秋得法忘例論》三十卷，蜀守何郯上之，以中丞鄧綰薦得召試，賜同進士出身，王安石亦待之厚。此亦可見貢舉不以取士之説之妄。巽巖李氏云，信道當熙寧九年，用御史中丞鄧文約薦，召試舍人院，賜出身。鄧嚴事荆公不敢異，乃先以《春秋得法忘例論》言於朝，初不曰宰相不善。❶此亦見臨汝間書者，《文獻通考》引用之。巽巖去荆公未遠，其言如此，則謂荆公詆《春秋》者，皆誤信鱗之妄語者也。信道後進，以《春秋論》薦，荆公猶待之厚，況莘老其所素交，豈有忌其書，遂併詆聖經之理？又按荆公卒於元祐元年，年六十八，莘老元祐元年始拜諫議大夫，進吏部侍郎，又擢御史中丞。卧疾，然後求提舉舒州靈仙觀以歸而卒，年六十三。是莘老之年，小於荆公殆十餘歲，而邵輯敘文謂公晚患諸儒之鑿，始爲之傳，則莘老之書無論荆公未嘗忌，蓋亦未嘗見之也。

閔案：荆公門人陸農師佃《陶山集》有《答崔子方秀才書》，云：「荆公不爲《春秋》，蓋嘗聞之矣。公曰，三經所以造士，《春秋》非造士之書也。學者求經，當自近者始。學得《詩》，然後學《書》。學得《書》，然後學《禮》。三者備，《春秋》其通矣。故《詩》《書》、執禮，子所雅言，《春秋》罕言，以此云云。」據此，則與公答韓求仁謂《春秋》難知意義符合，師弟子確有明言。後之論者，猶必執「斷爛朝報」之誣説，以相訾謷。甚矣，人之好誣人也。

治平二年乙巳，四十五歲

公在江寧居喪。

❶ 「善」，《考略》卷一一作「喜」。

七月服除，有旨召赴闕。　公有《辭赴闕狀》一。　《辭赴闕狀二》。　《辭赴闕狀三》。

《考略》曰：是年七月，公方服除，而英廟即趣召赴闕，至於再三。公既皆以疾辭，猶自乞分司。稍獲有瘳，即時赴闕。其於君臣恩義並隆矣，足證他日吕誨訐奏之妄。

又有《上富相公書》。　《上宋相公庠書》。　《上張樞密昪書》。

《考略》曰：此公除喪後，報謝諸公弔問之勤也。

又有《王深父墓誌銘》。　《祭王回深甫文》。

附是年冬，子固有《與介甫第三書》。

《考略》曰：此書作於治平二年冬。從此治平四年，介甫出判江寧府。又二年，爲熙寧二年，介甫參知政事，而子固出守越州，亦非由議新法而出也。自是轉徙六郡，❶在外十二年。及元豐二年，子固上殿入對，則介甫致政歸金陵已四年。是其中間十一年，兩人未嘗相接於朝。故吾由治平二年子固致書介甫而後，至元豐二年其歲可考如是。吾不知世傳兩人始合而終暌者，顧在何年，又因何事也。惟子固《過介甫歸偶成詩》曰「結交謂無嫌，忠告期有補。直道詎非難，盡言竟多迕。知者尚復然，悠悠誰可語」，似作於熙寧二年。是時新法初行，舉朝譁然，子固安得無言？次年韓、歐二公論青苗，亦皆見之章疏。然在朝言朝，其於交游故舊，何嫌何

❶「徙」，《考略》卷二作「走」。

疑哉？

治平三年丙午，四十六歲

公在江寧。

附四月，蘇明允卒，年五十八歲。

《考略》曰：明允卒，非所紀也，紀乎作《辨奸》者。安石命相制曰，已先見於嘉祐初年也。

治平四年丁未，四十七歲

公在江寧。

正月庚戌朔丁巳，帝崩，皇子即皇帝位。

二月，王雱登許安世榜進士。時年二十四，調旌德尉。

閏三月，公出知江寧府。

公有《辭知江寧府狀》，末云：「乞除臣一留臺宫觀差遣，冀便將理，終獲有瘳。誓當捐軀，少報聖德。」

《考略》曰：乞除留臺宫觀差遣見此，是爲治平四年也。世傳王安石當國，設宫觀之官以處異議者久矣。及閲《池北偶談》，則遂確指熙寧二年爲安石增置之法，非祖宗故事，且援丘文莊《世史正綱》以爲證，予因檢訂年譜，至公此狀乞除臣一宫觀差遣，則治平四年也。熙寧元年十月，富弼以觀文殿大學士新除集禧觀使，乞判汝州。是時公當内制有勅，則知此官非始於熙寧二年明矣。因考之《職官制》，曰「宋制祠禄之官，以佚老優賢」。又曰「在京宫觀，舊制以宰相執政充使。前宰執留京師者，多除宫觀，以示優禮」，則又知富弼除集禧觀使，猶循故事也。嗚呼！博洽如瓊山、池北，而於祠禄所由來載於諸書，若全未入目，喋喋奚爲也？

又有《知制誥知江寧府謝上表》。

《考略》曰：表云「矧恩勤之屢迫，且逃避之不容」，必已辭之不允，而後受之也。

又有《廟議劄子》：節録。「竊以本朝自僖祖以上，世次不可得而知，則僖祖有廟，與稷契疑無以異。今毁其廟而藏其主夾室，替祖考之尊而下附於子孫，殆非所以順祖宗孝心，事亡如事存之義。求之前載，雖或有然。考合於經，乃無成憲。因情制禮，實在聖時。」

《考略》曰：是年九月，祧僖祖及文懿皇后，祔英宗神主於太廟，是此議之未行也。

附朱子《祧廟議狀》：節録。「訪得元祐大儒程頤之説，以爲太祖上而有僖、順、翼、宣。先嘗以僖祧之矣。介甫議以爲不當祧，順以下祧可也，何者？本朝惟僖祖爲始，❶已上不可得而推也。今日天下基本蓋出於此人，故朝廷復立僖祖廟爲得禮。介甫所見，終是高出於世俗之儒。熹竊詳頤之議論，素與王安石不同，至論此事，則深服之，以爲高於世俗之儒，是以見禮義人心

❶ 「惟」，朱熹《晦庵集》卷七五作「推」，當是。

之所同，❶固有不約而合者。但以衆人見司馬光、韓維之徒皆是大賢，人所敬信，其議偶不出此，而王安石乃以變亂穿鑿得罪於公議，故欲堅守二賢之説，并安石所當取者而盡廢之，所以無故生此紛紛。今以程頤之説考之，則可以見議論之公。而百年不決之是非，可坐判矣。」

又有《除翰林學士謝表》。《賀韓魏公啓》。

熙寧元年戊申，四十八歲

四月，詔翰林學士王安石越次入對。

七月，賜布衣王安國進士及第。

是年，有《賜弟安國及第謝表》。《論孫覺令吏人寫表疏劄子》。又上《本朝百年無事劄子》。

閔案：此目蔡氏遺之，今參本集補，此目不可闕。

《考略》曰：論孫覺奏載《宋文鑑》，而本集無有。中有及陳升之事，以孫覺本傳考之，應録於熙寧初元。莘老與介甫交最厚，此論情詞洞達，至公至明。再踰年，而莘老以不附新法而罷。在朝言朝，二公之賢自在也。

熙寧二年乙酉，四十九歲

二月，以王安石參知政事。

---

❶「是」，朱熹《晦庵集》作「足」，義勝。

公有《辭免參知政事表》。《除參知政事謝表》。

二月，陳升之、王安石創置三司條例，議行新法。

公有《乞制置三司條例》。二月。

四月，遣使諸路，察農田水利賦役。

補荆公元孫鳳翔所刻《光啓堂事略》云：此從三司條例司之請，遣劉彝、謝卿材、侯叔獻、程顥、盧秉之、王汝翼、曾伉、王廣廉八人，❶行諸路，相度農田、水利、税賦、科率、徭役利害。明道在當時而與其列者，必有所處也，惜乎不能知其所以處之之道焉。

五月，公有《進戒疏》。

《考略》曰：明理知人，然後能用人，則法度可行，風俗可成。此北宋諸儒崇尚經術，故其言不涉迂闊，而荆公其尤也。

附吕誨《論王安石》疏：臣竊以大奸似忠，大詐似信，惟其用舍繫時之休否也。至如少正卯之才，言僞而辨，行僻而堅，順非而澤，强記而博，非宣父聖明，孰能去之？盧杞天下謂之奸邪，❷惟德宗不知，終成大患。所以言知人之難，堯舜其猶病諸。陛下即位之初，起王安石就

❶「之」，據《宋史》卷一七七《食貨志》並《續資治通鑑長編》卷二二四，蓋衍。

❷「盧」上，《考略》卷一四並《國朝諸臣奏議》卷一〇九《上神宗論王安石姦詐十事》，有「唐」字。

知江寧府，未幾召爲學士，縉紳皆慶陛下之明，擢有文之士，得以適其用也。及進二台席，僉論未允。衡石之下，果不能欺其重輕也。古人曰「廟堂之上，非草茅所當言」，正謂是也。臣伏睹參知政事王安石，外示樸野，中藏巧詐。驕蹇慢上，陰賊害物，斯衆所共知者。臣略疏十事皆目睹之實迹，冀上寤於神監。❶一言近誣，萬死無避。安石向在嘉祐中判糾察刑獄司，因開封府爭鵪鶉公事舉駁不當，御史臺累移文催促謝恩，倨傲不恭。相次仁宗皇帝上仙，未幾安石丁憂，其事遂已。安石服滿，託疾堅卧，累詔不起，終英宗朝不臣。就如有疾，陛下即位，亦合赴闕一見，稍存人臣之禮。及就除江寧府，於私安便，然後從命。慢上無禮，其事一也。《考略》曰：誨以盧杞比安石，方謂所疏十事，必有大不得已於言者。而乃首舉爭鵪鶉一案，事在嘉祐之末，至是已六七年，是亦不可以已乎？治平二年七月，安石服滿，英宗趣召赴闕，至於再三。安石亦有辭赴闕三狀，第云抱病日久，未任跋涉，稍可支持，復備官使。猶且乞一分司官於江寧府在任，冀便將理。則三狀如一，曷嘗堅卧不起哉？自是，未及分司，而英廟崩矣。安石任小官，每一遷轉，遜避不已。自知江寧府除翰林學士，不聞固辭。先帝臨朝，則有山林獨往之思。陛下即位，乃有金鑾侍從之樂。何慢於前而恭於後？見利忘義，豈其心乎？好名欲進，其事二也。《考略》曰：治平四年正月，英廟崩，神宗即位。閏三月，安石出知江寧府。然猶有《辭知江寧府狀》，以疾尚未瘳也。比緣申命曲加而後受之。

---

❶「神」，《考略》並《國朝諸臣奏議》均作「宸」。

九月，以安石爲翰林學士，自是不聞固辭者，考安石前辭試館職，辭集賢校理，辭同修起居注，則皆有故。其書具在，非苟爲辭讓者。山林獨往之思，生平交游往來書牘，未嘗稍見一語，❶無論對君無有也。而誨顧以誣之，何耶？且即如誨言，在先帝則有山林獨往之思，在陛下乃有金鑾侍從之樂，慢於前而恭於後，合而訕之可也，而必分爲二事，乃得其爲十事，亦慎甚矣。人主延對經術之士，講解先王之道，設侍講、侍讀常員，執經在前，乃進說，非傳道也。安石居是職，遂請坐而講說，將屈萬乘之重，自取師氏之尊，真不識上下之儀、君臣之分，況明道德以輔益聰明者乎？但要君取名而已。其事三也。《考略》曰：考葉夢得《石林燕語》，熙寧初侍講官建議復坐講者，吕申公、王荆公、吴冲卿，同時韓持國、刁景純、胡宇夫，皆是申公等言。蘇子容、龔鼎臣、周孟陽、王汾、劉攽、韓忠彦以爲講讀曰侍，蓋侍天子，非師道也。申公等議遂格。是主坐講者非一人，何其罪猶不可逭也？其後，元祐初程頤爲崇政殿説書，疏請坐講殿上甚力。其時，給事中顧臨以爲不可。頤遂復上太皇太后書，辨論顧臨非是，至千五百餘言之多。然後來《通鑑綱目》只載頤經筵講讀疏言豫養君德，不及坐講一事，豈以向時吕誨攻安石太過，故不得不爲伊川諱言之與？且自是講學之徒，亦無以坐講。復議安石者，豈其既於伊川諱言之，而安石亦遂得從末減與？安石自居政府，事無大小，與同列異議。或因奏對留身進説，多乞御批自中而下，以塞同列沮論。是則掠美於己，非則斂怨於君。用情罔公，其事四也。《考略》曰：自新法行，舉朝歸過安石。

❶「一語」，《考略》作「詩文」。

有惡而無美，有非而無是。若曰「是則掠美於己」，不知此時更有何美可掠？誨能實指其所掠之美安在乎？若曰「非則斂怨於君」，則衆所攻者新法，所怨者安石，不知更有何非可獨斂怨於君？誨亦能實指其事否也？安石自糾察司舉駁多不中理，與法官爭論刑名不一，常懷忿隙。昨許遵誤斷謀殺公事，力爲主張妻謀殺夫用按問，欲舉減等科罪。挾情壞法，以報私怨。兩制定奪，但聞朋附。二府看詳，亦皆畏避。徇私報怨，其事五也。《考略》曰：登州阿芸之獄議上，而安石主之。安石即不免於失出，亦君子過於仁者也。觀其《答許朝議書》曰：「連得誨示，豈勝感慰？頃在朝廷，觀公議法，每求所以生之。想今爲州，亦用此意。公壽考康寧，子孫蕃衍，當以此也。」而安石之意可知矣。《東軒筆録》亦以安石此議爲近於仁人之言。遵字仲塗，嘗知宿州、登州。安石初入翰林，未聞進一士之善。首率同列，稱弟安國之才，朝廷與狀元恩例，猶謂之薄。主試者定文卷不優，其人遂罹中傷。小惠必報，纖仇必復。及居政府纔及半年，賣弄威福，無所不至。自是畏之者勉意俯從，附之者自鬻希進，奔走門下，惟恐其後。皆其死黨，❶今已盛矣。怙勢招權，其事六也。《考略》曰：王氏自真宗咸平三年王貫之登進士榜，至英宗治平四年公子雱登進士，六十八年中，祖孫父子兄弟登進士者七人。以文學聲名言之，安石外，尤推安國，熙寧元年，安國由韓絳、邵元所薦召試，賜進士及第，於安石何與？幸而安石子雱先一年成進士，否則又不免挂彈章矣。宰相不視事旬日，差除自專，逐近臣補外，皆不附

❶「皆其」，《考略》並《國朝諸臣奏議》均作「背公」。

己者，安言盡出聖衷。若然，不應是安石報怨之人。丞相不書勑，本朝故事未之聞也。意示作威，聳動朝著。然今政府，同列依違，宰臣避忌，遂專恣而何施不可？專威害政，其事七也。

《考略》曰：中書除目，數日不決。諭問安石，乃帝意也。安石言中書出牒，唐介引太宗故事，謂大事降勑，其當用劄子，亦須奏裁，乃稱聖旨。帝以爲然，遂止。神宗未嘗不用介言，而於安石有所偏聽也。凡奏對御座之前，惟肆强辨。向與唐介争論謀殺刑名，遂致諠譁，衆非安石而是介。介忠勁之人，務守大體，不能以口舌勝，不幸憤懣發疽而死。自是同列尤甚畏憚，雖丞相亦退縮不敢校其是非。任性淩轢同列，其事八也。《考略》曰：考唐介本傳，介數與安石争論，安石强辨，而帝主其説。介不勝憤，疽發於背薨，年六十。而誨云嘗與唐介争論謀殺刑名，則又似專爲阿芸事言之。人死於病疽，常也。介年六十而死，尤常也。介常以文彦博鐙籠錦事争論於帝前，至遭遠竄不死，而死於争論失出一婦人，死有重於太山如是乎？無惑乎生老病死苦之説，好事者舉以爲訕笑也。陛下方稽法唐堯，敦睦九族，奉親愛弟，以風天下，而小人章辟光獻言，俾岐王遷居於外。離間之罪，固不容誅。上尋有旨送中書，欲正其罪。安石堅拒不從，仍進危言以惑聖聰，意在離間，遂成其事。朋奸之迹甚明，其事九也。《考略》曰：前代以兄弟生亂見於史者衆矣。故後世諸王分封，必使出居於外，以爲與其地近而偪，不若疏遠而可長保無虞也。岐、嘉二王爲神宗同母兄弟，親愛莫加焉。熙寧初立，著作佐郎章辟光以遷居外邸爲請，則與陰邪小人私行離間者異矣。神宗欲罪辟光，亦親親之道宜然。安石獨違衆議，不欲以深罪罪辟光，要亦大臣謀國，防微杜漸之意也。且岐、嘉二王本賢王，熙寧以來岐王顥屢請居外，章上輒却，是岐王之以禮自處也。元豐八年，神宗不豫，先時岐、嘉二王日問起居。及既降制立延安郡王傭爲太子，即令毋輒入。夫以宣仁皇太后母子至親，神宗二十年友愛，至是何嫌何疑？然猶若此，是又宣仁之以禮處二王也。由是言之，辟光之請，律以同歸於道言之，其不可以離間深罪罪之益明矣。考誨本傳云，章辟光上言岐王宜遷居外邸，皇太后怒，帝令治其離間之罪。安石謂無罪，誨請下辟光吏不得，遂上疏劾安石曰「大奸似忠，大佞似詐」云云。據此似誨專爲争辟光事不得，乃遂上疏。則疏内十事，不應列之次九。又云，辟光之謀，本安石、吕惠卿所導。辟光揚言朝廷若深罪我，我終不置此二人。據此以斷，辟光果爲二人所導，則王、吕實爲此案罪魁，且又揚言於外，誨尤必備聞之，不難據情直指。而此疏不及，何也？當時私書雜出，此説未考出於何人，而史書采之，遂與本疏全然不合，亦厚誣之一端也。今邦國經費，要會在於三司，安石在政府，與知樞密同制置三司條例，兵與財兼領之，其掌握重輕可知矣。又舉三人者句當，八人者巡行諸路。雖名之曰商搉財利，其實動揺於天下也。臣未見其利，先見其害，其事十也。《考略》曰：創置三司條例，此議行新法之始也。是時均輸、保甲、青苗、雇役尚未施行，而已洶洶若此。又其所遣使者八人，若劉彝、謝卿材、侯叔獻、程顥，當時所號爲賢者皆在焉。原其初心，豈有意於任用小人以敗壞天下事哉？嗚呼！獻可之先見，自温公有言，後世多稱之。然其所言往事祇如此，其於所謂先見者，何如也？臣指陳猥瑣，煩黷高明，誠恐陛下悦其才辨，久而倚毗，情僞不得知，邪正無復辨。大奸得路，則賢者漸去，亂由是生。臣究安石之迹，固無遠略，惟務改作，立異於人。徒文言而飾非，將罔上而欺下。臣竊憂之，誤天下蒼生者，必斯人矣。伏望陛下圖治之宜，當稽於衆。方天災屢見，人情未和，惟在澄清，不宜撓濁。如安石久居廟堂，必無安静之理。臣所以瀝懇而言，不虞横禍，斯感動於聰明，庶判别於真僞。况陛下志在剛決，察於隱伏，當質於士論，然後知臣言之中否。然詆訐大臣之罪，不敢苟逭。孤危苦寄，職分難安，當復露章，請避怨敵。

《考略》曰：誨嘗抗論濮議，其語言狀貌載於歐公《濮議》甚詳。究觀此疏，若誨者，其孔子所謂「好直不好學者」與？

十月，城綏州。

公有《與趙尚書》。

《考略》曰：公言兵事始此。其安邊善後，并援老氏之言以爲戒，公豈有意於黷武哉？余始閲《富弼傳》，神宗初立，首問邊事，弼對曰：「陛下當布德施惠，願二十年口不言兵。」疑此必非鄭國之言也，已而知其出於《邵氏聞見録》并舉熙豐二十年間用兵事，以爲安石罪，可謂誣罔之極矣。末年神宗又謂宰相曰：「自後更不用兵，與卿等共享太平。」此真兒童之見，蠢劣之尤甚者。《名臣録》采之，何也？

十一月，命韓絳制置三司條例。

十二月，增三京留司御史臺、國子監及宫觀官，以處卿、監、監司、知州之老者。

《考略》曰：據此，與《職官志》所載祠禄絶異，亦與所載王安石以處異議者不合。

熙寧三年，庚戌五十歲

參知政事。

正月，詔諸路散青苗錢，禁抑配。

三月，孫覺、吕公著、張戩、程顥、李常上疏極言新法。

始策進士罷詩、賦、論三題。

孫覺以奉詔反復，貶爲廣德軍。

公有《答手詔封還乞罷政事劄子》。《謝手詔慰撫劄子》。

四月，程顥罷爲京西路提點刑獄。

附《邵氏聞見録》：安石子雱，字元澤，性險惡，凡公所爲不近人情者，皆雱所教，吕惠卿輩奴事之。公置條例司，初用程顥伯淳爲屬。伯淳賢，士一日盛暑，公與伯淳對語，雱囚首跣足，手攜婦人冠以出。問公曰：「所言何事？」公曰：「以新法數爲人沮，與程君議。」雱箕踞以坐，大言曰：「梟韓琦、富弼之頭於市，則新法行矣。」公曰：「兒誤矣。」伯淳曰：「方與參政論國事，子弟不可與，姑退。」雱不樂，去。伯淳自此與公不合。雱死，公罷相，哀悼不忘。有「一日鳳鳥去，千秋梁木摧」之詩，蓋以比孔子也。公坐鍾山，恍惚見雱荷枷杻如重囚者，公遂施所居半山園宅爲寺，以薦其福。後公病瘡良苦，嘗語其姪曰，亟焚吾所謂《日録》者。姪紿公，焚他書代之。公乃死。或云又有所見也。臨川李氏紱穆堂《書邵氏聞見録後》：節録。《虞書》戒無稽之言，《周禮·大司徒》以鄉八刑糾萬民，七曰造言之刑。誠以妄言無實，足以變亂是非，使當之者受禍。即在身後，亦蒙詬於無窮也。自唐人好爲小説，宋元益盛。錢氏之《私志》，魏泰之《筆録》，聖主賢臣動遭污衊，至《碧雲騢》《焚椒録》而悖亂極矣。其若可信者，無過《邵氏聞見録》，由今觀之，其游談無根，誣罔失實，與錢、魏諸人無以異也。所録最誣罔者，莫甚於記王元澤論新政一事。嚴君在前，賢者在座，乃囚首跣足，攜婦人冠，矢口妄談，欲斬韓、富，容貌詞氣，癡妄醜惡，至於如是。使天下後世讀之者，惡元澤併惡荆公。顧嘗思之，元澤早窮經學，未弱冠已著書數萬言，豈中無知識者？今歲消暑餘暇，略爲稽考時日，乃知邵氏蓋無端造謗，絶無影響。考荆公以熙寧二年參知政事，夏四月始行新法，八月以明道爲條例司官，明年五月即以議論不合，外轉簽書鎮寧節度使判官，而元澤以治平四年丁未登進士第，明年戊申，即熙寧元年也，至二年，則元澤久已由進士授旌德尉，遠宦江南。是明道與荆公議新政時，元澤並未在京。直至熙寧四年召元澤除太子中允、崇政殿説書，然後入京師，則明道外任已逾年矣，安得如邵氏所録哉？邵氏欲形容元澤醜劣，則誣爲囚首跣足。欲實其囚首跣足，則以爲是日盛暑。不知明道以八月任條例司官，次年五月即已外轉。始深秋訖初夏，中間並無盛暑日也。邵氏又云，荆公在鍾山，恍惚見雱荷枷杻如重囚，因施所居爲寺。則鬼魅之妄説，尤不足辨。司馬温公謂三代以前「何故並無一人誤入地獄，見所謂十王者」，今邵氏此説編入正史，故不可不辨。或曰《聞見録》伯温殁後，紹興二年其子博所編，伯温不應作僞至此，或博之爲之。是時天下方攻王氏學，博欲藉此造言，希世而取寵，未可知也。

《考略》曰：邵氏録元澤事，穆堂考其歲月，是時元澤未在京，邵氏造謗無疑矣。然穆堂祗言編入正史由邵氏此録，不知朱子於《程子外書》《名臣言行録》並采之。作史者既以程、朱大賢爲可信，遂使元澤千載奇冤不可復解。《外書》祗載伯淳自此與荆公不合而止，至雱荷枷杻事，惟《名臣録》有之。豈《名臣録》爲邵氏原本，《外書》乃朱子從而删之耶？考元澤治平四年成進士，出爲旌德尉。熙寧五年除太子中允、崇政殿説書，則新法已次第盡行，於元澤何與耶？當時若韓魏公、歐陽公、司馬温公、劉貢父諸書疏祗言新法不便，未嘗謂安石凡事不近人情。惟熙寧二年吕誨首摭拾荆公十事醜詆，亦未嘗一言及於其子元澤。即自熙寧、元豐、元祐、紹聖數十年，所攻助行新法者，亦惟在吕惠卿、章惇諸人，無一人及元澤者。元澤久在病中之人，熙寧七年則有安石《謝賜男雱藥物表》，九年而元澤卒。則必非由於疽發於背可知，而乃徒爲紛紛説鬼，豈所望於講學君子耶？故吾備録之，以見元澤被謗有由，且以補穆堂説所未備云。

閔案：元澤是謹飭子弟，斷無如《邵氏聞見録》囚首跣足云云者。何以明之？嘗讀陸放翁《渭南集·跋温公居家雜儀》云：王性之言，熙寧初，有朝士集於相藍之燒朱院，俄有一人末至，則王元澤也。時荆公方有召命，衆人問舍人不堅辭否？元澤曰：「大人亦不敢不來，然未有一居處。」衆言居處固不難。元澤曰：「不然。大人之意，乃欲與司馬十二丈卜鄰，以其修身齊家，事事可爲子弟法也。」某聞此語六十年矣，偶讀《居家雜儀》，遂識之。據此知荆公固誠服於温公，元澤亦恪守嚴君之教者。何至如《邵氏聞見録》所云也？

九月，作東西府，以居執政。

公有《遷入東府賜御筵謝表》。

十二月，立保甲法。

以韓絳、王安石並同中書門下平章事。

公有《辭免平章事監修國史表》二。《除平章事監修國史謝表》。

是年，又有《答吴孝宗書》。《答吴孝宗論先志書》。

《考略》曰：吴孝宗，字子經，臨川人。是年登進士，荆公外家親屬。著三書：曰《法語》，曰《先志》，曰《巷議》。嘉祐中，❶嘗以《法語》謁歐陽公，公贈之以詩。又以《先志》貽荆公，荆公有書答之，亦必在嘉祐、治平間。其爲《巷議》，必實有見於新法之善，故因爲書以傳。孝宗《巷議》與崔伯易《一法百利論》，淮海張邦基俱悼歎以爲不得復見，而後世可知也，乃魏氏《東軒筆録》曰：「吴孝宗對策，方詆熙寧新法，既而復爲《巷議》十篇，言閭巷之間皆議新法之善，寫以投荆公。荆公薄其翻復，尤不禮之云云。」公答孝宗書具在，其文學行誼悉於歐公詩、荆公文見之，安得有既詆新法以取進士，又善新法以投荆公之爲乎？孝宗有《與張江東論事書》，載於

❶「中」，《考略》卷一五作「五年」。

《宋文鑑》。歐公嘗以曾子固擬之。

又有《答司馬諫議書》。

《考略》曰：公辨侵官、生事、征利、拒諫、致怨五事，無論其言是否，而在己無不達之情，可謂簡而明矣。其謂人習於苟且非一日，士大夫多以不恤國事，同俗自媚於衆爲善，而自任以天下之重，意實在此。及觀司馬原書，至三千三百餘言之多。中間雜引經傳及漢唐遺文居四之一。使介甫爲未讀書不識字之人，雖誦言奚益？介甫猶爲有知識人也，又焉用此喋喋爲？此必非君實之言。元祐黨人慣造僞書，增添改竄，徒形醜惡，是亦《辨奸》諸文之類也。

又有《答曾公立書》。

《考略》曰：此書專辨青苗取息，亦言之成理。然見其利，不見其害，則韓、歐二公之言不可廢也。　荆公新法尤爲天下後世口實者，青苗法也。或曰：青苗法善乎？曰：未可以爲不善也。然則可行乎？曰：不必其可行也。善而不可行，何哉？曰：公行青苗法於官鄞縣時，貸穀出息，新陳相易，而民便之。其後當國，斷然行之不疑者，法猶是昔爲令之法，心猶是昔利民之心，豈是導君於利與有利於一己之私哉？故當時攻新法者，訾曰征利，宜不足以服其心也。然而有不可行者，以一縣小而天下大也。以天下之大行之，則必有抑配之患與積壓之患。是故當時抑配有禁，而官吏以盡數俵錢爲功，雖欲不抑配，不可得也。災傷則有下科造納之條，而年歲豐凶不常，則雖欲不至於累年積壓不能也。是二者之患，則惟韓魏公、歐陽公及蘇子由皆言之詳矣。而公猶不聽，以至一切鄙之爲流俗，則謂公之執拗，宜也。如第以征利攻之，不惟非公議法初心，又豈神宗主持必行之本意哉？故吾特録韓、歐二公之疏與子由之言，而青苗法之可行不可行之本末具是矣。

是時，河北安撫使韓琦上疏論青苗曰：准轉運及提舉常平廣惠倉司牒，給青苗錢，須十户以上爲一保，三等以下人爲甲頭，每户支錢，第五等及客户毋得過千五百，第四等三千，第三等六千，第二等十千，第一等十五千，餘錢委本縣量度增給三等已上。更有餘錢，坊郭户有物業抵當願請錢者，五家爲一保，依青苗例支借。諸縣不得避出納之頻，致諸人扇摇人户，却稱不願請領。如不願請領，即具結罪狀，入馬遞申以憑。若選官曉諭，如却願請，本縣干繫人别作行遣。事理稍重，具事申奏。如夏秋收成，物價稍貴，願納錢者，當議減市價錢數，比元請錢十分不得過三分。假令一户請錢一千，納錢不得過千三百。臣竊以國之頒號令，立法制，必信其言，而使民受實惠，則四方觀聽，孰不欣服？伏詳熙寧二年詔書，務在優民，不使兼并乘其急以邀倍息，皆以爲民，而公家無所利其入，謂合先王散惠興利，抑民豪奪之意也。今乃鄉村自第一等而下，物業抵當者，依青苗例支借，且鄉村上三等并坊郭有物業户，乃從來兼并之家也。今皆多得借錢，每借一千，令納一千三百，則是官放息錢，與初詔抑兼并、濟困乏意絶相違戾。欲民信服，不可得也。又鄉村每保須有物力人爲甲頭，雖云不得抑勒，而上户既有物力，必不願請。官吏防保内下户不能送納，豈免差充甲頭以備代賠？復峻責諸縣，人不願請，即令結罪申報。若選官曉諭，却有願請者，則干繫人别作行遣，或具申奏，官吏懼提舉司勢可升黜，又防選官曉諭之時，豈無貧下浮浪願請之人？苟免攞拾，須行散配。且下户見官中散錢，誰不願請？然本户夏秋各有税賦，又有預買及轉運司和買兩色紬絹、積年倚閣借貸麥種錢之類，名目甚多。今更增納此一重出利青苗錢，愚民一時借請則甚易，至納時甚難。故自制下以來，一路官吏，上下惶惑，皆謂若不抑配，則上户必不願請，近下等第與無業客户雖或願請，必難催納。將來必有行刑督責，及勒干繫書手、典押、耆户長、同保人等均賠之患。大凡兼并，所放息錢雖取利稍厚，緣有逋欠。官中不許受理，往往舊債未償其半，早已續得貸錢。兼并者既有資本，故能使相因歲月，漸而取之，今官貸青苗錢則不然，須夏秋隨税送納。災傷及五分以上，方許次科催還。若連兩科災傷，則必官無本錢接續支給，官本因而寖有失陷。其害明白如此，更有緣此煩費虚擾之事，不敢具述。去歲河朔豐熟，常平倉糴米斗錢不過七十五至八十五以來，若乘時收斂，遇貴出糶，不惟合於古制，而無失陷之弊，兼民實被惠，亦足收其羡赢。今諸方有糴入，而提舉司亟令住止，蓋盡要散充青苗錢。指望三分之利，收爲己功，縣邑小官，敢不奉行，豈暇更卹貽民久遠之患哉？諸路所行，必料大率如此。朝廷若謂陜西嘗放青苗錢，官有所得，而民以爲便，此乃轉運司因軍儲自闕，遇自冬涉春，雨雪及時，麥苗滋盛，決見成熟，行於一時則可也。今乃差官置司，爲每春夏常行之法，而取利三分，豈陜西權宜之比哉？兼初詔且於京東、淮南、北三路先行此法，俟成次第，即令諸路施行。今此三路方憂，不能奉行，而遽於諸路偏差提舉官，以至西川、廣南，亦皆置使。伏惟陛下自臨御以來，夙夜憂勞，勵精求治，況承祖宗百年仁政之後，民浸德澤，惟知寬卹，未嘗過擾。若但躬行節儉，以先天下，常節浮費，漸汰冗食，自然國用不乏，何必使興利之臣，紛紛四出，以致遠邇之疑哉？願望聖明更賜博訪，若臣言不妄，乞盡罷諸路提舉官，只委提點刑獄官，依常平舊法施行。

知青州歐陽脩《言青苗錢第一劄子》。　臣伏見朝廷新制，俵散青苗錢以來，中外之議，皆稱不便，多乞寢罷，至今未蒙省察。臣以老病昏忘，雖不能究述利害，苟有所見，其敢不言？臣今有起請事件，謹具畫一如後。　一、臣竊見議者言青苗錢取利於民爲非，而朝廷深惡其說，至煩聖慈命有司具述本末委曲，申諭中外以朝廷本爲惠民之意。然告諭之後，縉紳之士論議益多。至於田野之民，蠢然固不知《周官》泉府爲何物，但見官中放債，每錢一百文，要二十文利爾。是以申告雖煩，而莫能諭也。臣亦以謂等是取利，不許取三分，而許取二分，此孟子所謂以五十步笑百步者。以臣愚見，必欲使天下曉然知取利非朝廷本意，則乞除去二分之息，但令只納元數本錢，如此始是不取利矣。蓋二分之息以爲所得多耶？固不可多取於民。所得不多耶？則小利又何足顧？何必以此上累聖政？　一、臣檢詳元降指揮，如災傷及五分以上，則夏料青苗錢令放秋料送納，❶秋料於次年夏料送納。臣竊謂年歲豐凶固不可定，其間豐年常少而凶歲常多。

---

❶「放」，《考略》卷一六作「於」，當是。

今所降指揮，蓋只言偶然一料災傷耳。若連遇三兩料水旱，則青苗錢積壓拖欠數多。若才遇豐熟，却須一併催納，則農民永無豐歲矣。至於中小熟之年，不該得災傷分數，合於本料送納了當。若令又請次料合俵錢數，則積壓轉多，必難催索。臣今欲乞人户遇災傷本料未曾送納者，及人户無力或頑猾拖延不納者，並不支俵與次料錢。如此則人户免積壓拖欠，州縣免鞭撻催驅，官錢免積壓失陷。

一、臣竊聞議者多以抑配人户爲患，所以朝廷屢降指揮，丁寧約束州縣官吏，不得抑配百姓。然諸路各有提舉管句等官往來催促，必須盡錢俵散而後止。由是言之，朝廷雖指揮州縣不得抑逼百姓請錢，而提舉等官又却催促盡數俵散，故提舉等官以不能催促盡數俵散爲失職，州縣之吏亦以俵錢不盡爲弛慢不才。上下不得不遞相督責者，勢使之然，各不獲已也。由是言之，理難獨責州縣抑配矣。以臣愚見，欲乞先罷提舉管句等官，不令催督，然後可以責州縣不得抑配。其所俵錢，聽民情願，專委州縣隨多少俵之，不須要盡數，亦不必須要闔縣之民户户盡請。如此，則自然無抑配之患矣。右謹具如前。臣以衰年昏病，不能深識遠慮，所見目前止於如此。然而青苗之議久已喧然中外，群臣乞行寢罷者，不可勝數。其所陳久遠利害，必已詳盡而無遺矣。一日陛下赫然開悟，悉采群議，追還新制，一切罷之，以便公私，天下之幸也。若中外所言雖多，猶未能感動天聽，則見行不便法中有此三事，尤係目下利害，如臣畫一所陳。伏望聖慈特賜裁擇。今取進止。

歐陽脩《言青苗第二劄子》。　臣近曾奏爲起請俵散青苗錢不便數内一併，❶乞遇災傷夏料未納及不係災傷人户頑猾拖欠者，並使不俵散秋料錢數。至今未奉指揮。臣勘會今年二麥才方成熟，尚未收割，已係五月，又合俵散秋料錢數。竊緣夏料已散錢，尚未有一户送納，若又俵散青苗錢，竊慮積壓拖欠，枉有失陷官錢。臣已指揮本路諸州軍並令未得俵散秋料錢，別候朝廷指揮去後。臣伏思除臣近所起請災傷未納及人户拖欠不納者，乞且不俵次料一事外，臣今更有愚見，不敢緘嘿。臣竊見自俵青苗錢以來，議者皆以取利爲非，朝廷深惡其説，遂命有司條陳申諭。其言雖煩，而終不免於取利。然猶有一説者，意在惠民也。以臣愚見，若夏料錢於春中俵散，猶是青黄不接之時，雖不户户闕乏，然其間容有不濟者。以爲惠政，尚有説焉。若秋料錢於五月俵散，正是蠶麥成熟人户不乏之時，何名濟闕？直是放債取利爾。若二麥不熟，則夏料尚欠，豈更宜俵秋料錢，使人户積壓拖欠？以此而言，秋料錢可以罷而不散。欲望聖慈特賜詳擇，伏乞早降指揮。今取進止。

蘇轍自大名推官上書召對，亦除條例司檢詳文字。安石出青苗法示之，轍曰：以錢貸民，使出息二分，本非爲利。然出納之際，吏緣爲奸，雖有法不能禁。錢入民手，雖良民不免非理費用。及其納錢，雖富民不免違限。如此則鞭笞必用，州縣多事矣。唐劉晏掌國計，未嘗有所假貸。有尤

❶「併」，《考略》卷一六並《文忠集》卷一一四《言青苗第二劄子》均作「件」，當是。

之者曰：「使民僥倖得錢，非國之福；使吏倚法督責，非民之便。吾雖未嘗假貸，而四方豐凶貴賤知之未嘗逾時，有賤必糴，有貴必糶，以此四方無甚貴賤之病，安用貸爲？」晏之言如此，漢常平法耳。公誠能行之，晏之功可立俟。

劉攽貢父《與王介甫論青苗書》。見所與曾公立書論青苗錢大意，不覺悵惋。仲尼云：「聽訟，吾猶人也。必也使無訟乎？」聽訟而能曲直，豈不爲美？然而聖人之意以無訟爲先者，貴息争於未形也。今百姓所以取青苗錢於官者，豈其人富贍飽足，樂輸有餘於公以爲名哉？公私債負逼迫，取於己無所有，故稱貸出息以濟其急。介甫爲政，不能使人家給人足，無稱貸之患，而特開設稱貸之法，以爲有益於民，不亦可羞哉？甚非聖人之意也。自三代以來，更歷秦漢，治道駁雜，俗益澆薄。其取於民者，百頭千緒。周公之書有之而今無者，非實無之也，推類言之，名號不同而已矣。若又取周公所言，以爲未行而行之，吾恐不但重複，將有四五倍蓰者矣。一部《周禮》，治財者過半。其非治財者，未聞建行一語。獨此一端，守之堅如金石，將非識其小者近者與？今郡縣之吏，方以青苗爲殿最，又青苗錢未足，未得催二税，郡縣吏懼其黜免，思自救解。其材者，猶能小爲方略以强民。其下者，直以威力刑罰督迫之。如此民安得不請？安得不納？而謂其願而不可止者，吾誰欺？欺天乎？凡人臣之納説於時君，勸其恭儉小心，所謂道也，莫不逆耳難從。及至勸其爲利，取財於民，廣肆志意，不待辭之畢而喜矣。故奸臣争以言財利求用，不復取遠古事言之。在唐之時，皇甫鎛、裴延齡用此術致位公相。雖然，二人者猶不敢避其聚斂之名，不如介甫直以周公聖人爲證，上則使人主無疑，下則使廷臣莫敢非。若是乎周公之爲桀、跖嗃矢，桁楊接槢也。商鞅爲秦變法，其後夷滅。張湯爲漢變法，後亦見殺。爲法逆於人心，未有保終吉者也。且朝廷取青苗之息，專爲備百姓不足，至其盈溢，能以代貧下賦役乎？府庫既滿，我且見其不復爲民矣。外之則尚武，開斥境土。内之則廣游觀，崇益宫室。鄙諺曰「富不學奢，而奢自至」，自然之勢也。介甫一舉事，其敝至此。可無念哉！可無念哉！

臨川李氏紱。穆堂《青苗社倉議》。朱子社倉之法與青苗同，相沿至今近六百年。後人以爲朱子之所爲也，輒欲仿而行之。然往往暫行而暫廢，❶未見其利而先見其弊者，徒知法爲朱子之法，不自量其人非朱子之人，則亦青苗之法也。蓋奉行其法非一手一足之爲烈，有保正、保副等。朱子之始行於崇安也，任事之人皆其門生故舊，學道君子也。今首事者之公正即無愧於朱子，而分任其事者，非朱子門生故舊之比，則其法亦不可得而行也。且不獨後之效之者未嘗量度其人，即朱子之疏請下其法於諸路，亦未嘗量度天下任事之人不能盡如己，而分任其事者不能盡如己之門生故舊也，則無怪乎其不能行也。蓋有治人無治法者，古今之通病。社倉初行，息取十二，夏放而冬收，與荆公青苗之法無異。荆公治鄞，嘗自行青苗之法矣。鄞之人至今俎豆而尸祝之。荆公以其爲身所嘗試者，他日執政，遂欲施諸天下，亦猶朱子請行社倉於諸路，而不知奉行者之

❶「暫廢」，《考略》卷一六作「輒廢」。

不能盡如荆公也。是故奉行而得其人，則青苗亦社倉矣。奉行而非其人，則社倉即青苗矣。且青苗之法，後人畏其名而不敢行。社倉之法，後人慕其名而亦不能行。非獨利之所在，任事者難其人，即民亦不能盡如吾意也。蘇子由論青苗之弊，謂財入民手，雖貧民不免妄費。及其收也，雖富民不免後期。如是，而敲撲之事煩矣。今社倉開報支米，漏落增添，必送縣斷罪。其收米也，如有走失，必保人均賠，是亦不能已於敲撲。其與青苗有以異乎？且社倉之法與青苗相似，此非獨予之私言也，朱子爲《金華社倉記》嘗及之矣。其言以爲世俗之所以病乎此者，不過以王氏青苗爲説耳。以予觀於前賢之論，而以今日之事論之，則青苗者，其立法之本意，固未爲不善也。子程子嘗論之，而不免於悔其已甚而有激云云。然則當時固有以青苗疑社倉者，而朱子於青苗之法，固亦取之矣。至謂青苗之所以異於社倉者，以其給之以金，而不以穀。其處之也以縣，而不以鄉。其職之也以官吏，而不以鄉人士君子。其行之也以聚斂亟疾之意，而不以惨怛忠利之心。❶是以王氏能以行於一邑，而不能以行於天下。斯言信耶？以予平心觀之，則亦未見其爲必然也。凡事欲其有舉而無廢，非主之以官不可。凡官民相出納，則金易而穀難。惟給之以金，故可以於縣而不必於鄉。惟不在於鄉，故止可給金，而不能與穀。至於社倉之法，漏落增添，必送縣斷罪。其有走失，必保人均賠，則亦不能終用鄉人士君子，而必歸之官吏。其送官必

❶「利」，清光緒十二年思補樓重校本（簡稱「思補樓本」）《清經世文編》卷一二〇作「厚」。

斷罪，其走失必追賠也，則亦不能全用慘怛忠利之心，❶而究亦歸於亟疾。推求利害始終之故，未見爲此得而彼失也。雖然金可以濟民用，而不可以救民饑，則必以積穀爲主。以積穀爲主，則必兼用常平之法。予己丑禮闈試策嘗備言之，又嘗爲《家居二倉條約》，頗可施行，然非得任事之人，亦不能如志。要歸於有治人無治法之二言而已矣。

閔案：《通鑑輯覽》載安石聞蘇轍言，謂曰：君言誠有理，當徐思之。由是逾月不言青苗。會京東轉運使王廣淵字方叔，大名人。言春農事興而民苦乏，兼并之家得以乘急邀利，乞留本道錢帛五十萬貸之貧民，歲可獲息二十五萬。其事與青苗法合，安石始以爲可用，召廣淵至京師與之議，於是決意行焉。此條采之《名臣言行録》。由是觀之，荆公初意未始不可回。適有王廣淵之請，遂機會迫湊而成之。此殆有數存其間也。又載，山陰陸佃字農師。嘗受經於安石，至是應舉入京師，安石問以新政。佃曰：「法非不善，但推行不能如初意，還爲擾民。」安石曰：「何乃爾？吾與惠卿議之。」又訪外議，佃曰：「公樂聞善，古所未有。然外間頗以爲拒諫。」安石笑曰：「吾豈拒諫者？但邪説營營，顧無足聽。」佃曰：「是乃所以致人言也。」明日召佃謂之曰：「惠卿言私家取債，亦須一雞半豚。已遣李承之使淮南質究矣。」承之，字奉世，濮人。既而承之還，詭言民無不便，佃説遂不行。

---

❶「利」，思補樓本《清經世文編》卷一二〇作「厚」。

王文公年譜考略節要卷三

金谿蔡上翔元鳳原本
新城楊希閔息齋節録

熙寧四年辛亥，五十一歲

同中書門下平章事。

正月，王安石請鬻天下廣惠倉田，爲三路及京東常平倉本。

二月，罷詩賦及明經諸科，以經義論策試士。

六月，歐陽修以太子少師致仕。

《綱目》：修以風節自持，既連被污衊，年六十即乞謝事。及守青州，上疏請止散青苗錢。帝欲復召執政，王安石力詆之，乃徙蔡州。至是，求歸益切，馮京請留之。安石曰：「修附麗韓琦，以琦爲社稷臣。如此人在一郡則壞一郡，在朝廷則壞朝廷，留之安用？」乃以太子少師致仕。

《考略》曰：歐公自治平三年以來，因遭濮議蔣之奇飛語，力求去者數矣。至是以老疾致仕。《續綱目》乃以歸罪於荆公，此皆誣罔之尤，而於歐公履歷，其書具在，全未之考也。「在一郡則壞一郡」，楊中立《日録辨》有之，是《綱目》實本於《日録》矣。

八月，復《春秋》三傳明經取士。

公有《除弟安國館職謝表》。

八月，以王雱爲崇政殿説書。

公有《辭男雱説書劄子》。《除雱中允崇政殿説書謝表》。

史傳云：安石執政，所用多少年。雱亦欲與選，乃與父謀，執政子雖不可預事，而經筵可處。安石欲上知自用，以雱所作策及注《道德經》鏤板鬻於市，遂傳達於上。鄧綰、曾布又力薦之。召見，除太子中允、崇政殿説書，受詔撰經義，又擢天章閣待制。書成，遷龍圖閣直學士，以病辭不拜。

《考略》曰：此妄言也。以安石執政之久，得君如此之專，神宗尚不知其有子能賢哉？造謗者拙陋一至此，而正史采之。此予於除中允，授正言，擢龍圖，皆有辭劄謝表，而必備録之也。

置洮河安撫使司，命王韶主之。

十月，罷差役，使出錢募役。

熙寧五年壬子，五十二歲

三月，以内藏庫置錢市易務。

五月辛巳，詔以古渭砦爲安遠軍，命王韶兼知軍，行教閲法。庚寅，以青唐大首領俞龍珂爲西頭供奉官，賜名包順。

行保馬法。

八月，太子少師致仕歐陽脩薨。

公有《祭歐陽文忠公文》。

《考略》曰：荆公年二十四時言於曾子固，非歐公無足以知我。至和二年，歐公始見荆公，自是書牘往來與見之章奏者，愛歎稱譽無有倫比。歐公全書可考而知也。熙寧三年，歐公論青苗非便，而又擅止青苗錢不散，要亦祇論國家大事，期有益於公私而止，曷嘗斥爲奸邪，狠若仇讎，如吕誨諸人已甚之詞哉？而世乃傳安石既相，嘗詆歐公「在一郡則亂一郡」云云。考歐公論青苗在熙寧三年夏，至十二月，荆公同平章事。明年春，歐公有《賀王相公拜相啓》，其言曰：「高步儒林，著三朝甚重之望；晚登文陛，受萬乘非常之知。」又曰：「竊顧病衰，恪居官守。莫陪班謁，徒用馳誠。」夫以伉直如歐公，使果有大不悦於參政之時，而復獻諛於爲相之日，是豈歐公所爲哉？踰年，歐公薨，荆公爲文祭之。其人其文，其立朝大節，其坎坷困頓，與夫平生知己之感，死後臨風想望之情，無不具見，乃生則詆其人爲天下大惡，死則譽其人爲天下不可幾及之人，是又豈荆公之所爲哉？歐公自治平三年以濮議見攻於吕誨、彭思永，四年又以飛語見毁於彭思永、蔣之奇，自是而知亳州，知青州，知蔡州，以至於薨，則凡熙寧之立四年，歐公未嘗一日立於朝。而公之除外，皆出於自求，累年告病，則尤在前時，於荆公何與哉？「在一郡則亂一郡」諸語據楊中立《神宗日録辨》實出於此書。此皆范冲等造謗所爲，而後人多執以爲荆公罪。吾故詳論於荆公年譜，凡以爲荆公也。

八月甲申，秦鳳路沿邊安撫司王韶復武勝軍。壬辰，以武勝軍爲鎮洮軍。甲辰，王韶破木征於鞏令城。

公有《與王子醇書》一。

頒方田均税法。

十月，升鎮洮軍爲熙州，鎮洮軍節度，置熙河路。

十一月，河州首領瞎藥等來降，以爲内殿崇班，賜姓名包約。

十二月，築熙州南北關及諸堡砦。

公有《上五事劄子》。一曰和戎，二曰青苗，三曰免役，四曰保甲，五曰市易。其言曰：今青、唐、洮、河幅員三千餘里，舉戎羌之衆二十萬獻其地，因爲熟户，則和戎之策已效矣。昔之貧者舉息之於豪民，今之貧者舉息之於官。官薄其息，而民救其乏，則青苗之令已行矣。惟免役也，保甲也，市易也，此三者有大利害焉。得其人而行之則爲大利，非其人而行之則爲大害。緩而圖之則爲大利，急而成之則爲大害。蓋免役之法出於《周官》所謂府史胥徒，《王制》所謂庶人在官者也。然而九州之民貧富不均，風俗不齊，版藉之高下不足據。今一旦變之，則使之家至户到，均平如一，舉天下之役，人人用募，釋天下之農，歸於畎畝，苟不得其人而行，則五等必不平，而募役必不均矣。

保甲之法起於三代丘甲，管仲用之齊，子産用之鄭，商君用之秦，仲長統言之漢，而非今日之立異也。然而天下之人鳧居雁聚，散而之四方而無禁也者，數千百年矣。今一旦變之，使行什伍相維，鄰里相屬，察奸而顯諸仁，宿兵而藏諸用，苟不得其人而行之，則搔之以追呼，駭之以調發，而民心摇矣。市易之法起於周之司市，漢之平準。今以百萬緡之錢，權物價之輕重，以通商而貰之，令民以歲入數萬緡之息。然甚知天下之貨賄未甚行，竊恐希功幸賞之人速求成效於年歲之間，則吾法隳矣。臣故曰，三法者，得其人緩而謀之則大利，非其人急而成之則大害也。免役之法成，則農時不奪而民力均矣。保甲之法成，則寇亂息而威勢强矣。市易之法成，則貨賄通流而國用饒矣。

《考略》曰：熙河之不可棄，前人已論之詳。青苗嘗行之鄞縣而效，而不可行之天下，則韓、歐、劉、蘇之言至明也。保甲爲萬世良法，而役法至宋時大敝。數者得其人行之，則爲大利。非其人行之，則爲大害。公固自言之如此，曷嘗有意於任用小人？而議者動以挾管、商之術誚之，烏足以知經營天下大計哉？

熙寧六年癸丑，五十三歲

同中書門下平章事。

正月，復僖祖爲太廟始祖，以配感生帝，祧順祖於夾室。

《考略》曰：公《廟議劄子》已録於治平四年，以格於衆議。至是，公當國，乃始得行也。

公有二《與王子醇書》。

二月，王韶復河州，獲木征妻子。

公有三《與王子醇書》。

三月，置經局，命王安石提舉。王雱、呂惠卿同修撰。

九月，詔興水利。

岷州首領木令征以其城降，王韶入岷州。

十月，以復熙、河、洮、岷、疊、宕等州，御紫宸殿，受群臣賀，解服用玉帶賜安石。

公有《百僚賀復熙河路表》。《賜玉帶謝表》。

附六月，周敦頤卒。

臨川李氏紱穆堂《跋朱子太極通書後序》曰：❶朱子再序《太極通書》，稱其所爲濂溪事狀註云：「蒲左丞墓碣載先生稱頌新政，反覆數十言，恐非其實，類皆削去。」予讀之而不勝三嘆也。蓋好惡之偏，異同之見，天下之勢既定，雖賢者亦轉移其間而不自知也。荆公未當國前，天下共賢之。及新政與衆忤，至元祐盡反其政，盡逐其黨，始成水火。群小因緣復起，遂相報復，倡紹述之説，亦盡逐元祐諸公。蓋託名荆公，非荆公之意也。其實蔡京之用，由於温公；章惇之

---

❶ 「太」上，《考略》有「再定」二字。

師，實爲康節；伊川之謫，成於邢恕，於荆公何關耶？百年之中，議論失實。凡詆荆公語，文致惟恐不詳，如邵氏所記雱荷枷杻云云。生死輪回之説，至妄至陋，而《名臣言行録》必備載之。稱頌荆公之語，則删汰惟恐不盡。雖名德如濂溪，其稱頌新政之言見於墓碣者，亦不使復存。豈非好惡之偏，異同之見，天下之勢既成，雖朱子亦轉移於其間乎？若陳瑩中等争《熙寧日録》，删改誣罔，其實范冲《朱墨史》抑揚增損，又不知幾何？彼此皆任私臆以爲去取，欲以傳信千古，豈可得哉？

《考略》曰：元祐、紹聖間，黨禍蔓延，有甚於漢、唐。尤在於好惡之不公，而議論繁興也。蒲左丞親炙濂溪甚久，使果以不情之言妄附之，則亦誣濂溪甚矣。而謂左丞爲之乎？自前世稱道荆公之賢者未嘗無人，而爲後人所删汰。若此類何可勝數？穆堂斯跋，固不可不録之。

閔案：黄氏震《日鈔》云：「蒲碣載稱美熙寧新政，本之家書，當是先生望治之實意，蒲非敢誣也。前輩疑之，蓋見新法之壞，爲賢者諱耳云云。」是黄氏亦以蒲碣所載爲實也。前輩指朱子。朱子欲實王罪，因爲周諱，天下後世猶有信史乎？

熙寧七年甲寅，五十四歲

同中書門下平章事。

行方田法。❶

公有《乞解機務劄子》。凡六上。又《答手詔留居京師劄子》。

《考略》曰：公《乞解機務劄子》，凡六上而後允之。既允矣，猶命惠卿傳諭留京師備顧問，是何其君眷顧之厚！而安石固辭，亦非有所不悦於其君也。史載鄭俠《流民圖》專爲安石新法，以致太后流涕，即帝亦疑之，遂罷出知江寧府，則與諸劄全然不合。要之諸史采之雜記，遂至牽連安國、元澤，亦多失實。予别有所辨論云。

四月乙亥，王韶破西蕃於結河川。

乙酉，王韶進築珂諾城，與蕃兵連戰，破之，斬首七千餘級，焚三萬餘帳，木征率酋長八十餘人詣軍門降。

丁酉，王韶發木征及其家赴闕。

公有四《與王子醇書》。中云：「以公功信積著，❷虚懷委任。疆埸之事，非復異論所能摇沮，公當展意，思有以報上，餘無可疑者也。」

《考略》曰：王子醇，天下奇才也。然非荆公立朝，必不能使之得盡其才。至是而子醇之功成

❶ 「行」上，《考略》卷一八有「三月」二字。

❷ 「以」上，《考略》卷一八並《臨川文集》卷七三有「上」字。

矣，即四書而荆公之才之美亦見。玉帶之賜，豈漫然哉？而議者猶謂鑿空開邊爲子醇罪。夫宋以忠厚開國，而兵威曾不及漢唐遠甚，故宋北之竄，南之亡，無不失於弱。以契丹言之，太祖、太宗之世嘗苦於兵矣。及乎景德澶淵議和，雖曰兵革不用，民賴少息，自是而增歲幣，求割地，若小侯之事大國，無敢不從。非地不廣，兵不足，實謀臣猛將無其人，非德不忍，實其力不足以校之也。若夫西夏自繼遷、德明以來，叛服不常，延及寶元、慶曆，元昊寇邊益急，雖韓、范迭爲安撫經略，議戰議守，而環、慶、延、鄜諸州仍累年救死傷不暇，復何有人焉，能出一步，建一策，以窺蘭、會、河、湟之郊哉？慶曆初，荆公始仕，親見兵連禍結，民勞財匱，此正君臣旰食不遑，士具智謀材武者所宜效命之秋也。及王韶開熙河，議者以開邊釁罪之，而尤以主韶議大爲安石罪。夫開釁者，敵本無釁，而自我開之也，曷亦聞繼遷、德明、元昊六七十年間用兵不已，當時誰開釁乎？抑釁由敵開，我雖欲不應之，勢有必不能也。欲禦西夏，必開熙河。開熙河，必取唃厮囉諸羌，所以絶夏人南侵，莫切於此也。夫不計夏人南侵爲中國大患，而罪王韶開邊釁，又罪安石主韶策，不知二人皆有功而無罪也。觀公與子醇四書，皆仁義之言，王者之師，其安邊善後，雖趙充國議屯田事，宜無以過。而議者至今猶嘵嘵不已。元祐初，司馬温公更新法殆盡，遂欲並棄熙河路，邢恕謂温公曰：「此非細事，當訪之邊人。孫路在彼四年，其行止足信，可問也。」乃亟召問。路挾輿地圖相示曰：「自通遠至熙河才通一徑，熙之北已接夏境。今自北關闢土百八十里，瀕大河，城蘭州，然後可以捍蔽。若捐以予敵，一道危矣。」温公

皤然曰：「賴以訪君，不然幾誤國事。」議乃止。嗚呼！元祐事勢相激，亦可以睹其概矣。閔

案：此條參用蔡氏所作《熙河總論》。

公有《觀文殿學士知江寧府謝表》。中云：「惟睿廣之日躋，顧卑凡而坐困。秋水方至，因知海若之難窮；大明既升，豈宜爝火之弗熄。加以精力耗於事爲之衆，罪戾積於歲月之多。雖恃含垢之寬，終懷覆餗之懼。」

《遺書》唐棣《語録》。思叔告先生曰：前日見教授夏侯旄，甚嘆服。曰，前日來相見，問後極説與他。既問，卻不管他好惡，須與盡説與之。學之久，染習深，不是盡説力詆介甫，無緣得他覺悟。亦曾説以上六十七字《名臣録》削去。介甫不知事君道理。觀他意思，只是要「樂子之無知」。如上表言「秋水既至，因知海若之難窮；大明既升，豈宜爝火之不熄」，皆是此意思，常要己在人主上。自古主聖臣賢乃常理，何至如此？又觀其説魯用天子禮樂云：「周公有人臣所不能爲之功，故得用人臣所不得用之禮樂。」此乃大段不知事君。大凡人臣身上，豈有過分之事？凡有所爲，皆是臣職所當爲之事也。介甫平居事親最孝，觀其言如此，其事親之際，想亦洋洋自得，以爲孝有餘也。臣子身上皆無過分事，惟是孟子知之。如説曾子，只言「事親若曾子可矣」。不言有餘，只言可矣。唐子方作一事，後無聞焉，亦自以爲報君足矣。當時所爲，蓋不誠意。嘉仲曰，陳瓘亦可謂難得矣。先生曰，陳瓘卻未見其已。以上四十字《名臣録》削去。

《考略》曰：《遺書》謂介甫不知事君道理，在於謝上表文「秋水方至」四語。吾試有以詰之曰

「惟睿廣之日躋」，稱君也。「顧卑凡而坐困」，自謂也。「秋水方至，因知海若之難窮」，稱君也。承「睿廣」句。「大明既升，豈宜爝火之弗熄」，自謂也。承「顧卑凡」句。若謂意思，只要「樂子之無知」。又云「意思常要己在人主上」，再四索之，求仿佛毫釐之肖不能也，而又益之以經義。夫《禮記》成漢儒之手，紀載異同不一者多矣。若《明堂位》《禮運》《祭統》則皆並列爲經。《明堂位》《祭統》言賜周公以天子之禮樂甚詳，而《禮運》援孔子「周公甚衰」一語，❶以爲非禮之證。是亦禮經異同不一之一端也。使説者果有見於《禮運》之言是，《明堂位》《祭統》之言非，是亦以經攻經，雖謂能通經可也。如第以介甫之言爲非，則亦遵用《明堂位》《祭統》太磆，其過猶在尊經耳。乃因言事君不知道理，又忽及於事親，尤怪者。❷而揣摩料度，以爲平日事親亦非孝，❸是又將以實行之美者，必推而内之於惡。似此誅心之論，何在不可以加人？又豈忠厚之道哉？且其言曰，介甫事親之際，想亦洋洋自得，以爲孝有餘。此一人之私言，而非介甫之實事。而乃援曾子事親，曰「不言有餘，只言可矣」，是又以孝有餘一言，若親出於介甫之口，何

---

❶「甚」，《禮記·禮運》作「其」。
❷「者」，《考略》卷一八作「甚」，當是。
❸「孝」，《考略》作「真」。

也？閲前六十六字，不知何所從來，並不能得其句，❶而《名臣言行録》删之。末後四十七字，亦不知其所從往，《名臣録》又删之。既删之，曷爲猶盡録之？删之者不爲無意，而盡録者尤必欲使人人共見之也。

公有《中使傳宣撫問並賜湯藥》及《撫慰安國弟亡謝表》。

《考略》曰：安國卒於八月十七日，此亦一證也。諸家記載謬妄，已於《辨奸卷》内言之詳矣。

臨川李氏紱穆堂《書宋名臣言行録後》：節録。《名臣言行録》載平甫放鄭聲遠佞人之語，一篇三見，參差互異。或以爲指小詞，或以爲溺聲色，或以爲吹笛。《宋史》爲平甫傳，取《涑水記聞》聲色之説，而附以《邵氏聞見録》深銜之語，蓋亦撮取《名臣言行録》爲之，徒以朱子所録爲必可信，不知其雜然並陳，漫無别擇也。

閔案：《名臣言行録》，同時如吕東萊、張南軒即已貽書朱子，謂其非善。朱子亦答爲未定之書。蓋方裒輯各説，存其柢案，欲加去取論定而未及爲耳。後人以爲録出朱子，遵爲信典，載入史傳，不加審詳，乃是愚而陋爾。

又有《差張諤醫男雱謝表》。

《考略》曰：荆公歸金陵未久，而神宗撫問賜藥。既撫慰其弟之亡，又命醫其子之疾，眷顧稠

❶「句」下，《考略》有「讀」字。

疊，不啻家人父子矣。《東軒筆録》載：「王雱自崇政殿説書除待制，已在病中，不及告謝，而從其歸金陵。越明年，荆公再秉政，舟至鎮江，雱勉乘馬先入東府。翊日，疾再作，歲餘遂卒，竟不及告謝，而跨狨坐者止得一日。」據此，則元澤得病甚久，在京師又無幾時，益知發其私書皆雱所爲，因恚死疽，皆非其實也。閔案：或謂《東軒筆録》最誣妄，蔡氏屢加駁斥，此條不合援據，自亂其例。鄙謂此亦不害，是則是，非則非，據理斷事可也。且蔡氏亦並無駁斥之書不復援引之例。

熙寧八年辛卯，五十五歲

春正月，竄鄭俠於英州，罷參知政事馮京，放祕閣校理王安國於田里。

《考略》曰：此《綱目》大謬也，特録之。閔案：此《綱目》是明儒所修，不足責也。乃周煇《清波雜志》謂鄭俠上《流民圖》，疏不得即達，乃作邊檄，夜傳入禁。時永樂失律，上方西顧，不敢沮遏，因得入覽。此大誤也。永樂之陷在元豐五年九月，距此尚隔七年，而支離若此，可笑。又《宋史》本傳云，群奸切齒，遂以俠付御史臺，治其擅發馬遞罪。攷當時止下開封府取勘，未付御史臺，其誤又若此。《續通鑑長編》云，始俠上書獻《流民圖》，朝廷弟令開封劾其擅發馬遞入奏之罪。而俠又上書，言天旱由王安石所致，若罷安石，天必雨云云。此語本司馬公《涑水記聞》而不知又大誤。俠上疏圖時，即有「十日不雨，乞斬臣以正欺罔之罪」語，尋已大雨，不必復言罷安石天必雨矣。《記聞》及《長編》其混沌若此，俠之竄也，由吕惠卿、鄧綰二人所譖，荆公已先出知江寧府矣。

六月，頒王安石《詩》《書》《周禮》於學宫。❶

公有《周禮義序》。《詩義序》。《書義序》。

《簡明目録》曰：《周禮新義》十六卷，附《考工記解》二卷，宋王安石撰。原本久佚，今從《永樂大典》録出，惟闕地官、夏官。其《考工記解》則鄭宗顏輯安石《字説》所補也。其説惟訓詁字義，頗爲穿鑿。其發揮經義，則不失爲儒者之言。

《考略》曰：《三經義》，荆公實董《周官》，而《詩》《書》則子雱及門人爲之，見於三序甚明。朱氏《經義考》載楊時《三經辯》十卷，專辯王安石《三經義》之失，又《書義辨疑》一卷，其書專攻王雱之失。朱氏俱載未見。今考世所傳《龜山集》，亦無有。然龜山《書義辨疑》其自序有曰：書存者五十九篇，予竊以一言蔽之曰，中而已矣。中間援引汗漫，皆北宋前儒者所未道。後之君子試平心讀之，是豈足以攻安石之失者哉？

補全氏祖望謝山《荆公周禮新義題詞》曰：《三經新義》盡出於荆公子元澤所述，而荆公門人輩分纂之。獨《周禮》則親出於荆公之筆。蓋荆公生平用功此書最深，所自負以爲致君堯舜者，俱出於此，是固熙豐新法之淵源也，故鄭重而爲之。蔡絛以爲今祕閣所藏，其書法如斜風細雨，定爲荆公手迹，其後國學頒行之板，爲國子司業莆田黄隱所毁，世間流傳遂少，僅見王氏

❶「禮」下，《考略》卷一九有「義」字，當是。

《訂義》所引而已。荆公解經最有孔、鄭家法，言簡意該。惟其牽經於《字説》，不無穿鑿。是固荆公一生學術之蔽，而不知其爲累也。蓋嘗統荆公之經學而言之，《易傳》不在三經之内，説者謂荆公不慊而置之。然伊川獨令學者習其書。容齋謂《毛詩》「八月剥棗」，荆公一聞野老之言，輒改其説，則亦非任情難挽者。朱子於《尚書》推四家，荆公與焉，且謂其不强作解事。而《禮記》之方、馬數家，亦摹荆公之意而爲之，至今《禮記》注中不能廢。《爾雅》成於陸氏，而以其餘爲《埤雅》。既博且精，彼其門人所著，尚有不可掩者如此。至若《春秋》之不立學官，則公亦以其難解而置之，而並無「斷爛朝報」之説，見於《和靖語録》中所辨。予觀《宋志》，荆公作《左氏解》一卷，則非不欲立明矣。荆公又嘗與陳用之、許元成解《論》《孟》，然則去其《字説》之支離，而存其菁華，所謂六藝不朽之妙，良不可雷同而詆也，而况是書王荆公所最屬意者乎？　又《記荆公三經新義事》曰：荆公《三經新義》至南渡而廢棄。元祐時不過曰經義兼用註疏及諸家，不得專主王氏之解，所禁者《字説》耳。獨莆田黄隱作司業，竟焚其書，當時在廷諸公不以爲然，彈章屢上。案《山堂考索》所載元祐元年十月癸丑劉摯言：「國子司業黄隱，學不足以教人，行不足以服衆。故相王安石經訓，視諸儒義説，得聖賢之意爲多，故先帝立之於學，程式多士。而安石晚年《字説》溺於釋典，是以近制禁學者無習而已。至其經義，蓋與先儒之説並存，未嘗禁也。隱猥見安石政事多已更改，妄意迎合，欲廢其學。每見生員試卷引用，輒加排斥，何以勸率學校？」同時吕陶亦言：「經義之説蓋無古今新舊，惟貴其當。先儒之傳，未必盡是。王氏之解，未必盡非。隱之誦記王氏新義，推尊久矣，一旦聞朝廷議科舉，則語太學諸生不可復從王氏。或引用者，類多黜降。諸生有聞安石之死，而欲設齋致奠，以伸師資之報者，隱輒忿怒，欲繩以法，尤可鄙也。」於是上官均等亦皆乞罷隱慰公論。由此觀之，元祐諸賢平心亦至矣。嗟乎！蔡京之欲毁《通鑑》，蓋隱有以啓之，韓忠獻所謂鬼怪輩壞事也。

閔案：全氏此二條從《宋元學案·新學略》内録出，蔡氏爲《考略》時，此書尚未刊行也，故今補於此。

六月，以王安石爲尚書左僕射兼門下侍郎。

公有《辭僕射劄子》。凡三上。《除左僕射謝表》。《辭男雱授龍圖劄子》。凡三上。

《考略》曰：雱授龍圖，凡三具劄子，始獲辭免。雱久疾病，隨父出金陵，復反京師，此亦一證也。

六月戊午，太師、魏國公韓琦薨。

公有《韓忠獻挽詞》二首。其二曰：「兩朝身與國安危，典策哀榮此一時。禾稼曾聞達官怕，❶山頹果見哲人萎。英姿爽氣歸圖畫，茂德元勳在鼎彝。幕府少年今白髮，傷心無路送靈輀。」

❶「禾」，《考略》卷一九並《臨川文集》卷三五作「木」。按，詩用諺語「樹稼達官怕」，語見《舊唐書》卷五，安石避英宗諱，改「樹」爲「木」。本書誤改。

《考略》曰：《邵氏聞見録》以末二句爲荆公記憾魏公之語，徒欲實荆公平日詆毀魏公爲果有是事。造謗乖妄，何爲至此！

九月，王安石兼修國史。

十月，吕惠卿罷知陳州。

罷手實法。

十二月，天章閣待制趙卨爲安南道招討使，嘉州防禦使李憲副之，以討交趾。

公有《勑牓交趾》文。　勑，交趾州管内溪峒軍民官吏等，眷惟安南，世受王爵。撫納之厚，實用先朝。❶含容厥愆，以至今日。而乃攻犯城邑，殺傷吏民，干國之紀，刑兹無赦。致天之討，師則有名。已差吏部員外郎、充天章閣待制趙卨充安南道行營馬步軍都總管、經略安撫招討使兼廣南安撫使，昭宣使、嘉州防禦使、入内内侍省都押班李憲充副使，龍衛四廂都總管指揮使、忠州刺史燕達充副都總管，順時興師，水陸兼進。天示助順，已兆布新之祥；人知侮亡，咸懷敵愾之氣。然王師所至，弗迓克奔。咨爾士庶，久淪塗炭。如能諭王内附，率衆同歸，爵禄賞賜，當倍常科。舊惡宿負，一皆原滌。乾德幼稚，政非己出。造廷之日，待遇如初。朕言不渝，衆聽無惑。比聞編户極困誅求，已戒使人具宣恩旨，暴征横賦，到即蠲除。冀我一方，永爲樂土。

---

❶「用」，《考略》卷一九並《臨川文集》卷四七均作「自」，當是。

《考略》曰：宋自慶曆以來，儂智高寇邕州後，南方不靖，交趾亦數寇邊。至是陷欽、廉、邕三州，勢尤岌岌也。史書載，諜得交趾露布，言：「中國作青苗、助役法，窮困生民。我今出兵，欲相拯濟。」公大怒，自草敕榜詆之。夫中國行新法數年，只聞臣僚交攻於朝，而閭閻未有揭竿者。即外夷假異説爲兵端，亦斷斷不及此。牓文真王者之師，仁人之言，與所謂大怒以詆，何絶不相肖也？造謗者於荆公無之而不毁，而正史采之，抑何不近人情至此耶？

熙寧九年，丙辰五十六歲

七月，王雱卒。或曰九月。閔案：李仁父《長編紀事本末》作六月己酉。

《考略》曰：史載王元澤事，最醜惡者，多出《邵氏聞見録》。穆堂先生嘗考其歲月，毫無一實，已見前矣。元澤久在病中，一無干及新政。故終熙寧、元豐之世，凡元澤生前死後，無有一人議之者。自邵氏私書出，而「梟韓、富之首」一語，《名臣録》采之，讀二陳遺墨又和之，正史遂從而録之，而後世相傳，以爲信史矣。又曰：凡安石不近人情之事，皆其子雱道之。不知所謂凡事者，毫無一實事也。

公《題雱祠堂》。公自注在寶公塔院。斯文實有寄，天豈偶生才。一日鳳鳥去，千秋梁木摧。煙留衰草恨，風造暮林哀。豈惟登臨處，飄然獨往來。

《考略》曰：李注云，臨川李子經謂此詩屬王逢原，恐非云云。予謂雱固未必有祠，即題祠，又何必註之曰在寶公塔院，此則題之有可疑者也。「豈謂登臨處，飄然獨往來」，又不合父子悼亡語。則李子經謂屬王逢原，或亦有所據。此詩爲世口實久矣，故不得不並録之。

公有《與參政王禹玉書》。又第二書云：「顧自念行不足以悦衆，而怨怒實積於親貴之尤；智不足以知人，而險詖常出於交游之厚。且據勢重而任事久，有盈滿之憂；意氣衰而精力弊，有曠失之懼。歷觀前世大臣如此而不知自弛，乃能終不累國者，蓋未有也。此某所以不敢逃逋慢之誅，欲及罪戾未積，得優游里閭，爲聖世知止不殆之臣，庶幾天下後世，於上拔擢任使無所譏議。」又曰：「某既不獲通手表，❶所恃在明公一言而已。心之精微，書不能傳，惟加憫察幸甚。不宣。」《考略》曰：公於八年二月再相，九年春即辭，至四五不得請，復乞同僚以助之。是神宗與安石，可謂恩誼至渥矣。而史書乃曰，及子雱死，請解機務，上益厭之，罷知江寧府。何其妄耶？陳瑩中曰：「神宗再相安石，始終不過乎九年。安石屏迹金陵，棄置不召者十載。」是又以棄置誣神宗也。夫以安石決去至此，而尚可以復召哉？自是而公歸矣，既得長爲聖世知止不殆之臣，亦獲遂其平日富貴浮雲之思。每讀公此書，輒爲反復流連，想見其人。孟子曰：「讀其書，不知其人可乎？」後之好爲議論者，其於公書何如也？

十月，王安石罷判江寧府。

熙寧十年丁巳，五十七歲

❶「手」，《考略》卷一九並《臨川集》卷七三均作「章」，當是。

公有《辭免使相判江寧府表》。凡三上。中云：「恕以量己，❶雖知容膝之易安；營職趨時，更似絶筋而稱力。」又云：「若任州藩之寄，仍兼將相之崇。是爲擇地以自營，非復籲天之素志。」又有《朱炎傳聖旨令視府事謝表》。中云：「有能必獻，未嘗擇事而辭難；無力可陳，乃始籲天而求佚。」

六月，王安石以使相爲集禧觀使。

公有《除集禧觀使乞免使相表》。《李友詢傳宣撫問及賜湯藥謝表》。又有《寶文閣待制常公墓表》。

《考略》曰：予觀劉原父雜録，載常夷甫行誼甚詳，歐公集與夷甫詩及尺牘亦衆，夷甫之賢可知。神宗初立，詔常秩赴闕，此非安石所薦，而夷甫猶在潁數年，至熙寧四年，乃始入朝，而新法已偏行於天下。介甫固無藉夷甫爲助，而夷甫官諫職、學政，尤於新法無與也。史稱秩初隱居，既不肯仕，安石爲相，一召即起，全屬虛妄也。又稱秩長於《春秋》，著講解十餘篇，自謂聖人之道在是。乃安石廢《春秋》，❷盡諱其學，是又從彭氏《墨客揮犀》所采而入者也。於是又

---

❶「以」，《考略》卷一九並《臨川集》卷五七均作「心」。按審此駢文下句「營職趨時」之「職」乃實詞，此處作「心」爲是。

❷「乃」，《考略》卷一九作「及」，當是。

有爲之説者，曰案，此指王漁洋。「予謂秩與种放皆穿窬小人而無識者，猶載之隱逸傳，不大謬耶？」嗚呼！夷甫爲當世大賢，生前見推於原父、永叔，死後獲表於介甫，而王氏從六百餘年後，未嘗親見其人，徒信小説戲言，據斥之爲穿窬小人，則吾不知有識者又將置斯人於何等也？

又有《洪範傳》一卷。《書洪範傳後》。《進洪範傳表》。

《考略》曰：公著《洪範傳》廣大精微，志在垂世立教。至於諸經義，世皆無傳，惟此卷以入於《臨川集》百卷中幸存。其進御必在元豐之世，又無年月可考，故録於熙之末、豐之首。吾友余之梅卧夫讀至「庶徵」傳以天變爲己懼語，嘆曰：「以天變爲不足畏誣衊公者，真所謂狎大人、侮聖言之小人也。」

元豐元年戊午，五十八歲

公以集禧觀使居鍾山。

正月，以王安石爲尚書左僕射，封舒國公、集禧觀使。

公有《封舒國公謝表》。又有《封舒國公》作三首：「陳迹難尋天柱源，疏封投老誤明恩。國人欲識公歸處，楊柳蕭蕭白下門。」「桐鄉山遠漢川長，❶紫翠連城碧滿隍。今日桐鄉誰愛我，當時

---

❶「漢」，《臨川集》卷二八作「復」。

我自愛桐鄉。」「開國桐鄉已白頭，國人誰復記前游。故情但有吴塘水，轉入東江向我流。」
又有《除依前左僕射觀文殿大學士集禧觀使謝表》。《已除觀使乞免使相劄子》。《孫珪傳宣許罷節鉞謝表》。
又《添差男旁句當江寧府糧料院謝表》。《題旁詩》：仲子正字。「旁近有詩云：『杜家園上好花時，尚有梅花三兩枝。日暮欲歸巖下宿，爲貪香雪故來遲。』俞秀老一見，稱賞不已，云絶似唐人。旁喜作詩，如此詩甚可也。」❶
《考略》曰：此詩不知作於何年，然云俞秀老一見稱賞，則必在公歸鍾山後也。旁爲公次子，其他無所表見，故附録於此。
又有《廬山文殊像現瑞記》。
元豐二年己未，五十九歲
公居鍾山。
元豐三年庚申，六十歲
公居鍾山。
四月，觀文殿大學士吴充薨。

❶ 「可」，《考略》卷二一並《臨川集》卷七一均作「工」，當是。

公有《祭吴侍中冲鄉文》。　文云：「公命在酉，長我一時。」《考略》曰：「『公命在酉，長我一時』，知公生辛酉，故詩文引用白雞事甚多。史書誤載薨年六十八，後人不能攷正，卻移生於己未，以求合史書，何也？

又有《王平甫墓誌》。

《香祖筆記》曰：王介甫狠戾之性見於其詩文，❶可望而知。其作平甫墓誌，通首無兄弟字，亦無一天性語。敘述漏略，僅四百餘字。雖曰文體謹嚴，而人品心術可知。唐宋八家選取之，❷可笑。《考略》曰：是説也，始於茅順甫評公此文絶不露兄弟云云，蓋兩不相能而深忌之故耳。茅氏蓋惑於遠佞人、哭影堂諸説，而王氏又因而譏刺益甚也。夫稱人之美，曰年十二爲銘詩賦論，爲一時賢士大夫歎譽；曰於書無所不該，於詞無所不工；曰孝友養母盡力，喪三年，常在墓側；曰近臣薦材行卓越，宜特見招選，且稱其有子能賢；曰君祉所施，庶其在此。敘述詳密如此，安見有所謂深忌者？而王氏顧曰「通首無兄弟字，亦無一天性語」，不知王氏以何者爲天性語？所漏略又爲何事也？且誌自有兄弟字。茅氏、王氏祇見其所見，不能見其所不見也，何也？公凡爲人誌墓，有曰臨川王某爲之銘者，固知爲公文也。他文即無此，及其勒石書後，

---

❶「狠」，原作「狼」，今據《香祖筆記》卷一二改。

❷「家」下，《考略》卷二一有「文」字。

亦必曰王某爲之誌。以今法求之，無不然，豈其刻書以傳後世，亦必並此而録之乎？公爲《長安縣太君王氏墓銘》，王氏，公女弟也。通篇稱君，無一妹字，而其後書曰「兄安石爲誌如此，弟安上書丹」。則以是例之，平甫誌後，亦必書曰「兄某爲之誌」。特於正文有書有不書，此所謂茅氏、王氏不能見其所不見也。以文體言之，退之之於李元賓，介甫之於王逢原，平生交游深愛，所推爲絶倫者也，而誌文謹嚴，尤異於他。使公果爲兄弟不相能，則曷不必爲之誌？既誌其墓矣，又稱道其賢若此，惟於不露兄弟字以寓不相能之意，越後數百年，乃始有茅氏推見至隱，至王氏遂斥爲狠戾，爲人品心術可知，謂選取其文者爲可笑，噫！後人復笑後人，吾不能爲王氏解矣。王氏兄弟孝友，介甫集中與平甫倡和尤多。平甫没後，猶有《寄四姪旊》詩，其於家世可知也。自《涑水記聞》《邵氏聞見録》、魏氏《東軒筆録》多造誣語，無識又從而樂道之，而不知皆爲無稽之言而已矣。

九月，以王安石特進，改封荊國公。

公有《封荊國公謝表》。

《考略》曰：楊龜山説介甫先封舒後封荊，《詩》云「戎狄是膺，荊舒是懲」，識者謂宰相不學之過，而李注亦采之。予謂以本詩言之，蓋美周公用兵，而能懲彼不善者也。❶ 故介甫於《封舒

---

❶ 「善」，《考略》卷二一作「順」。

謝表》云："惟兹邦土之名，乃昔宦游之壤。久陶聖化，非復魯僖之所懲。"蓋介甫昔嘗判舒，而表詞亦應經義也。今龜山乃以荆舒爲懲介甫耶？如使宰相爲有意，則正不免學之過，務爲輕薄者耳。如爲無意，則第失於不學。而龜山乃以學得之。似此索垢求瑕，豈宜出於講道之人哉？

又有《祭北山元長老文》。　元豐三年九月四日，祭於北山長老覺海大師之靈。自我壯强，與公周旋。今皆老矣，公棄而先。逝孰云遠，大方現前。饌陳告違，世禮則然。尚饗！

附《白鶴吟示覺海元公》。　李注：予於臨川得公此詩刻本，有跋在後，今附於此。《白鶴吟》，留鍾山覺海之詩也。先是講僧行詳與公交舊。公延居山中，詳有經論，每以善辯爲名，毁訾禪宗。先師普覺奄化西庵，而覺海孤立，詳益驕傲。師弗之争，屢求退庵席。公固留不可，寤詳譎妄，遂逐詳而留師，乃作是詩焉。白鶴，譬覺海也。紅鶴，行詳也。長松，普覺也。覽是詩者，即知公與二師方外之契，不爲不厚矣。景齋久藏其本，今命工刻石，兼書其所以云："白鶴聲可憐，紅鶴聲可惡。白鶴静無匹，紅鶴喧無數。白鶴招不來，紅鶴揮不去。長松受穢死，乃以紅鶴故。北山道人曰，美者自美，吾何爲而喜？惡者自惡，吾何爲而怒？去自去耳，吾何闕而追？來自來耳，吾何妨而拒？吾豈厭喧而求静，吾豈好丹而非素？汝謂松死吾無依耶？吾方舍陰而坐露。"

《池北偶談》曰：王介甫《白鶴吟》云"白鶴聲可憐，紅鶴聲可惡。白鶴静無匹，紅鶴喧無數。白鶴招不來，紅鶴揮不去。長松受穢死，乃以紅鶴故」云云。當介甫得政，爭新法者，白鶴也，所謂招不來者是也。吕惠卿之流，乃紅鶴也，所謂揮不去者是也。介甫之受穢，豈不以惠卿輩耶？此老好惡顛倒至此，可憐哉！

《考略》曰：荆公《白鶴吟》李注得刻本跋，蓋爲示覺海作。王氏《池北偶談》未見雁湖注不爲病，奈何讀前人詩不能深明其義，又削其詩題「示覺海元公」五字，而别爲之解，等於鑿空造謗，可乎哉？

又有《乞改三經義誤字劄子》二道。本注：元豐二年八月二十八日，奉聖旨，宜令國子監依所奏照會改政。《論改詩義劄子》。《答手詔言改經義劄子》。《改撰詩義序劄子》。

晁説之以道曰：《三經義》行之數年，後王安石乃自列其説之非是者，奏請刊去。不知古人懸諸日月不刊之文者果如是乎？其如歲歲改易不已，則學者毋乃徒費日月乎？

《考略》曰：人著書自知其非而自改之，所謂懸諸日月不刊者不當如是耶？以道曉曉若此，不惟不識治體，亦鹵莽學術甚矣。

又有《進字説劄子》。《進字説表》。《熙寧字説序》。

補倪氏思《經鋤堂雜志》曰：荆公《字説》以轉注、假借皆爲象形、象意，此其所以爲徇也。若其間説象形、象意處，亦自有當理者。新法若雇役至今用之，東南爲便，不見其害。前十年，海外四州守臣奏民間願從中州雇役，朝廷從之。當時一切力排之，所以其心不服，故曰憎而知其善可也。

公《答吕吉甫書》。　某啓：與公同心，以至異意，皆緣國事，豈有他哉？同朝紛紛，公獨助我，則我何憾於公？人或言公，吾無與焉，則公何尤於我？趣時便事，吾不知其説焉。考實論情，公宜昭其如此。開喻重悉，覽之悵然。昔之在我者，誠無細故之可疑。則今之在公者，尚何舊惡之足念？然公以壯烈，方進爲於聖世。而某薾然衰疢，特待盡於山林。趣舍異路，則相呴以溼，不如相忘之愈也。想趣召在朝夕，惟良食爲時自愛。

《考略》曰：吉甫背公，在於發其私書，究未知所言何事。吉甫來書云：「内省涼薄，尚無細故之嫌；仰惟高明，夫何舊惡之念。」而公答之曰：「同朝紛紛，公獨助我，則我何憾於公。」是知新法之行，公固以身任之。而於吉甫，只云助我耳。去國十年，神宗猶行之如故，又安得謂惠卿誤我，而常有悔心？固知書「福建子」三字，亦邵氏造謗爲之耳。此書温厚和平，德量亦略可見。吉甫來書載於《東軒筆録》，兹不録。元豐三年正官名，改特進易左右僕射，以王安石爲特進，封荆國公。吉甫書稱特進相公，故録於是年。

元豐四年辛酉，六十一歲

公居鍾山。

公有《元豐行》。　《後元豐行》。

李雁湖注《後元豐行》曰：或謂公欲以徹神宗之聽，冀復相。此謬論也。

《考略》曰：此出於魏鶴山語録。南渡講學人於荆公無之而不毁，雁湖知其爲謬，而猶以或曰諱之。諱之而猶必録之，則予亦焉得而不録也。

元豐五年壬戌，六十二歲

公居鍾山。公庚申正月游齊安，至是再游，皆有詩。五月又與和叔時守江寧。同游，亦有詩。

四月，翰林學士王安禮爲尚書右丞。安禮，字和甫，公第六弟。

元豐六年癸亥，六十三歲

公居鍾山。

四月曾鞏卒於江寧府，年六十五。

公有《答曾子固書》。略云：「連得書，疑某所謂經者佛經也，而教之以佛經之亂俗。某但言讀經，則何以别於中國聖人之經？子固讀吾書每如此，亦某所以疑子固於讀經有所不暇也。然世之不見全經久矣。讀經而已，則不足以知經。故某自百家諸子之書，至於《素問》《難經》《本草》諸小説，無所不讀。農夫、女工，無所不問。然後於經爲能知其大體而無疑。」又曰：「方今亂俗不在於佛，乃在於學士大夫沈没利欲，以言相尚，不知自治而已。子固以爲何如？」

元豐七年甲子，六十四歲

公居鍾山。

七月，王安禮罷。是月，蘇子瞻授汝州團練副使，過金陵謁公於鍾山，留連累日，唱和甚多。詩見各家集，今不録。　子瞻與荆公書云：「某啓：某游門下久矣，然未嘗得如此行，朝夕聞所未聞，慰幸之極。已别經宿，悵仰不可言。伏惟台候康勝，不敢重上謁。伏冀順時爲國自重。不宣。」又一書云：「某近者經由，屢復請見，❶存撫教誨，恩意甚厚。别來切計台候萬福。始欲買田金陵，庶幾得陪杖屨，老於鍾山之下。既已不遂，今儀真一住，又已二十日。日以求田爲事，然成否未可知也。若幸而成，扁舟往來，見公不難矣。向屢言高郵進士秦觀太虚，公亦麤知其人。今得其詩文數十首拜呈，詞格高下，固無以逃於左右。獨其行義修飭，才敏過人，有志於忠義者，某請以身任之。此外博綜史傳，通曉佛書，講習醫藥，明練法律。若此類，未易以一二數也。才難之歎，古今共之。如觀等輩，實不易得。願公少借齒牙，使增重於世，其他無所望也。秋氣日佳，微恙頗已失去否？伏冀自重。不宣。」　又《與滕達道書》云：「某到此時見荆公甚喜，時誦詩説佛也。公莫略往一見和甫否？餘非面莫能盡。」

《考略》曰：前書作於金陵臨别時，後書則至儀真所致。並録《與滕達道書》，知子瞻惓惓於公至矣。

公有《回子瞻簡》。　某啓：承誨喻屢幅，❷知尚盤桓江北，俯仰踰月，豈勝感悵！得秦君詩，手

---

❶「復」，《考略》並《蘇文忠公集》均作「獲」，當是。

❷「屢」，《考略》卷二三並《臨川集》卷七三均作「累」。

不能捨。葉致遠適見，亦以爲清新嫵麗，與鮑、謝似，不知公意如何？餘卷正冒眩，尚妨細讀。嘗鼎一臠，旨可知也。公奇秦君，數口之不置。吾又獲詩，手之不捨。然聞秦君嘗學至言妙道，無乃笑我與公嗜好過乎？未相見，跋涉自愛。書不宣。

《邵氏聞見録》：介甫與子瞻初無隙，惠卿忌子瞻才高，輒間之。中丞李定亦介甫客也，不服母喪，子瞻以爲不孝，作詩詆之。定以爲恨，劾子瞻作詩謗訕，遂下御史獄，謫居黄州。後移汝州，過金陵，見介甫甚歘。子瞻曰：「軾欲有言於公。」介甫色動，意子瞻辨前日事也。公曰：「所言者，天下事也。」介甫色定，曰：「姑言之。」公曰：「大兵大獄，漢唐滅亡之兆。祖宗以仁孝治天下，正欲革此。今西方用兵，連年不解。東南數起大獄，公獨無一言以救之乎？」介甫舉手兩指示子瞻曰：「二事皆惠卿啓之，安石在外，安敢言？」子瞻曰：「固也。然在朝則言，在外則不言，事君之常禮耳。上所以待公者，非常禮。公所以事上者，豈可以常禮乎？」介甫厲聲曰：「安石須説。」又曰：「出在安石口，入在子瞻耳。」蓋介甫嘗爲惠卿發其「無使上知」私書，尚畏惠卿，恐子瞻泄其言也。介甫又語子瞻曰：「人須是知行一不義，殺一不辜，得天下弗爲乃可。」公戲曰：「今之君子，争減半年磨勘，雖殺人亦爲之。」介甫笑而不言。

《考略》曰：子瞻由黄州過金陵，因得謁荆公，留連累日，倡和甚多。若如葉夢得所説《辨奸》來由，則子瞻與荆公實有宿怨，至是又曷爲親往見之耶？夫以兩公名賢，相逢勝地，歌詠篇章，文采風流，照耀千古。而不料《邵氏聞見録》大兵大獄之説出，其語言狀貌，如介甫色動，介甫色定，介甫舉手兩指，介甫厲聲，殆如村傭演劇，浄丑登場，醜態畢出。嗚呼！鄙矣，悖矣。且以一時之人，兩公全書具在，而顧與雜説紀載天淵懸絶若此。則又有若此傳，❶若《名臣言行録》，若王宗稷《東坡年譜》皆去彼取此，其可解乎？

又有《乞以所居園屋爲僧寺並乞賜額劄子》。中云：「願以臣今所居江寧府上元園屋爲僧寺一所，永遠祝延聖壽。」又有《詔以所居園屋爲僧寺及賜寺額謝表》。賜額爲報寧禪寺。又有《乞將田割入蔣山常住劄子》。中云：「臣榮禄既不及於養親，雱又不幸，嗣息未立，奄先朝露。臣相次用所得禄賜及蒙恩賜雱銀，置到江寧府上元縣荒熟，❷元契見託蔣山太平興國寺收歲課，爲臣父母，爲雱營辦功德，❸欲望聖慈特許施充本寺常住，令永遠追薦。」

《考略》曰：公乞以所居園屋爲僧寺，又乞將田割入蔣山營辦功德，自兩事也。《邵氏聞見録》削去祝延聖壽不言，乃曰公坐鍾山，恍惚見子雱荷枷杻如重囚者，遂施所居半山園宅爲寺，以薦其福云云。其影響若此。

閔案：公《答曾子固書》云：「子固視吾所知爲，尚可以異學亂之乎？」今觀乞以所居園屋爲

❶「此」，《考略》卷二三作「史」。

❷「熟」下，《考略》卷二三並《臨川集》卷四三均有「田」字，當是。

❸「爲」，下文並《考略》卷二三及《臨川集》卷四三均作「及」，當是，則此句連上讀。

僧寺，祝延聖壽，又乞將田割入蔣山僧寺爲父母及雱營辦功德，斯可謂不爲異學所亂乎？惟公自納敗闕，故後來有恍惚見雱荷枷杻之説。昌黎闢佛至嚴，尚有大顛之僞作。矧公開門而揖盜乎？若范文正以所居爲學宫，又置義田以贍族，乃真不爲異學所亂耳。

元豐八年乙丑，六十五歲

公居鍾山。

三月，上崩於福寧殿，年三十有八。皇太子即皇帝位。

詔特進王安石爲司空。

公有《神宗皇帝挽詞》二首。中云：「一變前無古，三登歲有秋。」又云：「老臣他日淚，湖海想遺衣。」

元祐元年丙寅，六十六歲

四月，公薨。上再輟視朝，贈太傅，推遺表恩七人。詔所在給葬事。此條據《實録》補。《贈王安石太傅勑》：蘇軾行。勑：朕式觀古初，灼見天意。將以非常之大事，必生希世之異人。使其名高一時，學貫千載。智足以達其道，辯足以行其言。瑰瑋之文，足以藻飾萬物；卓絶之行，足以風動四方。用能於期歲之間，靡然變天下之俗。故觀文殿大學士、守司空、集禧觀使王安石，少學孔孟，晚師瞿聃。網羅六藝之遺文，斷以己意；糠粃百家之陳迹，作新斯人。屬熙寧之有爲，冠群賢而首用。信任之篤，古今所無。方需功業之成，遽起山林之興。浮雲何有，脱屣如遺。

屢争席於漁樵，不亂群於麋鹿。進退之際，雍容可觀。朕方臨御之初，哀疚罔極。乃眷三朝之老，邈在大江之南。究觀規模，想見風采。豈謂告終之問，在予諒闇之中。胡不百年，爲之一涕。於戲！死生用舍之際，孰能違天；贈賻哀榮之文，豈不在我？是用寵以師臣之位，蔚爲儒者之光。庶幾有知，服我休命。可特贈守太傅。

司馬光《與吕晦叔第二簡》云：介甫文章節義過人處甚多，但性不曉事，而喜遂非，致忠直疏遠，讒佞輻輳，敗壞百度，以至於此。今方矯其失，革其弊，不幸介甫謝世，反覆之徒必詆毁百端。光意以謂朝廷特宜優加厚禮，以振起浮薄之風。苟有所得，輒以上聞。不識晦叔以爲何如？更不煩答以筆札，扆前力言，則全仗晦叔也。

《考略》曰：君實、介甫雖嘗意見不合，然其人皆君子也。介甫謝世，君實謂反覆之徒必詆毁百端，是君實雖鋭於變法，而介甫之人品自在也。若如後來所傳之《温公日録》《涑水記聞》諸書，果出君實手，則已先自蹈於詆毁百端，又何以責反覆之徒哉？固知諸書皆僞造無疑也。

蘇軾與滕達道書云：「某欲面見一言者，蓋謂吾儕新法之初，輒守偏見，至有同異之論。雖此心耿耿，歸於憂國，而所言差謬，少有中理者。乃聖德日新，衆化大成，回視向之所執，益覺疏矣。若變志易守，以求進取，固所不敢。若嘵嘵不已，則憂患愈深。公此行，尚深示知非静退意，但以老病衰晚，舊臣之心，欲一望清光而已。如此，恐必獲一對。公之至意，無乃出於此乎？」

《考略》曰：元豐七年，子瞻過金陵，與介甫留連倡和，見於詩文者詳矣。再踰年，公薨，而子瞻

《與滕達道書》，且謂向時論新法多差，若曉曉不已，則憂患愈深，悉與温公、范忠宣意合。惜乎後來反覆之徒不能體諸賢之意也。

王明清《玉照新志》云：元祐黨禍，實基於元祐嫉惡大甚。吕汲公、梁況之、劉器之定王介甫親黨吕吉甫、章子厚而下三十人，蔡持正親黨安厚卿、曾子宣而下十人，榜之朝堂。范忠宣嘆息語同列曰：「吾輩將不免。」後來時事既變，果如忠宣之言。大抵出於士大夫報復，卒使國家受其咎。悲夫！　吕陶《請罷國子司業黄隱職任劄子》：節録。伏見國子司業黄隱，素寡學問，薄於操行。久任言責，殊無獻告。惟附會當時執政，苟安其位。及遷庠序，則又無以訓導諸生。注措語言，皆逐勢利。且經義之説，蓋無古今新舊，惟貴其當。先儒之傳註，既未全是。王氏之解，亦未必盡非。善學者審擇而已，何必是古非今，賤彼貴我，務求合於世哉？方安石之用事，其舊立於學官，布於天下，則膚淺之士，莫不推尊信嚮，以爲介於孟子。及其去位而死，則遂從而詆毁之，以爲無足可考。蓋未嘗聞道，而燭理不明故也。隱亦記誦安石新義，推尊而信嚮之久矣。一旦聞朝廷欲議科舉，以救學者浮薄不根之弊，則諭太學諸生，凡程式文字，不可復從王氏新説。或引用者，類多黜降。何取舍之不一哉？諸生有聞安石之死，而欲設齋致奠，以申師資之報者，隱輒形忿怒，將繩以率斂之法。此尤可鄙也。夫所謂師弟子者，於禮有心喪，古人或爲其師解官行服與負土成墳者，前史書以爲美，後世仰以爲高。此固不論其學之是非，而特貴其風誼爾。夫道德所出之地，長育多士，乃以斯人爲之貳，何以養廉恥，厚風俗，伏請早行罷黜，以示勸戒。

《考略》曰：公自熙寧九年謝政歸金陵，至元祐元年薨，則已十年矣。而京師太學諸生聞之，猶爲設齋致奠。及司業黄隱不悦，且欲毁安石新經，則有吕陶起而攻之。是年，楊中立亦甚攻王氏之學，見於《與吴國華書》。更閲四十年，至於靖康元年，上疏追奪王爵，罷配享孔子，且欲劈毁三經。士子不樂，遂相與聚問三經有何不可，輒欲毁之？當時中立亦謹避之。不於此見公學問入人之深，心悦誠服，雖没世猶不忘哉！《閩志》載：「黄隱莆田人，爲國子司業，力排王氏新經，取其板火之。」蓋悉與楊氏合矣。

閔案：劉莘老摯《忠肅集》卷七，亦有劾黄隱一奏。忠肅正人，好惡猶得是非之公，與吕淨德所劾若合符節。

王荆公年譜考略增

楊希閔輯

荆公身後，朝廷加贈加謚，賜其妻越國夫人吴氏第宅，賜其孫棣、曾孫璹、珏等官，又命官編其文集之類，皆未可略，所以終荆公之緒也。今據南宋丹稜李燾仁甫《通鑑長編紀事本末》第百三十卷補入。一切加禮，據事直書，不没其實，惟間次附論云。江右新城楊希閔鐵傭。

哲宗紹聖元年四月甲寅，詔故觀文殿大學士、集禧觀使、守司空、荆國公、贈太傅王安石配享神宗廟庭。又用子雱郊祀恩贈太師。

閔案：荆公配享神宗廟庭，揆之於義，非過禮也。

閏四月乙酉，殿中侍御史來之邵言：故相王安石既配享先帝廟庭，宜特加謚號，以慰公議。詔所屬詳定以聞。

閔案：後禮官議謚曰文公，見《實録》。詔從之。李氏《紀事本末》失載，或轉寫脱遺。

六月癸未，禮部言，太學博士詹文奏請除去王安石《字説》之禁。從之。十月丁亥，國子司業龔原奏請將王安石《字説》《洪範傳》《三經義》及其子雱《論語》《孟子義》案陸放翁《渭南集・跋王元澤論語孟子解》云：「元澤之歿，詔求遺書。荆公觀篋中，得《論語》《孟子解》，皆細字書於策之四旁，遂以上之，然非成書也。」降付國子監雕印，便學者傳習。詔可。此條參用《續通鑑》。

元符元年九月癸亥，詔故王安石就京師，賜第百間以上。

三年五月戊子，王安石妻吴氏乞回納所賜宅，詔依。

十一月庚午，詔賜故贈太傅王安石妻越國夫人吴氏江寧府官屋六十間，以吴氏託蔡卞爲家，舊有賜第京師，已納朝廷，而卞赴貶所，故有是賜。

徽宗崇寧元年閏六月戊寅，知江寧府鄧祐甫乞以府學所建王安石祠堂著祀典。從之。

三年六月戊申，詔荆國公王安石配享孔子廟庭。

四年五月癸亥，河東提舉學事言，絳州州學申荆國公王安石未有贊，國子監乞依鄒國公例，詔學士院撰贊頒降。

李仁甫曰：時學士張康國、鄧洵仁也，不知撰贊者誰。嘗考贊曰：「孔孟云遠，六經中散。斯文載興，自公發揮。推闡道真，啓迪群迷。優入聖域，百世之師。」陳瓘《尊堯集》可攷。

政和元年十一月丙子，臣僚言，邇英講經乞自今音釋意義並以王安石所進《三經義》爲準。從之。

三年正月庚午，詔昔趙普、潘美、王曾、韓琦、鄭康成、孔安國閔案：此處上下有脱文，文義不安。從祀孔廟，王安石被遇先帝，與其子雱修撰經義，功不在數子下。安石可封王爵，雱可配享孔廟。

閔案：兩次詔從祀孔廟，真爲越禮犯分，然責在當日議禮者，與荆公父子無與，不可遷怒也。趙普、潘美何亦從祀？疑上下有脱文，誤聯屬耳。玩「功不在數子下」語，是專指修撰經義與鄭、孔爲儷也。又案：實録據杜大圭《名臣碑傳琬目録》下卷十四。❶崇寧二年，詔配祀文宣王廟。《長編》作三年。政和三年，封舒王。靖康元年，從諫議大夫兼國子祭酒楊時言，停文宣王廟配享，列於從祀。閔案：所奏何常不是，但此時國勢岌岌，先務之急，不在此。正當彈去汪、黄，懇留李忠定，乃爲識時務之俊傑。徒與死者爲難修怨而已，國事無補也。建炎二年，員外郎趙鼎言，自紹聖以來，學術政事敗壞殘酷，禍貽社稷，其源實出於安石。今安石之患未除，不足以言政，於是罷安石配享神宗廟庭。閔案：平心而論，荆公自無配享孔廟之理。若配享神廟，則未爲過。斥安石禍貽社

❶「目」，疑當作「琰」。

稷，實是兼斥神廟也。況紹聖以來，荆公死已久，更何干涉？姦臣借其名以興黨獄，聽直者止當罪借名之人，豈當遷怒於爲所借者？且紹聖聖字是指神宗，罪及紹聖以來，則不特神宗非聖，即哲宗亦不當紹聖，皆爲有罪，姑示其罰於臣下耳。又云，今安石之患未除，豈罷其配享患即除耶？宗、李、韓、岳全不扶持，汪、黄、秦檜任其接踵。國事如此，竊爲諸公恥之。紹興四年八月，吏部員外郎吕聰問請奪安石謚，有詔追所贈王爵。又案：全謝山祖望曰：「靖康間，以龜山言不當配享，乃降安石於從祀。紹興六年，張魏公獨相，以陳公輔言禁臨川學。乾道五年，魏元履請去安石父子祀未果。淳熙四年，趙粹中言之，上以輔臣前後毁譽雖不同，其文章終不可掩，但去王雱，而議升范、歐陽、司馬、蘇。亦不果。」見《宋儒學案・新學略》。

六年正月乙未，手詔王安石熙寧中賜江寧府蔣山太平興國寺爲本家功德寺，訪聞近歲林木砍伐殆盡，寺宇荒廢，塋域無人洒掃，悉緣過房孫王棣自擅，致令無人管勾。限此指揮到日，仰王棣不得干與，一應田産米斛錢物等，並令依王安石及其妻吴氏在日事理施行。所有蔣山住持僧下兩街僧録選差前應，林木不得輒有砍伐。庶以上稱神考待遇安石之意。

閔案：據此，荆公二子雱、旁皆無子，故棣嗣雱爲過房孫也。棣不知爲親房誰孫，朝廷爲料理身後寺宇塋域，義所當然。詔末云「庶以上稱神考待遇安石之意」，可云仁至義盡。然則彼痛貶熙、豐、紹聖之政者，得非憝其君上耶？又案周益公《二老堂雜志記・金陵登覽》云：「出白門五里至報寧寺，本王介甫舊宅。元豐中奏舍爲寺，賜今額。兵火後，敗屋數間，土人但呼半山寺。言自城去蔣山十里，此適半途也。迥野之中，雞犬不聞，介甫居時已如此。介甫入，必以小舟循溝而西。若東過蔣山，則跨驢云。頃之至蔣山精舍，蓋王氏功德院。近年募緣重造，院宇華煥。」又云：「飯罷訪八功德池，水皆山行，中路有支徑過定林。回望方山，甚平闊，亦見大江。定林無足觀，至池上移時，乃下山。復馳馬穿松林約四五里，到介甫墳庵。一僧守之，平甫、和甫、元澤諸墳相望也。日斜，歸憩半山。主僧出介甫畫像。屋壁之後陷小碑，刻介甫《謝公墩》絶句及他詩數首。」又云：「漕司北廳乃王介甫宅。既舍半山寺，遂在城中作此游。」時紹興戊寅春也。又焦弱侯《續筆乘》卷八云：「王荆公墓在蔣山東三里，與其子雱分昭穆而葬。紹聖初，吕吉甫知金陵，時待制孫君孚責知歸州經此，吕燕待之禮甚厚。一日，因報謁於清涼寺，問孫曾上荆公墳否？蓋當時士大夫道金陵，未有不往者。五十年前，土人大節序亦往致奠。時之風俗如此。曾子開有《上荆公墓》詩，見《曲阜集》。」案，明象山應雲鸑序公集，有不知其墳之語。觀上二條，可以明白矣。

又案，吴文正《草廬集·臨川饒氏先祠記》云：「予昔在金陵同一達官游鍾山寺，見荆國王丞相父子三世畫像，香鐙之供甚侈。達官憮然興歎焉。蓋以二百餘年之久，荆國子孫衰微散處，而僧寺之祠獨不泯絶。此孝子慈孫愛親之意，所以不能不然者與？」此篇文字爲饒氏施田入寺以祠其先人作也。因引證及此，由是而悟荆公當日舍田入寺者，或亦逆慮及他日子孫衰微散處之故也。然鄙意總不若施爲學田義倉爲有益。

至和元年六月壬申，門下侍郎薛昂奏，承詔編集王安石遺文，乞更不置局，止就臣本府編集差，檢閱文字官三員。從之。

《四庫全書提要》曰：《臨川集》一百卷，宋王安石撰。案《宋史·藝文志》載，《王安石集》一百卷，陳振孫《書録解題》亦同，晁公武《讀書志》則作一百三十卷，焦竑《國史經籍志》亦作一百卷，而别出後集八十卷，並與史志差錯不合。❶今世所行本實止一百卷，乃紹興十年郡守桐廬詹大和校定重刊，而豫章黄次山爲之序。次山謂集原有浙、閩二本。殆刊板不一，著録者各據所見，故卷數互異歟？案，蔡絛《西清詩話》載：安石嘗云：「李漢豈知韓退之？緝其文不擇美惡，有不可以示子孫者，况垂世乎？」以此語門弟子，意有在焉。而其文訖無善本，如「春殘密葉花枝少」云云，皆王元之詩；《金陵獨酌寄劉原甫》，皆王君玉詩；「臨津豔豔花千樹」云云，皆王平甫詩。陳善《捫蝨新語》所載，❷亦大略相同。據二人所言，則安石詩文本出門弟子排比，非所自定，故當時已議其舛錯。而葉夢得《石林詩話》又稱，蔡天啓謂荆公嘗作詩，得「青山捫蝨坐，黄鳥挾書眠」，自謂不減杜詩，然不能舉全篇。薛肇明被旨編公集，徧求之，終莫之得。肇明是薛昂字。是昂亦曾奉詔編定其集，顧蔡絛與昂同時，而並未言及。次山序中亦衹舉

❶「差」，《四庫全書總目》卷一五三作「參」。

❷「語」，《四庫全書總目》並《宋史》卷二〇六《藝文志》均作「話」。

閩、浙本，而不稱別有勅定之書，其殆爲之而未成歟？又攷吴曾《能改齋漫録》，稱荆公嘗題一絶句於夏畋扇，本集不載，見《湟川集》。又稱荆公嘗任鄞縣令，昔見一士人收公親札詩文一卷，有兩篇今世所刊文集無之，其一書會別亭云云。是當時遺篇逸句未經搜輯者尚夥。其編訂之不審，有不僅如《西清詩話》所譏者。然此百卷之内，菁華具在。其波瀾法度，實足自傳不朽。

閔案：宋世官編書籍有付國子監刻印者，亦有發下某處刻印者。荆公集薛肇明奉詔編緝，斷無中止未成之事。疑所謂閩、浙二本者，即當日發下刻印本也。黄次山序中不言是何人編緝，以當日人人知之，不待言也。黄次山，字季岑，直龍圖閣，庭堅之族子。宣和元年試國學第一，以庭堅在黨籍，降第四。見金谿危素《太樸集》。又攷元吴澄草廬爲《荆公文集序》云：「宋政和間官局編書，諸臣之文，獨臨川得與其列。靖康之禍，官書散失，私集竟無完善之本。」閔案：玩此文，當日編緝有成書，遭靖康之禍，乃散失耳。又云：「金谿危素好古文，慨公集之流落，搜索諸本，增補校訂，總之凡若干卷，比臨川、金陵、麻沙、浙西數處，頗爲備悉。」據此則明初刻本乃危太樸所集，非宋之閩、浙本也。然未詳明卷數目次，不知同異如何。疑焦竑《國史經籍志》別出後集八十卷者，或即危氏所補緝本也。且當細考。迨嘉靖中，象山應雲鸑刻公集乃一百卷，與黄次山序刻本同。自云取家藏舊本翻刻，明是仍閩、浙本也。黄次山序刻者，乃是臨川本。應序止云閩、浙、蘇、吴俱有刻，似未見臨川本。今四庫著録，亦是此百卷本。古詩十三卷、律詩二十一卷、挽詞一卷、集句歌曲一卷、四言詩古賦樂章銘贊一卷、書疏一卷、奏狀一卷、劄子四卷、内制四卷、外制七卷、表六卷、論議九卷、雜著一卷、書七卷、啓三卷、記二卷、序一卷、祭文哀詞二卷、神道碑三卷、行狀墓表一卷、墓誌十卷。又案：荆公著書，文集百卷外，相傳又有後集八十卷、《易義》二十卷。陸放翁《渭南集》跋蒲郎中《易老解》有云，伊川每稱胡安定、王荆公《易》，❶以爲今學者所宜讀，惟此二家。王公乃自毁其説，以爲不足傳，著論悔之。《易》之難知如此。《洪範傳》一卷，此一卷收在文集内。《詩經新義》三十卷、《左傳解》一卷、《禮記要義》二卷、《孝經義》一卷、《論語解》十卷、《孟子解》十四卷、《孔子注》一卷、《字説》二十四卷，以上皆佚，惟《老子注》尚見采於焦弱侯《老子翼》内。《周禮新義》十六卷，附《考工記》二卷。此書原本久佚，四庫諸臣從《永樂大典》録出，惟闕《地官》《夏官》。其《考工記解》則鄭宗顔輯荆公《字説》補。

宣和四年八月庚子，賜新除太僕少卿王棣進士出身。以安石孫，故旌之。

九月戊午，詔熙、豐政事悉自安石建明，今其家淪替，理宜表卹。可賜第一區，孫棣除顯謨閣待制、提舉萬壽觀，曾孫璹、珏並轉宣義郎，孫女二人各進封號一等，曾孫女五人並封孺人。

閔案：以上據《長編紀事本末》補入。然荆公學問之緒，亦不可没。今又據《宋儒學案》第九十八卷《新學略》内節補如後。

荆公門人

---

❶ 「易」下，《渭南文集》卷二九有「傳」字，本書蓋脱。

龔原，字深甫，遂昌人。嘉祐八年進士，官至兵部侍郎。力學以經術，尊敬荆公始終不易。有《易傳》《春秋解》《論語孟子解》各十卷。閔案：《東都事略》列之《儒學傳》。

王无咎，字補之，南城人。第進士，官至天台令。從荆公學最久，荆公薦其文行該備，守道安貧，詔以爲國子直講。命未下而卒，年四十六。

晏防，字宗武，臨川人，丞相殊之姪。或云姪孫。官至萬載丞。幼學於荆公，寬厚好學，安於義命，不可榮辱。著《侯門集》十卷、《俱胝集》一卷。

陸佃，字農師，山陰人。擢甲科，放翁之祖。官至尚書右丞。追復資政殿學士。居貧苦學，映月讀書。不遠千里，受經於荆公。嘗同王子韶修定《説文》，又嘗爲詳定郊廟禮文官。神宗謂，王、鄭以來，言禮未有如佃者。哲宗初，方去荆公黨，荆公卒，先生率諸生哭而祭之，世嘉其無向背。著書二百四十二卷，禮家名數之説尤精。如《埤雅》《禮象》《春秋後傳》皆行於世。閔案：先生又有《爾雅新義》，近浙中亦有新刻本行世。

閔案：農師《陶山集》有《挽丞相荆公》詩云：「慣識無心有海鷗，行藏須向古人求。皋陶一死隨神禹，孟子生平學聖丘。雕篹想陪清廟食，玉杯應從裕陵遊。遥瞻舊館知難報，絳帳横經二十秋。」又《祭丞相王公文》云：維元祐元年歲次丙寅四月某朔某日某甲子，門生朝奉郎、試尚書吏部侍郎、充實録修撰陸某，謹以清酌庶羞致祭於故司空、觀文殿大學士、贈太傅、荆國王公先生之靈。維公之道，形在言行。言爲《詩》《書》，行則孔孟。孰挽而生，孰推以死，天乎人乎？抑莫之使。於皇神宗，更張治具。夔一而足，二則仲父。迨龍之升，奄忽換世。公則從邁，天不慭遺。嗚呼哀哉！德喪元老，道亡真儒。疇江漢以濯之，而泰山其頽乎！承學諸生，無問識否，齋戒是修。矧從公久，祝之使肖，成就長養。聞訃失聲，形留神往。回也昔何敢死，賜也今將安仰。慟貌象之誰如，怳音塵之可想。嗚呼已矣！病不請禱，葬不反築。寄哀一觴，百身何贖。尚饗！

又《知江寧府祭丞相荆公墓文》云：❶維元祐七年歲次壬申某月朔某日某甲子，門生朝奉大夫、充龍圖閣待制、知江寧軍府事、充江南東路兵馬鈐轄陸某，謹致祭於司空、觀文殿大學士、贈太傅、荆國王公先生之墓。嗚呼！法始乎羲，樸散而器。列靈嗣興，文始具備。祖述憲章，約成六藝。大明西没，群星争麗。派别支分，散作百氏。歷漢更唐，衆説蠭起。天錫我公，放黜淫詖。發揮微言，貽訓萬祀。卒相裕陵，真真僞僞。義兼師友，進退鮮儷。荆山鼎成，龍去不回。公從而上，梁壞山頽。某始以諸生，得依門牆。一見如素，許以升堂。春風濯我，暴之秋陽。今也受命，來守是邦。公之所憩，蔽芾甘棠。蕙帳一空，墓柏已行。俯仰陳迹，失涕沾裳。論德敘情，以侑一觴。尚饗！

又《祭王元澤待制墓文》云：維年月日，具位陸某，謹致祭於亡友天章閣待制、贈諫議大夫、臨

❶「知江寧府」，陸佃《陶公集》卷一三作「江寧府到任」。

川王公元澤之墓。惟公才豪氣傑，超群絶類。據依六經，馳騁百氏。金版六韜，堅白同異。老聃瞿曇，外域所記。並包渟蓄，迥無涯涘。形於談辯，雄健俊偉。每令衆人，伏首抑氣。譬彼滄溟，萬川俱至。驚瀾怒濤，駕天卷地。又如白日，雲霧斗起。風裂雨驟，雷震霆厲。倏忽斂氛，澄霽媚媚。異態殊狀，率有義味。自云功名，可以力致。何作弗成，何立弗遂。熙寧逢辰，既昌且熾。立談遇主，騰上甚鋭。公亦慨然，任天下事。命也奈何，半途而税。孰夭孰壽，孰興孰廢？自古皆然，竟亦何爲。念昔此邦，初與公值。曷敢定交，公我所畏。傾蓋相從，期以百歲。今我來思，如復更世。豈無友人，先我而逝。懷舊感今，擲筆掩袂。猶想當年，拍手論議。白下長干，倒屣曳履。遺舟夜壑，求馬唐肆。顧瞻空山，潸焉出涕。尚饗！

汪澥，字仲容，宣州人。第進士，官至顯謨閣待制。少從安定學，後學於荆公。爲司業祭酒，訖司成，以儒名者三十年。

鄭俠，字介夫，福清人。官至光州司法參軍、監安上門。荆公居憂金陵時，嘗從學。後上《流民圖》詆新法，竄英州。閔案：《東都事略》列之《卓行傳》。

吕希哲，字原明，河南人。正獻公長子，以蔭入官，官至光禄少卿。嘗從荆公學，荆公謂士未官而事科舉者爲貧也，有官矣而復事，此是僥倖富貴利達，學者不由也。先生聞之，遂去科舉。

蔡肇，字天啓，丹陽人。第進士，官至中書舍人。初事荆公，後從坡公游。閔案：《東都事略》列之《文藝傳》。

陳祥道，字用之，福州人。官至祕書省正字，著《禮書》一百五十卷，又有《論語解》。荆公六藝之學，陳氏兄弟深於禮樂。

許允成，荆公門人，❶著《孟子新義》十四卷。

閔案：《學案》尚附見蔡京、蔡卞等，雖戚屬，然無從學碻證，且略之。而文集及他書有一二碻係門人者，《學案》反見遺，今補於後。

張文剛，字常勝，湖州烏程人。舉進士不第。荆公誌其墓云「其妻予從父妹也，故君從予學」。

馬仲舒，字漢臣，合淝人。荆公誌其墓云：「君於衆中，尤慕近予，予亦識其可教，以禮法開之，遂自挫刻，務以入禮法。」

閔案：以上二人從文集補入，恐尚有遺漏，俟細檢。又案：以上諸門人，皆有學術，能自立，並無放佚失檢之士。僞作老泉《辨奸論》者比之王衍清談與豎貂、易牙、開方諸人，已絶不類。又謂其收召好名之士與不得志之人相與造作語言，又豈有豪髮當事實乎？

張僅，字幾道。登第，官至著作郎。

顧棠，字子思。

二人皆吴人，皆荆公門下士。荆公修《三經義》，二人與焉。見龔明之《中吴紀聞》卷第四。

---

❶「荆」上，原有三空格，今據《宋元學案》删。下「王昭禹」條同。

方惟深，字子通，本莆田人，寄籍長洲。以特奏名授興化軍助教。《中吴紀聞》云：「子通游王氏之門，極見愛重。」

孫沖，字子和，吴人。熙寧六年進士，少負才名，爲荆公之客。著《鄉黨》《傳説》二論，荆公甚奇之。後宰和之含山，稱循吏。秩滿，率家人解其歸裝，獲有一砧，子和視之曰，非吾來時物也，命還之。其他大率類此。見《中吴紀聞》。

郟亶，字正夫，崑山人。嘉祐二年進士第。初授睦州團練推官，知杭州，於潛縣，未赴。以水利、役、鹽、銅、銕五利獻諸朝，❶荆公奇之，除司農寺丞。旋出提舉兩浙水利。議者以其説非便罷免。後住金陵，又遣其子僑就學於荆公。同上。

爲新學者

馬晞孟，字彦醇，廬陵人。第進士，著《禮記解》七十卷。

方慤，字性夫，桐廬人。領鄉薦，有《禮記解》。

王昭禹，字光遠。著《周禮詳解》。

鄭宗顔，著《考工記注》二卷。❷

❶ 「役鹽銅銕」，龔明之《中吴紀聞》卷三（明正德刊本）作「役法鹽銅酒」。

❷ 「著」上，原有六空格，今據《宋元學案》删。

王文公年譜考略節要卷四

金谿蔡上翔元鳳原本
新城楊希閔鐵傭節録

宋史本傳

王安石，字介甫，撫州臨川人。父益，都官員外郎。安石少好讀書，一過目終身不忘。其屬文，動筆如飛，初若不經意，既成，見者皆服其精妙。友生曾鞏攜以示歐陽脩，脩爲之延譽。擢進士上第，簽書淮南判官。有辨，見慶曆二年。舊制，秩滿許獻文求試館職，安石獨否，再調知鄞縣。起堤堰，決陂塘，爲水陸之利。貸穀與民，立息以償，俾新陳相易，邑人便之。通判舒州，文彦博爲相，薦安石恬退，乞不次進用，以激奔競之風。尋召試館職，不就。脩薦爲諫官，以祖母年高辭。脩以其須禄養言於朝，用爲群牧判官。請知常州，移提點江東刑獄，入爲度支判官，時嘉祐三年也。安石議論高奇，能以辨博濟其説。果於自用，慨然有矯世變俗之志。於是上萬言書，以爲今天下之財日以困窮，風俗日以衰壞，患在不知法度，不法先王之政故也。法先王之政者，法其意而已。法其意，則吾所改易更革，不至乎傾駭天下之耳目，囂天下之口，而固已合先王之政矣。因天下之力，以生天下之財。取天下之財，以供天下之費。自古治世，未嘗以財不足爲公患也，患在治財無其道爾。在位之人才既不足，而閭巷草野之間亦少可用之才。社稷之託，封疆之守，陛下其能久以天幸爲常而無一旦之憂乎？願監苟且因循之弊，明詔大臣，爲之以漸，期合於當世之變。臣之所稱，流俗之所不講，而議者以爲迂闊而熟爛者也。後安石當國，其所注措，大抵皆祖此書。俄直集賢院。先是，館閣之命屢下，安石屢辭。士大夫謂其無意於世，恨不識其面。朝廷每欲畀以美官，惟患其不就也。明年，同修起居注，辭之屢日。❶閤門吏齎敕就付之，拒不受。吏隨而拜之，則避於廁。吏置敕於案而去，又追還之。上章至八九，乃受。遂加制誥、糾察在京刑獄。❷自是不復辭官矣。有少年得鬭鶉，其儕求之不與，恃與之昵，輒持去，少年追殺之。開封當此人死，安石駁曰：「按律，公取、竊取皆爲盜。此不與而彼攜以去，是盜也。追而殺之，是捕盜也。雖死，當勿論。」遂劾府司失入。官府不伏，事下審刑、大理，皆以府斷爲是。詔放安石罪，當詣閤門謝。安石言我無罪，不肯謝。御史舉奏之，置不問。時有詔舍人院無得申請除改文字，安石争之曰：「審如是，則舍人不得復行其職，而一聽大臣所爲。自非大臣欲傾側而爲私，則立法不當如此。今大臣之弱者不敢爲陛下守法，而强者則挾上旨以造令。諫官、御史無敢逆其意，臣實懼焉。」語皆侵執政，由是益與之忤。

❶「屢」，《宋史》卷三二七《王安石傳》作「累」。

❷「加」，據《宋史》本傳，當作「知」。

以母憂去，終英宗世召不起。安石本楚士，未知名於中朝。以韓、吕二族爲巨室，欲籍以取重，乃深與韓絳、絳弟維及吕公著交。三人更稱揚之，名始盛。有辨，見嘉祐元年。神宗在潁邸，維爲記室，每講説見稱，輒曰：「此非維之説，維之友王安石之説也。」及爲太子庶子，又薦自代。帝由是想見其人。甫即位，命知江寧府。數月，召爲翰林學士兼侍講。熙寧元年四月始造朝。入對，帝問爲治所先。對曰：「擇術爲先。」帝曰：「唐太宗何如？」曰：「陛下當法堯、舜，何以太宗爲哉？堯、舜之道至簡而不煩，至要而不迂，至易而不難，但末世學者不能通知，以爲高不可及爾。」帝曰：「卿可謂責難於君。朕自視眇躬，恐無以副卿此意。可悉意輔朕，庶同濟此道。」一日講席，群臣退，帝留安石坐曰：「有欲與卿從容論議者。」因言唐太宗必得魏徵，劉備必得諸葛亮，然後可以有爲。二子誠不世出之人也。安石曰：「陛下誠能爲堯、舜，則必有皋、夔、稷、契。誠能爲高宗，則必有傅説。彼二子，皆有道者所羞，何足道哉？以天下之大，人民之衆，百年承平，學者不爲不多，然嘗患無人可以助治者，以陛下擇術未明，推誠未至。雖有皋、夔、稷、契、傅説之賢，亦將爲小人所蔽，卷懷而去爾。」帝曰：「何世無小人？雖堯、舜之時，不能無四凶。」安石曰：「惟能辨四凶而誅之，此其所以爲堯、舜也。若使四凶得肆其讒慝，則皋、夔、稷、契亦安得苟食其禄，以終身乎？」登州婦人惡其夫寢陋，夜以刃斮之，傷而不死。獄上，朝議皆當之死。安石獨援律辨證之，爲合從謀殺傷，減二等論。帝從安石説，且著爲令。二年二月，拜參知政事。上曰：「人皆不能知卿，以爲卿但知經術，不曉世務。」安石對曰：「經術正所以經世務，但後世所謂儒者，大抵皆庸人，故世俗以爲經術不可施於世務爾。」上問：「然則卿所施設，以何爲先？」安石曰：「變風俗，立法度，最方今之所急也。」上以爲然。於是設制置三司條例司，命與知樞密院事陳升之同領之。安石令其黨吕惠卿任其事，而農田、水利、青苗、均輸、保甲、免役、市易、保馬、方田諸役，相繼並興，號爲新法。遣提舉官四十餘輩頒行天下。青苗法者，以常平糴本作青苗錢，散與人户，令出息二分，春散秋斂。均輸法者，以發運之職改爲均輸，假以錢貸。凡上供之物，皆得徙貴就賤，用近易遠。預知在京倉庫所當辦者，得以便宜蓄買。保甲之法，籍鄉村之民，二丁取一，十家爲保。保丁皆授以弓弩，教之戰陣。免役之法，據家貲高下，各令出錢雇人充役。下至單丁、女户，本來無役者，亦一概輸錢，謂之助役錢。市易之法，聽人賒貸縣官財貨，以田宅或金帛爲抵當。出息十分之二，過期不輸，息外每月更加罰錢百分之二。保馬之法，凡五路義保願養馬者，户一匹，以監收見馬給之。或官與其直使自市。歲一閲其肥瘠，死病者補償。方田之法，以東西南北各若干步，❶當四十一頃六十六畝，一百六十步爲一方。歲以九月令作分地計量，❷驗地土肥瘠，定其色號，分爲五等。以地之等，均定税數。又有免行錢者，約京師百物諸行利入厚薄，皆令納錢，與免行户祗應。自是，四方争言農田水利，古陂廢堰悉務興復。又令民封狀增價，以買坊場。又增茶鹽之額。又設措置河北糴便司，廣積糧穀於臨

❶ 「若干」，《宋史》本傳作「千」。
❷ 「作」，《宋史》本傳作「佐」。

流州縣，以備饋運。由是賦斂愈重，而天下騷然矣。御史中丞吕誨論安石過失十事，帝爲出誨，安石薦吕公著代之。有辨，見熙寧二年。韓琦諫疏至，帝感悟，欲從之。安石求去。司馬光答詔有「士夫沸騰，黎民騷動」之語，安石怒，抗章自辯。帝令巽詞謝，❶令吕惠卿諭旨，韓絳又勸帝留之。安石入謝，因爲上言中外大臣、從官、臺諫、朝士朋比之情，且曰：「陛下欲以先王之正道勝天下流俗，故與天下流俗相爲重輕。流俗權重，則天下之人歸流俗。陛下權重，則天下之人歸陛下。權者，與物相爲重輕。雖千鈞之物，所加損不過銖兩而移。今奸人欲敗先王之正道，以沮陛下之所爲。於是陛下與流俗之權，適争輕重之時。加銖兩之力，則用力至微，而天下之權已歸於流俗矣。此所以紛紛也。」上以爲然。安石乃視事，琦説不得行。安石與光素厚，光援朋友責善之義，三詒書反復勸之，安石不樂。帝用光副樞密，❷光辭未拜，而安石出，命遂寢。公著雖爲安石所引，❸亦以請罷新法出知潁州。❹御史劉述、劉琦、錢顗、孫昌齡、王子韶、程顥、張戩、陳襄、陳薦、謝景温、楊繪、劉摯，諫官范純仁、李常、孫覺、胡宗愈，皆不得其言，相繼去。驟用秀州推官李定爲御史，知制誥宋敏

---

❶「令」，《宋史》本傳作「爲」。

❷「帝」，原爲空格，今據《宋史》本傳補。

❸「安石」，《宋史》本傳無。

❹「知」，《宋史》本傳無。

求、李大臨、蘇頌封還詞頭，御史林旦、薛易朝、❶范育論定不孝，皆罷逐。翰林學士范鎮三疏言青苗，奪職致仕。惠卿遭喪去，安石未知所託，得曾布信任之，亞於惠卿。三年十二月，拜中書門下平章事。明年春，京東河北有烈風之異，民大恐。帝批付中書，令省事安静以應天變，放遣兩路募夫，責監司、郡守不以上聞者。安石執不下，開封民避保甲，有截指斷腕者，知府韓維言之。帝問安石，安石曰：「此固未可知。就令有之，亦不足怪。今士大夫睹新政，尚或紛然驚異，況於二十萬户百姓？固有蠢愚爲人所惑動者，豈應爲此遂不敢一有所爲耶？」帝曰：「民言合而聽之，亦不可不畏也。」東明或遮宰相馬訴助役錢，安石白帝曰：「知縣賈蕃乃范仲淹之婿，好附流俗，致民如是。」又曰：「治民當知其情僞利病，不可示姑息。若縱之，使妄經省臺，鳴鼓邀駕，恃衆僥倖，則非所以爲政。」其强辨背理類此。❷帝用韓維爲中丞，安石憾曩言，指爲善附流俗，以非上所建立，因維辭而止。歐陽脩乞致仕，馮京請留之，安石曰：「脩附麗韓琦，以琦爲社稷臣。如此人，在一郡則壞一郡，在朝廷則壞朝廷，留之安用？」乃聽之。有辨，見熙寧四年。富弼以格青苗解使相，安石謂罰輕不足以阻奸，至比之共、鯀。靈臺郎尤瑛言天久陰，星失度，宜退安石，即黥隸英州。唐坰本以安石引薦爲諫官，因請對，極論其事，謫死。文彦博言市易與下争利，致華嶽山崩。安石曰：「華山之變，

---

❶「易」，《宋史》本傳作「昌」。

❷「類」上，《宋史》本傳有「率」字。

殆天意爲小人發。市易之起，自爲細民久困，以抑兼併爾。於官何利焉？」閡其奏，出彦博守魏。於是吕公著、韓維，安石藉以立聲譽者也，此總前以韓、吕爲巨室語，已有辨。歐陽修、文彦博薦己者也，富弼、韓琦用爲侍從者也，司馬光、范鎮交友之善者也，悉排斥不遺餘力。❶禮官議正太廟太祖東嚮之位，安石獨議定還僖祖於祧廟，議者合争之弗得。此後來程伊川亦以介甫議爲是，韓維、司馬光議爲非。有辨，見治平四年。上元夕，從駕乘馬入宣德門，衛士訶止之，策其馬。安石怒，上章請逮治。御史蔡確言，宿衛之士拱扈至尊而已，宰相下馬非其處，所應訶止。帝卒爲杖衛士，斥内侍，安石猶不平。王韶開熙河奏功，帝以安石主議，解玉帶賜之。❷有辨，見熙寧七年。七年春，天下久旱，饑民流離，帝憂形於色，對朝嗟嘆，欲盡罷法度之不善者。安石曰：「水旱常數，堯、湯所不免，此不足招聖慮，但當修人事以應之。」帝曰：「此豈細事？朕所以恐懼者，正爲人事之未修爾。今取免行錢太重，人情咨怨，至出不遜語。自近臣以至后族，無不言其害。兩宫泣下，憂京師亂起，以爲天旱更失人心。」安石曰：「近臣不知爲誰？若兩宫有言，乃向經、曹佾所爲爾。」馮京曰：「臣亦聞之。」安石曰：「士大夫不逞者以京爲歸，故京獨聞此言，臣未之聞也。」監安上門鄭俠上疏，繪所見流民扶老攜幼困苦之狀爲圖以獻，曰：「旱由安石所致，去安石，天必雨。」俠又坐竄嶺南。慈聖、宣仁二太

❶「餘」，《宋史》本傳無。

❷「玉」上，《宋史》本傳有「所服」二字。

后流涕謂帝曰：「安石亂天下。」帝亦疑之，遂爲觀文殿大學士、知江寧府，自禮部侍郎超九轉爲吏部尚書。吕惠卿服闋，安石朝夕汲引之，至是白爲參知政事，又乞召韓絳代己。二人守其成模不少失。時號絳爲「傳法沙門」，惠卿爲「護法善神」。而惠卿實欲自得政，忌安石復來，因鄭俠獄陷其弟安國。又起李士寧獄，以傾安石。絳覺其意，密白帝請召之。八年二月，復拜相。安石承命，即倍道來。《三經義》成，加尚書左僕射兼門下侍郎，以子雱爲龍圖閣直學士。雱辭，惠卿勸帝允其請，由是嫌隙愈著。惠卿爲蔡承禧所擊，居家俟命。雱風御史中丞鄧綰復彈惠卿與知華亭縣張若濟爲奸利事，置獄鞠之。惠卿出守陳。十月，彗出東方，詔求直言及詢政事之未協於民者。安石率同列疏言：「晋武帝五年彗出軫，十年又有孛，而其在位二十八年，與《乙巳占》所期不合。蓋天道遠，先王雖有官占，而所信者人事而已。天文之變無窮，上下傅會，豈無偶合？周公、召公豈欺成王哉？其言中宗享國日久，則曰，嚴恭寅畏，天命自度，治民不聽荒寧。其言夏、商年所，❶亦曰德而已。閔案：觀所引嚴恭寅畏之言，則知天變不足畏之説出於仇黨影附之詞耳。蔡氏於《洪範傳》條亦辨及之。裨竈言火而驗，欲禳之，國僑不聽，則曰不用吾言，鄭又將火。僑終不聽，鄭亦不火。又如裨竈，❷未免妄

---

❶「年」上，《宋史》本傳有「多歷」二字，本書蓋脱。

❷「又」，《宋史》本傳作「有」，當是。

誕，况今星士哉！❶所傳占書，又世所禁，謄寫譌誤，尤不可知。陛下盛德至善，非特賢於中宗，周、召所言，則既閲而盡之矣，豈須愚瞽復有所陳？竊聞兩宫以此爲憂，望以臣等所言，力行開慰。」帝曰：「聞民間殊苦新法。」安石曰：「祁寒暑雨，民猶怨咨，此無庸卹。」帝曰：「豈若並祁寒暑雨之怨亦無耶？」安石不悦，退而屬疾卧。帝慰勉起之。其黨謀曰：「今不取上素不喜者暴進用之，則權輕，將有窺人間隙者。」安石是其策。帝喜其出，悉從之。閔案：當時爲上素不喜而暴進用者並無實據，皆影附之謗言。後來吴充爲相，乃上所特用。時出師安南，諜得其露布，言「中國作青苗、助役之法，窮困生民，我今出兵，欲相拯濟」。安石怒，自草勑牓詆之。有辨，見熙寧八年。閔案：勑牓具存，與所言毫不相應，直是僞造謡言，恫喝朝廷耳。華亭獄久不成，雱以屬門下客吕嘉問、練亨甫共議，取鄧綰所列惠卿事，雜他書下制獄，安石不知也。省吏告惠卿於陳，惠卿以狀聞，且訟安石曰：「安石盡棄所學，隆尚縱横之末數。方命矯令，罔上要君。此數惡力行於年歲之間，雖古之失志倒行而逆施者，殆不如此。」又發安石私書曰「無使上知」者。帝以示安石，安石謝無有。歸以問雱，雱言其情。安石咎之，雱憤恚，疽發背死。有辨，見熙寧九年。安石暴綰罪，云「爲臣子弟求官及薦臣婿蔡卞」，遂與亨甫皆得罪。綰始以附安石居言職，及安石與惠卿相傾，極力助攻惠卿。上頗厭安石所爲，綰懼失勢，屢留之於上，其言無所顧忌。亨甫險薄，諂事雱以進，至是皆斥。安石之再相也，屢

❶「士」，《宋史》本傳作「工」。

謝病求去。及子雱死，尤悲傷不堪，力請解機務。上益厭之，罷鎮南軍節度使、❶同平章事、判江寧府。明年，改集禧觀使，封舒國公。屢乞還將相印。元豐二年，復拜左僕射、觀文殿大學士。換特進，改封荆。哲宗立，加司空。元祐元年卒，年六十八。有辨，見卷一首。贈太傅。紹聖中，謚曰文，配享神宗廟庭。崇寧三年，又配食文宣王廟，列於顔、孟之次，追封舒王。欽宗時，楊時以爲言，詔停之。高宗用趙鼎、吕聰問言，停宗廟配享，削其王封。初安石訓釋《詩》《書》《周禮》，既成，頒之學官，天下號曰新義。晚居金陵，又作《字説》，穿鑿附會，其流入於佛老。一時學者無敢不傳習，主司既用以取士，❷士莫得自名一説，先儒傳註一切廢不用，黜《春秋》之書，使不列於學官，至戲目爲「斷爛朝報」。有辨，見熙寧八年。安石未貴時，名振京師。性不好華腴，自奉至儉。或衣垢不澣，面垢不洗，世多稱其賢，蜀人蘇洵獨曰：「是不近人情者，鮮不爲大奸慝。」作《辨奸論》以刺之，謂王衍、盧杞合爲一人。有辨，見嘉祐八年。安石性强忮，遇事無可否，自信所見，執意不回。至議變法，而在廷交執不可，安石傅經義，出己意，辨論輒數百言，衆不能屈。甚者謂「天變不足畏，祖宗不足法，人言不足恤」。罷黜中外老成人幾盡，多用門下儇慧少年。久之，以旱引去，洎復相，歲餘罷，終神宗世不復召，凡八年。子雱。

❶「罷」下，《考略》並《宋史》本傳皆有「爲」字，此處蓋脱。
❷「既」，《宋史》本傳作「純」。

雱，字元澤，爲人慓悍陰刻，無所顧忌。性敏甚，未冠已著書數萬言。年十三，得秦卒言洮、河事，嘆曰：「此可撫而有也。使西夏得之，則吾敵强而邊患博矣。」其後王韶開熙河，安石力主其議，蓋兆於此。舉進士，調旌德尉。雱氣豪，睥睨一世，不能作小官。作策三十餘篇，極論天下事。又作《老子訓傳》及《佛書議解》，❶亦數萬言。時安石執政，所用多少年。雱亦欲預選，乃與父謀曰：「執政子雖不可預事，而經筵可處。」安石欲上知而自用，乃以雱所作策及注《道德經》鏤板鬻於市，遂傳達於上。鄧綰、曾布又力薦之。召見除太子中允、崇政殿説書。神宗數留與語，受詔撰《詩》《書義》，擢天章閣待制兼侍講。書成，遷龍圖閣直學士，以病辭不拜。有辨，見熙寧四年。安石更張政事，雱實導之。常稱商鞅爲豪傑之士，言不誅異議者，法不行。有辨，見熙寧四年。安石與程顥語，雱囚首跣足，攜婦人冠以出，問父所言何事。曰：「以新法數爲人所沮，故與程君議。」雱大言曰：「梟韓琦、富弼之頭於市，則法行矣。」安石遽曰：「兒誤矣。」有辨，見熙寧三年。卒時才三十三，特贈左諫議大夫。

論曰：失熹嘗論安石以文章節行高一世，而尤以道德經濟爲己任。被遇神宗，致位宰相，世方仰其有爲，庶幾復見二帝三王之盛。而安石乃汲汲以財利兵革爲先務，引用凶邪，排擯忠直，躁迫强戾，使天下之人囂然喪其樂生之心。卒之群奸嗣虐，流毒四海，至於崇寧、宣和之際，而禍亂極

---

❶「議」，《宋史》本傳作「義」，當是。

矣。此天下之公言也。昔神宗欲命相，問韓琦曰：「安石何如？」對曰：「安石爲翰林學士則有餘，處輔弼之地則不可。」神宗不聽，遂相安石。此雖宋室之不幸，亦安石之不幸也。

《考略》曰：《四庫全書目録》曰：「《宋史》元託克託等撰，大旨在於表章道學，其餘皆姑以備數，故疏舛蕪蔓，僕數難窮。」又宋趙彦衛《雲麓漫鈔》曰：「近日行狀、墓志、家傳多出於門生故吏之手，往往失實。人多喜之，本與正史不合。」今案，安石史傳，采之私書甚多，而未有一字出於門生故吏之手。即其所見稱於當世大賢者，本傳亦不存一字。今即《名臣言行録》所載，出於《邵氏聞見録》、司馬《涑水記聞》諸書，可考而知者，略著於篇中，使後之覽者知有所自來云。

宋黄山谷書王荆公騎驢圖

荆公晚年删定《字説》，出入百家，語簡而意深，常自以爲平生精力盡於此書。好學者從之請問，口講手畫，終席或至千餘言。金華俞紫琳清老嘗冠秃巾，衣埽塔服，抱《字説》追逐荆公之驢，往來法雲、定林，過八功德水，逍遥湖亭之上。❶龍眠李伯時曰：「此勝事不可以無傳也。」

《考略》曰：公歸鍾山後，優游山水間，往來昭慶、定林、八功德水。所與游皆清尚之士，若李伯時、米元章、蔡天啓、葉致遠、詩人俞秀老清老是也。所騎者，驢也。所發揮於古學者，《字説》也。

---

❶「湖」，《考略》作「游」。

抱《字説》而追逐於公驢後者，清老也。曰「是勝事，不可而無傳」而因爲《騎驢圖》者，李伯時也。時有見其圖而曰「騎驢渺渺入荒陂，想見先生未病時」，蘇子瞻也。越二百餘年，曠世相感者，元人張伯雨也。其詩曰：「班馬文章老琢磨，咎夔心迹半彤訛。執鞭願作鍾山吏，一袱字書隨白騾。」古無不朽之畫，而是圖得長存，則以書其上者，山谷道人黄魯直也。山谷云，荆公之門，晚多佳士，以此。

閔案：公門人陸農師佃《陶山集》尚有《書王荆公游鍾山圖後》一篇，今補録於此。荆公退居金陵，多騎驢游鍾山。每令一人提經，一僕抱《字説》前導，一人負木虎子隨之。元祐四年六月六日，伯時見訪，坐小室，乘興爲予圖之。其立松下者，進士楊驥、僧法秀也。後此一夕，夢侍荆公如平生。予書「法雲在天，寶月便水」二句。「便」初作「流」字，荆公笑曰：「不若便字之爲愈也。」既覺，悵然自失。念昔横經座隅，語至言極，迨今閲二紀，無以異於昨夕之夢。人之生世何如也？伯時能爲我圖之乎？吴郡陸佃農師題。

宋陸放翁入蜀記

乾道六年七月八日，晨至鍾山道林真覺大師塔焚香。塔在太平興國寺上，寶公所葬也。塔中金銅寶公像，有銘在其膺，蓋王文公守金陵時所作。僧言古像取入東都啓聖院，祖宗時每有祈禱，啓聖及此塔皆設道場。考之信然。塔西南有小軒曰木末，其下皆大松，髯甲夭嬌如蛟龍，往往數百年物。木末蓋後人取文公詩「木末北山雲冉冉」之句名之。《建康志》謂公自命此名，非也。塔後又有定林菴，舊聞先君言，李伯時畫文公像於菴之昭文齋壁，著帽束帶，神采如生。文公没，齋常扃閉。遇重客至，寺僧開户，客忽見像，皆驚聳，覺生氣逼人，寫照之妙如此。今菴經火，尺椽無復存者。予乙酉秋嘗雨中獨來游，留字壁間。後人移刻巖石，讀之感歎，蓋已五六年矣。歸途過半山少留。半山者，文公舊宅，所謂報寧禪院也。自城中上鍾山，此爲中途，故曰半山。殘毁尤甚，寺西有土山，今謂之培塿，亦後人取文公詩所謂「溝西雇丁壯，擔土爲培塿」名之也。寺後又有謝安墩，文公詩云在冶城西北，即此是也。

《考略》曰：務觀爲陸佃農師之孫。農師事荆公甚久，故務觀每言荆公事甚詳，思慕亦甚切。即此一記，亦可作荆公仕宦歸來山居一小傳也。公有《昭文齋》詩，自註云：「米黻題予定林所居，因作。」詩曰：「我自中山客，何緣有此名。當緣琴不鼓，人不見虧成。」今李本云「人見有虧成」，似與第三句不合。

宋陸象山荆國王文公祠堂記

唐虞三代之時，道行乎天下。夏商叔葉，去治未遠，公卿之間猶有典刑。伊尹適夏，三仁在商，此道之所存也。周歷之季，迹熄澤竭，人私其身，士私其學，横議蠭起。老氏以善成其私，長雄於百家。竊其遺意者，猶皆逞於天下，至漢而其術益行。子房之師，實維黄石。曹參避堂，以舍蓋公。高、惠收其成績，波及文、景者，二公之餘也。自夫子之皇皇，沮、溺、接輿之徒固已竊議。其後孟子言必稱堯舜，聽者爲之藐然。不絶如綫，未足以喻斯道之微也。陵夷數千百載，而卓然復見斯義，豈不偉哉！裕陵之得公，問唐太宗何如主，公對曰：「陛下每事當以堯舜爲法，太宗所知不遠，所爲未盡合法度。」裕陵曰：「卿可謂責難於君。然朕自視眇然，恐無以副此意，卿宜悉意輔朕，庶同濟此道。」自是君臣議論，未嘗不以堯舜相期。及委之以政，則曰有以助朕，勿惜盡言。又曰須督責朕，使大有爲。又曰天生俊明之才，可以覆庇生民，當與之戮力。若虚捐歲月，是自棄也。秦漢而下南面之君，亦嘗有知斯義者乎？後之好議論者之聞斯言也，亦嘗隱之於心，以揆斯志乎？曾魯公曰：「聖知如此，安石殺身以報，亦其宜也。」公曰：「君臣相與，各欲致其義耳。爲君則欲自盡君道，爲臣則欲自盡臣道，非相爲賜也。」秦漢而下當塗之士，亦嘗有知斯義者乎？後之好議論者之聞斯言也，亦嘗隱之於心，以揆斯志乎？惜哉！公之學不足以遂斯志，而卒以負斯志，不足以究斯義，而卒以蔽斯義也。昭陵之日，使還獻書，指陳時事，剖析弊端，枝葉扶疏，往往切當。然覈其綱領，則曰「當今之法度，不合乎先王之法度」，公之不能究斯義而卒以自蔽者，固見於此矣。其告裕陵，蓋無異指。勉其君以法堯舜，是也，而謂每事當以爲法，此豈足以法堯舜者乎？謂太宗不足法，可也，而謂其所爲未盡合法度，此豈足以度越太宗者乎？不知言，無以知人也。公疇昔之學問，熙寧之事業，舉不遁乎使還之書。而排公者或謂容悦，或謂迎合，或謂變其所守，或謂乖其所學，是尚得爲知公者乎？氣之相迕而不相悦，則必有相訾之言，此人之私也。公之未用，固有素訾公如張公安道、吕公獻可、蘇公明允者。夫三公者之不悦於公，蓋生於氣之所迮。公之所蔽，則有之矣，何至如三公之言哉？英特邁往，不屑於流俗聲色利達之習，介然無毫毛得以入於其心，潔白之操，寒於冰霜，公之質也。埽俗學之凡陋，振弊法之因循，道術必爲孔孟，勳績必爲伊周，公之志也。不蘄人之知，而聲光赫奕。一時鉅公名賢，爲之左次。公之得此，豈偶然哉？用逢其時，君不世出，學焉而後臣之，無愧成湯、高宗。君或致疑，謝病求去，君爲責躬，始復視事。公之得君可謂專矣。新法之議，舉朝讙譁。行之未幾，天下洶洶。公方秉執《周禮》，精白言之，自信所學，確乎不疑。君子力争，繼之以去。小人投機，密贊其決。忠樸屏伏，憸狡得志，曾不爲悟，公之蔽也。典禮爵刑，莫非天理。《洪範》九疇，帝實錫之。古所謂憲章、法度、典則者，皆此理也。公之所謂法度者，豈其然乎？獻納未幾，裕陵出諫院疏，與公評之，至簡易之説，曰，今未可爲簡易。修立法度，乃所以簡易也。❶熙寧之政，萃於是矣。釋此弗論，尚何以費詞於建置之末哉？爲政在人，取人以身，修身以道，修道以仁。仁，人心也。人者，政之本也。身者，人之本也。不造其本，而從事其末，末不可得而治矣。《大學》不傳，古道榛塞，其來久矣。隨世而就功名者，淵源又出於老氏。世之君子，天常之厚，師尊載籍，以輔其質者行於天下，隨其分量，有所補益，然而不究其義，不能大有所爲。其於當時之弊，有不能正，則依違其間，稍加潤飾，以幸無禍。公方恥斯世不爲唐虞，其肯安

---

❶「簡易」上，《象山集》卷一九並《賓退録》卷七所引均有「爲」字。

於是乎？蔽於其末而不究其義，世之君子未始不與公同，而犯害則異者，彼依違其間，而公取必焉故也。熙寧排公，大抵極詆訾之言，而不折之以至理。平者未一二，而激者居八九。上不足以取信於裕陵，下不足以解公之蔽，反以固其意，成其事。新法之罪，諸君子固分之矣。元祐大臣一切更張，豈所謂無偏無黨者哉？所貴乎玉者，瑕瑜不相掩也。古之信史，直書其事。是非善惡，靡不畢見。勸懲鑑戒，後世所賴。抑揚損益，以附己好惡，用失情實，小人得以藉口而激怒，豈所望於君子哉？紹聖之變，寧得而獨委罪於公乎？熙寧之初，公固逆知己説之行，人所不樂。既指爲流俗，又斥以小人。及諸賢排公，已甚之辭，亦復稱是。兩下相激，事愈戾而理益不明。元祐諸公可易轍矣，又益甚之。六藝之正，可文奸言，小人附託，何所不至！紹聖用事之人，如彼其傑，新法不作，豈將遂無所竄其巧以逞其志乎？反復其手，以導崇寧之奸者，實元祐三館之儲。元豐之末，附麗匪人，自爲定策，至造作以誣首相，則疇昔從容問學，慷慨陳義，而諸君子之所深與者也。格君之學，克知灼見之道，不知自勉，而戛戛於事爲之末，以分異人爲快，使小人得間，順投逆逞，其致一也。近世學者，雷同一律，發言盈庭，豈善學前輩者哉？公世居臨川，罷政徙於金陵。宣和間，故廬丘墟，鄉貴人屬縣立祠其上。紹興初，嘗加葺焉。逮今餘四十年，隳圮已甚，過者咨嘆。今怪力之祠緜緜不絶，而公以蓋世之英，絶俗之操，山川炳靈，殆不世有，廟貌弗嚴，邦人無所致敬，無乃議論之不公，人心之畏疑，使至是耶？郡侯錢公朞月政成，人用輯和。繕學之既，慨然徹而新之，視舊加壯。爲之管鑰，掌於學官，以時祠焉。予初聞之，竊所致嘆。❶既又屬記於余，余固悼世學之不講，❷士心不明，隨聲是非，無所折衷。公爲使時，舍人曾公復書切磋，有曰足下於今最能取於人以爲善，而比聞有相曉者，❸足下皆不足之，❹必其理未有以奪足下之見也。竊不自揆，得從郡侯，敬以所聞，薦於祠下，必公之所樂聞也。淳熙十有五年戊申正月初吉，邦人陸九淵記。

《考略》曰：象山作此記，自謂乃是斷百餘年未了大公案。予於諸儒講學之書無能爲役，獨於先生此記，所謂公之質、公之志、公之蔽，與夫元祐大臣之更張，紹聖小人之報復，兩下相激，禍變有由，先生自謂「聖人復起，不易吾言」，洵不誣矣。故予於從來是非荆公者，亦惟於此記尤樂觀也。先生作此記時，去荆公没一百有三年。中間洛蜀黨交相排擊，其言盈天下。若蘇氏之《辨奸》録於《宋文鑑》，又《宋名臣言行録》盡采之《邵氏聞見録》《涑水記聞》《温公瑣語》、魏氏《東軒筆録》諸書，所謂同志之士，猶不能盡察，若此類非耶？先生没而後世詆訶此記者，又成一大公案。然則荆國公案又將何時而了耶？顧予於此亦有不能釋然於斯文者。其於援引老氏抹殺漢唐，謂

---

❶「致」，《象山集》並《賓退録》均作「敬」。

❷「世」，《象山集》並《賓退録》均作「此」。

❸「相」上，《象山集》有「不」字。

❹「不足之」，《象山集》並《賓退録》均作「不受之」。

公之學不造本源，而悉精畢力於其末，則猶是講學論治，漸漬於南渡習氣。夫道有本有末，天下事亦有本有末。末不見則本何由而明？事不成則道何由而著？故善言道術者，惟考其行事善惡，而本末具在，功過自明。則論荆公，亦第如先生言公之質、公之志、公之蔽足矣，又何必區心與事於本末之間，而使人汗漫莫測其所由來哉？故予於斯記別爲裁截而録之。閔案：蔡氏將原文裁截去數百字，今卻仍録全文於此。郡侯錢公者，錢象祖，字伯同，錢塘人。五世祖暄以嘉祐八年知撫州，淳熙十三年象祖繼知撫州。

元吴草廬臨川王文公集序

唐之文能變八代之敝，追先漢之蹤者，昌黎韓氏而已，河東柳氏亞之。宋文人視唐爲盛，惟廬陵歐陽氏、眉山二蘇氏、南豐曾氏、臨川王氏五家與唐二子相伯仲。自漢東都以逮於今，駸駸八百餘年，而合唐宋之文可稱者，僅七人焉。則文之一事，誠難矣哉！荆國文公，才優學博而識高。其爲文也，度越輩流。其行卓，其志堅，超超富貴之外，無一毫利欲之汩，少壯至老死如一。其爲人如此，其文之不易及也固宜。宋政和間，官局編書諸臣之文，獨《臨川集》得預其列。靖康之禍，官書散失，私集竟無完善之本，弗如歐集、❶老蘇、大蘇之集盛行於時也。公絶類之英，間氣所生，同時文

❶ 「弗如」，原爲小字注文，今據《考略》並《吴文正集》改。

人雖或意見素異，尚且推尊公文，口許心服，每極其至。而後來卑陋之士，不滿其相業，因並廢其文。此公生平所謂流俗，胡於公之死後而猶然也？金谿危素好古文，慨公集之零落，搜索諸本，增補校訂，總之凡若干卷，比臨川、金陵、麻沙、浙西數處舊本頗爲備悉，請予序其成。噫！公之文如天之日星、地之海嶽，奚資於序？而公相業所或不滿者亦鮮究其底裹，何也？公負蓋世之名，遇命世之主，君臣密契，殆若管、葛。主以至公至正之心，欲堯舜其民。臣以至公至正之心，欲堯舜其君。然而公之學雖博，所未明者孔孟之學也。公之才雖優，所未能者伊周之才也。不以其所未明未能自少，徒以其所已明已能自多，毅然自任而不回，此其蔽也。一時之議公者非偏則私，不惟無以開其蔽，而亦何能有以愜公論哉？論之平而當，足以定千載是非之真者，其惟二程、朱、陸四子之言乎？

《考略》曰：草廬稱頌荆公，大意與象山同。至謂公之學雖博，所未明者孔孟之學也。才雖優，所未能者伊周之才也。則亦猶是南渡後講學論人習氣。又謂論之平而當，其惟二程、朱、陸四子之言，質之《遺書》《大全》等書，猶不能無疑焉。同時虞伯生亦有《重建文公祠記》。其言曰：「至順二年冬，中順大夫、撫州路總管府達魯花赤塔不台侯始至郡。明年，故翰林學士吴公就養郡中，過故宋丞相荆國王文公之祠，見其頽圮而嘆焉。侯爲之言曰：『是吾責也。』乃出俸錢，命郡吏某使經營焉。告成，侯欲傳其事於石。按郡志，崇寧四年，郡守田某爲堂，肖公像而祀之。淳熙十五年，郡守錢某更築祠，而象山陸公九淵爲之記。公故宅在城東偏鹽步嶺，有祠在焉。作而新之，則侯用吴之言也。郡人危素將重刻公文集，吴公爲序。既而吴公薨，侯是以徵文於余也。予因節録之而附於此，可以知建祠之有由來云。」

明章汝明王文公集序

嘉靖丙午秋八月，臨川邑侯象山應君刻荆國王文公集，❶謂衮邑人也，宜有以敘其事。昔我象山陸文安公敘公祠堂於宋，草廬吴文正公敘公文集於元。二公皆命世大儒，其事核而精，其文直而肆。公之純疵得失，猶方員之囿於規矩也。予末小子，安敢復有所贅？然竊惟公之相業，所以未能成先資之信，快人心之公者，直以變法之故爾。二公之言雖已抉發隱義，提挈宏綱，而其端緒曲折，尚若有未暇及者。故雖不敏，不敢過避焉。夫善觀人者，必驗乎心迹。善爲治者，必核乎名實。心迹不明則名實不正，名實不正則爵禄廢置、生誅予奪皆失其道，而天下之治靡矣。若公與神宗之事，豈非千萬世名實不正之最甚者乎？宋之有天下，燕、雲盡失，契丹已强於北。元昊繼起，兵力又奪於西。不能數戰，則其勢不得不出於求和。轉輸金繒，每歲不貲。卑禮甘言，惟恐挑禍。漢之文景，國辱而民不困。時則有文景之辱，而無文景之利。此蓋懔然不可恃以常安之勢也。治平熙寧之際，上刓下弊，綱紀法度，根本枝葉，無不受病。譬如中年之人，雖容色言動無異少時，然縱恣

❶「集」下，《考略》卷首有「成」字，本書蓋脱。

之餘，腹心肝鬲之疾，纏綿膠固，待時而發，此蓋斷然不容怠忽玩愒之時也。神宗深知天下之勢，將欲大有所爲，而又不御游畋，不治宫室，眷求義德，與圖治理，誠曠世一出，人臣所當效力致死之君也。乃公之節行文章既已大過於人，而道德經濟又獨惓惓以身任之。當仁宗在位之日，使回一書，究極治體，直欲化裁三代，以趣時變，與區區隨世遷就諸人規模敻别。繼論時政，則語意益切，岌然如禍亂之逼乎其後。賈太傅之痛哭，劉賢良之剴切，可謂異世同符矣。有臣如此，蓋亦曠世一出，人君所當虚己委任，共享天心者也。夫其君臣相遇如此，而時勢所值，又當否泰安危往來消長之際。然則公與神宗所以悉心謀議，創制立法，而將以伸其大有爲之志於天下，豈但君臣之分義則然，固亦天命人心所不容已也。今考當時常平倉，司馬公所謂三代之良法。放青苗錢之害小，廢常平倉之害大者也。積滯不散，侵移他用。平時既無補於貧民，必待年凶物貴然後出糶，而所及者，又皆城市游手之輩。况穀貴則減價而糶，惟富民爲能應其糴。穀賤則增價而糴，惟富民爲能應其糴。貧民下户既無可糶，又不能糴，勢不免於借貸。蘇潁濱曰：「天下之人無田以爲農，無財以爲商。禁而勿貸，不免轉死於溝壑。使富民爲貸，則用不仁之法收大半之息。不然亦不免脱衣避屋以爲質，民受其困，而上不享其利。《周官》之法使民之貸者，與其有司辨其貴賤，而以國服爲息。今可使郡縣盡貸，而任之以其土著之民。」潁濱此論，則公所行青苗錢之法也。考之於古，景公之於齊，子皮之於鄭，司城子罕之於宋，既皆以貸而得民。驗之於今，則前此陝西一路已翕然稱便矣。然則青苗之放，乃所以救常平之失，而修耕斂補助之政也。古者民多則國强，民少則國弱，兵無非民故也。宋自雍熙、端拱以來，西北多事，朝廷争言募兵。既募征行之兵，又募力役之兵。大率非游手之徒，則亡命之輩。於是始聚百萬之兵，而仰食於縣官，非如漢唐之初，有事則擐甲胄以蹈行陳，無事則服田積穀以廣軍儲。冗而無制，則老弱參半，而不堪戰鬭。聚而不散，則偃蹇驕惰，而易於爲亂。而上下以爲得半，❶方且盡用衰世掊克之術，剥吾民以啗之。及不可用，則又爲之俯首以事驕虜，而使此輩自安於營伍之中。况是時京東、京西、淮南諸路劇盜如王倫、張海輩肆意横行，建旗鳴鼓，官吏逢迎入城，與之宴飲。雖有番戍之兵，如入無人之境。制兵之壞，莫甚於此。此公保甲之法所由行也。其要在於訓練齊民，使皆可戰。稍復府兵之舊，以減募兵，舒民力。當時蘇子瞻極言養兵之害，而欲訓練州縣之土兵，以省禁兵，意亦如此。然必畿甸就緒，乃以漸推之於天下。始但隸於司農以捕盜賊，繼乃肄習武事，定其賞罰，而隸於兵部，其政令一聽於樞密。蓋公所以計之者審矣。民情莫不欲富，亦莫不欲逸也，宋至中葉，役法大壞，産破家亡，視爲常事，而衙前州役爲甚。韓絳則言民有父自經死，冀免其子，逐嫁祖母，與母析居，以圖避免者。司馬公則言自置鄉户衙前以來，民益困乏，不敢營生。多種一桑，多置一牛，畜二年之糧，藏十匹之帛，則已目爲富户，搜充衙前。吴充則言鄉役之中衙前爲重，至有家貲已竭而逋負未除，子孫既殁而鄰保猶逮。田地不敢多耕，骨肉不敢義聚者。然則當役之家，出錢以雇役。坊廓、女户、品官之家，斂錢以助役。官

❶「半」，《考略》卷首一作「計」，當是。

又爲之賣坊場，給閒田，以充雇值，固先王致民財以禄庶人在官之意也。況公之爲是法也，揭示一月，民無異詞，乃著爲令。令下之日，物情大快，於是始行諸天下，而亦各從其便以爲法。此則雇役法之大略也。諸路上供，歲有定數。年有豐凶，故其辦有難易。道有遠近，故勞費有多寡。典領之官，專務取贏，内外不相知，饒乏不相補。四方有倍蓰之輸，中都有半價之鬻。徒使富商大賈乘公私之急，以擅輕重斂散之權，而農民重困，國用無餘。於是均輸之法行焉。先王之於商也，未嘗不欲抑之以懲游末，亦未嘗不欲厚之以通貨賄。其於民也，固嘗補助於耕斂之時，又欲周給於祭祀喪紀困迫之日，此《周官》泉府之法所以爲厚也。今雖萬室之邑，然貨之滯而不售，民之欲賒，且貸者已不貲矣，而况都會之地哉？公之所以創爲市易之法者，固將抑兼併以厚商賈，備經制以利民用。而必量取一分二分之息者，亦欲其仁可繼爾。諸監既廢，賦牧地以佐芻粟。諸兵騎戰，仰給市馬，而義勇保甲之馬復從官給。番部養馬既不能行，各邊市馬，又患不足。此户馬、保馬之法所由以行也。然户馬則蠲科賦，保馬則蠲征役，而馬又皆從官給也。藉使有或少厲於民，❶則亦斟酌修改之而已。國固可乏馬，❷馬顧可使獨在邊番，而成周丘甸所出之馬，豈皆官養之耶？若夫熙河一

❶「有」，《考略》作「尤」。
❷「可」下，《考略》有「使」字。

事，❶西控吐番，東蔽涇、涼。夏人右臂，實維兹地。若使彼間而取之，則豈惟鄜延一路不解甲哉？將秦隴復受兵矣，而西域之不可通無論也。此公所以鋭意於王韶之策與？宋之於北虜，雖慙於納賂，亦怯於用兵。惟怯故，彼得肆無厭之求。惟慙故，此常懷憤恨之意。然既不能攻之以雪其慙，則亦驕之以圖其後。未有不能攻之，又不能驕之，而睢盱以幸目前之安者。此公所以割地畀遼，且曰將欲取之必固與之也。他如銷併軍營，修復水利，罷詩賦，頒經義，與夫方田之法之類，雖若紛然並出於一時，然君以堯舜其民之心堅主之於上，臣以堯舜其君之心力贊之於下，要皆以爲天下，而非私己也。諸臣若能原其心以議其法，因其得以救其失，推廣以究未明之義，損益以矯偏勝之情，務在協心一德，博求賢才，以行新法，宋室未必不尚有利也。而乃一令方下，一謗隨之，今日鬨然而攻者安石也，明日譁然而議者新法也。臺諫借此以賈敢言之名，公卿藉此以邀卹民之譽。遠方下吏，隨聲附和，以自託於廷臣之黨。而政事之堂，幾爲交惡之地。且當是時，下則未有不逞之民指新法以爲倡亂之端，遠則未有二虜之使因新法而出不遜之語。而搢紳之士先自交搆，横潰洶洶，如狂人挾勝心，牢不可破。祖宗之法概以爲善，其果皆善乎？新創之法概詆爲惡，其果皆惡乎？抑其爲議，有一人之口而自相牴牾。如蘇潁濱嘗言官自借貸之便，而乃力詆青苗錢之非。司馬公在英宗之時，嘗言農民租税之外，當無所與，衙前當募民爲之，而乃力詆雇役之非。蘇子瞻嘗言不取

❶「事」，《考略》作「帶」，當是。

靈武則無以通西域，西域不通則契丹之强未有艾，而乃力詆熙河之役之非。又如已非雇役不可行，而他日又争雇役不可罷之類是也。有事體相類，自來行之則以爲是，公行之則以爲非。如河北弓箭社實與保甲相表裏，蘇子瞻請增修社約，並加存䘏，而獨深惡保甲法之類是也。青苗錢之放，專爲資業貧民，不使富民乘急以邀倍稱之息。司馬、韓、歐諸公既極言此錢不可放，則亦求所以抑兼併而振貧弱可也，乃徒訟此之非利，而不顧彼之爲害，何耶？蘇子瞻論雇役，至謂士大夫宣力之餘，亦欲取樂，若厨傳蕭然，則似危邦之陋風，恐非太平之盛觀。似此之類，既非真知是非之定論，亦非曲盡利害之訏謨，宜以概謂流俗而主之益堅，行之益力也。一時議論既如此矣，而左右記注之官，異時紀載之筆，又皆務爲巧詆，至如離析文義，單摭數語而張皇之。而三不足之説，❶公之所以告君者，何嘗如是也？然則當時所以攻新法者，非實攻新法也，惡公而并及其法爾。昔者桓公舉夷吾於士師，而委之以國，夷吾乃爲之作内政，與鹽筴，❷委幣以斂州縣之穀，守準以御輕重之權，舉齊國之政而更張其人半。且曰國之重器，莫重於令。虧令者死，益令者死，不行令者死，留令者死，不從令者死，桓公卒賴其計，以成九合之功。子産之相鄭也，使都鄙有章，上下有服，田有封洫，廬井有伍，作丘賦，制參辟，鑄刑書，舉鄭國之政而更張其大半。雖國人「孰殺子産」之謡，叔向「將

❶「而」，《考略》作「如」。
❷「與」，《考略》作「興」，當是。

亡多制」之書，士文伯「火未出而作火以鑄刑器，不火何爲」，又六月火現，而鄭果災之，先見明驗，亦鋭然行之，而無所疑畏，卒之鄭賴以安，雖晋楚之强莫能加焉。又其下如衛鞅之於孝公，盡取秦法而更爲之，盡取秦民而束縛馳驟之。雖甘龍辨説之煩，秦民言令不便者以千數，而鞅終不爲沮，卒之國内大治，諸侯重足屏息，争西嚮而割地。彼數子，諸侯之貴臣爾。然皆以其計數之審，果敢堅忍，大得逞於其國。而公以不常有之材，當四海爲家之日，君臣相契有如魚水，乃顧落落如彼者，時勢異而娼忌衆故也。夫國内多故，四境多敵，譬彼舟流，不知所届。惟才與智，衆必歸之，此管仲諸人所以得志也。宋之治體本涉優柔，真、仁而降，此風寖盛。士大夫競以含糊爲寬厚，因循爲老成，又或高談雅望，不肯破觚解攣，以就功名。而其小人晏然如終歲在閑之馬，雖或芻豆不足，一旦圉人翦拂而燒剔之，必將趯然蹄而齗然齧。當此時而欲頓改前轍，以行新法，無惑乎其駭且謗矣。公之所以不理於口者，此也。賈誼年少美才，疏遠之臣，慨然欲爲國家改制立法，當時絳、灌之徒雖惎害之，而未至如是之甚者，以誼未嘗得政，而文帝直以衆人待之也。公令聞廣譽傾一世，既已爲人所忌，加以南人驟貴，父子兄弟蟬聯禁近，神宗又動以聖人目之，而寄以心膂。及横議蜂起，公又悍然以身任天下之怨，力與之抗而不顧。公之所以不理於口者，此也。古人自修正家，❶以至治國平天下，莫不有法。而懿德善道實行於其間，未有舍法度而可以爲仁義者也。或乃謂公不務其本而

❶「修」下，《考略》有「身」字，本書蓋脱。

專事法度，然則孟子不以仁政不能平治天下之説非耶？ 古者水土初平，即底慎則壤，以制國用。《周官》一書，理財最備，而大《易》明著「理財正辭，禁民爲非」之訓。 蓋古之人未嘗諱理財也，後儒始忌諱爾。 而或病公專言理財，然則國非其國可耶？ 宋之儒者，大率據經泥古，尊三代而羞漢唐，至有欲復井田封建之法者，然亦幸其未試爾。 如其試焉，能不如公之叢謗乎？ 當時一伊川在朝，其事權視公不啻十分之一而已，不勝其醜詆之多，則於公又何言哉？ 元豐之末，公既罷相，神宗相繼徂落，群議既息，事體亦安。 元祐若能守而不變，循習日久，膏澤自潤，孰謂非繼述之善也？ 乃毅然追懟，必欲盡罷熙、豐之法。 公以瞑眩之藥攻治之於先，司馬公又以瞑眩之藥潰亂之於後，遂使國論屢摇，民心再擾。 夷想當時言新法可不罷者，當不止於范純仁、李清臣數子，特史氏排公不已，不欲備存其説爾。 不然，哲宗非漢獻、晋惠比也，何楊畏一言而章惇即相，章惇一來而黨人盡逐，新法復行哉？ 悲夫！ 始也群臣共爲一黨以抗君，終也君子小人各自爲黨以求勝。 糾紛決裂，費時失事，至於易世而猶不知止。 從古以來如是而不禍且敗者，有是理哉？ 公昔言於仁宗，謂晋武帝因循苟且，不爲子孫長遠之謀，當時在位亦皆偷合苟容，棄禮義，捐法制，後果海内大擾，中國淪於夷狄者二百餘年。 又謂可以有爲之時，莫急於今日。 過今日，則恐有無及之悔。 由此觀之，靖康之禍，公已逆知其然，所以苦心戮力，不畏艱難，不避謗議，而每事必爲者，固公旦天未陰雨，綢繆牖户之心也。 況熙、豐之用章惇，公爲之也，元祐之用章惇，亦公爲之乎？ 而古今議者乃以靖康之禍之獄獨歸於公，無亦秦人梟轘參夷之習未亡乎？ 名實者，政事之本，治亂之原也。《春秋》二百四十二年之間，諸侯卿大夫之心迹，莫不詳其本末，權其輕重，而折諸天，以正名議辟，功罪不相掩也。夫是以天理明而王法著，禮樂刑政可得而措焉。由公而前，若唐、晋、兩漢之世，由公而後，若崇、觀、宣、靖、紹興、開禧之間，大臣之賢不肖可知也。然或幸而得免於司寇之議，或雖議而未盡其罪，或適得本罪而未誅其意，乃公獨以體國之忠、救時之志而蒙衆惡皆歸之謗，使後世幹蠱興事之臣戒於覆轍，而妬賢嫉能之輩引以藉口，此吾所以痛悼千萬世名實之不正也。雖然，公亦不得無罪焉。夫天地之道，浸言以漸也，况於人事哉？而公乃謂論善俗之方，始欲徐徐而變革；思愛日之義，又將汲汲於施爲。坐此蔽而欲速之，弊不免矣。古者謀及乃心，謀及卿士，謀及庶人，謀及卜筮，聖人於革之時，必以「巳日乃孚」「革言三就」爲訓，而公乃謂以物役己則神志有交戰之勞，以道徇衆則事功無必成之望。坐此蔽而自用之弊不免矣。當世之患，上之人畏下太甚，而不能果斷；下之人持上太急，而動生謗議。公之意見偶蔽於此，故於異議之人，概以讒説罷之。然皋陶吁咈，反以相和；周召異同，不妨共政。公不以此自勉，而欲以誅罰勝之，豈子産「安定國家，必大焉先」之道耶？公嘗謂洪水之患不可留而俟人，而諸臣之才惟鯀優於治水，故雖方命圮族而不能舍鯀。其平昔議論如此，所以不恤衆論而用章、吕者，亦曰姑取其才以濟吾事爾。然豈有欲求善治而用小人，既用小人而無後悔者耶？數者公之罪也。雖不無不幸於其間，然律以皇極無有偏黨好惡之義，誰能爲公諱也？公之文集凡百卷，邑以公重，故集有地名。自宋以來，文章名家累數十，往往退讓下風，而莫敢争列。草廬「日星」「海嶽」之喻，蓋定論也。夫以公所立之高、所任之大既如彼，其文之不易及又如此，徒以大中未協，偏蔽猶存，不能不競不絿，不剛不柔，以通天下之志，涣天下之群，故雖遭逢誼辟，而阻撓牽奪之餘，非惟不足以酬其堯舜君民之心，反以增重異議者之勢，使之勇於附和，而抑蔽其君臣相與之至情正義於天下後世。然則後之儒者，其毋以影響未試之學而自許太過也夫。其尚克僞去蔽，以爲王治之本，而毋以議論勝事實也夫。或曰使神宗享國比於殷武，而公之行政得如管仲，將群疑終不亡而事功終無成乎？予曰，嘻！此予所以重爲公慨也，此予所以知天之無意於宋也。不然，以彼之君臣，乘崇高富貴之勢，而久於其道，乃顧出齊桓、管仲諸人之下耶？是爲序。嘉靖丙午秋八月望日，邑後學章衮汝明謹書。

《考略》曰：章衮，臨川人，嘉靖二年進士。選授御史提督南畿學政，屢進陝西提學副使。所著有《學庸口義》《章子瑣言》。惟此序專就攻新法者言之，洋洋灑灑數千言，而條理甚明，亦不雜以講學習氣，尤爲諸序中不可少之文。

明陳伯容汝錡**甘露園長書四論**

王安石一

介甫以新法負謗於當時，貽指摘於後世，善狀不彰而惡聲嘈嘈滿耳，此古今一大冤案，卒未有開而赦之者，何也？今姑無論其立法之是非與閭閻之利病，試就攻介甫之人而反覆其議論，有以見攻之者之好勝而不情，而曲不在介甫也。熙寧新法所稱最爲民害者，莫如免役、青苗，而斷斷新法，立赤幟而攻之者，在當時莫如蘇子瞻、范堯夫，而在後莫如朱元晦。子瞻論免役之害，謂役人必差同鄉户，❶如衣之必用絲麻，食之必用五穀，不得以他物代換。乃君實議復差役，❷又極言役可雇不可差，雖聖人復起，不能易農民應差，官吏百端需求，比於雇役苦樂十倍。而堯夫亦謂差役一事當熟講，不然滋爲民害。然則向之所謂必不可行而以爲有錢荒之弊者，又後之所謂必不可罷，罷則滋害，而以俟聖人於百世者也。朱元晦恨介甫汲汲財利，使天下囂然喪其樂生之心。及建社倉，則夏受粟而秋息以償，猶之乎青苗法也。有問之者，元晦奮然曰，介甫獨散青苗一事是耳，因作《社倉記》以述其意，復上其法於朝。朝以其法下之於諸路。而堯夫當元祐時，亦嘗有復散青苗足國用之請。然則熙寧諸老所鬨争，而以爲有蠶食督責之弊者，又堯夫所復請以足國，而元晦所陽避其名而陰祖其實者也。即三君子以例餘人，而一時争辯皆好勝可知。即免役法之不可罷，青苗法之可以罷而復行，乃可易名爲社倉，以例餘法，而一切設施皆便盡可知。周茂叔不嘗喜好介甫，與語連日夜乎？不娓娓頌熙寧新政之美乎？事具蒲宗孟墓碣。以茂叔所嘉與而樂頌者，而流俗嘵嘵不已，後之人又從而吠聲焉。嘻甚哉！原介甫所以負當時謗而貽後世指摘不解者，一則峻法逐言者，以

---

❶ 「同」，《王文公年譜考略節要附存》卷一作「用」，當是。

❷ 「乃」，《附存》作「及」，當是。

期於法之必行，而爲士大夫所不喜。一則更張無序，講非常之原於旦夕間，以與愚民慮始，紛紛而爲閭里市井所驚疑。重以用事諸臣推行太過，浸違初旨者，比比有之。此則介甫所不得不任其咎者。而法無恙也，奈之何咎介甫而遷怒於介甫之法哉？豈惟遷怒於其法，且併遷怒於其所與之人，而俾之無所容於天地，如李定是矣。定之自秀州入也，舉朝喙謷爲匿服不孝，而定自辨實不知爲仇氏所生，疑不敢服，故以父老侍養解官。本傳亦謂定分財賑族，家無餘貲，得任子以與兄息，死之日諸子皆布衣，用情厚矣。世有厚於宗族與兄之子，而反薄於其母乎？世有能解官侍養父，而不能持所生母服乎？此事理之必不然者。今徒以附合新法之故，横被以不孝之名。不以本傳求之，一往污衊，無浣濯之路矣。嗚呼！厚士而忍污衊之甘心焉，又何怪良法而不嘵嘵争，曰罪之魁而禍之首也。

王安石二

楊中立當靖康初，論蔡京以繼述神宗爲名，實挾安石以圖身利，故推尊加王配享孔廟。今日之事雖成於蔡京，實釀禍於安石。此語既倡，口實翩翩，以熙寧爲禍敗靖康之始基，以安石爲鼓舞蔡京之前茅。不惟下誣安石，抑亦上累神考。今史牒具在，凡京所逢迎，如虚無是溺，土木是崇，脂膏朘削於下，而惰慢盤樂於上，蠹國害民非一政，然何者爲熙寧之政？凡京所交結，如内侍則童貫、李彦、梁師成，佞倖則冲勔父子，執政則王黼、白時中、李邦彦輩，挑釁召亂非一人，然何者爲熙寧之人？

雖京弟卞館甥介甫，而京不以卞故受知介甫，用事於熙寧、元豐之間也，何與介甫事，而謂致有今日之禍者王安石乎？惟尊配享，特借此爲欺君盜寵之地，而庶幾彌縫其不肖之心耳。如篡漢爲魏者，未嘗不藉口於舜禹之事，造作符命。弄孺子嬰於股掌者，未嘗不以周公之居攝爲解。豈可謂三讓登壇，厲階於讓德稽首，而負扆南面，乃教後世以稱假皇帝成即真之謀哉？夫京惟不能繼述熙寧之法，即保甲一事，已足以尊武救敗，杜南牧之萌，而寢北轅之釁矣。何者？宋武衰而積弱之國也，將權釋於杯酒，而藩方之兵弱。天子之禁軍以戍邊備征討，而王畿之兵弱。招游手而涅刺之，既違土著，兼困民供，而所在防禦之兵弱。以故金虜一訌，陷朔、代，圍太原，下燕薊，直擣汴京，有南朝無人之歎，而太后手詔，亦有人不知兵之恨。使保甲不廢，則訓練以時，韜鈐日熟，家有干櫓，而人皆敵愾。縱胡馬南嘶，亦何至掉臂行數千里，無一城一壘攖其鋒者？而又何至紛紛召集，下哀痛勤王之詔哉？故吾以爲編保甲、習民兵，已逆知他日之必有靖康。而靖康之所以河決魚爛者，正以保甲之法壞，蒙其名而棄其實，額日廣而鋭日銷。驅病婦弱子張空拳以與餓豺狼鬭，而立碎於瓜吻之下耳。尚介甫之詛且詈乎？抑又有疑熙寧新法皆法所不得不新，而獨增置宮觀使，以處異議落職之人，爲崇左道而紊官制。然先後諸老靡不喋喋新法之爭者，至宮觀有差，則以天子之膂力侍從句管昏淫之鬼而提舉之，❶反安焉噤不聞出一語，而太一、神霄、醴泉、萬壽之踵相望而奉

❶「膂力」，《考略》作「心膂」。

祠者，皆前日扼腕新法之人也。豈祠禄實便於己，而諸法乃無一便於國，而更以爲靖康禍本乎？信矣！夫宋人之議論多也。

司馬光一

靖康之禍，論者謂始於介甫，吾以爲始於君實。非君實能禍靖康而激靖康之禍者，君實也。夫新法非漫然而姑嘗試之者，每一法立，其君其相往復商訂，如家人朋友相辨析，積歲彌月乃始布爲令甲。而神宗又非生長深宮懵於閭里休戚之故者，推利而計害，原始而究終，法未布於方内，而情僞已瞭澈胸中如列眉。故雖以太后之尊，岐王之戚，上自執政，下逮監門，競苦口焉，而不爲中止。雖其間奉行過當，容有利與害鄰而實與名戾者，要在因其舊以圖其新，救其疵以成其美。使下不厲民，而上不失先帝遺意，斯宵小無所乘其間，而報復之禍無從起矣。安在悻悻自用，盡反前轍，以太后諸人争之而不能得之於神宗者，今以范、蘇諸人争之，而亦不能得之於君實，一有逢己之蔡京，則喜爲奉法。蓋先帝肉未冷，而諸法破壞盡矣。是欲以臣而勝君，而謀之數十年者，可廢之一朝也。是謂己之識慮爲能賢於先帝，而昔以爲良法，今以爲秕政也。不大横乎？孔子何以稱孟莊子之不改父臣與父政乎？今其言曰，先帝之法，其善者百世不可變，若王安石所建立，爲天下害者，改之當如救焚拯溺。夫以神宗之爲君，豈政由寧氏，聽穿鼻於其臣者，而云安石所建立乎？安石免相在金陵者八年，新法之行如故也。安石建之，能使神宗終身守之，而不與手實、鬻祠俱報罷乎？且元祐之剗除更張無孑遺，而所云百世不可變者安在乎？吾恐先帝有靈，目不能一日瞑地下也。又云太皇太后以母改子，非子改父。夫一切因革所爲告於宗廟，頒而播之天下臣民者，吾君之子不曰吾君之母也。君母而可廢閣先帝行事，是吕后之所以滅劉，而武后之所以篡唐爲周也。人臣而可挾母后之權，弁髦其主，是徐紇、鄭儼、李神軌之共相表裏，而勢傾中外也。尚可訓乎？况元祐之初，嗣君已十餘齡矣，非遺腹襁褓而君者。朝廷進止但取決於宣仁，而嗣君無與焉。雖嗣君有問，而大臣無對，此何禮也？蘇子容危其事，每謂諸老毋大紛紜，君長誰任其咎？而哲宗亦謂惟蘇頌知君臣之體。蓋哲宗之藏怒蓄憤已不在紹聖親政之日。而小人之逢君報怨，亦不待惇、京用事之時矣。何者？人臣而務勝其君以爲忠，豈人子而不務繼述其父以爲孝？上見其意，下將表異。一表之於章惇，而羈管竄逐無虚日。再表之於蔡京，而爲妖爲孽，外假紹述之名，而以濟其私，而宋事不可爲矣。君實不當少分其咎哉？孔子曰：「言必慮其所終，行必稽其所敝。」不慮終，不稽敝，乃舉而委之於天，曰天若祚宋，必無此事，天可倖乎？天而以死先君祚宋乎？則太甲之顛覆典型爲天實祚商，而漢惠帝之與曹參輩守畫一而清浄焉，爲天不祚漢矣。

司馬光二

然則史何以是君實而非介甫？豈是與非皆兒戲，不足爲明徵考信之地與？曰史何可廢也？惟是熙、豐、元祐之史，則不幸而近於兒戲。夫史，公評也，定論也。評不公爲曲筆，論不定則毁譽以愛憎，而讀者靡所適從。陳壽被撻於蜀，而謂將略非武侯所長。魏收德楊休之助己，作佳傳以報。而既貪且虐之父，以惠政稱之，口語訖於今而未已。《神宗實録》始之以范祖禹，而終之以范冲。祖禹，君實之門人也。君實與介甫爲水火，而史作於其門人之手，有不舉之使升天、按之使入泥者乎？於是乎有蔡卞之芟改，有陸佃之重修。不旋踵而范冲《朱墨史》行矣，而冲又祖禹之子也。祖禹坐詆介甫獲罪死，而史復竄易於其子之手，重以天語之丁寧，有不修父之怨，詆益深而益巧者乎？一介甫，一君實耳，前是之而後非之，甲非之而乙是之。以此定論，論定乎？評且公且私乎？曾公亮謂上與介甫如一人，神宗亦謂自古君臣如朕與安石相知絶少，而范氏父子皆盡書安石之過，以明神宗之聖。夫既君臣相知如一人矣，則有唱必和，既都且俞。神宗雖聖，安石得取分焉。而過安石，亦所以過神宗矣。又何必揚上休美，而聚諸不美之談，斂之此一人之身也？哲、徽二宗非神宗子乎？哲宗謂祖禹録神宗事非實，而刊定之以《金陵日録》。徽宗當失國播遷之餘，聞有攜《日録》來者，亟輟衣翳而視之。是二君終不以安石爲過也。知變法實先帝本意，而過不在安石也。先帝不以爲過，先帝之二子不以爲過，而秉筆者務索其瘢而求其疵不少貸，何意哉？况蔡史之專是介甫，與范史之專是君實等耳。是介甫者有所私，不得稱信史。是君實者獨無所私，一一皆實録乎？使范氏史可信，則蔡氏史亦可信，又何所據而此之信、彼之疑也？陸農師嘗謂新法擾民，謂介甫拒諫，其於介甫非苟同者，而亦指范史爲謗書，蓋譏稱之難憑，而斧衮之失實，有不可勝記者矣。後之人乃得攘臂於其中，據一家私議，論而詛之祝之曰：某也是，某也非。嗚呼！愚哉。然范《史》遂行於世，而《日録》湮不傳，何也？曰蔡京假紹述爲身利，身之不保，而國亦隨之。建炎、紹興之政羞稱焉，故尊元祐而黜熙、豐。熙、豐黜而日録黜矣，若之何其行之也？

《考略》曰：予聞無錫顧棟高著有《王荆公年譜》，求之十餘年，至嘉慶戊午，乃因金匱顧公響泉光旭。從其家鈔得之。及觀其自序云，嘗緝《司馬温公年譜》成，説者謂汴宋之局，温公與荆公爲乘除。譜有司馬而無王，則是紀美而貸惡，即於勸懲之道不備。及較觀陳氏《長書》，所論亦以司馬爲言，而主意各别，判若天淵。適予全部稿亦成，其是非所散見於語中者已略具矣。❶故於二公書均可置勿辯，惟陳氏以一人獨見，似爲衆耳所駭聞，不得不悉録之。安知天下之大，數千百年之後，不復有衆惡必察如陳君者哉？陳君名汝錡，字伯容，高安人。萬曆間貢生，官止教諭。著有《周史總》《長書》《短書》。此四論即從《長書》録出者也。伯容於陳邦瞻德遠爲叔父行，德遠官尚書，以文名世。予觀所著《宋史紀事本末》一書，傳安石事與群言無異，遂不能無異於伯容，而伯容乃以異獨傳。

閔案：紹聖元年御史中丞黄履言：「前宰相司馬光昨自先帝識拔，進位樞廷，光以不用其言，請歸修史。先帝盛德優容，曲從其欲。書成，仍以資政殿學士榮之。其恩可謂厚矣。迨垂簾初，朝廷起光執政，當時士論翕然稱之，以謂光真能弼成盛德，上報先帝。不謂光深藏禍戾，追

❶「語」，《考略·雜録》卷一作「譜」，當是。

忿先朝。凡有所行，皆爲非是。夫法令因革，因緣時宜，豈有一代憲章俱無可取？歸非於昔，斂譽於身，此而可容，孰爲咎者？」見《通鑑長編》百單一卷，下同。又監察御史周秩言：「司馬光以元祐之政以母改子，非子改父。夫宗廟之計，朝廷之政，必正君臣之義，以定父子之親。豈有廢君臣父子之道，而專以母子爲言？」又紹聖元年六月戊午詔曰：「送往事居，是必責全於臣子；藏怒宿怨，豈宜上及於君親？朕繼體之初，宣仁聖烈皇后以太母之尊，權同聽覽，仁心誠意，專在保佑朕躬。自以簾帷之間，見聞不能周及，故不次以用大臣，推心以委政事。非獨倚任耆艾，所冀恢明聖躬。司馬光、吕公著忘累朝之大恩，懷平時之觖望，幸國家之變故，逞朋黨之奸邪。引吕大防、劉摯等，或並立要塗，繼司宰事，或迭居言路，代掌訓詞，或封駮東臺，或勸講經筵。顧予左右前後，皆爾所親。於時賞罰恩威，惟其所出。周旋欺蔽，表裏符同。宗廟神靈，恣行詆讟。朝廷號令，輒肆紛更。輕改役法。開訴理之局，使有罪者僥倖。下疾苦之詔，誘群小之謗言。誣横斂則淫黷苟免之逋，誣厚藏則妄託常平之積。崇聲律而薄經術，任穿鑿而紊官儀。棄境土則謬謂和戎，弛兵備則歸過黷武。城隍保民而罷增濬，器械資用而輟繕完。凡屬經綸，一皆廢黜。人材淆混，莫辨於品流；黨與縱横，迭分於勝負。務快乘時之憤，都忘託國之謀。方利亮陰之不言，殊非慈闈之本意。十年同惡，四海吞聲。虜計得行，邊防受害。昔先王受命，召公惟闢國之聞；江左雖微，興宗有易代之嘆。天下後世，其謂朕何？臨朝弗怡，視古有愧。況復疏遠賤士昧死而獻言，忠義舊臣交章而抗論。迹著明甚，法安可私云云。」觀戊子詔書，合黄、周之疏論，雖有過甚，未盡無因。綜録於斯，天下後世試平心尚論。又《通鑑長編紀事本末》九十四卷元祐二年六月甲申，彭汝礪言：「時爲起居舍人，執政有問新舊之政者，汝礪因言。政無彼此之辨，歸於是而已。今之所更大者，取士及差役法，行之而士民皆流言，未見其可也。」又七月甲寅，權開封府推官張商英上書言：「三年無改於父之道。今先帝陵土未乾，奈何便議更變？」閔案：此二人皆是據事理而言，並非袒護王安石者。可知司馬公當日實有客氣勝心不協輿情者矣。又《通鑑長編紀事本末》一百單八卷元祐元年初，范純仁自慶州召入。純仁素與司馬光親厚，聞光議復行差役法，純仁曰：「法固有不便，然亦不可暴革。蓋治道惟去太甚者耳。又況法度乃有司平之之事，所謂宰相當爲搜求賢才，旁列庶位，則法度雖有不便於民者，亦無所患。苟不得人，則雖付以良法，失先後施行之次，亦足以爲病矣。」言於光，光弗聽。純仁嘆曰：「是又一王介甫矣。」復折簡遺之曰：「蒙示奏稿，益見公之存心。然此法但緩行而熟議則不擾民，急行而疏略則擾民。今公寧欲擾民，而且將疏略之法，使繆吏遽行，其擾民又在公意料之外。公既知純仁不欲速，而示以益堅之意，蓋欲其知罪而默默耳。默默何難？人人皆能。不止能默，亦可贊公，使公喜而自容於門下，何用犯公怒而喋喋也？若果如此，則是純仁不若少年合介甫求早富貴也，何用白首强顔於此媚公求合哉？惟其如此，所以願公一顧而提攜至此，惟萬加采擇焉。」光亦弗聽也。閔案：范公言如此懇至，司馬光大賢，乃亦不聽，然則人之苛責介甫者亦已甚矣。又三年二月，翰林學士蘇軾言：

「臣聞差役之法，天下以爲未便，獨臺官數人者主其議，以爲不可改。磨厲四顧，以待言者，故人畏之而不敢發耳。」又曰：「臣每見吕公著、安燾、吕大防、范純仁皆言差役不便，但爲已行之令，不欲輕變。」又曰：「昔人雇役，中等人役，歲出役錢幾何，今者差役，歲費錢幾何，以此計算，利害灼然。而况農民在官，貪吏狡胥，百端蠶食，比之雇役，苦樂十倍。又五路百姓例皆樸拙，差手分須至專雇慣習人，尤爲患苦，其費不貲。民窮無告，監司、守令觀望不言。若非此一事，則何致傷陰陽之和，至於如此。」又有張行者，遂寧人，述之孫也。行上言：「神宗議納役錢，蓋嘗謂之助役矣。爲若止於助，則未能盡免，將使役亦差，錢亦差，於是更爲免役，其慮深矣。今乃廢免而復差，上違先帝燕翼之謀，下拂元元安業之願，豈曰述事乎？」又曰：「臣恐議者以爲朝廷有心於改法，無心於便民。昨日改之爲天下之民，今日復之爲天下之民，無容心於其間也。」幾至編竄。閔案：受盡言之難如此，然此實非所望於司馬公也。

明楊用修慎丹鉛録四條

璅語之一

宋元祐黨籍碑成於蔡京父子，其意則王安石啓之也。安石嘗作曹社詩以寓意，謂神奸變化，自古難知，辨之而不疑者，惟禹鼎焉。魑魅合謀，蓋非一日，太丘之社，其亡也晚。蓋以喻新法異意之人，將爲宋室之禍也。其後門生子壻相繼得政，果鑄竇鼎，列元祐諸賢司馬光而下姓名於其上。以安石比禹績，而以司馬諸公爲魑魅。吕惠卿載諸謝章：「曰九金聚粹，晝圖魑魅之形。」自此黨論大興，腎才消伏，卒致戎馬南鶩，赤縣丘墟。一言喪邦，安石之謂也。慎案：安石之惡，流禍後世有如此。宋之南遷，安石爲罪之魁，求之前古姦臣，未有其比。雖後漢晚唐黨禍，不若是其烈。然彼乃宦者閹奴，身爲惡而顯遭戮，國史名著爲姦臣矣。安石以文濟姦，黨惡又衆，至於後世，是非猶舛。朱晦菴作《宋名臣言行録》以王安石爲名臣，與司馬光並列。夫司馬光與安石，所争者新法也。新法之行是，則諫沮新法者非。安石爲名臣，則司馬光不得爲名臣矣。今著《名臣録》，自擬於《春秋》，而光與安石並列，則是石碏與州吁皆爲忠臣，崔杼與晏嬰皆爲義士，而孔子可與少正卯並列，孟子可與儀、秦齊班乎？其微意不可知，豈暗用紹聖調停之法於史册之間乎？朱子平生功業不可見，而去取如此，可疑也。或曰公之取安石，憎而知其善也，爲其護細行，有經學與文章也。噫！是又不通之甚矣。憎而知其善者，小惡而可改者。若夫引群邪，害衆正，誤人主，亡社稷，此元惡大憝，雖有小善，不足言矣。王夷甫、褚彦回未嘗不護細行，孔光、張禹未嘗無經學，李斯、曹操豈不能文章，史固未嘗假借之也。予又見他書載，金兵入汴，見鑄鼎之象而嘆曰，宋之君臣用舍如此，焉得長久？遂怒而擊碎之。夷狄猶知惡安石，而大儒朱子反尊崇之何故？安得起公於九原而一問之耶？

《考略》曰：荆公詩：「神姦變化久難知，禹鼎由來更不疑。魑魅合謀非一日，太丘真復社亡遲。」

其二曰：「泰壇東路繞重營，獨背朝陽信馬行。漫道城南天尺五，荒林時見一柴荆。」楊用修以元祐黨籍碑成於蔡京父子，而其意則啓於王安石曹社詩。考荆公詩題《游城南即事二首》，所謂城南者，即今徐州之城南也。九鼎沈於泗水，秦始皇時使千人没水求之弗得，即此也。所謂即事，非專爲九鼎而作是詩也，用修改曰曹社詩，乃牽入元祐黨碑，謂喻新法異意之人。則與改《白鶴吟》而牽入争新法者何以異？此詩有二首，用修只録其一，而肆口譏訕如此。試以第二首詰之，其意又安在？用修又以安石列於《名臣録》大爲文公罪，用修豈果以《名臣録》爲等於孔子《春秋》耶？昔孔子作《春秋》，太史公謂其采善貶惡，非獨刺譏而已。今考《名臣録・安石傳》共三十六條，凡安石未當國以前所見稱於當世賢公卿大夫士者不具論，即如歐陽公、曾子固、黄魯直所稱道安石之賢，則人家有其書，而此録無一語及之。所采若《邵氏聞見録》《温公瑣語》《涑水記聞》《東軒筆録》，則皆詆毁醜惡，靡不畢載，用修尚以安石得列於此録爲榮，以文公列安石名臣爲輕於惡惡耶？吾竊謂安石得謗於天下後世，固結而不可解者，尤莫甚於《言行録》。何則？邵氏、魏氏、司馬氏諸書以及此外詆毁安石尤甚者，一經《名臣録》采入，於是元人修史皆以大賢所録爲可信，亦遂盡筆之於史。自是後人讀史者，祇知國史爲信，而不知雜出於紀載私書，故曰安石得謗於天下後世，固結而不可解者，莫如此録爲甚也。安石録於名臣，有惡而無美，豈足流芳，徒然遺臭而已。而猶以是罪文公，用修倡之，張受先和之，何芳臭之不辨也？

人事類之一

楊用修曰：弘治中，❶餘杭有周德恭，評王安石爲古今第一小人。又曰：神宗之昏惑，合赧、亥、桓、靈爲一人者也。安石之姦邪，合莽、操、懿、温爲一人者也。此言最公最明矣。予嘗謂王安石之爲相，大類商鞅。鞅之進，由閹人景監。安石之得君，由宦者藍元震。商鞅設誹謗之禁，而安石置邏卒之察。鞅力排甘龍、杜摯之議，安石力戰言新法之人。秦之亡由商鞅，宋之亡由安石。安石嘗有詩云「今人未可非商鞅，商鞅能令政必行」，是其本相盡露矣。先姦後姦，其揆一也。朱子以安石爲名臣，與司馬光並立。審如此，商鞅亦當與孟子齊名矣。程子謂，新法之行，吾輩激成。此言亦非。譬如醉者酗酒擊人，醒者必群起力救。不能止醉之酗，而反罪醒之救，可乎？此言一出，遂爲後日調停張本。陸象山作王安石祠堂記，全祖此意。終宋之世，安石父子配享孔廟，而無人公言，至理宗獨見，乃黜去之，以此等議論有以入之深也。安石之誤國，遇孔子，❷必膺少正卯之誅。而其死也，公享之於廟庭，私祠之於州縣，是宋人之議論不公不明，舉世皆迷且邪矣。宋人迷邪，今世猶聾

❶「弘」，原避清乾隆帝弘曆諱改作「宏」，今回改。後仿此。

❷「遇」上，《考略雜録》卷二有「生」字。

矒乎？❶不可因程朱之言，而貫此古今第一小人也。❷

《考略》曰：昔神宗信用安石，安石之得君，雖成湯之於伊尹，高宗之於傅説，不是過也。後來攻新法排安石者雖衆，未有議及神宗者。則以神宗固勵精圖治之主，而又有恭儉仁愛之德。其任用安石雖專，無非同有乂安天下之心也。周德恭何如人，乃斥神宗合赧、亥、桓、靈爲一人？德恭倡之，用修和之。夫赧、亥、桓、靈，皆亡國之君，而胡亥殘賊，尤不可與赧、桓、靈並論。德恭以異代臣子，非毁前世之賢君，毫不顧忌，匪惟不仁，抑亦無禮。嗚呼！德恭何爲而至此極也？用修讀萬卷書，宜於古今治亂興衰之迹、人君賢不肖之相去，若權衡於輕重，較然不爽，其猶以其言筆之書而稱爲最公最明。嗚呼！用修何爲而至此極也？德恭謂安石奸邪合莽、操、懿、温爲一人。夫彼皆前代篡弒之臣，已有成事者也。安石新法之行，果有潛移宗社之邪心乎？然而德恭倡之，用修和之，而猶未已也，曰秦之亡猶商鞅，❸宋之亡由安石。安石自嘉祐以來，久達宸聰，辭修起居注不就，辭英宗召不赴，其聲名滿天下，即謂借韓、吕爲巨室，已屬毁者妄言，何有於得君由藍元震哉？用修又謂程伯子言「新法之行，吾輩激成」大非，是

❶「矒」，《考略雜録》作「可」。
❷「貫」，原作「貫」，今據下文及《考略雜録》改。
❸「猶」，《考略雜録》作「由」，當是。

予考後來極毁安石學術者，程門弟子楊中立也。程門弟子録《二程遺書》無非詆毁安石之言。新安《名臣言行録》於安石亦無一好語。今謂不可因程、朱之言貰此古今第一小人，是又於程、朱之書似全未入目也，程子之言固非爲異日調停張本。而又忽及於荆公祠堂記，謂象山全祖此意，則尤謬説。象山《與胡季隨》書自謂此記「乃是斷百餘年未了大公案」，安有一言及於調停哉？象山方自謂此斷百餘年未了大公案，而其後議此記者，宋季則有黄東發，明弘治間則有周德恭、穆孔暉最甚。自楊氏之附德恭，王氏之附孔暉，至合莽、操、懿、温、伯鯀、商鞅而聚於一人之身，於是以象山時大公案中所未有者，而大公案又出矣。後之人雖欲從而斷之，其將何時了耶？東發論見於《黄氏日鈔》，孔暉書載於《池北偶談》。

字學類之一

黄魯直《跋范文正公帖》曰：「范文正公帖落筆痛快沈著，極似晉宋人書。往時蘇才翁筆法妙天下，不肯下一世人，惟稱文正公書與《樂毅論》同法。予少時得此評，初不謂然，以謂才翁傲睨萬物，衆人皆側目，無王法，必見殺也，而文正待之甚厚，愛其才而忘其短也，故才翁少屈董狐之筆耳。老年觀此書，乃知用筆實處是其最工。大概文正妙於世故，想其鈎指迴腕，皆優入古人法度中。今士大夫喜學書，當不但學其筆法，觀其所以教戒故舊親戚，皆天下長者之言也。深愛其書，則深味其義，推而涉世，不爲吉人志士，吾不信也。」又《跋范文正公書伯夷頌》曰：「范文正公《伯夷頌》極得前人筆意，如斯人不以書立名於來世也，然翰墨乃工如此。」又《跋范文正公詩》曰：「范文正公在當時諸公間第一品人，故予每於人家見尺牘寸紙，未嘗不愛賞彌日，想見其人。」此山谷之言也，而用修非之，其言曰：「蘇宋才翁筆法妙天下，不肯下一世人，惟稱范文正公與《樂毅論》同法。黄山谷謂才翁傲睨萬物，衆人皆側目，而文正公待之甚厚，故才翁論書少屈董狐之筆。山谷此評，此非君子之言。❶文正公字法實入書家之品，才翁非佞語也。王荆公字本無所解，評者謂其作字甚忙，世間那得許多忙事？山谷阿私所好，謂荆公字法出於楊虛白，又謂金陵定林寺壁有荆公書數百字，昔未見賞音者。何荆公字法當時無一人賞音，而山谷獨稱之耶？才翁曲筆於范文正公，不猶愈於山谷獻諛於王安石乎？」此用修之言也。蔡子於是見之而大駭，作《考略》。

《考略》曰：山谷謂少時得才翁此評，初不謂然，故云少屈董狐之筆。老年觀此書，乃知用筆實處是其最工。山谷立説如此，分别少時老年甚明。並觀所跋文正書共三帖，因論書而及文正之爲人，雖童子稍解文義，皆知其爲推尊文正甚至也。何用修徒據少屈董狐之筆一語，而不顧少時老年四字，大肆譏評？用修其醉耶？夢耶？白日病狂耶？且因論范公書，並及荆公之本不解書，尤甚異。荆公一生雖不欲以書見長，山谷親見荆公書，而以楊少師擬之。用修生數百年後，固未嘗見其書者，何得遽斷其於字本無所解？又曰「當時無一人賞音，而山谷獨道之」，夫米元

❶「此」，《考略》、楊慎《升菴集》卷六二並作「似」，當是。

章、張邦基非與荆公同時者乎？張南軒、朱晦菴非皆親見荆公遺墨而稱道其善書者乎？用修非醉非夢非病狂，曷爲於諸賢所評皆不録，而曰「無一人賞音」？即南軒稱王丞相書佳處甚詳，用修亦舍去勿録，而獨記「作字甚忙」一語何也？荆公當國時，山谷固未在朝，即用修所指爲阿私所好，乃在定林寺壁間書及摹刻書陶隱居墓中文，則荆公已没，又何所覬覦而藉是以獻諛於地下耶？用修因論范公書而毁及於荆公書，又因荆公書而毁及山谷之獻諛，並不顧獻諛在生前死後，謂之曰醉曰夢曰病狂，不亦宜乎？余因全録山谷跋語，並荆公書見賞於前後者備録於後，覽者得以考焉。

黄魯直《跋王荆公書陶隱居墓中文》曰：「熙寧中，金陵、丹陽之間有盜發塚，得隱起甎於塚中，識者買得之。讀其書，蓋出中宰相陶隱居墓也。其文尤高妙。王荆公嘗誦之，因書於金陵天慶觀齋房壁間，黄冠遂以入石。王荆公書法奇古，似晉宋間人筆墨，此固多聞廣見者所欲得也。」又《題王荆公書後》曰：「王荆公書字得古人法，出於楊虚白。虚白《自書》詩云：『浮世百年今過半，較他蘧瑗十年遲。』荆公此二帖近之。往時李西臺喜學書，《題少師大字壁後》云：『枯杉倒檜霜天老，松烟麝煤陰雨寒。我亦生來有書癖，一回入寺一回看。』西臺能賞音。今金陵定林寺壁荆公書數百字，未見賞音者。」又云：「荆公書法奇古，似晉宋間人筆墨。」又云：「不著繩尺而有魏晉間風氣。」又《題法帖王濛書》云：「荆公嘗言學濛書。」

襄陽米芾元章《書史》曰：「楊凝式，字景度，書天真爛漫縱逸，類顔魯公《争坐位帖》。王安石少嘗學之，人不知也。元豐六年，予始識荆公於鍾山，語及此，公大賞歎曰，無人知之。其後與予書簡，皆此等字。」又《海岳名言》曰：「半山莊臺上故多文公書，今不知存否？ 文公學楊凝式書，人少知之。予語其故，公大賞其真鑒。」

《考略》曰：據此則米元章謂文公學楊凝式書，與山谷同，豈元章亦阿私所好耶？ 又謂半山莊臺上多文公書，今不知存否，亦爲文公薨後之言，豈元章亦獻諛於地下之人耶？

張邦基《墨莊漫録》曰：「王荊公書清勁峭拔，飄飄不凡，世謂之横風疾雨。黄魯直謂學王濛，米元章謂學楊凝式，以予觀之，乃天然如此。」

張敬夫曰：「王丞相書初若不經意，細觀其間，乃有晋宋間人用筆佳處。」又云：「予喜藏王丞相字畫。丞相於天下事多鑿以己意，顧於字畫獨能行其所無事。晚年所書，尤覺精到。又云荊公率意而作，本不求工，而蕭散簡遠，如高人勝士，敝衣破履，行乎高車駟馬之間，而目光已在乎牛背矣。」

《考略》曰：此見於董史《皇宋書録》。

朱子《題荊公帖》云：「先君子自少好學荊公書，家藏遺墨數紙，其僞作者率能辨之。先友鄧公志宏嘗論之，以其學道於河雒，學文於元祐，而學書於荊舒，爲不可曉者。今觀此書，筆勢翩翩，大抵與家藏者不異，恨不使先君見之，因感咽而書於後。」 又《題荊公帖》云：「熹家有先君手書荊公此數行。❶ 今觀此卷，乃知其爲臨寫本也。恐後數十年未必有能辨之者，略識於此。」 又《跋韓魏公與歐陽文忠公帖》云：「張敬夫嘗言，平生所見王荊公書，皆如大忙中寫，不知公安得如許忙事？ 此雖戲言，然實切中其病。今觀此卷，因省平日得見韓公書蹟，雖與親戚卑幼，亦皆端嚴謹重，略與此同，未嘗一筆作行草勢。蓋其胸中安静詳密，雍容和豫，故無頃刻

❶ 「行」，《考略雜録》卷二並《晦庵集》卷八二均作「詩」。

忙時，亦無纖芥忙意，與荆公之躁擾急迫，正相反也。書雖細事，而於人之德性，其相關有如此者。熹於是有警焉，因識其語於左方。慶元丁巳十月。」

《考略》曰：新安嘗言先君子好學荆公書，且曰恨不令先君見之，宜若甚愛荆公書矣。及觀跋韓魏公帖，竊又怪其不可解有數端焉。張敬夫言荆公書，載於董史《書録》者，曰「能行其所無事」，曰「本不求工而蕭散簡遠」，今而曰「皆如大忙中寫」，與前言何其戾也？乃新安既以敬夫爲戲言，而又以躁擾急迫以狀其太忙之實，不知向言先君子學荆公書爲何等書？抑將並學其太忙而不免同入於躁擾急迫乎？且又推及有關於人之德性，而已即因以自警，其與向時恨先君不及見，又何如其戾耶？夫寫字太忙，本非可以論書法。自敬夫倡之，新安和之，至用修，遂以荆公書昔時見賞於人者，一概抹摋，惟以敬夫此一言爲誚，其可解乎？予備録新安諸跋語，以見於荆公嘗一出一入，要歸之無一好語，不獨論書爲然也。

詩話類史籍類二條

詩話類。題曰「稱贊文章之妙」。王半山評歐文云：「積於中者浩如江河之停蓄，發於外者爛如日星之光輝。其清音幽韻，淒如飄風急雨之驟至。其雄詞宏辨，❶怪如輕車駿馬之奔馳。」又稱老泉文

---

❶「其」，原作「於」，今據《臨川先生文集》（宋刻元明遞修本）卷八六改。

云：「其光芒燦爛若引星辰而上也，其逸馳奔放若決江河而下也。」史籍類。題曰「半山文妙」。節録。王半山之文，愈短愈妙，如《書刺客傳後》云云。味此文，何讓《史記》乎？與《讀孟嘗傳》同關紐矣。

《考略》曰：曾子固作老泉哀詞：「其雄壯俊偉若決江河而下也，其輝光明白若引星辰而上也。」今用修以爲半山稱老泉文，一誤矣。又與子固原文大異，再誤也。半山學博才高，其長篇若《上仁宗皇帝書》《洪範傳》，皆雄絶千古。短文如《憫習》《三經義序》、與王子醇言兵、與司馬諫議論新法，則皆詞簡義深，又豈以檢束篇章字句見長哉？用修乃謂半山文妙尤在於短篇，且若自矜獨識，是豈足以言半山之文哉？

國朝沈歸愚別裁集選李石臺來泰**《荆公故宅》七律**

十年高卧此東峰，出處無端釁已叢。洛蜀黨成終沈本改疑。誤國，熙豐法敝豈沈本改竟。緣公？争墩已賦三山石，記里猶傳九曜宫。漫向春風尋舊澤，沈本改宅。史書沈改生平。功過亦濛濛。沈改史書中。沈氏評曰：「由言利而變法，由變法而紹述，由紹述而召亂，則宋家南渡，荆公有以致之也。臨川人每多諱言，作者自存直道。」

《考略》曰：右詩《和蘇劍浦臨川十詠》之一末有總跋云：節録。半山學問經濟，本非宋代諸賢所可及，新法功過自不相掩，温公、考亭已辨之。當日毁謗之言，後人附會不白，尤可浩歎。因爲拈出，意在闡幽。康熙元年十月二十四日附識。

乾隆己酉，予遇臨川李君名考汾，字齊舒，穆堂侍郎之弟之子。於南昌旅次，曰：近見沈氏詩選録李石臺所作《荆公故宅》詩，改易數字，又大肆譏評。予因取李氏集覆閲之，不知沈氏何惡於臨川人，謂於荆公多所諱言，又何所愛於石臺，改其詩爲能存直道？詩言「洛蜀黨成終誤國，熙豐法敝豈緣公」，竊謂元祐、紹聖黨禍，此二語實爲千古定案矣。今改「終」爲「疑」，改「豈」爲「竟」，遂不得不改「史書功過亦濛濛」爲「生平功過史書中」。夫改人之詩以毁人，又改人和詩以易其原韻，何斯人之不憚煩也？石臺又有重和詩一首，言「《周官》實政終難毁」，則與「熙豐法敝豈緣公」合矣。「《宋史》虛言久失公」，又與「史書功過亦濛濛」合矣。又詳著跋語於後，沈氏亦能取重和詩及諸跋語而盡改之乎？夫必如其所改詩，謂石臺猶存直道可也，否則以本詩言之，豈非臨川人諱言荆公，至是不又益一李來泰乎？六七百年來，毁荆公者沿襲舊説，❶奚啻千萬人，沈氏何必改此一詩，藉臨川人以攻臨川人？公之得謗愈積而愈多，豈不以此也哉？

❶「沿」，原作「鉛」，今據蔡上翔《王荆公年譜考略》改。

蔡氏作五倫考五篇

君臣考

自漢唐至宋，中間治君賢相乘風雲之會而同魚水之歡者，固多有之，而未有若神宗之於王安石也。熙寧初立，知江寧府，除翰林學士，未數月而越次入對，二年而參知政事，三年遂同平章軍國事。新法議起，舉朝攻之者愈衆，神宗信任之益堅。安石何以得此於神宗哉？蓋由神宗固大有爲之君，而安石又爲世所不常有之人。其欲振累世因循苟且之習，而措天下於家給人足，君臣固一德一心也。七年辭位而去，八年復召，九年再辭，遂終身不復出。其再辭而再去也，其君固强留之而不能，其臣亦非有不得於君而決去。且其言曰：「處勢重而任事久，有盈滿之憂；意氣衰而精力敝，有曠失之懼。歷觀前世大臣，如此而不知自弛，乃能終不累國者，蓋未有也。」又曰：「欲及罪戾未積，得優游里閭，爲聖世知止不殆之臣，庶幾天下後世於主上拔擢任使無所譏議。」嗚呼！有臣若此，其於大臣進退之義何歉焉。安石去而封舒、封荆，爲僕射、爲特進，十年之中，遣賜湯藥，存問無虚歲。有君如此，其於去國之臣又何所歉哉！後之造謗者，於安石初仕，置文潞公、歐陽公交薦於朝者不言，而曰藉韓、吕爲重。於熙寧之入朝，置仁宗、英宗屢召不言，而曰由韓維素譽於東宮，甚則曰得進由於藍元震。又於辭位而去也，於神宗勅斷未奉不言，❶一則曰雖上亦厭之，再則曰雖上亦厭之，又曰太后亦嘗涕泣宫中也。吾試有以詰之，帝果厭安石，一辭可聽之去，曷爲懇至再三而猶未允？若安石所與王參政二書，尤可證也。且帝既厭之，則安石既去，新法宜爲速改，上以慰太后之心以全其孝，而已亦得少寬其厭惡之情，何新法行於元豐，猶十年而未之改也？夫以安石之得君如此，神宗之信用其臣如此，而卒不能大有爲於當世，實由朋黨有以激之也。激而不已，則有元祐之更變，紹聖之報復，崇寧、大觀之竄逐，遂使奸邪得志，國勢敗壞，以至於亡，而猶不覺悟，豈不哀哉！且曰宋之亡由安石，一倡而百和。作君臣考。

父子考

荆公生於臨江官舍，幼而隨父宦游，年十九而孤。其事父固無可言者。母長壽縣君，曾子固稱道其賢於墓銘中。安石事母孝養，見於《上執政書》《上富相公書》及辭官職諸表章甚備，亦無可言者。及閱《程氏遺書》，謂介甫事君不知道，因及其平居事親最孝，亦想其孝之非實，則雖未嘗明言其不孝，已若於孝道爲有虧。是豈仁人君子論人所宜牽連若此哉？公之子雱，幼負過人之姿，長以科名自致通顯，官止於天章閣待制，受詔纂修經義，而不及軍國重務，亦無可言者。自「臯韓、富之

❶ 「未奉」，《考略雜録》卷一作「來章」，當是。

首」，其言見於《邵氏聞見録》《程氏遺書》，於是地獄荷校之説，紛紛並起，則因毁其父，並及其子。穆堂李氏既辨其妄矣，而予於元澤本傳亦有所論著云。女與子一也，公有二女，一嫁吴持正，一嫁蔡卞。二女皆能詩，荆公亦屢有寄二女詩，亦無可言者。而説者曰，安石女嫁蔡卞，知書能詩。蔡氏事必先與謀然後行，卒以敗名。荆公生子女皆聰俊，其敗類流禍乃爾，真間氣之鍾也。此載於《湧幢小品》，不知朱氏采自何書也。又王氏《池北偶談》曰：「李騰空，林甫女，得道廬山，即李白送內往廬山尋女道士李騰空是也。茅山有秦檜女繡大士像，甚靈異，見蔣説。安石女最工詩，見覺範詩云云，曰此浪子和尚耳，見吴曾《漫録》。又云，蔡卞妻亦安石女，能文。三奸皆有如此女子，亦一奇也。」嗚呼！此王氏非毁女子也？譽女子也？然亦非譽女子也。譽女子因得擠其父於林甫、秦檜之列，而以爲三奸。王氏非毁安石，又何其牽連之不憚煩若此哉！以是毁安石者，無之而不毁。以至一家之中父子兄弟子女，無一人得免者。於是作父子考。

兄弟考

安石兄弟七人，安仁、安道皆爲異母兄，相繼早卒，安石爲文哀之甚痛。二兄一嫂未葬，屢見尺牘、章奏。惟安國文學聲名見推當世大賢，兄弟倡和詩詞見於集中者亦多。其死也，曾子固序其集，稱孝友與安石同。説者曰安國甚惡吕惠卿，於是有放鄭聲、遠佞人之誚，亦遂有鄭俠之獄而辭連安國。是不然。夫惠卿敢於背安石，何有於安國？且事有無不可知也。是時輕薄者慣造僞書，又安知非以鄭俠獄事後僞爲之，以實其惠卿之罪耶？故遠佞人之説，三載而三異詞。穆堂李氏辨之詳矣。至哭影堂，孰從而見之？新法行而其禍滅門，又何至此極？安國之不得大用，亦未嘗不用也，而曰由不悦於其兄使然。於是乎蘇軾薦王斿一表又作，其言尤鄙俚不堪。子瞻謂唐人妄撰《與大顛書》，雖退之家奴僕不爲，今予於子瞻亦云。安石之誌常甫墓也，曰先生孝友最隆。於誌平甫墓，則亦曰孝友。而安石友愛之誼，其詩與文施於一兄一弟者，尤可考而知。是孝友，固王氏之家法也。作兄弟考。

夫婦考

嘗見魏泰《東軒筆録》載豫國夫人叱葉均、毛抗事，高文虎《蓼花間録》載吴國夫人以錦帳嫁女事，以爲二説雖瑣屑誕妄，猶無已甚之詞。即實有其事，無大傷於名義，固可置而勿辨也。及閲新安讀二陳諫議遺墨，覼列荆公罪狀甚厲，而其中有曰「使其妻窮奢極侈，斥逐娣姒，而詬斥官吏」，如林希、魏泰之所書，以爲安石不能齊家之證，乃不可以不辨。夫荆公之母與荆公夫人皆吴氏女。吴敏父子三人，皆起家成進士，爲時聞人。考曾子固誌永安君謝氏墓，則安石之祖母也。誌仁壽縣太君吴氏墓，則安石之母，而吴畋之女也。安石所撰黄夫人墓表，畋之配，而安石之外祖母也。畋爲敏之弟。安石誌河東縣太君墓，爲吴敏夫人，而荆公夫人之祖母也。考其文，因以知諸夫人皆遵尚禮教，上下和睦。其被及於諸婦女，無不知書能詩，又不獨王氏閨門世有家法，而得之外戚，尤不爲無助。安仁、安道爲安石異母兄，及其死，無不喪事盡哀。二兄一嫂未葬，❶屢見尺牘奏章。其友愛如此，夫人安得有斥逐娣姒之事？安石守道安貧，見稱於當世大賢甚著。雖處卿相之貴，自奉與寒素無異。今而曰窮奢極侈，豈即錦帳嫁女之事乎？而又曰斥逐娣姒，則又不知其出於何書也。要之一家之中，自父子兄弟子女無一人得免者，至是又及於豫國夫人，而責其不能教家，以爲安石之罪，則讀二陳遺墨者之爲之也已甚也，不得已，於是夫婦考又作。

朋友考

荆公生平交游最厚者曾子固外，則孫正之、王逢原、孫莘老、王深父、劉原父、貢父、丁元珍、常夷甫、崔伯易諸人。此皆文學行誼見推於當世大賢者也。而後人詆毁荆公，無論當時同行新法者既盡目之爲黨，指以爲小人，即後來稍官於熙寧間，於新法之行無所與，亦必從而詆毁之，如常夷甫、崔伯易，其尤也。惟逢原、深甫、原甫卒於嘉祐、治平及熙寧之初，丁元珍轗軻兵戎間，曾子固在外十年，轉徙六郡，至元豐三年而後入朝，孫正之終身不仕，獨幸得免耳。孫莘老以議新法不合，亦緣公事，其於朋友交誼何傷哉？及公謝政歸金陵，莘老往見之，好爲議論者亦必曰，人皆服其德量。嗚呼！使介甫果小人耶？既常水火於朝，何嫌遽絶於後，必往見之奚爲？使夙爲貧賤之交，莘老

❶「一」，原作「二」，今據上文及《年譜考略》改。

隆盛，介甫零落可憫，念其故舊之情，一往見之，謂之有德量可也。乃介甫以使相之重，得遂其山林之志，君臣恩誼，稠疊無間。又以當時負才如子瞻，道過金陵流連唱和，見於詩篇不一而止。安得以莘老一見，獨漫許爲有德量哉？且朋友有誄，與銘並重。使莘老非有深服於介甫，生前一往見足矣，而死又何爲誄之？至如介甫、子固，説者謂二人始合終睽，則予於書中已辨之。作朋友考。

蔡氏於卷末又作實録考

實録考上

《神宗實録》初修於元祐者曰墨本，紹聖重修者曰朱墨本。渡江後，至紹興四年再修於范冲，以爲宣和間得之梁師成者，即此朱墨本也。實録詔修於元祐元年二月，四月而公薨。是實録爲公身後之書，而必詳著於卷末者，所以識黨禍所由來，而公之受穢且蔓延於千萬世，莫甚於此書。作實録考。

當元祐初修實録時，吕大防、劉安世諸人定介甫親黨，吕吉甫、章子厚而下三十人；蔡持正親黨，安厚卿、曾子宣而下十人，牓之朝堂。是以安石無黨者，而皆名之以爲黨。及紹聖改元，章、蔡用事，即首舉所修實録非是，而以爲報復之端。是《朱墨史》一書，元祐諸人實有以啓之。范祖禹、吕大防初修實録，既盡書安石之過，而紹聖反之。自紹聖至紹興，三十年間，流離竄逐，痛深骨髓。范冲爲祖禹之子，相爲報復，則凡元祐采於《涑水記聞》諸書，增添不知其幾；剗削朱墨新書所書安石之美者，又不知其幾。且是時道學門户日熾，於是楊中立《日録辨》出矣，李仁甫之《長編》又出，無非取之渡江後所修者。至其甚，則有《讀二陳遺墨》，尚以攻詰安石爲未盡，而搜羅雜説尤夥。自是元人遂纂入《宋史》，而此書更無平反之日矣。

實録考下

《熙寧實録》一書，所甚昌言排之者，陳瑩中也。瑩中著《尊堯録》，曰：「蔡氏尊私史而壓宗廟。」嗚呼！瑩中祇知尊堯之名爲甚美，而亦知尊堯之實安在乎？夫所謂尊堯者，神宗也。堯誅四凶而天下咸服，神宗以皋、夔、稷、契待安石，而諸人則盡書安石之過，有甚於共工、驩兜，則神宗亦得分過矣，謂之尊堯可乎？安石在相位，始終不過七年，而神宗之行新法十八年，而未之有改。一旦新君初立，剗除成法殆盡。雖曰以母改子，而神宗十八年天子，非若中道崩殂小弱者比也。設國無主母，其又何説之詞，而謂之尊堯可乎？且夫尊私史而壓宗廟，瑩中祇知安石日録爲私史，亦曾問元祐初修實録，范祖禹、吕大防盡采之《涑水記聞》《邵氏聞見録》獨非私書乎？以私史改私史，又豈得謂之壓宗廟乎？王明清《玉照新志》曰，初史多取司馬《涑水記聞》，至新史，於是《裕陵實録》皆以朱筆抹之，則是以私史抹私史。此固其明驗也。當元祐初，陸佃與范祖禹、黄庭堅争辨，大要多是安石。庭堅曰：「若是則佞史也。」佃曰：「如君言，豈非謗書乎？」以此推之，元祐初史其不得以宗廟壓日録，又明矣。

劉拯，字彦修，南陵人。紹聖初爲御史，言元祐修先帝實録，以司馬光、蘇軾之門人范祖禹、黄庭堅、秦觀爲之，竄易增減，誣毁先烈，願明正國典。

劉正夫，字德初，衢州西安人。徽宗時言，元祐、紹聖所修神宗史，互有得失，當折衷其説，傳信萬世。遂詔刊定。

徐勣，字元功，宣州南陵人。徽宗立，遷中書舍人，修神宗史。勣言，神宗正史今更五閏矣，未能成書，蓋由元祐、紹聖史臣好惡不同，范祖禹等專主司馬光家藏記事，蔡京等純用王安石日録，各爲之説，故議論紛然。當時輔相之家家藏記録，何得無之？臣謂宜盡取用，參訂是非，勒成大典。帝然之。

謝文瓘，陳州人。徽宗立，詔修《神宗實録》，文瓘請擇當時大政事、大黜陟，節其要旨，而爲之説以進。然所論率是王安石，謂神宗能察衆多之謗，任之而不二。於是朋黨消而威柄立。他放此。

《考略》曰：陸佃、劉拯諸人於元祐初修實録，未嘗有怨詞。即文瓘謂神宗能察衆多之口，任安石勿二，故朋黨消而威柄立，尤甚切當日情事，未可以爲率是安石而忽之也。

王文公年譜考略節要附存卷一

江右新城楊希閔鐵傭

年譜推論一卷補録　外録　博證

補　録

閔案：公集凡數刻，就所見者，一紹興十年桐廬詹大和刻本，黄次山季岑爲之序；一淳熙十五年錢塘錢象山刻本，陸象山爲之序，元時危素將刻公文，徵吴草廬爲序，序傳而其刻未見也；一明嘉靖二十五年象山應雲鸑刻本，臨川章衮汝明爲之序，陳九川爲後序；一嘉靖三十九年德安何中丞刻本，臨海王宗沐爲之序；一萬曆四十年荆公元孫鳳翔荆芩者，又刻於金陵，是爲光啓堂本，豐城李光祚爲之序。今除前已録其序語，更擇有相發明者，補録數條於後。近人有王集題跋者，亦補附焉。

明陳九川爲公集後序，中間一段云：宋之中葉，國勢寖弱，民志不振，夷狄交侵，遼夏爲急。猶人癰疽並發於肩臂，而神力俱疲，咸以其無甚作楚，因謂之安。公既洞見天下之勢，逆知夷狄之禍，而獨憂之。故每啓昭陵以至誠惻怛憂天下之心，而拳拳以晉武、梁武趍過目前爲戒，蓋欲早爲之所也。其相裕陵以更化，蓋將通壅滯，實藏府也。諸賢既罔或齊公之見，怪其作用，而客氣勝心以逞，又復攘臂其間，訐以爲直，不孫爲勇。天子之所惡也，而世以爲賢。甚至攖人心，挾天變，以要其上，而黨排之，必使公不得究其志，至元祐盡罷新法而後快。則彼雖幽、厲之政宜百反而中興，❶復文、武之境土矣。乃顧自貽紹聖之戚，因循而致靖康之禍，卒使中國淪陷，一如公所憂者。果誰執其咎？而顧横加諸公，是尚得爲有是非之心乎？

閔案：陳公末言無是非之心，前言挾客氣勝心，訐以爲直，不孫爲勇，皆切中當日膏肓之病。明王宗沐序公文集，後一段云：「宋荆國王文公嘗相神宗，憫日弱之勢，睹積敝之時，方欲變法更制，舉其主於堯舜。觀其措意注手，規局旨趣，三代以來一人而已。然其時每一法出，則天下皆駭而争，攻擊疏分，曾無虚日。比公不安而去，雖其所嘗薦引者，皆起而攻之，至謂爲邪。而靖康之禍或歸其郵於公。庸常守成，苟以自度，猶得辭其過於後，而公以堯、舜、伊、周之心，卒用爲罪，其亦宜公之不服乎？」又云：「公文章根抵六經，而貫澈三才，其體簡勁精潔，自名一家。平生展錯，無出於使還一書，讀之有古人畎畝翻然之志，而後世顧以公相業疑之。然公業所以不就，其失自有

❶「百」，《明文海》卷二四〇引作「可」。

在，亦安得而併疑其書也？」

閔案：中言「靖康之禍，庸常守成，苟以自度者，猶得辭其過於後，而公以堯、舜、伊、周之心卒用爲罪」，讀之令人遠慨。

明李光祚序公文集，中後一大段云：道有升降，政由俗革。譬之琴瑟不調，必更張之。宋事大類此也。理財一事，原非國家所諱。周制泉府之官，以摧制兼併，濟貧乏，通變天下之財，而周室長久。且新法之行，不加賦而財用足。其所謂農田水利、均輸、保甲、免役、市易、保馬、方田，皆一時救敝之法。以宋救宋，妙不在因而在革也。青苗之法，雖曰春貸秋償，收息於民，然私自貸償，聖世不免。彼其意以爲與其吞噬於私而倍蓰其利，孰若輸於官薄取而且佐國乎？免役之法，凡民出力於官者，皆無出力，而但輸錢，亦以民不能人人自役，不如免役，而官爲之雇役。既出錢，無可再派。萬一不給，官且復蠲帑矣。安得謂利其雇錢與？古者寓兵於農，彼法曰保甲連十，如大保、都保，正副相助，家自爲衛，人自爲擇，亦弭盜之方也。漢嘗括民馬矣，彼法曰保馬。願牧馬者聽，以陝西所市馬給之。或官與其直，十户爲保，十保爲社，日以生息。馬皆在民，而養馬之費，不以煩官，又何有不便也？保甲、保馬，我聖祖仿而行之，民相安於無事。至於更定科舉法，尤皇朝所藉以網羅豪傑，郁郁文盛，其效何彰明校著哉！此以知諸法所建，縱未必一一盡善，亦未必一一皆非也。説者又以靖康之禍見訶於公，試舉當時諸邊言之，振威奮武，王韶試於熙河，章惇試於湖北，熊本試於瀘夷，郭逵試於交趾，皆能各有所得。即歲幣尚以輸遼，女直尚爾未盛，豈能爲禍？自公之法一切報罷，而蔡京壞亂於前，師成陰賊於後，李彦結怨於西北，朱勔聚怨於東南，王黼、童貫搆釁於遼、金。諸人召隙，而爲之君者昏淫於上，宜來靖康之禍。而以爲自公始，亦大冤矣。蓋宋始終爲禍者遼，前此爲英、爲仁、爲真，其禍未熾；後此爲哲、爲徽、爲欽，其禍益烈。當神宗之時，公遑遑欲樹無前之績，思患豫防，偶爲足兵足食之策，計社稷之安危，不恤一身之利害。寧直道而行，不憂讒而畏譏；寧孤立無翼，不曲學以阿世。其心蓋曰吾行吾法，而終致富强，鞭笞夷狄，如唐擒頡利可汗故事，則吾願畢，吾道行，堯舜君民之志，庶其酬乎？奈何宋之諸公見不及此，曾無平心抑氣以推行其法，致使一事之善，今日行而明日罷；一言之起，一吠形而百吠聲。雖有碩畫訏謨，不勝其阻撓之弊。是則公之不幸，抑亦宋之不幸也。總而論之，群議鼎沸，縱未能盡信，要其學貫天人，文超今古，即有善毁者，不能掩其美也。然則因其事業而並重其文章可也，略其事業而獨重其文章亦可也。

閔案：中言公之所建，縱未必一一盡善，亦未必一一皆非，宋之諸公，曾無平心抑氣以推行其法。只此數言，足當長沙痛哭矣。餘者雖或前人已言，所謂一回拈出一回新也。

外　録

外録者，與本書事實無涉，然可互文見意者也。孟子曰知其人論其世，此蓋見其世之如此，則其人之功罪如何，自於言外見之。謂之曰外，别乎内之辭也。

宋李燾仁父《通鑑長編紀事本末》第六十九卷載吕本中雜記，正叔嘗謂新法之行，正緣吾黨攻之太力，遂至各成黨與，牢不可破。且如青苗一事，放過何害？伯淳作諫官論新法，上令至中書議。伯淳見介甫，與之剖析道理，氣色甚和，且曰：「天下自有順人心底道理，參政何必須如此做？」介甫連聲謝伯淳曰：「此則極感賢誠意。」此時介甫亦無固執之意矣。却緣次日張天祺至中書力争之，介甫不堪，自此彼此遂分。

閔案：玩正叔言「青苗一事放過何害」，則知諸公苦與介甫爲難者，是非忠於謀國，乃純任氣質，訐以爲直，不孫爲勇也。夫介甫誠亦未免氣質之偏，然何可只見一面，不看兩面乎？二程之言，蓋能看兩面者，所以爲大賢也。此書第九十四卷有彭汝礪奏，百單一卷有黄履奏，百單八卷有范純仁之言，又有蘇軾之奏，張行之奏，以皆前引於司馬公論後，今不複出。

又一百二十九卷云：建中靖國元年八月，三省進呈左司諫陳瓘所陳日録及《國用須知》。上顧曾布曰：「如此報恩也耶？」布嘗薦瓘，故云。布曰：「本不欲喋喋，然理有當陳者，不敢已。臣紹聖初在史院，不及兩月，以元祐所修實録，凡司馬光日記、雜録，或得之傳聞，或得之賓客，所記之事，鮮不偏載。而王安石有日録，皆當日君臣對面反復之語，乞取付史院，照對編修。此乃至公之論。其後紹聖重修實録，數年乃成，書臣蓋未嘗見。當日修書乃章惇、蔡京，今日提舉史院乃韓忠彦。而瓘以爲臣尊私史，壓宗廟，不審何謂也？神宗理財，雖累歲用兵，而所至府庫充積。元祐非理耗散，又有出無入，故倉庫爲之一空。乃以爲臣壞三十年根本之計，恐未公也。」

閔案：司馬公日記、雜録多得自傳聞，失實甚多。此非曾子宣私言，考校事實，人人可覆覈也。以王介甫日録爲私史，則司馬公日記、雜録又可謂官書乎？合二者照對，存是去非，斯爲公論。扶一倒一，皆偏論也。至云「神宗理財，府庫充實。元祐非理耗散，有出無入，倉庫爲之一空」，殆是確論。何也？諸公憤於前事，一意沽名，寬征薄斂，而歲入絀矣。

李仁父《説文解字五音韻譜序》云：「安石初是《説文》，覃思頗有所悟，故其解經，合處亦不爲少，獨恨求之太鑿，所失更多。」

閔案：荆公初據《説文解字》，根本亦正，解經未嘗無合處。忌者一概抹摋，獨舉一二不善者爲口實，可爲悼歎。今其門人《周禮解》《爾雅註》間用《字説》，何嘗大謬？

宋山陰陸農師佃《陶山集》卷十一，有《神宗實録敘論》曰：上聰明睿廣，臨政英果，而將之以慈仁。敬事兩宫，篤於誠孝，遇諸王宗室甚友愛。慈聖先獻太皇太后上賓，宫中自行三年之制。後歲時酌獻別廟，每至繼仁殿，即感哭流涕，哀動群臣。雍王顥、曹王顧請居外第，章數十上，弗許。至太后爲言之，猶累年而後可。加以聖學高遠，深知道德之意。每論經史，多先儒所不到。雖兵書律令，無不貫達。至於舟車宫室器械之制，亦極其妙。百官賜見顧問，各以其職，常出人意表，多不能酬對。然上恐其失次，輒顧而言他，終不面窮之也。熙寧之初，鋭意求治，與王安石議政意合，即倚以爲輔，一切屈己聽之。更立法度，拔用人才，而耆舊多不同。於是人言沸騰，中外皆疑，雖安石不能自保，亦乞罷政事。然上獨用之，確然不移。安石性剛，論事上前，有所争辯，時辭色皆厲，上輒改容爲之欣納。蓋自三代而後，君相相知，義兼師友，言聽計從，了無形迹，未有若兹之盛也。及安石罷相，上攬綱柄而自爲之，益加勵精。因任臺省，賞罰有序，旁延俊茂，與之立功。而政治文學法理之臣各以其彙進，得盡所長。雖拳勇之士，亦皆作使。士有獻書闕下，往往朝奏暮召，拔之常流之中而獎用之。雙日一御講筵，雖風雨不易。禁中觀書，每至夜分。遇休假，猶間御便殿訪政事。日昃或不遑暇食，至兩宫遣人趣之。侍臣有以爲言者，上曰：「朕享天下之奉，非喜勞惡逸，誠欲以此勤報之也。」在位雖久，未嘗御賞花釣魚之會。其幸西池，與民同樂，亦纔一二至爾。是以群臣悚惕，奔走赴功，百度齊而萬事理。勸農桑，興學校，講禮文，議音樂，修令式，定曆象，正官名，申軍政，下至道家齊祭科儀，亦皆有法度。一日執政事已，語及淤田之利，上曰：「源深流長，皆山川膏腴。汎浮滲漉，灌溉民田，可以變斥鹵而爲肥沃。朕遣中使往取淤田之土，自嘗之，極爲細潤。」輔臣參聽德音，皆以爲上之愛民，博求物理，精意如此，雖炎帝之嘗百草，禹之辨庶土，唐文皇之吞蝗，殆無以過也。交人犯塞，命將討伐，既克廣源州，知桂州趙卨以爲歲用戍兵三千，十死五六，何以守禦？上曰：「朝廷比以乾德犯順，焚刦三州，故興師討罪。郭逵不能翦滅，垂成而還。今廣源瘴癘之地，我得之未爲利，彼失之未爲害。一夫不獲，朕尚憫之，況十死五六耶？」河北緣邊安撫司嘗言邊民王習於北界市到馬，尋牒送順義軍訖。上曰：「時聞北界知賣馬人名氏，皆寘極典，全家遠配，兹亦可惻。自今如北界無移文根究，即差人夜放界首，其獲到人，毋令通析賣馬人名氏及所居處，免令屠戮蕃民。」若高麗、于闐諸國，皆務以德懷之，梯航而至無虚歲。平居亦間言兵，然非群臣所能望也。每邊奏至，處畫常中機會。號令諸將，多下手札，詞協事稱，皆粲然可觀。故平瀘戎，闢洮隴，南征交趾，西討靈夏，威聲所加，震疊海外。常惋憤敵人倔强，久割據燕，慨然有恢復之志，聚金帛内帑。自製四言詩一章曰：「五季失圖，獫狁孔熾。藝祖造邦，思有懲艾。積帛内帑，幾以募士。曾孫承之，敢忘厥志。」每庫以詩一字目之，既而儲積如丘山，屋盡溢，不能容。又别命置庫增廣之，賦詩二十字，分揭其上曰：「每虔夕惕心，妄意遵遺業。顧予不武姿，何日成戎捷。」其規模宏遠如此。迨元豐間年穀屢登，積粟塞上，蓋數千萬石，而四方常平之錢不可勝計。餘財羡澤，至今蒙利。嘗語侍臣曰：「善爲師者無智名，無勇功，自周以還，惟漢高祖爲近。近若魏武，可謂有智名。若項籍，可謂有勇功。然皆不能一天下。」竊觀聖謨博大，豈嘗須臾少忘藝祖之志哉？嗟乎！天不少延，不及宣究駿功偉業，以竟一代之能事。然在位十有九載，積精會神，興爲建立，所以作人經世之略，亦足以度越漢唐，追迹三代矣。况復謙冲退託，去華務實，終辭尊號弗受，抑盛德之舉也。然則廟號稱神，姑洵天人之意爾。

閔案：農師此篇，發揮神宗政事，甚暢甚切實。其言府庫充積，與上《通鑑長編》載曾布對上之言略合，足見神宗之有爲。而諸公黨同伐異，舉十九年政事一切抹殺，謂得是非之正乎？其糾安石，實以懟君上，昭然可見。漢李固爲梁冀所害，子燮賴王成保全。固女文姬謂燮曰：「慎勿斥言加梁氏，加梁氏則連主上，禍重至矣。」夫凶毒如梁冀，尚不敢斥言者，誠避主上也。今新法明明奉神考詔旨，而又肆言安石之罪乎？又可縱横變亂，恣無忌憚乎？况變亂之法，仍未能善，如役法、取士，嘖有煩言乎？後來如楊升菴輩吠影吠聲，並不究詳本末，真所謂一丘之貉也。

又《答李貢書》云：嗟乎！道之不一久矣。而臨川先生起於弊學之後，不向於末僞，不背於本真，度之以道揆，持之以德操，而天下莫能罔，莫能移。故奇言異行，無所遁逃，而聖人之道復明於世。某亦幸當此會，而偶獲承教於先生之門。

又《答崔子方秀才書》云：《春秋》，孔子自爲之書也。辭雖數萬，其指數千。褒貶繫片言隻字，而萬物之聚散皆在焉，雖游、夏不能贊一辭於其間，逮今千有餘歲，未有能精之者也。若陸淳《纂例》，近時孫復《發微》，學者頗宗焉。淳於經固疏，而復爲疏尤甚。昔常秩謂《發微》動輒有罪，商君之法耳，非聖人忠恕之道。王回以秩爲知言。孟子曰：「《春秋》無義戰，彼善於此則有之。」又曰：「五霸，三王之罪人也。今之諸侯，五霸之罪人也。」知此則知《春秋》矣。蓋《春秋》撥亂，以今責今，彼善於此則可知矣。而《發微》以王責霸，是不知論其世之蔽也。故余每患學者宗復，無所折衷。竊嘗盡心焉，頗見聖人之旨一二。惜夫荆公殁矣，不得而證也。又云：若夫荆公不爲《春秋》，蓋嘗聞之矣。公曰：三經所以造士，《春秋》非造士之書也。學者求經，當自近者始。學得《詩》，然後學《書》，學得《書》，然後學《禮》，三者備，《春秋》其通矣。故《詩》《書》、執禮，子所雅言，《春秋》罕言以此。由是觀之，承學之士，驟而語《禮》，不知其本也；驟而語《春秋》，不知其始也。

閔案：觀前條，受教於荆公心悦誠服至矣。觀後條，申明荆公所以不以《春秋》立學之意，昭然若揭。或者執荆公有「斷爛朝報」之説，謂農師此言爲回護其短。夫「斷爛朝報」之説，尹彦明已辨其無此言矣，奈何不信尹而必誣陸也？

又《謝資善堂修定説文書成賜銀絹表》有云：鉛黄初具，曾微隻字之奇；銀幣曲加，更誤十行之重。賞踰所藝，愧溢於顔。又云：訓發罔功，匪頒非次。增咸陽之字，幾同楊子之載金；上建光之書，竊陋許沖之賜布。

閔案：荆公將爲《字説》，先修《説文》，根本何嘗不正？未知當日曾發刊否？抑或刊而同《字説》一併廢之也。無從稽攷，可歎。

又元符三年二月《蔡州召還上殿劄子》云：竊見神宗皇帝聰明文思，延登真儒，建立法度，布在四方，以幸天下後世。而元祐之際，輒見詆譏。紹聖以來，又皆稱頌。夫事無當否，一切紛更。國有常刑，固在不赦。然理有損益，不無賡續。惟務稱揚，亦已過矣。《爾雅》曰：「賡、揚，續也。」夫續前人，不必因前所爲，利則賡之，善者揚焉，是爲善續。《詩》《書》所稱，後世詠歎不息是也。若元祐紛更，是知賡之而已，不知揚之之罪也。紹聖以來，率皆稱美，是知揚之而已，不知賡之之過也。

閔案：此言至公至。當元祐不問善否，而一切更之，紹聖不問善否，而一切續之，皆意氣用事，非真心於國事也，蓋借以爲名耳，最爲衷論。

又紹聖二年《謝落龍圖閣待制表》云：今月某日，准越州公文，准都進奏院遞到誥一道，授臣朝請郎，落龍圖閣待制者。無功還官，有罪落職。慚悔爲之汗浹，感嘆至於涕零。退惟虚孱，仰荷矜貸。竊念臣久塵侍從，初出遭逢。狗馬故識主恩，螻蟻頗知臣節。方勤報禮，適會修書。人其異心，臣則盡力。歲月之更固久，涓埃之補亦多。惜未終篇，忽先去國。從前之所争辯，去後之所變更。既無具藁之可尋，難逃疑似；縱有司存之能識，敢自辯明。此蓋伏遇皇帝陛下，茂聖神之姿，純仁孝之德，明慎刑罰，緝熙典章。重愛惜於群材，賜保完於孤進。止從薄責，未忍遐遺。雖褫延閣之圖書，仍付小邦之民社。重念臣持心過厚，推理輒前。與世曾無機防，立朝粗有本末。尚懷荆國之誨育，敢負裕陵之眷知。雖憂患之餘，顧歲時之能幾；惟精誠之至，冀天地之終迴。

閔案：謝表説實録彼一是非，此一是非，己之枉屈無從白，亦極痛切。

《黄山谷集·湖南轉運判官吴革墓誌銘》有云：方使者行新令，給青苗錢，公不格詔令，而實予可貸之民。使者按常平錢，不盡予民，取文書視之，皆如令。

袁易齋《圖民録》云：宋行新法，蘇文忠公通判杭州，每因法以便民，民賴以安。又云：役法初行，李公琮知陽武縣，處畫盡理，旁近民相率撾登聞鼓，願視以爲則。法雖病民，能於病民之中講求利民之術，俾民不至大病，程子所謂青苗且可放過也。

閔案：觀此二則，青苗錢亦在行之何如耳。雖非善法，亦何至如詆諆者之甚乎？

《山谷集》又有《次韻王荆公題西太一宫壁》詩云：風急啼烏未了，雨來戰蟻方酣。真是真非安在，人間北看成南。

閔案：此詩作於元祐元年，上二句言掊擊紛紜之甚，下二句言是非多失實，至有以北爲南者。此蓋目擊情事，爲是衷言也。

宋玉山汪公應辰《文定集》卷十五《答尤延之》書云：蒙諭劉、陳二公，皆一時宗師，尤難措詞。頃嘗問吕居仁丈，《神宗實録》張天祺、張横渠傳，殆非尋常文士所能作。吕丈云：「此兩傳皆是范純甫自做，他人豈易及此？天祺傳言『新法之害，當與王安石共分其過』。横渠傳言及『考索所至，❶非默識心通』。」今此二公恐亦類此。閔案：二公，謂劉、陳也。蓋劉元城、陳了齋。輒以所聞，漫録呈上。忠宣舊見范忠宣、王正仲、曾子開皆云元祐間有朋黨之論，忠宣辨尤力，録歐陽公《朋黨論》以進。忠宣奏議皆可攷，然竟不知何人爲黨論，其論指何事也。後得一書曰《元祐密疏》者，有劉器之一章，分王安石、吕惠卿、蔡確之黨，各具姓名於其下。方知忠宣所争者，此也。器之《盡言集》亦不載此章。《元祐密疏》，李仁甫曾借去，録本留史院，恐須載，并及忠宣所論於傳末。瑩中再作《四明尊堯集》，爲悔過之書，以寄器之。器之答云：「神宗未嘗師安石，安石豈足爲聖人？昔既稱道如此，今乃置之僭逆悖亂之域，是非去取有非鄙拙所能曉者。然事君行己，苟亦無憾，而今而後，可以已矣。」「事君行己」等語，蓋亦察其心也。又有書與楊中立，以爲不辭一身之有過，願成來者之無過。楊答以賢知過之，則道不明不行，安能成來者之無過乎？龜山及了翁集，其書具載可攷也。此兩段合載於瑩中傳末。

閔案：觀此，「當與安石共分其過」，范忠宣亦言之。《元祐密疏》，范忠宣又力辨，皆可證當時君

---

❶「及」，《文定集》卷一五作「乃」。

子之過。

朱子與張元德書云：所論新法大概亦是如此。然介甫所謂勝流俗，亦非先立此意以壓諸賢，只是見理不明，用心不廣，故至於此。若得明道先生與一時諸賢，向源頭與之商量，令其胸中見得道理分明，許多人欲客氣，自無著處，亦不患其不改矣。若便以不可與有爲待之，則亦非所以爲天下之公，而自陷於一偏之説矣。頃見趙丞相所編諸公奏議，論新法者有數卷，言不爲不多，然真能識其病根，而中其要害者甚少，無惑乎彼之以爲流俗之言而不足恤也。至如祧廟一事，當時發言盈庭，多者累數千字，而無一言可以的當與介甫争是非者。但今人只見介甫所言便以爲非，排介甫者便以爲是，所以徒爲競辨，而不能使天下之論卒定於一也。此説甚長，非面諭未易究。

李穆堂云：論荆公甚平允，與陸子《荆公祠堂記》無異。

閔案：朱子於荆公前後議論不能合一，觀下所記數條可以互覈。

朱子跋王荆公進鄴侯遺事奏藁

臣前日伏奉聖旨，令進鄴侯遺事，今繕寫已具。竊以宇文黑獺之中材，遇傾側擾攘之時，而輔之以區區之蘇綽乃能制法如此。陛下天縱上智，卓然之材，有百年無事之中國，欲追堯舜三代，其勢不難，豈宜每事尚或依違，牽制流俗，不能一有所立，以爲天下長計，而令任策之臣，更以蘇綽爲愧也。蓋創業垂統，其施有漸。伏惟成算已在聖心，臣雖甚愚，誠願自竭庶憑末光，不以投老餘年，爲竊位之臣而已。所有鄴侯遺事，隨此上進。取進止。

集本「宇文黑獺之中材」，下云：「遇傾側窮困之時，而輔以區區之蘇綽，然其爲法尚有可取。伏惟陛下天縱上智，卓然之材，全有百年無事萬里之中國，欲創業垂統，追堯舜三代，在明道制衆，運之而已。如李泌所稱，豈足道哉！顧求多聞以考古今得失之數，則此書亦或可備省覽。」

《熙寧奏對日録》云：熙寧二年閏十一月十九日，上曰：「侯叔獻有言，義勇上番文字，必是見制置司商量來。」余曰：「此事似可爲，恐須待年歲間議之。」暘叔曰：「今募兵未消，又養上番義勇，則調度尤不易。」余因爲上言募兵之害，終不可經久，僉以爲如此。余曰：「今養兵雖多，及用則患少。以民與兵爲兩故也。又五代禍亂之虞，終未能去，以此等皆本無賴姦猾之人故也。」上因問府兵之制曰：「何處言府兵最備？」余曰：「《李鄴侯傳》言之詳備。」上曰：「府兵與租庸調法相須否？」余曰：「今上番供役，則以衣糧給之，則無貧富，皆可以入衛出戍。雖未有租庸調法，亦可爲，但義勇不須刺手背。刺手背何補於制御之實？今既以良民爲之，當以禮義獎養。刺手背但使其不樂，而實無補也。又擇其鄉閭豪傑爲之將校，量加奬拔，則人自悦服。今募兵爲宿衛，乃有積官至刺史防團者。移此與彼，固無不可，況不至如此費官禄，已足使人樂爲之。陛下審擇近臣，使皆有政事之材，則他時可令分將此等軍。今募兵出於無賴之人，尚可爲軍廂主，則近臣以上，豈不可及此輩？此乃先王成法，社稷之大計也。」上良以爲然。

先君子少喜學荆公書，每訪真蹟，晚得此藁，以校集本，小有不同，意此爲未定也。熹常恨不曉寫進《李鄴侯傳》，於宇文泰、蘇綽事何所預，而獨愛其紙尾三行。語氣淩厲，筆勢低昂，尚有以見其跨越古今，斡旋宇宙之意。疑此非小故也。後讀《熙寧奏對日録》，乃得其説如此。甚矣，神宗之有志，而公之得君也。然其後募兵之費竟不能損，而保甲之擾遍天下，則所謂定計數於前，必事功於後者，果何如哉？因抄《日録》家傳本語，以附於後，覽者有考焉。紹熙壬子春二月十九日，新安朱熹。

朱子再跋王荆公進鄴侯遺事奏藁

熹家所藏荆公進鄴侯家傳奏草臨川石刻摹本，丞相益公論之詳矣。然所議上番義勇，當時竟不聞有所施行，而保甲、保馬之法，人多不以爲便，蓋鄴侯所謂得時用勢，舍勢用力，利害相遠，固如此也。抑公此紙詞氣激烈，筆勢低昂，高視一時，下陋千古。而版本文集所載，乃更爲卑順容悦之意，是必自疑其亢厲已甚，而抑損之，其慮深矣。然論其實，似不若此紙之云，發於邂逅感觸之初，尤足以見其胸懷本趣之爲快也。夫以荆公之得神祖，可謂千載之一時矣。顧乃低徊若此，而猶未免有鬱鬱未盡之懷。君臣之際，功名之會，嗚呼難哉！紹熙甲寅二月辛巳，夜讀有感，因書以識其後。

閔案：荆公初與上所籌畫，原未失計。後來行之不善，非其人故也。朱子後一跋，感慨荆公有鬱鬱未盡之懷，謂「君臣之際，功名之會，嗚呼難哉」。朱子蓋亦知新法之行，神宗主之，荆公尚有鬱鬱不申其意處。則用人之間，豈可盡責荆公哉？當時内外何嘗不知？止好責荆公者，實借以愬君上也。故有彈荆公者，神宗每不悦。非庇荆公，實護己短，惡臣下之脅持也。奈何元人修史者不明此意，徇一時朋黨愛憎之言，淆雜入史，而是非不明於後世矣。《史記》平準、封禪諸書，西南夷、大宛諸傳，雖載諸臣謀畫，而令人讀之，知是武帝爲之，君且行事，亦功過互見，不失據實之義。豈若元史載宋人議論，只見元豐之過，無一功之足取哉？吾謂《宋史》必有大學問、心術平正之君子一手經營，不假衆作，庶乎可傳於後世也。

朱子論貢舉治經，謂宜討論諸家之説，❶各立家法而皆以註疏爲主。《易》則兼取胡瑗、石介、歐陽脩、王安石、邵雍、程頤、張載、吕大臨、楊時，《書》則兼取劉敞、王安石、蘇軾、程頤、楊時、晁説之、葉夢得、吴棫、薛季宣、吕祖謙，《詩》則兼取歐陽脩、蘇軾、程頤、張載、王安石、吕大臨、楊時、吕祖謙，《周禮》則劉敞、王安石、楊時，《儀禮》則劉敞，《大戴禮記》則劉敞、程頤、張載、吕大臨，❷《春秋》則啖助、趙正、陸淳、孫明復、劉敞、程頤、胡安國，《大學》《論語》《中庸》《孟子》則集解等書，而蘇軾、王雱、吴棫、胡寅等説亦可采。令應舉人各占兩家以上，答義則以本説爲主，而旁通他説，以辨其是非，則治經者不敢妄牽己意而有據依矣。

---

❶「家」，《晦庵集》卷六九《學校貢舉私議》作「經」。

❷「大戴禮記」，《晦庵集》作「二戴禮記」。

閔案：此條於《易》《書》《詩》《周禮》四經之説兼取王安石，《論語》則併取王雱。他日《讀兩陳諫議遺墨》，則將王氏諸經貶斥不遺餘力，何愛憎無定如此？辨見下文。

朱子《婺州金華縣社倉記》云：凡世俗之所以病乎此者，不過以王氏之青苗爲説耳。以予觀於前賢之論，而以今日之事驗之，則青苗者，其立法之本意，固未爲不善也。但其給之也，以金而不以穀；其處之也，以縣而不以鄉；其職之也，以官吏而不以鄉人士君子；其行之也，以聚斂亟疾之意而不以慘怛忠利之心。是以王氏能以行於一邑，而不能以行於天下。子程子嘗極論之，而卒不免於悔其已甚而有激也。

閔案：朱子此論甚持平，然他日所謂惑亂聰明，變移心術，爲一世禍敗原者，又何也？

朱子《讀兩陳諫議遺墨》云：頃年獲侍坐於故端明上饒汪公，縱言及介甫日録。妄謂日録固爲邪説，然諸賢攻之，亦未得其要領。蓋凡安石之所以惑亂神祖之聰明，而變移其心術，使不得遂其大有爲之志，而反爲一世禍敗之原，其隱微深切，皆聚此書。而其詞鋒筆勢縱横捭闔，又非安石之口不能言，非安石之手不能書也。以爲蔡卞撰造之言，固無是理。况其見諸行事深切著明者，又以相爲表裏，亦不待晚年懟筆有所增加而後爲可罪也。然使當時用其垂絶之計舉而焚之，則後來載筆之士於其帷幄之間深謀密計，雖欲畢力搜訪，極意形容，勢必不能得之如此之悉。而傳聞異詞，虚實相半，亦不能使人無溢惡之疑。且如「勿令上知」之語世所共傳，終以手筆不存故，使陸佃得爲隱諱。雖以元祐衆賢之力爭辨之苦，而不能有以正也。此見陸佃《供答史院取供狀》。何幸其徒自爲失計，出此真蹟，以暴其惡於天下，便當摭其肆情反理之實，正其迷國誤朝之罪，而直以安石爲誅首，是乃所謂自然不易之公論，不惟有以訂已往之謬，而又足以開後來之惑。奈何乃以畏避嫌疑之故，反爲迂曲回護之言，指爲撰造增加、誣僞謗詆之書，而欲加刊削以滅其迹乎？汪公歎息，深以愚言爲然。

閔案：二陳同時之人，指爲撰造增加，必非無據。乃以畏避嫌疑加之，陳了翁是畏避嫌疑之人乎？《熙寧日録》至今不傳。嘗謂元祐、紹聖兩次所修實録，當各存其真本，如新舊《唐書》、新舊《五代史》之例。《熙寧日録》與《温公日記》亦當照原本刊刻，以爲互鏡之資，是是非非聽之天下後世。今乃據一面之辭，惡詬毒詈，其可乎？蒲左丞誌濂溪之墓，中載濂溪有善新法處，蓋本濂溪家書。朱子以爲恐非其實而删之。删之可也，然必仍小注存其原文，乃足傳信。今删去無一字之存，用心如此，又安能使人無溢惡之疑乎？至云「帷幄之間深謀密計，非日録不能得如此之悉」，日録今未見，然李仁父《通鑑長編》所載《神宗實録》甚具。君臣問答磊磊明明，並無秦檜謀害岳忠武之事，何所庸密計？要行青苗、保甲，奏明奉旨而行，即不便民，亦顯然過惡，非陰算比，何謂深謀？後代君臣，除朝見外，得留身備問，已爲極眷，更何處見爲帷幄之間也？張南軒與朱子書云：「言語未免有少和平處。」此指與胡廣仲書。又一書云：「殆有怒髮衝冠之象。」此指與劉共甫書。竊謂此一篇文字正犯此病。

又云：觀閒樂此書之指，所以罪狀安石者至深切矣，然考其事，不過數條。若曰改祖宗之法，而行三代之政也；廢《春秋》，而謂人主有北面之禮也；學本出於刑名度數，而不足於性命道德也；釋經奥義多出先儒，而旁引釋氏也。是數條者，安石信無所逃其罪矣。然其受病之源，遺禍之本，則有所未及。而其所指以爲説者，亦自不能使人無可恨也。今亦無論其他，姑以安石之素行與日録之首章言之，則安石之行己立朝之大節，在當世爲如何，而其始見神宗也，直以漢文帝、唐太宗之不足法者爲言，復以諸葛亮、魏元成之不足爲者自任。此其志識之卓然，又皆秦漢以來諸儒所未聞者，而豈一時諸賢之所及哉！然其爲人質雖清介，而器本褊狹；志雖高遠，而學實凡近。其所論説，蓋特見聞億度之近似耳。顧乃挾以爲高，足己自聖，不復知以格物致知、克己復禮爲事，而勉求其所未至，以增益其所不能。是以其於天下之事，每以躁率任意而失之於前，又以很愎徇私而敗之於後。此其所以爲受病之深，而閒樂未之言也。

閔案：閒樂所責於安石，尚不失爲據實。若朱子責安石不知以格物致知、克己復禮爲事，安石不必言矣，試問前安石爲相、後安石爲相者，皆能致知格物、克己復禮乎？即漢、唐、元、明以來爲相者，皆能格物致知、克己復禮乎？至謂陛下當法堯舜，語本《孟子》，原無疵病，神宗亦云「卿可謂責難於君」，乃責其「挾以爲高，足己自聖」，此語乃志乎堯舜云爾，非謂已至堯舜也，何云足己自聖？又當云法後王始不挾以爲高乎？夫格物致知，堯舜之知猶不徧物，克己復禮，非顔子、亞聖，豈容易言？而乃望之於躁率很愎之荆公，非騏驥而覬千里，謂非有心於相苛乎？

又云：若其所以遺禍之本，則自其得君之初，而已有以中之，使之悦其高，閔案：之字指神宗，本朝臣子，如此立言，亦似不合。駭其奇，而意斯人之不可無矣。及其任之以事，而日聽其言，則又有以信夫斯人之果不可無也。於是爲之拒群言，而一聽其所爲，惟恐一旦去我，而無與成事也。及其訏謨既久，漸涵透徹，則遂心融神會，而與之爲一，以至於能掣其柄而自操之。則其運動弛張，又已在我，而彼之用舍去留，不足爲吾重輕矣。迨安石卒去，而天下之政始盡出於宸衷。了翁所謂萬幾獨運於元豐，閒樂所謂屏棄金陵，十年不召者，蓋皆指此。然了翁知其獨運，而不知其所運者乃安石之機。閒樂見安石之身若不用，而不知其心之未嘗不用也。是以凡安石之所爲，卒之得以附於陵廟之尊，託於謨訓之重，而天下之人愈不敢議，以至於魚爛河決而後已焉。此則安石所以遺禍之本，而閒樂亦未言也。

閔案：此一段言安石遺禍之本，實斥神宗遺禍之本也。神宗非昏主、幼主，安石有十分之罪，神宗亦當分半。爲之拒群言，一聽其所爲。萬幾獨運，亦安石之運；十年不用，仍安石之用。説得神宗是何人主，豈有堯在上而共、驩得君之心如此？言之無忌，即是心之不敬。此紹聖詔制所以多言以君父爲仇，無臣子之義也。至云天下之人愈不敢議，亦非。元祐諸臣惟議之太盡太急，尚曰不敢議乎？諸臣本領有限，未嘗究心格物致知、克己復禮，君子自尋黨羽，始而二黨，洛、蜀。繼而三黨，洛、蜀、朔。互相攻擊。初則君子借小人爲助，劉摯引楊畏。嗣則小人以君子爲仇，楊畏助吕大防逐劉摯，此亦姑引一事，尚不止此。日甚一日，所以致於河爛魚決也。❶若曰不敢議安

❶「河爛魚決」，今據上文並《考略節要附存》卷一，當爲「魚爛河決」。下二「河爛魚決」同。

石，以致河爛魚決，當日即再議安石，發冢剖棺，政事如此，蔡京、童貫接足駢肩，遂不河爛魚決乎？嚴責熙、豐，寬責哲、徽，是非之傎，無若此之甚者。夷、厲之後，尚可中興，神宗並非夷、厲，乃以宋亡，歸罪神宗，豈於哲、徽獨有厚契哉？

又云：閒樂論祖宗法度，但當謹守而不可變，尤爲痛切。是固然矣。然祖宗之所以爲法，蓋亦因事制宜，以趨一時之便。而其仰循前代，俯徇流俗者，尚多有之，未必皆其竭心思，法聖智，以遺子孫，而欲其萬世守之者也。是以行之既久，而不能無弊，則變而通之，是乃後人之責。故慶曆之初，杜、范、韓、富諸公變之不遂，而論者至今以爲恨。况其後此又數十年，其弊固當益甚於前，而當時議者亦多以爲當變。如吕正獻公父子家傳及河南程氏、眉山蘇氏之書，蓋皆可考。雖閒樂此論若有不同，而不免亦有仁皇之末適當因革之時之説。則是安石之變法，固不可謂非其時，而其設心亦未失其爲正也。但以其躁率任意，而不能熟講精思，以爲百全無弊可久之計，是以天下之民不以爲便。而一時元臣故老、賢士大夫群起而力争之者，乃或未能究其利病之實。至其所以爲説，又多出於安石規模之下。由是安石之心愈益自信，以爲天下之人真莫己若，而陰幸其言之不足爲己病，因遂肆其很愎，倒行逆施，固不復可望其能勝己私，以求利病之實，而充其平日所以自任之本心矣。此新法之禍，卒至於横流，而不可救。此其爲説，所以不能使人無所恨者，一也。

閔案：此段前半言祖宗之法亦當變通，安石設心初亦未失其爲正，最爲平論。而責其未能百全無弊，爲可久之計，此雖希文、稚圭、晦叔、君實之爲相，亦何能如此？舉宋朝一代之相業，均未必能如此，而以苛責荆公，是以伊、周律荆公也。論他相不如此，論荆公則如此，恕乎？不恕乎？又謂一時元臣故老、賢士大夫未能究其利病之實，所以爲説，又多出於安石規模之下。夫安石規模尚不能勝，使其爲相，又能熟講精思，以爲百全無弊可久之計乎？又謂新法之禍，卒至於横流，而不可救，元祐諸人變更新法殆盡，何謂不可救？後來紹聖，又是小人激而成仇，借題目以排元祐，仍當責諸君子不能爲障瀾之砥柱，遂爲小人所擠，與熙、豐新法何與？宣和之間，楊時亦嘗應召一出，效驗又如何？此真格物致知、克己復禮之賢人也，何以不能使君拒群言，一聽所爲，而京、黼、童貫、林靈素、郭藥師一派小人充斥在位，如此能不至横流而不可救乎？奈何一切皆府獄荆公也？

又云：至謂安石遠取三代渺茫不可稽考之事而力行之，此又不知三代之政，布在方策，雖時有先後，而道無古今，舉而行之，正不能無望於後之君子，但其名實之辨，本末之序，緩急之宜，則有不可以豪釐差者。苟能於此察焉而無所悖，則其遺法不可稽考，然神而明之，在我而已，何不可行之有？彼安石之所謂《周禮》，乃姑取其附於己意，而借其名高以服衆口耳，豈真有意於古者哉？若真有意於古，則格君之本，親賢之務，養民之政，善俗之方，凡古所謂當先而宜急者，曷爲不少留意，而獨於財利兵刑爲汲汲耶？閒樂不察乎此，直以三代之法爲不可行，獨指其渺茫不可稽考者而譏之，此又使人不能無恨者，二也。

閔案：此段所云格君之本、親賢之務、養民之政、善俗之方，舉以責荆公，荆公誠無辭矣。但問前後荆公之爲相者，皆能副此言乎？伊川爲説書，朱子爲侍講，格君親賢之間，未嘗不兢兢，然能畢如其志乎？不久即罷去，養民善俗，更無論矣。「中孚豚魚」可格，程朱之誠乃上不能格於君，下不能格於邢恕、胡紘。以是知言易行難，責人毋太苛也。閒樂之言不能使人無恨，朱子此言恐更不能使人無恨也。

又云：若安石之廢《春秋》，語北面，則亦志識過高，而不能窮理勝私之弊。是以厭三傳凡例條目之煩，惡諸儒臆度附致之巧有太過者，而不思其大倫大法固有炳如日星而不可誣者也。因前聖尊師重道之意，以推武王、太公之事有太過者，而所以考其禮之文者有未詳也。是其闕於審量而輕爲論説。直廢大典，固爲可罪，然謂其因此而亂君臣之名分，又并與孟子迭爲賓主之説而非之，則亦峻文深詆而矯枉過直矣。此又其使人不能無恨者，三也。

閔案：此條論略平恕，然《春秋》遲二年仍立學官，大典固未嘗廢。坐講之禮，伊川亦嘗與顧臨争論。此朱子所以責備荆公較寬，❶非寬荆公也，有所以爲寬者也。

又云：若以道德性命之與刑名度數，精粗本末，雖若有間，然其相爲表裏，如影隨形，則又不可得而分別也。今謂安石之學，獨有得於刑名度數，而道德性命則爲有所不足，是不知其於此既有不足，則於彼也亦將何自而得其正耶？夫以佛老之言爲妙道，而謂禮法事變爲粗迹，此正王氏之深蔽。

---

❶「此」，《考略節要附存》作「也」，屬上。

今欲譏之，不免反墮其説之中，則已誤矣。又况於其粗迹之謬，可指而言者，蓋亦不可勝數，政恐未可輕以有得許之也。今姑舉一二而言之。若其實有得於刑名度數也，則其所以修於身者，豈至與僧卧地而顧客褫衣，如錢景諶之所敘乎？閔案：錢説誣妄，豈可援以爲據？《温公日記》謂富鄭公公惑一尼，❶至願食其不潔，尚不可信，况錢説乎？所以著於篇者，豈至於分文析字以爲學，而又不能辨六書之法如《字説》之書乎？閔案：李仁父《説文五音韻譜序》謂荆公初是《説文》，覃思頗有所悟，故其合處亦不爲少。今《字説》不可見，然如其門人解《周禮》，解《爾雅》，亦有可節取者，何至尊《説文》而昧六書？所以施於家者，豈至於使其妻窮奢極侈，斥逐娣姒，而詬斥官吏，如林希、魏泰之所書？閔案：林希、魏泰皆小人之尤者，其言豈可信？餘並辨見蔡氏《年譜考略》末卷《夫婦考》中。至於使其子囚首跣足，箕踞於前而干預國政，如邵伯温之所記乎？閔案：此事蔡氏《年譜考略》已辨其無有，邵氏虚搆之言，今不贅。所以施於政者，豈至於乖事理，咈民情，而於當世禮樂文章教化之本或有失其道理者，乃不能一有所正，至其小者，如鵪鶉公事，按問條法，亦皆謬戾煩碎，而不即於人心乎？以此等而推之，則如閒樂之所云，亦恐其未免於過予，而其所以不能使人無可恨者，四也。

閔案：此段因刑名度數而采及骫骳小説，責人閨門詬誶之事，無論虚實，是亦不可以已乎？至施於政者，責其於當世禮樂文章教化之本不能一有所正，試移以責元祐呂公著、范純仁諸賢相，

❶「公公」，據文義當爲衍一「公」字。

且毋苛責荆公。

又云：若其釋經之病，則亦以自處太高，而不能明理勝私之故。故於聖賢之言，既不能虚心静慮以求其立言之本意，於諸儒之同異，又不能反復詳密，以辨其爲説之是非。但以己意穿鑿附麗，極其力之所通，而肆爲支蔓浮虚之説。至於天命人心日用事物之所以然，既已不能反求諸身以驗其實，則一切舉而歸之於佛老。及論先王之政，則又騁私意，飾姦言，以爲違衆自用，剥民興利，斥逐忠賢，杜塞公論之地。閒樂於此，乃不責其違本旨、棄舊説、惑異教、文姦言之罪，而徒譏其奥義多出鄭、孔意，若反病其不能盡黜先儒之説，以自爲一家之言者，則又不能使人無恨者，五也。

閔案：朱子論貢舉治經，《易》《書》《詩》《周禮》兼取王安石，《論語》併取王雱，而此段則貶斥不遺餘力。何至一人之言前後乖迕如此？新三經今止見《周禮新義》，文集中又存《洪範解》一卷，並無有惑異教、文姦言，不知朱子何所指？至於棄舊説解經，朱子詩傳何嘗不棄小序？豈在己則可，在人則不可乎？　朱子此篇尚有惡詬毒詈之處，今亦不欲盡言也。

《朱子語類》云：王荆公遇神宗可謂千載一時，惜乎渠學術不是，直壞倒恁地。問：「温公所作何如？」曰：「渠亦只見荆公不是，便倒一邊。」又問：「神宗元豐之政又却不要荆公？」曰：「神宗盡得荆公許多伎倆，更何用他？到元豐間，事皆自做，只是用一等庸人，備左右趨承耳。」

閔案：此言温公「便倒一邊」，甚爲至論。又言神宗元豐之間事皆自做，則可知元祐以母改子之説，直憝君上太甚，必有紹述之禍也。然皆無與於荆公。

宋周益公必大《平園集·跋閒樂居士陳師錫與了翁陳瓘論王氏日録書》云：陳了翁以元符庚辰八月爲司諫，雖論裕史不當用日録，然多是王介甫而非蔡卞。明年八月出守海陵，閒樂先生實遺以書，其後了翁猶有合浦尊堯之作。大觀四年，始因星變，復上《四明尊堯集》及《尊堯餘言》，痛悔前作，則此書爲有助矣。

閔案：玩益公言，了翁初意是王介甫而非蔡卞，因閒樂書改其初意。然則王氏《日録》殆無甚謬戾，恨今不得一見以釋吾疑。

明歸熙甫有光《震川集·與熊分司論水利書》云：當元豐變法擾亂天下，而郟氏父子，荆舒所用之人，世因以廢其書。至其規畫之精，自謂范文正公所不能逮，非虚言也。

閔案：郟氏名亶，其書論水利，爲震川所賞如此，則介甫當日所用之人，豈盡不當？乃至惡介甫，並所用郟氏之書亦惡之，可發一笑。世情愛憎至於如此，此黨與門户之積習也。

又《與王子敬書》云：蘇松常鎮論田役利害，不攻其本，止就末流上説，甚好笑。朱子嘗言，論新法者不爲不多，能識其本原，中其要害者甚少，宜介甫詆以爲流俗也。論天下事多類此，如何可哉？

閔案：據此亦可見古今來漫議者之多也。

《欽定四庫書目提要》子部儒家類晁説之《儒言》一卷云：因安石附會《周禮》而詆《周禮》，因安石尊崇孟子而抑孟子，則有激之談，務與相反，惟以恩怨爲是非，殊不足爲訓。蓋元祐諸人，實有負氣求勝，攻訐太甚，以釀成黨錮之禍者。賢智之過，亦不必曲爲諱也。

閔案：此真持平之論，即晁氏可以概當時矣。

又子部雜家類白珽《湛淵静語》二卷云：其載倪思論司馬光《疑孟》一條，謂王安石援孟子「大有爲」之説，欲神宗師尊之，故先著此書，❶明其未可盡信。其説爲從來所未及。案晁公武《讀書志》，王安石喜《孟子》，自爲之解。其子雱與其門人許允成皆有註釋。蓋唐以前《孟子》皆入儒家，至宋乃尊爲經，元豐末遂追封鄒國公，建廟鄒縣，亦安石所爲。則謂光《疑孟》實由安石異議相激而成，不爲無見，必以爲但因「大有爲」二語，則似又出於牽合，非篤論也。

閔案：温公《疑孟》之非，則荆公尊孟亦有一節之是。乃是者必加「大有爲」之語以污之，非者必曲解爲有激而成，是非之心謂何？

閻百詩若璩《潛丘劄記》卷二云：按《朱子語類》云：「韓无咎嘗説高麗入貢時，神宗諭進先秦古書。及進，表内有六經不曾焚者。神宗喜，欲詔頒行。王介甫恐壞他新經，奏云真僞不可知，恐爲外裔所欺，因止，今本亦不傳。以某觀之，實未必然。蓋招徠高麗時，介甫已不在相位。且神宗是甚剛明，果有未焚書，豈介甫力所能阻？記得《文昌雜録》説高麗所進只是讖緯之書，無進先秦古書事。」余案《宋史》，高麗入貢在熙寧四年五月，置經義局則熙寧六年三月，頒三經新義於學官又八年六月安石復相時事，韓、朱説皆差。

❶「先」，《四庫全書總目》卷一二二作「光」，當是。

閔案：此可見宋人誣罔之言，實繁有徒。閻氏攷歲月以證之甚明白。若學究，則一味隨聲附和矣。

博　證

博證者，推類廣求，明乎彼即證乎此也。自元祐之新政繼哲宗之紹述，黨同伐異，小人不足責，責備賢者，庸無咎乎？以是嘆專議王安石敗壞宋事者，真不考故實耳食之徒也。

《二程遺書》云：温公初起時，欲用伊川。伊川曰：「帶累人去裏，使韓、富在時，吾猶可成事。」後來温公欲變法，伊川使人語之曰：「切未可動著役法，動著即三五年不能定疊。」去未幾，變之，果紛紛不能定。

閔案：伊川不爲温公出，而思及韓、富，亦知温公非韓、富匹矣。又言役法不可變動，然則熙、豐之政，何致如救焚拯溺也？

畢仲游《西臺集·與司馬温公書》云：昔王荆公以興作之説動先帝，先帝信之，而患財之不足也，乃散青苗，置市易，斂役錢，變鹽法。凡政之可以得民財者，無不用。蓋荆公散青苗、置市易、斂役錢、變鹽法者，事也。而欲興作，患不足者，情也。苟未能杜其興作之情，而徒欲禁其散斂變置之事，是以百説而百不行。然則事之與情可不察哉？自先帝棄群臣，興作之議雖無復聞者，而轉輸未減，邊備尚衆，京師吏禄歲百餘萬，而外路官司州縣雇傭，號新法而從事者，有不可訾計之費。今以天地社稷之靈，主上母后之聖，同人心決大策，起閣下於不可起之中，而寄以天下之政。閣下遂欲廢青苗，罷市易，蠲役錢，去鹽法。凡號爲財利而傷民者，一埽而更之。則自熙寧以來用事於新法者，必不喜矣。不喜之人必不但曰青苗不可廢，市易不可罷，役錢不可蠲，鹽法不可去。必探不足之情，修不足之説，伺不足之隙，言不足之事，以動上聽。夫以一家之計，父子之親，欲安田野，遠市井，習耕稼之常業，辭商販之末利，而説以不足，則猶相視扼腕而中止。況以天下之廣，臣民之衆，有郊廟朝廷祭祀賓客之奉，有内外上下官吏廪禄之費，有重兵宿衛邊守城禦之計，有大河隄塞外裔餽賜之勞。自古之君，固常有患不足之情矣。持不足之説，伺不足之隙，而言不足之事，雖致石人而使聽之，猶將動也。如是則青苗廢而可復散，市易罷而可復置，役錢蠲而可復斂，鹽法去而可復存。使禹稷重出爲天下争，將亦無可奈何。則不足之情，可不豫治哉？爲今之策，當大舉天下之計，深明出入之數。曰天下之不足，其弊安在？弊在邊境轉輸之多也，則棄無用之地，省轉輸之繁，其省幾何？弊在造作修營之多也，則止造作，輟修營，其省幾何？弊在新法官吏廪給横費之多也，則廢吏禄，行常法，其省幾何？弊在掖庭永巷婦女資用之多也，則定職掌之數，非先帝幸御者一皆出之，其省幾何？天下之可已者無不已，其省幾何？今諸路常平、免役、坊場、河渡、户絶莊産之錢粟積於州縣者，無慮數十百鉅萬。如一歸地官，以爲經費，可以支二十年之用。則三司歲入，常平爲羸。以天下之大，而三司歲入半爲羸餘，則數年之間，府庫之財，倉庾之粟，已將十倍於今日。而節省之後，濟之以恭儉，將如丘山江海之不可盡。以此明言於中而精計乎外，俾上與太皇太后曉然知天下之餘於財也，則不足之情不生，不足之事不起，不足之隙不得伺，而不足之論不得陳於前矣。然後青苗、免役、市易、鹽法，凡所謂新法者，始可永罷而不復行。

閔案：畢氏此書可謂得經國之大要矣。司馬公當日止知變更新法之取利，而不計一切財用之足不足。使不足之後，又設法以計其足，何如因舊政去其甚者，而緩圖之爲愈乎？《通鑑長編》載曾布言：「神宗時府庫充積，元祐非理耗散，又有出無入，故倉庫爲之一空，乃以爲臣壞三十年根本之計，恐未公也。」此語當得其實。畢氏亦知不得其情，則他日青苗諸法，仍次第將復。誠財用無所出也，必能别有理財之道，高出新法之上，則可無藉口之資矣。而諸公只顧題目好，不計根本虚，所以執政雖多時名，仍立脚不住也。

又《試館職策》云：師仁祖則有媮之防，法神考則有刻之慮者，以風俗出於觀望之致爾。故有言某事之利民者，上不知其利而使視之，視之者必爲觀望，曰是欲我言利也，則言利不言其害。上不知其害而行之，故朝廷以爲利者，天下以爲害。有言某事之害民者，上不知其害而使視之，視之者必又爲觀望，曰是欲我言害也，則言其害不言其利。上不知其利而去之，故朝廷以爲害者天下以爲利。推本而言，豈朝廷之所望於下哉？且天下之士固有贊青苗，譽免役，歌市易，頌鹽法。至於今日闔門之内，道路之間，皆以爲青苗爲可除，免役爲可罷，市易爲可改，鹽法爲可廢。至於其他新法，無不言可更者。是豈真知其不善而可更哉？亦出於觀望而已。蓋今日之言不善，有前日以爲善而奉行之人也。則朝廷明日欲復新法，復又將言青苗可舉，免役可行，市易可置，鹽法可作。至於其他新法，無不言可爲者也。由觀望之心成觀望之俗，故師仁祖則事或至於媮，法神考則慮或入於刻，蓋皆不在媮刻之間，而觀望使之然也。今如取夫守道固窮、不爲觀望、衆人之所共知者尊用，而亦取夫背公向私、專事觀望、衆人所共知者退免，使天下曉然知觀望之無所用也。則師仁祖而不至於媮，法神考而不流於刻，而忠厚勵精，孝文、孝宣之治可以兼舉矣。

閔案：觀望之弊，庸臣大都如此。然如范忠宣、蘇文忠非觀望者，言於温公改役不便，終不見聽，則又何責乎庸臣之觀望也？

樓宣獻公鑰《攻媿集·王魏公文集序》云，神宗皇帝不世之資，高出百王。始相荆國王文公，君臣之間，義同賓友，奏對往復，載於史可知也。元豐之初，主德已成，天容毅然，群臣尊仰，將順之不暇，非復熙寧之比。惟左丞魏公起由庶僚，自結主知，以省寺八品官而特許賜坐，與府尹奏事，而命奏罷獨進。一爲柱史，許以直前，而又導之使諫，待遇之意，固已卓異於餘子。又云，言議風烈，懍懍生氣。神宗傾聽獎拔，嘗謂公曰，朕與卿兄弟如同產然。是知神宗聖度恢偉，容受直言，而當時俯伏聽命，無能有所論説者，蓋皆具臣，不足以佐下風耳。

閔案：序言「元豐之初主德已成，群臣尊仰，將順之不暇，非復熙寧之比」，數語可爲實録。神宗英主，非昏庸可比。以熙寧斥爲安石所建猶可也，以元豐概歸之安石，則是神宗十九年只是具位木偶，神宗在天之靈亦所痛憤，豈非斥安石，即斥神宗？林希草蘇轍責詞所以云「以君父爲仇，無臣子之義」也。

《續資治通鑑》卷七十八、七十九，元豐八年三月戊戌神宗崩，年三十八。哲宗立，十歲。太皇太后同聽政，特召用呂公著、司馬光。光至，拜門下侍郎。上二劄子，其一請釐革新法。議者猶以爲三年無改於父之道，光曰：「先帝之法善者，百世不可變也。王安石、呂惠卿所建，爲天下害，非先帝本意，改之當如救焚拯溺。况太皇太后以母改子，非子改父乎？」

閎案：司馬公謂王、呂所建爲天下害者，改之當如救焚拯溺，試問先帝在位豈木偶人，不一關白乎？王、呂有十分罪過，先帝不當分一半乎？此斥王、呂，明是斥先帝，特借以立説耳。至云「以母改子」，置先帝於何地？然則非改王、呂明矣。又云「非子改父」，又置新君於何地？哲宗他日所以言惟蘇頌知君臣之義也。親政之後，改元紹聖。聖者，神宗也，非太皇太后也。可知司馬公此言，其失不細。幾爲宣仁后身後之累。此時措置，實病太急。海内並未泯棼，何苦做得如此？凡事不協中和，必召乖戾，此群奸所以亟進也。

元祐元年，章惇取司馬光所奏，凡疏略未盡者，枚舉而駁奏之。又嘗與同列争曰：「保甲、保馬一日不罷，則有一日之害。如役法者，熙寧以雇代差，行之太速，故有今弊。今復以差代雇，當詳議熟講，庶幾可行。而限止五日，其弊將益甚矣。」呂公著言：「光所建明，大意已具，其間不無疏略。惇言出於不平之氣，專欲求勝，不顧朝廷大體，乞選差近臣專切詳定奏聞。」

閎案：「言出於不平，專欲求勝，不顧朝廷大體」，此三言實中司馬公之病，不可以人廢言。限至五日，操切亦甚。如此行政，又何嘗非執拗乎？《宋史》四百七十二卷《蔡京傳》，司馬光秉政，復差役法，爲期五日。同列病太迫，京獨如約悉敗畿縣雇役，無一違者。詣政事堂白光，光喜曰：「使人人奉法如君，何不可行之有？」已而臺諫言京挾邪壞法，罷出之。此可見小人希意迎合，司馬公亦不能辨。無他，意必固我，有以蔽之也。

蘇軾言於司馬光曰：「差役免役，利害輕重略等。」光曰：「於君何如？」軾曰：「法相因則事易成，事有漸則民不驚。三代之法，兵農爲一，秦始分爲二。及唐中葉，盡變府兵爲長征卒。自是以來，民不知兵，兵不知農。農出穀帛以養兵，兵出性命以衛農，天下便之。雖聖人復起，不能易也。今免役之法，實類是。公欲驟罷免役而行差役，正如罷長征而復民兵，蓋未易也。」光不以爲然。光知免役之害而不知其利，軾獨以實告，而光不悦。軾又陳於政事堂，光色忿然。軾曰：「昔韓魏公刺陝西義勇，公爲諫官，争之甚力，韓公不樂，公亦不顧，軾嘗聞公道其詳。豈公今日作相，不許軾盡言耶？」光笑而納之。范純仁與光素厚，謂光曰：「治道去其太甚者可也。差役一事，尤當熟講而緩行，不然滋爲民病。且宰相職在求人，變法非所先也，願公虚心以延衆論，不必謀自己出。謀自己出，則諂諛或乘間迎合矣。設議或難回，❶則可先行之一路，以觀其究竟。」光不從，持之益堅。純仁歎曰：「以是使人不得言爾。若欲媚公爲容悦，何如少年合安石以速富貴哉？」

閔案：蘇、范二公言明切之至，亦平日所厚善者，温公卒不從。曰不許盡言，曰當熟講緩行，曰願

❶ 「設」，《宋史·范純仁傳》作「役」，當是。

虚心以延衆論，曰不必謀自己出，皆鍼砭温公行政之病。人謂安石執拗，今視温公，又何如哉？

司馬光言，取士之道以德行爲先，文學爲後。文學之中，又以經術爲先，詞采爲後。合明經、進士爲一科，立《周易》《尚書》《毛詩》《周禮》《儀禮》《禮記》《春秋》《孝經》《論語》爲九經。今天下學官依註疏講説，博觀諸家，自擇短長，各從所好。《春秋》止用《左氏傳》，《公》《穀》等並爲諸家。《孟子》止爲諸子，更不試大義。應舉者聽自占習三經以上，多少隨意，皆須習《孝經》《論語》。光以奏稿示范純仁，純仁曰：「《孟子》恐不可輕。朝廷欲求衆人之長，而元宰先之，不若清心以俟衆論。可者從，不可者更議。」光欣然納之。

閔案：司馬公欲九經試士，依註疏講説，博觀諸家，自擇短長，皆不易之良法。至謂各從所好，則當分别是非。諸家中異端雜出，豈可不示以規繩？歐陽公請删去註疏中讖緯之言，其一端也。《孟子》止列諸子，不試大義，此亦一偏。荆公以《春秋》難解，且緩圖，有荆公答韓求仁一書可據。便横加以「斷爛朝報」之謗。尹彦明已辨其無此語。歐陽公謂《繫辭》孔門弟子所記，便誣爲不信《繫辭》。而司馬公有《疑孟》一卷，則真斥《孟子》矣。又不立《孟子》於經中，豈云至當？要之此賢者一端之過，原不傷大純，乃宋代儒者一則諱其失而不言，一則匿其實而加詆，故愚嘗謂宋人以偏黨之心論人，載於私記，遂令後世耳食者并是非之心亦昧，如楊升庵輩，其尤甚者也。司馬公九經試士之法，訖未施行。

卷八十劉摯言，太學條例獨可改其太甚者删之。若乃高濶以慕古，新奇以變常，非徒無補，而又有害。

閔案：慕古變常，指伊川也。伊川所上條件，輒爲禮部所駮，至是摯又有言，可見立政之難。假使伊川當國，能免物議洶洶乎？而何怪於荆公？

十二月壬寅，朱光庭言，學士院試館職策題不識大體，乞正考試官之罪。策題，蘇軾文也。題云：「欲師仁宗之忠厚，而患百官有司不舉其職，或至於媮；欲法神考之勵精，而恐監司守令不識其意，流入於刻。」又云：「漢文寬大長者，不聞有怠廢不舉之病；漢宣綜核名實，不聞有督察過甚之失。」吕陶又爲申理，謂軾嘗戲薄程頤，光庭乃其門人，故爲報怨。朋黨之禍，自此起矣。　王覿又言，朱光庭因軾與其師程頤有隙而發，而陶與軾皆蜀人，遂起洛蜀二黨。

時有三黨，洛黨以頤爲首，而朱光庭爲輔。蜀黨以軾爲首，而吕陶等爲輔。朔黨劉摯、梁燾、王巖叟、劉安世爲首，而輔之者尤衆。

閔案：蘇、程皆君子也，門人互相傾軋如此。其事至小，動成大釁，何怪授小人以抵巇之端乎。

軾、頤交惡，其黨迭相攻。賈易獨建言并逐二人，又言吕陶黨軾兄弟，而文彦博實主之，語侵彦博及范純仁。太皇太后怒，欲峻責易，吕公著解之，罷知懷州。

閔案：衆正在朝，傾軋如此，王荆公一人能抵當衆人之傾軋乎？所以一切恩怨毁譽之言，多不可信。

二年九月，王覿奏：蘇軾、程頤向緣小忿，漫結仇怨。於是軾、頤素所親善之人，更相詆訐以求勝。

前日頤去，而言者及軾，故軾乞補外。既降詔不允，尋復進職經筵。今執政大臣有闕，若欲保全軾，則且勿大用，庶幾使軾不遽及於悔吝。又奏：小人近乃造爲飛語，有「五鬼十物十八姦」之説。大概不過取一二公衆所共惡之人，以實其言，而餘皆端良之士也。伏望詔榜朝堂，明示不信讒言之意，以安士大夫之心。

閔案：此奏謂欲保全軾，且勿大用，庶免及悔吝，所言甚謬。軾如果可大用，權在朝廷，豈有畏人言而悔吝隨之乎？臺諫之權，把持政府，風尚之敝，不可爲訓。人主藉臺諫爲耳目，臺諫豈合洶洶若是？是眩惑耳目者，亦將在臺諫也。所以南宋以後，臺諫遂不振，緣向來太惡習也。他日吕公著等因王覿之罷，力言不可因論人而罪臺諫，此言亦謬。臺諫論人而當，是能舉職；論人不當，是謂玷職。豈可任臺諫妄爲毀譽而無咎耶？國是紊亂，在此族矣。

彭汝礪爲起居舍人，執政有問新舊之政。汝礪曰：「政無彼此之辨，一於是而已。今所更大者，取士及差役法。行之而士民皆病，未見其可也。」賈易再入爲侍御史，上書言：「天下大勢，可畏者五。一曰上下相蒙，而毀譽不得其真。二曰政事苟且，而官人不任其責。三曰經費不充，而生財不得其道。四曰人材廢闕，而教養不以其方。五曰刑罰失中，而人心不知所向。」此條從《宋元學案》九十六卷補入。❶

❶ 「案」，原作「業」，今據清道光刻本《宋元學案》卷九六改。

閔案：司馬公所謂當如救焚拯溺者，所救所拯果如何？前日未必盡焚盡溺，亦可推知，一切罔誣，何可盡信？

三年二月，翰林學士兼侍讀蘇軾言：差役之法，天下以爲未便，獨臺諫官數人主其議，以爲不可改。近聞疏遠小臣張行者力言其弊，而諫官韓川深詆之，至欲重加貶竄。此等亦無他意，方司馬光在時，則欲希合光意。及其既殁，則妄意陛下主光之言。殊不知光至誠盡公，本不求人希合，而陛下虛心無我，亦豈有所主哉？使光無恙，至今見其法敝，則更之久矣。臣每見吕公著、安燾、吕大防、范純仁皆言差役不便，但爲已行之令，不欲輕變，兼恐臺諫紛争，卒難調和。願陛下問吕公著等，指陳利害。今來所言，萬一可采，即乞留中，作聖意行下。

閔案：元祐變法有不便如此，無怪紹述之擬其後也。凡變法，必比舊加善，乃無反復以爲藉口之端。當日只是負氣求勝，未嘗深思熟慮。氣質之病，比荆公更深。荆公尚是懔承神宗意旨而行，諸公則乘母后幼主，而縱横變亂矣。

卷八十一，四年，梁燾之論蔡確也，密具確及安石之親黨姓名以進曰，臣等竊謂確本由王安石之門，相繼秉政垂二十年，群小趨附，深根固蔕，謹以兩人親黨開具於後。確親黨四十七人。安壽、章惇、蒲宗孟、曾布、曾肇、蔡京、蔡卞、黄履、吴居厚、舒亶、王覿、邢恕等。安石親黨三十人。蔡確、章惇、吕惠卿、安燾、蒲宗孟、王安禮、曾布、曾肇、彭汝礪、陸佃、謝景温、黄履、吕嘉問、沈括、舒亶、葉祖洽、趙挺之、張商英等。於是太皇太后曰：「確黨多在朝。」范純仁進曰：「確無黨。」吕大防進曰：「確黨甚盛，純仁言非是。」劉摯亦助大防言有之。純仁曰：「朋黨難辨，恐誤及善人。」退即上疏言：「蔡確之罪，自有典刑，不必推治黨人，旁及枝葉。前奉特降詔書，盡釋臣僚往咎，自此内外反側皆安。臣心拳拳，實在於此。」范祖禹亦謂確已貶，餘黨可勿問。又云：「確罷相已久，陛下所用多非確黨。偏見異論者，多指爲確黨而逐之，恐刑罰失中，人情不安也。」六月，梁燾、劉安世交章論純仁黨附蔡確，純仁亦求出外。吴居厚因言王存嘗助純仁救確，純仁罷，存不可獨留。遂詔純仁出知潁昌府，存出知蔡州。

閔案：梁燾密具確等親黨姓名陳上，此即他日姦黨碑報復之根也。凡事皆是前人倡之，而後人報復之。《春秋》責備賢者，深爲諸公歎惜。太皇太后此番處置亦未善，范忠宣賢者，如何可容易罷去？梁、劉二公不爲之地，反擊去之，然則諸公竟是禾莠不分，氣質用事。以此經國，殆未可以詆荆公矣。

閔又案：《宋史》二百十四卷論范純仁曰：元祐建議，攻熙、豐大急，純仁救蔡確一事，所謂謀國甚遠。當世若從其言，元祐黨錮之禍不至若是烈也云云。觀此，則亦歎惜諸公措置之未善矣。

呂大防、劉摯患元豐舊黨分布中外，多起邪説以撼在位，欲稍引用，以平宿怨，謂之調停。太皇太后疑不能決，御史中丞蘇轍力諫此輩若返，必有噬臍之悔，太皇太后是之。調停説遂廢。

閔案：人正氣不足而後怕鬼。執政内有不足，而後畏爲人所持。元祐諸公果使政事修明，毫無偏黨，又豈慮起邪説以撼在位？且用人止論賢否，安得劃分爲元豐舊人？元豐舊人者，神宗舊人也。賢則用之，否則斥之，正大光明，何必目之爲黨？他日紹聖，亦指目爲元祐之黨，皆因此爲報復也。朋黨之禍，實諸君子開之。吾非寬小人也，小人不足責，諸君子乃自貽戚，以害及國家也。

吕大防、劉摯因裁損吏額一事意見不合，遂成朋黨。未幾吕、劉皆自請外。

閔案：諸公務欲攻去王、吕之黨，而不知自己亦在朋黨中。且本領力量實亦有限，數載經營，何能見國事之遠勝於昔乎？

六年，以楊畏爲殿中侍御史，趙君錫所舉也。王巖叟移書詰劉摯，摯不從。畏初刻意經術，以所著謁王安石，爲鄆州教授。自是尊安石之學，以爲得聖人意。畏與摯善，後吕大防亦善之。大防、摯異趨，皆欲得畏爲助。君錫薦畏，實摯風旨也，然畏卒助大防擊摯。

閔案：畏爲王黨，欲以爲助，又忘其黨而用之，諸公用人進退無據如此。此一二年，賈易、趙君錫、蘇軾次第罷去。吕惠卿、章惇駸駸有進用之機，諸公極力尼之，不能勝也，而劉摯且先罷去。

御史中丞鄭雍、御史楊畏進對甚久，論劉摯及蘇轍也，因舉摯黨姓名凡三十人以進。王巖叟、劉安世、韓川、朱光廷、趙君錫、梁燾、王覿、曾肇、賈易、楊康國、張舜民、田子諒、葉伸、趙挺之、盛陶、龔原、劉概、楊國寶、杜純、杜紘、詹適、孫諤、朱京、馬傳慶、錢世榮、孫路、王子韶、吴立禮。帝謂吕大防曰，論劉摯者已十八人。

閔案：此時章、呂尚未進用，諸公自相水火如此。

卷八十二，七年，程頤在經筵，歸其門者甚衆。而蘇軾在翰林，士亦多附之。二人互相非毀，頤先罷去，至是頤服闋。三省言宜除館職，蘇轍進曰，頤入朝，恐不肯静。太皇太后從其言，不復召。

閔案：諸公既尼王、呂黨矣，此非王、呂黨亦尼之，何以服人？

卷八十三，八年八月，太皇太后崩。十二月，帝親政，范純仁入見，問先朝青苗法如何，純仁極言其不可行，行之必擾民。

閔案：此時王、呂黨未進也，而帝問先朝青苗法。先朝，神宗，非安石也，論者硬坐王安石。試思安石臣也，君不主之，敢妄行乎？然則斥安石即斥神宗，易明也。

呂大防欲用楊畏爲諫議大夫，范純仁沮之。大防曰：「豈以畏嘗言公耶？」初，純仁之將入也，畏嘗有言而純仁不知。大防素稱畏敢言，且先密約以助己，竟超遷畏爲禮部侍郎。及大防充山陵使，甫出國門，畏首叛大防，上疏言神宗更立法制以垂萬世，乞賜講求，以成繼述之道。疏入，帝即召對，詢以先朝故臣孰可召用。畏遂列上章惇、安燾、呂惠卿、鄧温伯、李清臣等行義，各加品題，且密奏萬言，具陳神宗所以建立法度之意與王安石學術之美。尋章惇爲資政殿學士，呂惠卿爲中大夫。

閔案：章、呂之用雖因畏言，而用畏者，呂大防也。自開其隙，尚何言哉？

紹聖元年，侍御史來之邵乞先逐呂大防，以破大臣朋黨。因疏列神宗簡拔之人章惇、安燾、呂惠卿以備進用。大防亦自求去，帝亟從之，出知潁昌府，尋改永興軍。

閔案：帝去大防略無留戀，然則厭之久矣。事君不能格君之心，徒各自尋朋黨，卒之元豐、元祐都是黨人。可哀可歎！　王荆公去位，神宗眷待之厚，十倍諸公，猶有君臣之義。生平並未植黨，諸臣皆神宗所用之人，後來硬派爲王黨耳。吕惠卿且叛之，安得謂王黨？

夏四月，三省言役法尚未就緒，帝曰：「止用元豐法而減去寬剩錢，百姓何有不便耶？」

閔案：諸君子經營九年，何至役法尚未就緒？天下有如是之救焚拯溺者乎？司馬公一時高興之言，竟未能踐，轉貽反噬之累。

蘇轍徙知袁州，責詞有云：「垂簾之初，老奸擅國。置在言路，使詆先朝。反以君父爲仇，無復臣子之義。」中書舍人林希詞也。老奸蓋陰斥宣仁。

閔案：老奸指司馬光，非斥宣仁，《續通鑑》説誤。　斥王安石即詆先朝，此言可證。至云「以君父爲仇，無臣子之義」，諸君何至如此？然氣質用事，果充類至義之盡，恐亦無詞以解。必能如《論語》舜湯之舉皋陶、伊尹，一舉而不仁者遠，又必如孟子曰「惟大人爲能格君心之非」，庶幾可以間執讒慝之口，以其治功昭著也。若只是補苴張皇，以五十步笑百步，則一變局，反無益而加害，何若熟思審處，而徐徐爲之乎？願謀國者深長思之。　元祐宰相七人，司馬光不久薨，文彦博、吕公著、吕大防、劉摯、范純仁、韓忠彦，宣仁任之不爲不專，乃設施略無表見。内不能靖臺諫之言，外難副雲霓之望。帝心之簡在，早已澹然；群小之調停，久已競進。然則亡宋之機，歸獄於安石，豈不冤哉！

蘇頌方執政，見帝年幼，每大臣奏事，但取決於宣仁。帝有言，或無對者。惟頌奏宣仁，必再稟帝。有宣諭，必告諸臣以聽聖語。及言者劾頌，帝曰：「頌知君臣之義，無輕議也。」

閔案：據此知帝於諸臣早不概於心矣。執政不務結主知，徒紛紛更法，植黨排擊異己，能有濟耶？　自此以後，章惇等柄政，將司馬光、吕公著一切元祐之人，亡者存者，追貶削奪，至再至三。光、公著幾至發冢斲棺戮屍。雲霧蔽天，難以理論，記不勝記，言不忍言。訖於徽宗，蔡京用事，姦黨一碑，榜示朝堂。人之云亡，邦國殄瘁，北宋之局，於是終矣。論者謂神宗用王安石以致宋亡，殊不思元祐反神宗所爲，任用賢於安石者甚多，何以不能爲之挽救？厥後章、吕進用，雖曰舊人，而決渠開竇，皆是元祐賢者。賢者之無益於人國如此，尚何咎於神宗、安石哉？

卷八十九，徽宗崇寧三年六月，詔定元祐姦黨碑。　文臣曾任宰臣執政官二十七人。司馬光、文彦博、吕公著、吕大防、劉摯、范純仁、韓忠彦、曾布、梁燾、王巖叟、蘇轍、王存、鄭雍、傅堯俞、趙瞻、韓維、孫固、范百禄、胡宗愈、李清臣、劉奉世、范純禮、安燾、陸佃、黄履、張商英、蔣之奇。待制以上官四十九人。蘇軾、劉安世、范祖禹、朱光庭、姚勔、趙君錫、馬默、孔武仲、孔文仲、吴安持、錢勰、李之純、孫覺、鮮于侁、趙彦若、趙卨、王欽臣、孫升、李周、王汾、韓川、顧臨、賈易、吕希純、曾肇、王覿、范純粹、吕陶、王古、豐稷、張舜民、張問、楊畏、鄒浩、陳次升、謝文瓘、常象求、周鼎、徐勣、路昌衡、董敦逸、上官均、葉燾、郭知章、楊康國、龔原、朱紱、葉祖洽、朱師服。餘官一百七十六人。秦觀、黄庭堅、晁補之、張耒、吴安詩、歐陽棐、劉唐老、王鞏、吕希哲、杜純、司馬康、宋保國、張保源、孔平仲、湯馘、黄隱、畢仲游、常安民、汪衍、佘爽、鄭俠、常立、程頤、唐義問、佘卞、李格非、陳瓘、任伯雨、張庭堅、馬涓、孫諤、陳郛、朱光裔、蘇嘉、龔夬、王回、吕希績、歐陽仲立、吴儔、尹材、葉伸、李茂直、吴處厚、李積中、商倚、陳祐、虞防、李祉、李深、李之議、范正平、曹蓋、楊綝、蘇昞、葛茂宗、周誼、孫宗、范柔中、鄧考甫、王察、趙珣、封覺民、胡端修、李傑、趙令畤、郭執中、石芳、李賁、金極、高公應、安信之、張集、黄策、吴安遜、周永徽、高漸、張夙、鮮于綽、吕諒卿、王貫、朱紘、吴朋、梁安國、王古、蘇迥、檀固、何大受、王箴、鹿敏求、江公望、曾紆、高士育、鄧忠臣、种師極、韓治、都貺、秦希甫、錢景祥、周綍、何大正、吕彦祖、梁寬、沈千、曹興宗、羅鼎臣、劉勃、王極、黄安期、陳師錫、于肇、黄遷、黄挾正、許堯輔、楊朏、胡良、梅君俞、寇宗顔、張居、李修、逢純熙、高遵裕、黄才、曹盥、侯顧道、林膚、葛輝、宋壽岳、王公彦、王交、張溥、許安修、劉吉甫、胡潛、董祥、楊環寶、倪在儒、蔣津、王守、鄧允中、梁浚民、王陽、張裕、陸表民、葉世英、謝潛、陳唐、劉經國、扈允、張恕、蕭刓、趙越、滕友、江洵、方括、陳井、洪芻、周諤、許端卿、李昭玘、向訓、陳察、鍾正甫、高茂華、楊彦璋、廖正一、李夷行、彭醇、梁士能。武臣二十五人。張巽、李備、王獻可、胡田、馬諗、王履、趙希夷、任濬、郭子奇、錢盛、趙希德、王長民、李永、王庭臣、吉師雄、李愚、吴休復、崔吕符、潘滋、高士權、李嘉亮、王珫、劉延肇、姚雄、李基。内臣二十九人。梁惟亮、陳衍、張士良、梁知新、李倬、譚扆、竇鉞、趙約、王卿、馮説、曾燾、蘇舜民、楊稱、梁弼、陳、❶張茂則、張琳、裴彦臣、李偁、閻守勤、王紱、李穆、蔡克明、王化基、王道、鄧世昌、鄭居簡、張祐、王化臣。爲臣不忠，曾任宰臣：王

---

❶「陳」，按，姓之下名原闕，據《六藝之一録》卷九三所録，所闕之名爲「恂」。

珪、章惇。

壬戌，蔡京奏：「奉詔令臣書元祐姦黨姓名，恭維皇帝嗣位之五年，旌別淑慝，明信賞罰，黜元祐害政之臣，靡有佚罰。乃命有司夷攷罪狀，第其首惡與其附麗者以聞。得三百九人，皇帝書而刊之石，置於文德殿門東壁，永爲萬世子孫之戒。又詔臣京書之，將以頒之天下。臣敢不對揚休命，仰承陛下孝悌繼述之志？謹書元祐姦黨姓名，仍連元書本進呈。」《續資治通鑑攷異》案：元祐姦黨姓名有二碑，一立於崇寧元年之九月，徽宗手書，刻石置端禮門，凡百有二十人，首文彥博。明年九月，臣僚請頒端禮門石刻於外路州軍，即此也。一立於三年之六月，徽宗手書，刻石置文德殿門之東壁，凡三百九人，首司馬光。又命蔡京書大碑，頒之天下。此在《長編》及《宋紀》具有明文。京所書者，乃三百九人，非百二十人也。而陳桱《通鑑續編》於崇寧二年大書云，頒蔡京所書元祐姦黨碑刻石於州縣。三年則但云重定元祐、元符黨人刻石於朝堂，反不及蔡京書碑事。薛應旂、王宗沭皆因之，舛謬極矣，今據改正。

閔案：一時君臣如此，不亡何待？元祐繼政之人第將元豐不善之政潛移緩改，不必顯攻元豐，則他日無紹述之名，海内蒙休養之福矣。所有元豐黨籍姓名，皆元祐諸臣啓之也。紹述之名以及繼述父兄之説，皆元祐「以母改子，非子改父」之説啓之也。明道云，新法之行，吾黨有以激成之，當兩分其過。然則宋之削亡，元祐、崇寧當兩分其過，而元豐反可不問，何也？去時已遠，更變又多，宣王不能中興，嘵嘵然以夷、厲爲口實，君子病其無志業也。況神宗並非夷、厲，以祖宗所有之天下交與後人，而後人噂沓背憎，日甚一日，乃誣爲前人之過，可乎？

近人趙甌北觀察翼《陔餘叢考》卷二十有一條云，❶青苗錢之名不自安石始也。《宋史》趙瞻對神宗云：「青苗法，唐行之於季世。」范鎮亦云：「唐季之制不足法。」按：《通鑑》唐代宗廣德二年秋七月，稅青苗錢以給百官俸。此青苗之始也。《舊唐書》乾元以來用兵，百官缺俸，乃議於天下地畝青苗上量配稅錢，命御史府差官征之，以充百官俸料，遂爲常制。尋又特設使者如崔渙兼稅地青苗使，劉晏兼諸道青苗使，杜佑充江淮青苗使是也。《食貨志》大曆元年，天下青苗錢共四百九十萬緡，每畝稅三十文。永泰八年，詔天下青苗地頭每畝一例十五文。德宗又增三文，以給彍騎。《通鑑集覽》謂青苗錢者不及待秋斂，當苗方青即征之也。是唐所謂青苗錢，併與宋制不同。宋制尚有錢貸民而加徵其息，唐直計畝加稅耳。則安石雖沿其名，而尚異其實也。按唐時長安、萬年二縣有官置本錢配納各户，收其息以供雜費。宋之青苗錢，正唐之雜稅錢之法耳。然宋青苗錢雖曰不得過加二之息，而歲凡兩放兩收，則其息已加四。又有司約中熟爲賈，今民償必以錢，則所言之價又必逾於市賈，而民之償息且十加五六矣。此所以病民也。

閔案：荆公立法初意，是要摧豪强兼併。其所放之錢，必在上户、中户，而下户不放。無如上户，其勢力足以夤緣津要，地方有司亦未便威壓之使應令。又或多方賄賕營脱，故所放反不免抑勒下户也。至兩放兩收，按期按數征息，各還其二，亦不可云加四。以中熟爲賈，果有司得人，何以

❶「甌」，原作「歐」，今據《陔餘叢考》改。

遽加至五六？有司賢否不一，大概不肖者總多耳。當時各人奏疏言其不便者有云，人情多錢到手，必至多用。及後徵回，便成呰窳。此亦得一端。然則唐代雜税併無錢相貸，直是加賦取民，又何如耶？總之群欲梗令，不願委曲遷就，勞心費力，欲加之罪，患無辭乎？其法瑣碎擾民固有之，比於暴征横斂之極，則言之太過。程正叔有言，青苗一事，放過何害？則知當日多甚其詞，而後世耳食之徒一味隨聲附和而已。

王文公年譜考略節要附存卷二❶

江右新城楊希閔鐵傭

熙豐知遇録一卷

唐以後，欲有爲之君，無若宋神宗。得君之專，無若王荆公。神宗無聲色狗馬之好，汲汲勤政利民爲事，此奚惡於天下？而荆公不縈情於禄利，有治效，謂治鄞縣。能文章，詎不可以答君寵？君臣如此，宜得志於天下，可傳於後世也。乃大謬不然。君若臣皆鬱鬱不獲竟其志，而叢垢積謗，閲今五六百年，猶未能静。明周德恭謂宋神宗合赧、亥、桓、靈爲一人。楊用修謂王安石合莽、操、懿、温、伯鯀、商鞅爲一人，見《丹鉛録》。國朝王阮亭誤解《白鶴吟》爲因新法受譏而作，而不詳荆公自注甚明白，見《池北偶談》。近人林薌谿造作荆公題子雱墓碣曰「亞聖王雱之墓」。此見何典也？詳《射鷹樓詩話》。嗚呼！古今是非之偵，未有過於論熙、豐君臣者矣。然則何爲其然也？陷於紹述之政也。紹述之政於熙、豐君臣何與？奸臣借以絀正人，而洛黨尤多。門人子孫欲雪其恨，則造作

---

❶「考略節要」，原無，今據全書體例補。

語言，誣罔熙、豐事實，以見元祐之是，紹述之非，庶幾黨禍可解，獲罪者可申也，其用心良苦。邵伯温《聞見録》説陳忠肅《尊堯集》是此意。不料朱子偏信之，遂臚入《言行録》。元臣修史者又信大儒所著，更不加覈，據以入《宋史》，而是非遂一定不變矣。予心慨於是，讀蔡元鳳《荆公年譜考略》而善之。既爲《節要》，存别紙矣，頃得鈔本李仁甫北宋《通鑑長編紀事本末》一百五十卷，讀之則益喜。李氏猶見當時各朝實録，所載極詳備，何能盡實，而得真者固多。且君臣問答語，他書難如實録具，因將神宗、荆公君臣知遇，録出爲一卷，間參以本集、正史，互相印證。名《熙豐知遇録》。荆公服官在仁、英，追贈及哲、徽，皆略之，明斷限。今而後乃恍然荆公初見君，雖言變風俗，立法度，然必先講學。謂學術明，施行於政，乃無沮格，不可急遽圖。而神宗不然之，亟欲行新法，違荆公初意，所以謗議一加，即求去。求去，君必懇留，非要君也，非庇臣也，神宗知非其罪也。且訐臣即以訐君，故愈攻而交愈固也。神宗雖知司馬諸人爲正人，與己不同心，則不可以同政。不能不用吕惠卿諸人者，迫於無人也。他日，上問荆公何人可相，荆公但曰，自有賢俊，未舉一人。則亦知司馬諸人不爲用，惠卿諸人不可信也。又累戒上以遠佞知人，其意益可見矣。此録出，可助蔡先生張目，惜乎蔡先生未及見李氏書也。同治戊辰三月上巳日，江西新城楊希閔鐵傭書。

皇祐三年，陳襄《與兩浙安撫陳舍人薦士書》：　舒州通判王安石才性賢明，篤於古學，文辭政事，已著聞於時。《宋儒學案》。

是年五月，宰臣文彦博等言：「伏見殿中丞王安石進士第四人及第，舊制一任還，進所業，求試館職。安石凡數任，並無所陳，朝廷特令召試，亦辭以家貧親老。且館閣之職，士人所欲，安石恬然自守，未易多得，乞特賜甄擢。」詔安石赴闕，俟試畢，特取旨。安石辭不就。《年譜考略》。

嘉祐元年，歐陽脩《再論水災狀》：伏見太常博士、群牧判官王安石學問文章知名當世，守道不苟，自重其身，議論通明，兼有時才之用，所謂無施不可者。伏乞進擢，置諸左右，必有裨補。《居士集》。

三年十月甲子，提點江南東路刑獄判官、祠部員外郎王安石爲度支判官。安石獻書萬言，極陳當世之務。《長編紀事本末》卷第五十九，下同。

　閔案：此書載集中，即《上仁宗皇帝言事書》也。

四年五月，度支判官、祠部員外郎王安石累除館職，並辭不受。中書門下具以聞，詔令直集賢院，安石猶累辭乃拜。

五年十一月，度支員外郎、直祕閣、判度支勾院司馬光，度支判官、祠部員外、直集賢院王安石，同修起居注。光五辭而後受，安石終辭之。最後有旨，令閤門吏齎敕就三司授之。安石不受，隨而拜之。安石避於廁，吏置敕於案而去。安石遣人追還之，朝廷卒不能奪。

六年六月，度支判官、祠部員外郎、直集賢院、同修起居注王安石知制誥。初，安石辭修起居注，既得請，又申命之，復辭至七八乃受。於是徑遷知制誥，遂不復辭。

七年十月，知制誥王安石同勾當三班院。

治平四年正月，神宗即位。閏三月，工部郎中、知制誥王安石既除喪，詔安石赴闕。安石屢引疾，乞分司。上語輔臣曰：「安石歷先帝朝，召不起，或以爲不恭。今召又不起，果病耶？有要耶？」曾公亮對曰：「安石文學器業，時之全德，宜膺大用。累召不起，必以疾病，不敢欺罔。」

是月癸卯，詔王安石知江寧府。衆謂安石必辭。及詔到，即受命。

時龍圖閣直學士韓維言：「臣今日聞除王安石知江寧府，未知事之信否，若信然，臣切以爲非所以致安石也。安石知道守正，不爲苟動，出處大節，料素定於心。安石久病不朝，才除大郡，即起視事，則是偃蹇君命，以要自便。臣固知安石不爲也。又其精神可爲一大郡，而反不奉朝請，從容侍從之地，豈實人情？」李燾曰：「據韓維此奏，足明安石進退無據。」

閔案：安石自應聞前日神宗「有人以爲不恭」之詰，故祇受新命，初不計大郡小郡也。韓維視安石見利而動，與流俗一例，不知安石恬退，他日雖棄相位，亦無芥蔕也。此即見宋人好議論，不察情實之一端。且此奏外面似揚，實隱隱剔駁以排之。名高毁來，自古慨之矣。李仁甫又謂其進退失據，前乞分司，並非退隱，此奉新命，亦非躁進。妄下雌黄，豈云真識？

九月戊戌，知制誥、知江寧府王安石爲翰林學士。上謂吴奎曰：「安石真翰林學士也。」奎曰：「安石文行實高出於人。」上曰：「當事如何？」奎曰：「恐迂濶。」上弗信，卒召用之。

閔案：安石未用之時，薦者屢矣。陳襄、歐陽脩、文彦博。及其將用，尼者漸多。韓維、吴奎。世有伯樂，然後知千里馬。韓、吴非伯樂，何足言相馬哉！適見其忮嫉而已。

熙寧元年四月乙巳，詔新除翰林學士王安石越次入對。　上謂安石曰：「朕久聞卿道術德義，有忠言嘉謀，當不惜告朕，方今治當何先？」對曰：「以擇術爲先。」上問：「唐太宗何如主？」對曰：「陛下每事當法堯舜，唐太宗所知不遠，所爲不盡合法度，但乘隋極亂之後，子孫又皆昏惡，所以獨見稱於後世。道有升降，處今之世，恐須每事以堯舜爲法。堯舜所爲，至簡而不煩，至要而不迂，至易而不難。末世學士大夫不能通知聖人之道，故常以堯舜爲高而不可及，不知聖人經世立法，常以中人爲制也。」上曰：「卿可謂責難於君矣。然朕自視眇然，恐無以副卿此意。卿可悉意輔朕，庶幾同濟此道。」

閔案：觀此初次君臣問答，漢唐下實不多見。而神宗殷殷求治之心，真令主也。乃明周德恭謂神宗合赧、亥、桓、靈爲一，可云猘犬亂吠。而楊升菴猶取之，是非之心如此，令人短氣。

又上問安石：「祖宗守天下，能百年無大變，麤致太平，以何道也？」安石退而奏書，其略曰：伏惟大祖躬上智獨見之明，而周知人物之情僞。指揮付託，必盡其材；變置設施，必當其務。故能駕馭將帥，訓齊士卒，外以捍夷狄，内以平中國。於是除苛賦，止虐刑，廢强横之藩鎮，誅貪殘之官吏。躬以簡儉，爲天下先。其於出政發令之間，一以安利元元爲事。大宗承之以聰武，真宗守之以謙仁，以至仁宗、英宗，無有逸德。此所以享國百年而天下無事也。仁宗在位，歷年最久。臣於時實備從官，施爲本末，臣所親見。仁宗之爲君也，仰畏天，俯畏人，寬仁恭儉，出於自然，而忠恕誠慤，始終如一，未嘗妄興一役，未嘗妄殺一人。斷獄務在生之，而特惡吏之殘擾。寧屈己棄財於夷狄，而終不忍加兵。刑平而公，賞重而信。納用諫官、御史，公聽並觀，而不蔽於偏至之讒。因任衆人耳目，拔舉疏遠，而隨之以相坐之法。然本朝累世因循末俗之弊，而無親友群臣之義。人君朝夕與處，不過宦官女子。出而視事，又不過有司之細故。未嘗如古大有爲之君，與學士大夫討論先王之法，以措之天下也。一切因任自然之理勢，而精神之運，有所不加；名實之間，有所不察。君子非不見貴，而小人亦得厠其側；正論非不見容，然邪説亦有時而用。以詩賦記誦求天下之士，而無學校養成之法；以科名資格敘朝廷之位，而無官司課試之方。監司無檢察之人，守將非選擇之吏。轉徙之亟，既難於考績；而游談之衆，因得以亂真。交私養望者多得顯宦，獨立營職者或見排沮。故上下偷惰，取容而已。雖有能者在職，亦無以異於庸人。農民壞於差役，而未嘗特見救卹，又不爲之設官，以修其水土之利。兵士雜於疲老，而未嘗申飭訓練，又不爲之擇將，而久其疆埸之權。宿衛則聚卒伍無賴之人，而未有以變五代羈縻之俗；宗室則無教訓選舉之實，而未有以合先王親疏隆殺之宜。其於理財，大抵無法。故雖儉約而民不富，雖憂勤而國不强。賴非夷狄昌熾之時，又無堯湯水旱之變，故天下無事，過於百年。雖曰人事，亦天助也。蓋累世相承，仰畏天，俯畏人，寬仁恭儉，忠恕誠慤，此其所以獲天助也。陛下躬上聖之資，承無疆之緒，知天助之不可常，知人事之不可怠。然則大有爲之時，正在今日。臣不敢輒廢將明之義，而苟逃諱忌之誅。伏惟陛下幸赦而留神，則天下之福也。

閔案：自古人臣欲出而有爲者，必先立定規模，然後受事。諸葛之於蜀漢，景略之於苻秦，姚崇之於唐，皆如此。荆公此奏，茅鹿門云：自本朝以下，節節議得的確，而荆公所欲爲朝廷節節立法措注處亦自可見。神宗所以以伊、傅、周、召任之信之也。規模亦是先定於中，故後來劄定脚根，萬不搖動。能如此則仕，不如此則退，亦猶行古之道也。末俗此義不講，便覺孤行己意，不近人情。然古人能成功者，擾攘之時，任專權一，無人旁撓之也。荆公時天下恬熙，群臣習於泄沓已久，一旦欲奮然有爲，似鼓跛蹶駑駘爲駿足蹴踏，宜其齧銜趹蹄矣。未論措施如何，先横一守成法，莫更張意見。舉朝把定如此，事安得成？爲荆公計，自以退伏爲是。其先累召不起，亦是此意。無如其君，勤勤懇懇，實有心致治。相待又出尋常，此荆公所以獨挺一身，甘受衆人掊擊，終不忍遷就其間，和同以苟禄位，用負吾君，負吾素志也。此而責其執拗，則必圓通爲不執，模稜爲不拗乎？此是就根本上論事，若後來枝枝葉葉，糾葛延蔓，黨同伐異之私，則誣白爲黑，看北成南。小人是非混淆，君子成見膠固。各家紀載，影響附會，誣荆公者無所不至。世無皋陶，難語聽直矣。

明日，上謂安石曰：「昨閲卿所奏書至數遍，可謂精畫計，治道無出此。所條衆失，卿必已一一經畫，試爲朕詳見設施之方。」對曰：「遽數之不可盡，願陛下以講學爲事。講學既明，則設施之方，不言而自喻。」上曰：「雖然，試爲朕言之。」於是，爲上略陳設施之方。上大喜曰：「此皆朕所未嘗聞。他人所學，固不及此，能與朕一一爲書條奏否？」對曰：「臣已嘗論奏陛下以講學爲事，則諸如此類，皆不言而自喻。若陛下擇術未明，實未敢條奏。」上曰：「卿今所言已多，朕恐有遺忘。

試録今日所對以進。」安石唯而退，訖不復録所對以進。

閔案：荆公初見君，勗以擇術講學爲要，不遽言變法，亦條理詳慎之至矣。齊人莫如我敬王，竊謂荆公近之。

八月甲寅，邇英講讀罷，上獨留王安石與語。兩府不敢先出以俟之，至晡後乃出。

癸巳，邇英講讀罷，上又獨留王安石賜坐。

閔案：君待新進之臣至於如此，安石自不能不感激知遇。然而兩府以下側目忮心者不少，静俟措施，摇唇鼓舌矣。

十月壬寅，詔講筵權罷《禮記》，自今令講《尚書》。先是，王安石講《禮記》，數難記者之非是，上以爲然，曰：「《禮記》既不當法言，擇其有補者講之如何？」安石對曰：「陛下欲聞法言，宜改他經。」故有是詔。是日講罷，上留安石坐，曰：「且欲得卿議論。」上曰：「唐太宗必得魏徵，劉先主必得諸葛亮，然後可以有爲。二子誠不世出之人也。」安石對曰：「陛下誠能爲堯、舜，則有皋、夔、稷、禼。陛下誠能爲高宗，則必有傅説。彼二子者，何足道哉？以天下之大，常患無人可以助治者，以陛下擇術未明，推誠未至。雖有皋、夔、稷、禼、傅説之賢，亦將爲小人所蔽，卷懷而去耳。」上曰：「何世無小人，雖堯舜之時，不能無四凶。」安石對曰：「惟能辨四凶而誅之，此其所以爲堯、舜也。若使四凶得肆其讒慝，則皋、夔、稷、禼亦安肯苟食其禄以終身乎？」此條原節未盡，以正史參補。

閔案：玩荆公所對，亦欲堅上之心，任賢勿貳，去邪勿疑耳。若逆知有他日洶洶者。

熙寧二年二月庚子，王安石爲右諫議大夫、參知政事。王安石《辭免參知政事表》有云：「陛下紹膺皇統，俯記孤忠。付之方面之權，還之禁林之地。固已人言之可畏，豈云國論之敢知。」又云：「伏望陛下考慎所與，燭知不能，許還謬恩，以允公議。庶少安於鄙分，無甚累於聖時。」參本集補，下同。

閔案：玩表中語，荆公早知猝被殊寵，忮疾者多矣。漢高拜信爲將，老臣宿望並無異詞。昭烈三顧隆中，關、張亦爲心帖。即景略以異國羈旅，驟蒙委寄，君固不疑，群僚亦靖。以視神廟之於荆公，古今人情，相去何遠。此時荆公尚未施設，而立朝之難已如此。

又《除參知政事謝表》有云：「伏遇皇帝陛下，德懋旁求，志存遠舉。隆寛盡下，故忠良有以輸心；公聽並觀，故讒慝不能肆志。」又云：「遠猷經國，雖或愧於前修；直道事君，期不隳於素守。」

閔案：玩後四語，風骨嶄然。

先是，安石見上，論天下事。上曰：「此非卿不能爲朕推行，朕須以政事煩卿。料卿學問如此，亦欲施設，必不固辭也。」安石對曰：「臣所以來事陛下，固願助陛下有所爲。」然天下風俗法度，一切頽壞。在廷之臣，庸人則安常習故而無所知，奸人則惡直醜正而有所忌。有所忌者唱之於前，而無所知者和之於後。雖有昭然獨見，恐未及效功，早爲異論所勝。陛下誠欲用臣，恐不宜遽。謂宜先講學，使於臣所學本末不疑，然後用之，庶幾能粗有所成。荆公早知爲政如此，欲收效於旦夕之間，未必有成矣，無如神宗心殷性急何？上曰：「朕知卿久，非適今日也。人皆不能知卿，以爲但知經術，不可以經世務。」安石對曰：「經術者，所以經世務。果不足以經世務，則經術何賴焉？」上曰：「朕仰慕卿道德甚至，有以助朕，勿惜言。不知卿所施設，以何爲先？」安石對曰：「變風俗，立法度，方今所急也。凡欲美風俗，在長君子，消小人，以禮義廉恥由君子出故也。《易》以泰者通而治也，否者閉而亂也。閉而亂者，以小人道長。通而治者，以小人道消。小人道消，則禮義廉恥之俗成，而中人以下，變爲君子多矣。禮義廉恥之俗壞，則中人以下，變爲小人者亦多矣。」上以爲然。參用《長編》卷五十九。

是日，王安石上《乞制三司條例疏》。參本集補。

閔案：疏載本集，文長不録。此疏通達無弊，須平心易氣讀之乃得。成見錮中，則難言矣。

三月戊子，兩府同奏事，上問王安石制置條例如何，安石對曰：「已檢討文字，略無倫緒，亦有待人而後可舉者。然今欲理財，則須使能。天下但見朝廷以使能爲先，而不以任賢爲急。但見朝廷以理財爲務，而於禮義教化之際，有所未及，恐風俗頹壞，不勝其敝。陛下當深念國體，有先後緩急。」上頷之。《長編紀事本末》卷六十六，下同。

閔案：觀此奏對，汲汲理財，實出上意。荆公初欲緩圖，先以正風俗爲急也。外廷不知，痛責荆公躁擾。荆公不辨實出上意。愛君之義，固當如此。然而神宗則自知也，所以凡斥荆公者，皆不悦。非庇荆公也，恨其毁朝廷爾。

五月，王安石上《進戒疏》。　中云：「不淫耳目於聲色玩好之物，然後能精於用志。能精於用志，然後能明於見理。能明於見理，然後能知人。能知人，然後佞人可得而遠。忠臣良士與有道之君子類進於時，有以自竭，則法度之行，風俗之成，甚易也。」末云：「天之生聖人之材甚吝，而人之值聖人之時甚難。天既以聖人之材付陛下，則人亦將望聖人之澤於此時。伏惟陛下自愛以成德，而自强以赴功，使後世不失聖人之名，而天下皆蒙陛下之澤，則豈非可願之事哉！」參本集補。

閔案：此神宗初終亮陰時也。兢兢進戒如此，不愧古大臣之用心。

吕誨兩次劾王安石。一在四月，論出王拱辰等。一在五月，論十大罪。　上以吕誨奏示執政曰：「王拱辰等出，外間紛紜知否？」趙抃、王安石皆曰不知。上曰：「除拱辰宣徽使，自爲再任，豈是拔擢？」又謂安石曰：「吕誨爲人所使，殊不知卿用心。」

五月丙戌，王安石以吕誨劾章乞辭位，上即封還其奏，令視事如故。又賜安石詔曰：「昨日已曾面諭朕意，謂悉諒也。今得來奏，甚駭朕懷。今還卿來奏，天下之事當變更者，非止二三，而事事如此，奚政之爲也？卿其反思職分之當然，無恤非禮之横議，宜視事如故。」

丁亥，安石具表謝，上又令中使撫諭趣入。安石又稱病乞告，上又再令中使趣入。甲午，安石乃入見。上謂安石曰：「誨殊不曉事，詰問又都無可説。」上又謂安石曰：「吕誨言卿每事好爲異，多作横議，或要内批，以自質證，又詐妄希會朕意。此必是中書有人與如此説。朕與卿相知，如高宗、傅説，亦豈須他人爲助？」安石曰：「高宗用傅説，起於匹夫版築之中。所以能成務者，以旁招俊乂，列於庶位故也。」上曰：「近臣中止有吕公著，又與吕公弼相妨。」安石曰：「富弼在密院時，婦翁晏殊爲相，此亦近例。如吕公著行義，陛下所知，豈兄弟爲比周以負陛下？今富弼、曾公亮大抵欲不逆流俗，不更弊法。恐如此難恃以久安，難望以致治。」上亦患之。

閔案：吕獻可劾荆公大罪十，蔡氏《年譜考略》已一一剖析明白，不復覼縷。觀爾日朝臣，習故事則泄泄，行新政則洶洶，神宗君臣之間，大是煩難也。

十月戊戌，上問節財如何，王安石對曰：「減兵最急。」上曰：「須別有措置乃可。」安石曰：「募兵精訓練，又鼓舞三路。百姓習兵，則兵可省。」上曰：「柴世宗如何得兵精？」安石曰：「亦只是簡汰。然柴世宗精神之運，威令之加，有在事外者，乃能濟事，而無悔敗。」又曰：「陛下今欲省兵，當擇邊州人付以一州，令各自精練，仍鼓舞其州民，使各習兵，則兵可省。前日陛下所召种古等數人。臣略與語，似亦皆可付一州。臣因與古言：『今邊州有兵五千處，止留揀三千，仍以二千人衣糧之費，令以鼓舞所留兵及州民，使習兵戰，則可以戰守否？』古乃言：『若果然，止得二千人兵，亦可矣。』」上曰：「五代時方鎮皆豪傑，所以能自守一方，不須朝廷之助。」安石曰：「五代時方鎮豈皆豪傑？如羅洪信，乃是衆人求主不得，大呼於衆，誰能爲節度使者，洪信出應募，遂立以爲帥。然亦能獨保一鎮者，以其任事得自專故也。夫募兵出於無賴之人，尚可爲軍廂主，則近臣以上，豈可不及此輩？此乃先王成法，社稷之長計也。」上極以爲然。《長編紀事本末》卷六十八，下條同。

閔案：觀荆公言兵事，乃極得竅要。當日同朝僚友，未見能出其右。他日論府兵、番兵、農兵，尚多碩畫，今不悉録。

三年二月，韓琦上言青苗不便，上疑其事，王安石稱病不出。翰林學士司馬光再爲批答曰：「朕以卿材高古人，名重當世，召自巖穴，置諸廟堂，推忠委誠，言聽計用，人莫能間，衆所共知。今士大夫沸騰，黎民騷動，乃欲委還事任，退取便安。卿之私謀，固爲無憾。朕之所望，將以委誰？」安石得之，抗章自辨。上封還其章，手劄諭安石曰：「詔中二語，乃爲文督迫之過，而朕失於詳閲。今覽之甚愧。」又明日，安石乃入見，固求罷。上固留之，獎慰良久。安石退，又具奏乞罷。

又安石《謝手詔封還乞罷政事劄子》中云：「臣蒙拔擢，備數大臣，陛下所以視遇，不爲不厚矣，豈敢輕爲去就？誠以陛下初訪臣以事，臣即以變風俗、立法度爲先。今待罪期年，而法度未能一有所立，風俗未能一有所變。朝廷内外，詖行邪説，乃更多於鄉時。此臣不能啓迪聖心，以信所言之明效也。雖無疾疢，尚當自劾，以避賢路，况又昏眩，難以看讀文字，即於職事，當有廢失。雖貪陛下仁聖卓然之資，冀憑日月末光，矗有所成，而自計如此，豈容偷假名位，坐棄時日，以負所學，上孤陛下責任之意？伏望陛下哀憐矜察，許臣所乞，毋令臣得要君之嫌，重爲流俗小人所毁。」参本集補，下同。

又《謝手詔慰撫劄子》中云：「臣自江南召還，獲侍清光。竊觀天錫陛下聰明睿知，誠不難興堯、舜之治。故不量才力之分、時事之宜，敢以不肖之身，冒天下怨誹，欲以奉承聖志。自與聞政事以來，遂及期年，未能有所施爲，而内外交搆，合爲沮議，專欲誣民，以惑聖聽。流俗波蕩，一至於此。陛下又若不能無惑，臣恐區區終不足以勝。而久妨衆邪之路，則或誣罔出於不意，有甚於今日，以累陛下知人任使之明，故因疢疾，輒求自放。」

閔案：觀荆公意，能行其志則立於朝，不然則去。皎然浩然，除君國民生外，無富貴利達攖其心。獨來獨往，大是人傑。

三月己未，上諭王安石曰：「聞有三不足之説否？」安石曰：「不聞。」上曰：陳薦言外人云，今朝廷爲天變不足懼，人言不足卹，祖宗之法不足守。昨學士院進試館職策，專指此三事，此是何理？」安石曰：「陛下躬親庶政，無流連之樂、荒亡之行，每事惟恐傷民，此亦是懼天變。陛下順納人言，無小大惟言之從，此豈是不卹人言？然人言固有不足卹者。苟當於理義，則人言何足卹？故傳稱『禮義不愆，何卹於人言』，鄭莊公以人之多言，亦足畏矣。故小不忍致大亂，乃詩人所刺，則以人言不足卹未過也。至於祖宗之法不足守，則固是如此。仁宗在位四十年，凡數次修敕。若法一定，子孫當世世守之，祖宗何故屢自變改？今議者以爲祖宗之法皆可守，如祖宗用人皆不以次，今陛下試如此，彼議論者必更紛紛矣。」《長編紀事本末》卷五十九。

閔案：三不足之説，至今尚爲口實。今觀剖别，乃至明至當。甚矣，道聽塗説者，不絶於世也。

是月，上因論及臺諫官言不可失人心。王安石曰：「所謂得人心者，以有理義。理義者，乃人心之所悦。非獨人心，至於天地鬼神亦然。先王能使『山川鬼神，亦莫不寧』者，以行事有理義故也。苟有理義，即周公致四國皆叛，不爲失人心。苟無理義，即王莽有數十萬人詣闕頌功德，不爲得人心也。」他日，安石與韓絳請上更曉諭臺諫，無使紛紛。上曰：「安得如許口頰與説。」上又諭安石，令稍修改常平法，以合衆論。安石曰：「陛下方以道勝流俗，與戰無異。今少自卻，即坐爲流俗所勝矣。」《長編紀事本末》卷六十八，下同。

閔案：宋自仁宗，四十年恬熙，過於寬慈，養成廷臣一種黨同伐異之見。爲君上者，幾如慈母在堂，衆子讙呶，略難約束，只好一味和事而已。神宗雖略英毅，然積習相沿，竟爲牽絆，可歎可哀！荆公要神宗乾綱獨斷，下令如流水之原，乃有把握，乃好商量。又不便導君如雷如霆，啓蟄振靡，此所以言有不能盡，力有不能申也。稍一波流，立脚不住，執拗之名，已獨尸之，誰諒當局之隱哉？宋季由朝廷紀綱不振，是非顛倒，遂至於亡。後之君子不要看錯，隨聲附和，使古來熱血當事之人埋没九幽也。

一日，上謂司馬光曰：「王安石不好官職及自奉養，可謂賢者。」光曰：「安石誠賢，但性不曉事而愎，此其短也。又不當信任吕惠卿。惠卿奸邪，而爲安石謀主，安石爲之力行，故天下併指安石爲奸邪也。」上笑。

閔案：荆公不好官職及自奉養，上亦信之，同僚亦莫能議之矣。司馬公謂其性不曉事而愎，然則神宗任用不疑者，亦不曉事而愎也？又謂以吕惠卿爲謀主，荆公初次見君，規模即定，此時呂未用也，謀主何在？是非深文周内乎？竊意呂之用亦出上意。他日，上語鄧綰，呂惠卿今之賢人也，便可見荆公屢戒上遠佞，必有所指。外廷遂府獄荆公，司馬公亦以爲言。上聞之，所以止發一笑也。

王安石《答司馬諫議書》略云：「儒者所争，尤在於辨名實。名實已明，而天下之理得矣。今君實所以見教者，以爲侵官、生事、征利、拒諫，以致天下怨謗也。某則以謂，受於人主，議法度而修之於朝廷，以授之於有司，不爲侵官。舉先王之政，以興利除弊，不爲生事。爲天下理財，不爲征利。闢邪説，難壬人，不爲拒諫。至於怨誹之多，則固前知其如此也。人習於苟且非一日，士大夫多以不恤國事，同俗自媚於衆爲善。上乃欲變此，而某不量敵之衆寡，欲出力助上以抗之。則衆何爲而不洶洶？如君實責我以在位久，未能助上大有爲，則某知罪矣。如曰今日當一切不事事，守前所爲而已，則非某之所敢知。」參本集補，下同。

閔案：讀「人習於苟且」數言，真賈生所謂可爲痛哭也。司馬原書三千三百餘言，荆公此數行答之已足。

又《答曾公立書》略云：「示及青苗事，治道之興，邪人不利。一興異論，群聾和之，意不在於法也。孟子所言利者，爲利吾國，非利吾身耳。至狗彘食人食則檢之，野有餓莩則發之，是所謂政事。政事所以理財，理財乃所謂義也。一部《周禮》，理財居其半，周公豈爲利哉？」又云：「二分不及一分，一分不及不利而貸之，貸之不若與之。然不與之，而必至於二分者，何也？爲其來日之不可繼也。不可繼則是惠而不知爲政，非惠而不費之道也，故必貸。然而有官吏之俸，輦運之費，水旱之逋，鼠雀之耗，而必欲廣之，以待其饑不足而直與之也，則無二分之息可乎？則二分者，亦常平之中正也，豈可易哉？公立更與深於道者論之。」

閔案：青苗取息之故，盡此書數言。惟行之善否，則視乎其人耳。

十二月丁卯，王安石自右諫議大夫、參知政事除禮部侍郎、同平章事、監修國史。安石得是命，具表辭，不許；又辭，又不許，乃受。其拜相制詞有云：「具官某，不以榮辱是非易其介，不以安危利害辭其難。方予訪落之初，勞乎用賢之務。昭發猷念，與裁政機。衆訾所傷，曾靡捐身之憚；孤忠自許，惟知報國之圖。朕取其知道者深，倚以爲相者久。若作室，用汝爲垣墉；若濟川，用汝爲舟楫。予有違而汝弼，汝有爲而予從。於時大亨，蓋出絶會。」《宰輔編年録》卷第七。又《除平章事監修國史謝表》有云：「責以論經，尚少知於訓詁；使之論政，曾莫助於猷爲。矧以拙直而見知，遂爲姦回之所忌。」又云：「伏惟皇帝陛下，樂古訓之獲而忘其勢，惡邪辭之害而斷以心。勿貳於任賢，務本以除惡。使萬邦有共惟帝臣之志，百姓有一哉王心之言。則進無求名之私，退有補過之善。臣之願也，天實臨之。」參本集補。

十一月，行保甲法。其條制十家爲一保，有保長。五十家爲一大保，有大保長。十大保爲都保，有都保正、副。主客户兩丁以上，選一人爲保丁，授之弓弩，教之戰陣。先行於畿甸，以次漸及他縣。　上謂王安石曰：「用募兵，與民兵亦無異，役之過苦，則亦變矣。」王安石曰：「過苦則變誠然。募兵多浮蕩不顧死亡之人，則其喜禍亂，非良農之比。然臣已嘗論奏，募兵不可全無，《周官》國之勇力之士，屬於司右，有事可使爲選鋒。又令壯士有所羈屬，亦所以弭難也。」上曰：「民兵雖善，止是妨農事如何？」安石曰：「先王以農爲兵，因鄉遂寓軍旅。方其在田，什伍已定，須有事乃發之以戰守，其妨農之時少。今邊陲農人無什伍，不知戰守，法又別募兵爲代兵。盡邊人耕織，不足以給衣糧，至官私轉輸勞費，尚患不足。遇有警急，則募兵反不足以應敵。無事，百姓耕織不足以給之，豈爲良法也？」上曰：「止是民兵，未可恃以戰守，奈何？」安石曰：「臣以爲募兵與民兵無異，顧所用將帥何如耳。將帥非難求，但人主能察見群臣情僞，善駕御之，則人材出而爲用，而不患無將帥。有將帥，則不患民兵不爲用。」《長編紀事本末》卷七十一。

四年四月，上謂王安石曰：「人不能無過失，卿見朕有過失，但極口相救正，勿存形迹。」安石謝曰：「不敢存形迹。」上又慮難濟，安石曰：「此在陛下，不可他求。」又曰：「陛下聖德日躋，風俗會丕變，何憂難濟？」《長編紀事本末》卷五十九，下同。

閔案：神宗不憚改過，真令主也。但其慮難濟處，近於冉求悅道而力不足之意。故荆公勉以不可他求，勉以聖德日躋。

五月，王安石既對，留身請出，上固留之曰：「風俗久壞，不可猝正。事方有緒，卿如何卻要去？且體念朕意，不須卹流俗紛紛。」安石曰：「臣材薄，恐誤陛下屬意。試觀前代興王，亦有爲政數年，而風俗不變、紀綱不立如今日者乎？」上曰：「前代或因衰亂，方人情急迫，爲之解釋患難所以易。今頽壞之俗已久，方收斂使就法度，則不得不難，其紛紛亦固宜。但力行不變，自當改。」安石曰：「以臣所見，似小人未肯革面。臣愚以爲陛下誠能洞見群臣情僞，操利害以御之，則人孰敢爲難？但朝廷之人莫敢爲邪，則風俗立變，何憂紀綱不立？」

是日，王安石呈役錢文字，上謂民供税斂已重。安石曰：「以臣所見，税斂不爲重，但兼併侵牟多耳。此荀悦所謂公家之惠優於三代，豪强之暴酷於亡秦。」上曰：「此兼併所以宜摧。」安石曰：「摧兼併惟古大有爲之君能之。所謂兼併者，皆豪傑有力之人，其議論足以動士大夫者也。今制法但一切因人情所便，未足操制兼併，則恐陛下未足勝衆人紛紛也。如兩浙助役事未能大困兼併，然陛下已不能無惑矣。」《長編紀事本末》卷七十。

五年正月，王安石言於上曰：「陛下修身齊家，雖堯、舜、文、武，亦無以過。至於精簿書刀筆之事，此指詰責近日誤用申狀施行及勘河決獨遺程坊等事。群臣固未有能承望清光。然帝王大略，似當更討論。契丹非有政事也，然夏國事之，極爲恭順，未嘗得稱國主。今秉常又幼，國人饑饉，困弱已甚，而陛下不能使之即叙。陛下不可不思其所以，此非不察於小事，乃不明於帝王大略故也。臣蒙陛下加奬，拔擢在群臣之右，臣但敢言不欺陛下。若言臣爲陛下自竭，即實未敢。緣臣每事度可而後言，然尚或未見省察。臣若自竭，陛下豈能察臣用意？此臣所以不敢自竭。臣尚不敢自竭，即知餘人未見自竭者。忠良既不敢自竭，而小人乃敢爲誕謾。自古未有如此能調一天下，兼制夷狄者。如臣者又疾病，屢與馮京、王珪言，雖荷聖恩，然疾病衰憊，耗心力於簿書期會之故，已覺不逮。但目前未敢告勞，然終恐不能上副陛下責任之意。」上默然良久，乃曰：「朕欲卿文字宜早録進。」安石曰：「臣所著述多未成就，止有訓詁文字，容臣綴緝進御。」《長編紀事本末》卷五十九，下同。

閔案：觀荆公言不敢自竭，愈知汲汲施行新法，神宗主張處多也。又勉以帝王大略，勿敝精神於蹇淺，皆切中神宗之病。竊意神宗者，有志振興之主，而才氣魄力不足以舉之，故荆公感其知遇，而終限於措注也。

二月甲寅，上言三司判官當督察，又言舉官多苟且不用心，宜嚴立法制。安石曰：「舉官法制今已略備，不知更欲如何？」又曰：「中書於諸司非不考察，須自陛下倡率。若陛下於忠邪情僞勤怠之際每示優容，但令如臣者督察，緣臣不可過君，過則於理分有害。且刑名法制，非治之本，是爲吏事，非王道也。精神之運，心術之化，使人自然遷善遠罪者，王道也。今於群臣邪正情僞勤怠未明，示好惡使知所勸懼，而每事專仰法制，固有所不及也。當更勤於帝王之道術而已。但欲多立法制，以御群臣，恐不濟事。」

閔案：荆公每每進上勤帝王之大略，並未沾沾言利，無如論荆公者，如此等處多失攷。

五月辛卯，朝散，王安石留身，乞東南一郡。上甚怪安石如此，曰：「卿所以爲朕用者，非爲爵禄，但心懷道術，可以澤民，不當自埋没，使人不被其澤而已。朕所以用卿，亦豈有它？天生聰明，所以乂民。相與盡其道以乂民而已，非己爲功名也。朕頑鄙，初未有知，自卿在翰林，始得聞道德之説，心稍開悟。卿，師臣也，斷不許卿出外。」

六月，先是，東上閤門使、樞密都承旨李評喜論事，往往施行。天資刻薄，中外側目。又嘗言助役法不可行，王安石尤惡之。因論儀制事，欲罪評，上爲解説，安石遂留身乞退，上不許。丁卯，根勘李評儀制事實誕謾，安石具以白上，上猶爲解説。己巳，王安石謁告。上令馮宗道撫問，安石因附表劄請解機務。上怪其求去，安石曰：「疲疾不任勞劇，兼任事久，積中外怨惡多，又人情容有壅塞。」上曰：「卿從來豈畏人怨惡者？人情有何壅塞，得非爲李評事？」安石曰：「臣所懷，具如奏狀所陳，非有它也。」上曰：「卿無乃謂朕有疑心？朕自知制誥知卿，屬以天下事，如呂誨比卿少正卯、盧杞，朕固知卿，不爲呂誨所惑。」安石曰：「臣平日操行，本不爲人所疑。仁宗朝知制誥，只一次上殿，與大臣又無黨。及蒙陛下拔擢，曾未及一兩月，初未嘗有所施爲。呂誨乃便以方盧杞，此不待陛下聰明然後可知其妄。若任事久，疑似之迹多，而讒誣之人或過於呂誨，即臣未敢保陛下無疑也。」閔案：此語傷心，可見神宗相知雖深，竟不能如昭烈於諸葛也。上曰：「呂公著與卿交游至相善，然言韓琦必以兵討君側惡人，朕亦不爲公著所惑。」安石曰：「公著此言，亦非特陛下聰明然後可辨。明明在上，豈有如此之理？」上曰：「卿之所存，雖朋友未必知。至於衆人見朕與卿相知如此，亦皆不知其所以。朕與卿相知，近世以來所未有，所以爲君臣者形而已。形固不足累卿，然君臣之義，固重於朋友。若朋友與卿要約勤勤如此，卿亦宜爲之少屈。朕既與卿爲君臣，安得不爲朕少屈？」安石曰：「大臣久擅事，未有無釁者。及其有釁，然後求去，則害陛下知人之明，又傷臣私義。」上固留之比三四。退，上又固留，約令入中書。安石復具奏，而閤門等處皆有旨不許收接安石文字。甲戌，安石見上曰：「陛下不許臣去，臣不敢固違聖旨，然臣實病。若更黽勉半歲不可强，即須至再煩聖聽。」上曰：「卿許朕就職甚善，如何半歲後又乞出？且勿如此。」

十月癸未，王安石言於上曰：「陛下遇君子小人不分明。爲天下須用君子，若用小人必亂。陛下於小人每事寬假，於君子不能無疑。君子小人誠難知，然忠信即君子，誕謾即小人。誕謾明白，方更寬假，不肯置法；未嘗見其誕謾，乃更懷疑，所以小人未肯革面，君子難爲自竭。陛下但有所疑，即子細窮究。若見其誕謾，便須致法。若未見其誕謾，即須以君子之道遇之，不可遇君子以待小人之道。如姚原古事，姚原古勘李定事，變易情狀。陛下已是不能窮究作奸之本，於作奸之末，又務寬假，此極爲好惡不分明。」

閔案：觀荆公前後諫上處，皆直言無隱，神宗似有悦而不繹、從而不改之病。前上謂君臣宜不拘形迹，要亦是言易行難耳。此荆公所以累累求退，以全知遇之恩也。

丁亥，上謂王安石曰：「文彦博稱市易司之病致華州山崩。」安石曰：「華山崩，不知天意爲何？若有意，必爲小人發，不爲君子。漢元日食，史高、恭、顯之徒即歸咎蕭望之，望之等即歸咎於恭、顯之徒。臣謂天意不可知，如望之等所爲，亦不必合天意。然天若有意，必當怒望之等，怒恭、顯之徒。」上因歎人臣多不忠信。安石曰：「陛下勿怪人臣不忠信也。有臣三千惟一心。」又曰：「予有亂臣十人，同心同德。此周武王時也。非特武王時，如堯、舜、禹、湯之時皆如此。望之與恭、顯等更相譖愬，乃元帝時。趙憬、裴延齡之徒傾害陸贄，乃唐德宗時。楊嗣復、陳夷行之徒交相非毁忿争，乃唐文宗時。陛下能爲堯、舜、禹、湯、文、武所爲，即群臣自當同心同德。若與漢元帝、唐德宗同道，即不須怪人臣多乖戾不忠信也。」《長編紀事本末》卷六十。

閔案：文潞公以華山崩歸咎於市易司賣果實，誠牽附可笑。荆公所對，乃正理也。論人臣忠信由上感召作成，亦自至當不易。

十二月，王安石《上五事劄子》云：陛下即位五年，更張改造者數千百事，而爲書具，爲法立，而爲利何其多也？就其多而求其法最大、其效最晚、其議論最多者，五事也。一曰和戎，二曰青苗，三曰免役，四曰保甲，五曰市易。今青、唐、洮、河幅員三千餘里，舉戎羌之衆二十萬，獻其地，因爲熟户，則和戎之策已效矣。昔之貧者舉息之於豪民，今之貧者舉息之於官。官薄其息，而民救其乏，則青苗之令已行矣。惟免役也，保甲也，市易也。此三者，有大利害焉。得其人而行之，則爲大利。非其人而行之，則爲大害。緩而圖之，則爲大利。急而成之，則爲大害。傳曰：「事不師古，以克永世，匪説攸聞。」若三法者，可謂師古矣。然而知古之道，然後能行古之法。此臣所謂大利害者也。蓋免役之法出於《周官》所謂府史胥徒，《王制》所謂庶人在官者也。然而九州之民，貧富不均，風俗不齊，版籍之高下不足據，今一旦變之，欲使之家至户到，均平如一，舉天下之役，人人用募，釋天下之農婦於畎畝，❶苟不得其人而行之，則五等必不平，而募役必不均矣。保甲之法起於三代丘甲，管仲用之齊，子産用之鄭，商君用之秦，仲長統言之漢，而非今日之立異也。然而天下之人凫居雁聚，散而之四方而無禁也者，數千百年矣。今一旦變之，使行什五相維，鄰里相屬，察奸而顯諸仁，宿兵而藏諸用，苟不得其人而行之，則搔之以追呼，駭之以調發，而民心摇矣。市易之法，起於周之司市、漢之平準。今以百萬緡之錢，權物價之輕重，以通商而貰之，竊恐希功幸賞之人，速求成效於年歲之間，則吾法隳矣。臣故曰，三法者得其人，緩而謀之，則爲大利。非其人，急而成之，則爲大害。故免役之法成，則農時不奪而民力均矣。保甲之法成，則寇亂息而威勢强矣。市易之法成，則貨賄通流而國用饒矣。參本集補。

閔案：玩此劄子，利害之數，公早熟計於胸，亦深戒用小人，而尤意在於緩謀。可知汲汲謀之者出上之意，信用惠卿者亦上專之。諸家紀載，影響附會。顔淵拾塵，陳平盜嫂，古且慨之，矧又多恩怨之私乎？必存此劄子，人乃是非瞭然，故是論公生平一大節目處。

六年三月，王安石從駕觀鐙，乘馬入宣德門。衛士呵止，撾傷安石馬。安石大怒，疑有陰使者。白於上云：「宣德門内下馬與否，檢查向來亦無條制。臣初執政，即未嘗於宣德門外下馬。後臣隨曾公亮從駕，亦如此。」上曰：「朕爲親王時，位在宰相下，亦於門内下馬，不知何故乃如此？」安

❶「婦」，《考略節要附存》卷二並《臨川文集》卷四一《上五事劄子》均作「歸」，當是。

石曰：「所以不能無疑，欲具劄子，乞勘會，依條例施行。」上許之。安石又曰：「檢到嘉祐年後行省司日記，並於門内下馬。然問馮京，則忘之，記得有在門外下馬。既而文彦博遂揚言云：『我從來只於門外下馬。』」先是，王安石以病謁告彌切，乃求解機務，且入對，上面還其章，安石固求罷，上不許，曰：「卿每求罷，朕寢食不安。朕必有待卿不至處，且卿豈以宣德門事否？」安石曰：「臣所以辨宣德門事，正恐小人更以臣爲驕僭。事既明白，又復何言？」上曰：「子細推究，實無人使。」安石曰：「臣初豈能無疑？既已推究，復何所疑？」上曰：「卿如此，必是朕終不能有成功，久留無補，所以決去。」安石曰：「陛下聖德日躋，非臣所能仰望，後來賢俊自有足用者。臣久妨賢路，又病，所以求罷，非有他。」上曰：「朕置卿爲相，事事賴卿以濟。後來可使者何人？孰可以爲相者？卿所見也。」安石曰：「豈可謂無其人？但陛下未試用耳。」上曰：「卿頻求出，於四方觀聽不美。」又引古君臣相終始者曉譬之。安石曰：「臣前求罷，以陛下因事有疑心，不得不求罷。今直以病故，非有他。且古今事異，久任事，積怨怒衆，一旦有負敗，亦累陛下知人之明。又且病，若冒昧必致曠敗。」上再三曉譬，安石乃乞告將理。既而上又召安石子雱，再三問勞。又令馮京、王珪諭旨。於是，安石復入視事。留身，上謂安石曰：「卿今如何？」安石曰：「猶病昏憒。後來有可用者，陛下宜早甄擢，臣恐必難久任憂責。」上曰：「雱説卿意似不專爲病，朕亦爲雱説，必爲在位久，朕終不足有爲，故欲去爾。」安石曰：「陛下至仁聖，臣豈有他？但後世風俗皆以勢利事君，臣久冒權位，不知避賢，即無異勢利之人。況又病，必恐有曠敗，致累陛下知人之明，所以力求罷也。」

是月，置經局，上命吕惠卿、王雱修撰，王安石提舉。　先是，上謂安石曰：「經術今人人乖異，何以一道德？　有所著，可以頒行，令學者定於一。」安石曰：「《詩》已令陸佃、沈季長此人安石妹壻。作義。」上曰：「不能發明。」安石曰：「每事商量。」至是，又諭執政曰：「今歲南省所取，多知名舉人。士皆趨義理之學，極爲美事。」王安石曰：「民未知義，則未可用，况士大夫乎？」上曰：「舉人對策，多欲朝廷早修經義，使義理歸一。」乃命惠卿及雱。　而安石以判國子監沈季長親嫌，固辭雱命，上弗許。　已而又命安石提舉，安石又辭，亦勿許。《長編紀事本末》卷七十四，下同。

閔案：此即《三經新義》所從出也。　設局頒學，亦出上意。

十月辛未，光州刺史駙馬都尉馬敦禮乞立《春秋》學官，不許。　他日，上謂安石曰：「卿嘗以《春秋》自魯史出，其義不可考，故未置學官。　馬敦禮好學不倦，於家亦孝友，第未知此意耳。　敦禮讀《春秋》而不讀傳，《春秋》未易可通。」馮京等曰：「漢儒初治《公羊》，後乃治《穀梁》，《左氏》最後出。」上曰：「漢儒亦少識見者。」

閔案：荆公並非毁《春秋》，特以難通，且置之耳。　神宗之意亦如此。「斷爛朝報」之説，尹彦明已辨之，詳見《年譜考略》。

癸丑，朝罷，上顧安石曰：「聞卿子雱久被病，比稍愈否？」安石曰：「雱苦足瘍下漏，徧用京師醫，不效。　近呼秦州瘍醫徐新者治之，少愈。」上曰：「卿子文學過人，昨夕嘗夢與朕言久之。　今得稍安，良慰朕懷。」《長編紀事本末》卷六十，下同。

閔案：元澤有文學，上諗知之，而苦多病。其不干與政事可知。朏説載其自刻所著書，以冀上賞識，及多不法無禮事，乃都子虛烏有也。詳見《年譜考略》。

七年四月，監安上門光州司法參軍鄭俠上《流民圖》，並言新法之害。上問王安石曰：「識俠否？」安石曰：「嘗從臣學。」因乞避位，上不許。乃詔開封府劾俠擅發馬遞之罪。

閔案：新法之行，實神宗急於求治之過。荆公卻欲緩圖，進説神宗屢矣。外廷或不知，或知之不便斥君上，遂集矢荆公，皆未可定。然而神宗、荆公未有不各知也。故荆公一聞謗言，即懇請去位，其身心之無繫可見。神宗則必强留，諒其疑似之間，每受誣謗亦可見。故閔嘗謂當日廷臣堅欲詆新法，直是拗折君上，特借荆公爲題目也。

是月丙戌，禮部侍郎、平章事、監修國史王安石罷爲吏部尚書、觀文殿大學士、知江寧府，仍詔出入如二府儀，大朝會綴中書門下班。　初，上遣吕惠卿以手詔諭安石，欲處以師傅之官，留京師，而安石堅求去。又賜手詔曰：「繼得卿奏，以義所難處，欲得便郡休息。朕深體卿意，更不欲邀卿之留，已降制命，除卿知江寧，庶安心休息，以適所欲。朕體卿之誠至矣，卿宜有以報之。手劄具存，無或食言，從此浩然長往也。」又賜手書曰：「韓絳欲得一見卿，意者有所諮議，卿可爲朕詳語以方今人情政事之所宜急者。」

閔案：觀賜手書韓絳欲見卿語，明是上遣之來。前此吕惠卿賫手詔，亦是上遣之。則吕、韓二人，實早簡在上心，非由荆公特薦也。吕、韓守新法不變，乃是承上意，非遵守荆公。當時謗者以韓爲「傳法沙門」、吕爲「護法善神」，何嘗知其細微曲折乎？ 横加訾毁而已。

六月，王安石《觀文殿學士知江寧府謝上表》有云：「逸其犬馬將盡之力，寵以丘墓所寄之邦。仰荷恩私，皆踰分願。臣操行不足以悦衆，學術不足以趣時，獨知義命之安，敢望功名之會。值遭興運，總領繁機。惟睿廣之日躋，顧卑凡而坐困。秋水方至，因知海若之難窮；大明既升，豈宜爝火之弗熄。加以精力耗於事爲之衆，罪戾積於歲月之多。雖恃含垢之寬，終懷覆餗之懼。」參本集補。

閔案：此表措詞極斟酌得體，並無可議之處，乃《程氏遺書》載唐棣《語録》云：「思叔述先生説介甫不知事君道理，觀他意思，只是要欒子之無知，如上表言『秋水方至，因知海若之難窮；大明既升，豈宜爝火之弗熄』，皆是此意思云云。」此必唐棣僞造，託爲先生之言，伊川何至不明文義如此？ 此明是承上文「睿廣日躋，卑凡坐困」而申言之，絶無欒子之無知意思。坐以不知事君道理，支離謬妄，託於大儒之言以惑世，大可笑也。

四月，王雱以疾不能朝，又詔特給俸，免朝謝，許從安石之江寧，仍修撰經義。又詔王安石依舊提舉，詳定國子監修撰經義。

八月，王安石有《中使傳宣撫問並賜湯藥及撫慰安國弟亡謝表》。末云：「俯矜舊物，曲軫睿慈。始終顧遇之私，人知無替；存没榮懷之感，情實難勝。」

閔案：王安國卒於是年八月十七日，而鄭俠上《流民圖》在是年四月，相距數月耳。乃蘇軾元祐二年《乞録用鄭俠王斿狀》云：「王安國坐與俠斿從，同時被罪。吕惠卿首興大獄，賴先帝仁聖，止加竄逐。曾未數年，逐惠卿而起安國。」此狀果出子瞻？何至不考如此？安國並未起，亦並無數年。安國存時，惠卿並未逐。謬誤不實，必僞作也。

又不解者，《續綱目》亦於熙寧八年春書：「竄祕閣挍理王安國於田里。」《長編紀事本末》亦然，何不一考《臨川集》耶？

又有《差張諤醫男雱謝表》中，云：「去闕以來，歷時未久。問勞狎至，憂軫俯加。冀憑天地之恩，得全駒犢之命。」

閔案：觀此元澤之病深矣，脞説謂元澤因發其私書，恚忿發疽而死，皆附會不實。

八年二月癸酉，王安石依前官平章事、昭文館大學士。

三月戊午，上謂安石曰：「小人漸定，卿等且可以有爲。」又曰：「自卿去後，小人極紛紜，獨賴吕惠卿主張而已。」安石曰：「臣父子蒙陛下知遇，所以向時每事消息盈虚，以待陛下深察，誠欲助成陛下盛德大業而已。小人紛紛，不敢安職。今陛下復召用，臣所以不敢固辭者，誠欲麤有所效，以報陛下知遇。然投老餘年，豈能久事左右，欲及時麤有所效，望陛下察臣用心。」上曰：「固所望於卿。君臣之間，切勿存形迹，最害事。」

閔案：觀此問答，荆公再出，自是感知遇，急報效而然。謗者謂荆公去位時薦韓絳、吕惠卿代己，後呂、韓相忤，而呂又慮荆公再相。韓測之，乘間白上，再用荆公。召命至，荆公不辭，倍道赴闕。此皆巧搆影附之言，不可信。更就集中觀其兩次辭表及到官謝表，情辭益可見，今節於後。

王安石《辭免除平章事昭文館大學士表》有云：「臣比誤國恩，嘗尸宰事。初無薄效，稱萬一之褒揚；止有多言，煩再三之辨釋。終逃譴責，實賴保全。」又曰：「畬而不菑，雖或許其繼事，灌以既雨，豈不昧於知時。况惟疲曳之餘，過重休明之累。且用人而過矣，固不免於敗材。苟改命而當焉，亦何嫌於反汗。敢期聖哲，俯諒愚忠。」又第二次辭表有云：「事已試而可知，力弗能而當止。苟不量鼎實之所任，必且致棟橈於斯時。」參本集補，下同。

又《除平章事昭文館大學士謝表》有云：「竊惟人物之會通常寡，實以君臣之遇合至難。自匪同聲氣之求，孰能偕功名之享。伏惟皇帝陛下天縱大聖，人與成能。乘百年久安之機，飭千歲積壞之蠱。士誠服矣，而持禄養交之習未殄；民允懷矣，而樂事赴功之志未純。近或長阨，而仁義之澤未流；遠或虛憍，而道德之威未立。」又云：「臣早見知於隱約之中，久獨立於傾摇之上。勳庸弗效，恩禮更加。方之版築，則有其陋。爲世聘求，則無其賢。以投老之軀，遭難值之運，苟貪歲月，趣就涓埃。且上之施既光，則下之報宜厚。」

閔案：謝表中誠悃具見，知非繫懷勢利而來也。

上患人莫肯盡心赴功，王安石曰：「陛下能盡見得人情，賞罰當實，即人自悉心赴功。」上曰：「縱不盡見，但得力多亦可。」安石曰：「見得盡即盡赴功，見得少即少赴功。見得多即多赴功，都不見即無赴功者矣。假令見得盡，若不隨以賞罰，即人亦不肯赴功。」《長編紀事本末》卷六十。

閔案：玩荆公所對神宗資性賞善罰惡之問，❶每失於優游鬆懈。

六月，頒王安石《詩》《書》《周禮義》於學官。先是安石撰詩序，稱頌上德，以文王爲比。上批：「得卿所上三經義序，其發明聖人作經大旨，豈復有加？然望於朕者何其過與？責難之義，在卿固所宜者。傳於四方，貽之後世，使夫有識考朕所學所知，及夫行事之實，重不德之甚，豈勝道哉！恐非爲上爲德之義也。其過情之言，可速删去，重爲修定，庶付有司，早得以時頒行。」及進呈，上曰：「以朕比文王，恐爲天下後世笑，須當改之，但言解經之意足矣。」安石曰：「上聖所懷深仁謙損，臣敢不奉承詔旨，仰稱堯、禹不争不伐之心。」遂改撰以進，上乃頒行之。《長編紀事本末》卷七十四。

閔案：此段見神宗之賢不可及。

是月，以王安石提舉修撰經義，加恩授爲尚書左僕射兼門下侍郎。安石具表二次、劄子三次，辭免恩命，上不允。

又授男雱龍圖閣直學士，表辭再三，乃免。參本集補。

---

❶「問」，原作「間」，今據上下文義改。

八月庚戌，韓絳罷知許州。　十月，吕惠卿罷知陳州。　又罷手實法。參本集補。

閔案：脞説謂荆公再相，韓絳嘗有力，又吕惠卿乃其護法。今一出而二人皆去，則其不然可知矣。故併記之。

十一月丙戌，王安石謁告，上遣中使慰勉，乃出。　先是，王安石以疾在家，上遣中使勞問，自朝至暮十七反。醫官脈狀，皆使馳行親事賫奏。既愈，復給假十日。將安，又給三日。又命輔臣即其家議事。時有不附新法者，安石欲深罪之，上不可，安石争之曰："不然，法不行。"上曰："聞民間亦頗苦新法。"安石曰："祁寒暑雨，民猶怨咨，此豈恤也？"上曰："豈若並祁寒暑雨之怨亦無耶？"安石不悦，退而屬疾，上遣使慰勉，乃出。

閔案：子産初爲政，亦有孰殺之謡，久乃見德耳。神宗欲祁寒暑雨亦無，意則美矣。然而天且不能，况人耶？况神宗、荆公之爲政耶？

十二月，以天章閣待制趙卨爲安南招討使，以討交趾。王安石有《勅牓交趾》，其詞曰："勅交州管内溪峒軍民官吏等，眷惟安南，世受王爵。撫納之厚，實自先朝。含容厥愆，以至今日。而乃攻犯城邑，殺傷吏民。干國之紀，刑兹無赦；致天之討，師則有名。已差吏部員外郎充天章閣待制趙卨充安南道行營馬步軍都總管、經略安撫招討使兼廣南安撫使，昭宣使、嘉州防禦使、入内内侍省都押班李憲充副使，龍衛四箱都總管指揮使、忠州刺史燕遠充副都總管。順時興師，水陸兼進。天示助順，已兆布新之祥；人知侮亡，咸懷敵愾之氣。然王師所至，弗迓克奔。咨爾士庶，久淪塗炭。如能諭王内附，率衆自歸，爵禄賞賜，當倍常科。舊惡宿負，一皆原滌。乾德幼穉，政非己出。造廷之日，待遇如初。朕言不渝，衆聽無惑。比聞編户極困誅求，已戒使人具宣恩旨，暴征横賦，到即蠲除。冀我一方，永爲樂土。」参本集補。

閔案：史書載，諜得交趾露布，言：「中國作青苗、助役法，窮困生民。我今出兵，欲相拯濟。」荆公大怒，自草勑牓詆之。蔡元鳳曰：「中國行新法數年，只聞臣僚交攻於朝，而閭閻未有揭竿者。即外夷假異説爲兵端，亦斷斷不及此。牓文真王者之師，仁人之言，與所謂大怒以詆，何大不相肖也？造謗者於荆公，無之而不毁。而正史採之，抑何不近人情至此耶？」

九年六月壬辰，三司言奉詔折二錢事。上曰：「恐四夷聞中國行兩等錢，以爲貧窘，乃傷國體，如何？」安石曰：「錢有二品，自周已然，何繫貧富？且自古興王唐太宗、周世宗時極貧，然何足爲恥？且初不欲鑄折二錢，今乃極論者，朝廷舉動，四方所瞻，稍有罅隙，即爲奸人窺伺愚弄，將不能立國，是又何能安天下國家也？」上乃令復行之。《長編紀事本末》卷六十，下同。

閔案：玩初不欲鑄折二錢語，則此法非出荆公矣。神宗既行之，又慮見恥於外夷，進退游移。凡事如此，豈能不爲奸人窺伺愚弄？荆公目擊，殆非此一事，故言之痛切如此，然實至言也。

丙午，詔以王雱病，特給王安石假，在家撫視。

己酉，太子中允、天章閣待制王雱卒。或曰九月，《年譜考略》作七月，今從《長編》。年三十三，贈諫議大夫。手詔即其家上雱所撰《論語孟子義》。

七月壬戌，詔宰臣王安石候王雱終七供職。

十月戊子，翰林學士、權御史中丞鄧綰罷爲兵部郎中、知虢州。壬辰，詔横海軍節度推官、崇文院校書兼中書户房習學公事練亨甫罷爲漳州軍事判官。先是，王安石言：「臣久以疾病憂傷，不接人事。以故衆人所傳議論，多所不知。昨日方聞御史中丞鄧綰嘗爲臣子弟營官，及薦臣子壻可用，又爲臣求賜第宅。兼綰近舉御史二人，尋卻乞不施行。其一人彭汝礪者，嘗與練亨甫相失。綰聽亨甫游説，故乞别舉官。審如所聞，即綰豈可令執法在論思之地？亨甫亦不當留備宰屬。」故有是命。

是月丙午，左僕射兼門下侍郎平章事、昭文館大學士、監修國史王安石罷爲鎮南軍節度使、同平章事、判江寧府。

先是，王安石《與參政王禹玉書》有云：「自春以來，求解職事，至於四五。今則疾病益甚，必無復任事之理。仰恃契眷，謂宜少敦僚友之義，曲爲開陳，使得早遂所欲。」又第二書云：「某羈孤無助，遭值大聖，獨排衆毁，付以宰事。苟利於國，豈辭糜殞？顧自念行不足以悦衆，而怨怒實積於親貴之尤；智不足以知人，而險詖常出於交游之厚。且據勢重而任事久，有盈滿之憂；意氣衰而精力弊，有曠失之懼。歷觀前世大臣，如此而不知自弛，乃能終不累國者，蓋未有也。此某所以不敢逃逋慢之誅，欲及罪戾未積，得優游里閭，爲聖時知止不殆之臣，庶幾天下後世於上之拔擢任使無所譏議。伏惟明公少垂念慮，特賜敷陳。」參本集補。

蔡元鳳曰：荆公於八年二月再相，九年春即辭至四五。久之不得請，復乞同僚助之，上於荆公可謂恩誼至渥矣。史書乃曰：「及子雱死，請解機務，上益厭之，罷知江寧府。」何其妄耶？陳瑩中言：「神宗再相安石，始終不過乎九年。安石屏迹金陵，棄置不召者十載。」是又以棄置誣神宗也。夫以安石決去至此，尚可以復召哉？自是荆公歸矣，既得長爲聖世知止不殆之臣，亦獲遂其平日富貴浮雲之思。每讀公此書，輒爲反復流連，想見其人。

閔案：欲洗「上益厭之」之謗，故將累次恩寵詳録於下，則不煩言而自解。

又上《辭免使相判江寧府表》有云：「伏念臣晚出窮鄉，首陪興運。恕心量己，雖知容膝之易安；營職趣時，更似絶筋而稱力。」又云：「若任州藩之寄，仍兼將相之崇。是爲擇地以自營，非復籲天之素志。」參本集補，下同。

十年三月，王安石有《朱炎傳聖旨令視府事謝表》云：「伏念臣曲荷搜揚，久孤付屬。有能必獻，未嘗擇事而辭難；無力可陳，乃始籲天而求佚。」又云：「乃因乘軺將命之臣，更諭推轂授方之意。踦履無用，誠弗忍於棄捐；朽株匪材，尚奚勝於器使。永惟獎勵，徒誓縻捐。」

又上《乞宫觀劄子》有云：「自惟憂傷病疾之餘，復當辭劇就閒之日。過叨榮禄，非分所宜。黽勉方州，亦將不逮。故因賜對，輒預奏陳。俟到江寧，須至上煩聖慮，乞以本官外除一宫觀差遣，於江寧養疾。過蒙眷獎，諭以毋然。非臣縻殞所能仰稱。而臣自離闕庭，所苦日侵。若非蒙恩許免藩任，且令休養，即恐瘳復無期，輒敢冒昧天威，具陳前日悃愊。」凡五次懇辭，乃允。

六月，王安石以使相爲集禧觀使。　又有《除集禧觀使乞免使相劄子》有云：「臣蒙陛下識拔，序之群臣之右，當以纔知分義，爲異庸人。若以衰殘向盡之年，貪非所據，豈不自隳素守，而仰累陛下知人之明？伏望聖慈察臣累奏，許以本官充使於江寧府居住。」凡四次懇辭，乃允。

又有《李友詢傳宣撫問及賜湯藥謝表》云：「臣某言，伏奉聖慈特差李友詢扶護亡男雱棺柩到府並撫問者，孤臣特荷慈憐，未獲捐軀報德。賤息比叨寵奬，復以遺骨累恩。伏念臣釁積自躬，凶流及嗣。因仍積歲，藏厝不時。敢謂私憂，上貽聖慮。伏蒙皇帝陛下飭遣親使，護致旅棺。使亡子之魂，即安於窀穸；天性之愛，得盡於暮年。申之訓辭，撫以藥物。眷被終始，施兼存亡。銘骨不足以敘欲報之心，瀝肝不足以繼感泣之血。獨恨既慭之力，莫知自效之方。臣無任。」

閔案：神宗待荆公如此，君臣恩誼無間始終矣。謗者乃謂上益厭之，試問在廷他臣有如此始終恩禮者乎？豈反濫施於所厭之老臣去位者乎？論人者當合一生始終大局而權之，不可枝枝葉葉，疑似論人。又況水火交訌，謬誣百出之時乎？

元豐元年正月，特授王安石開府儀同三司，封舒國公。　王安石有《封舒國公謝表》云：「伏念臣久孤眷遇，當即譴訶。曠歲籲天，尚辭榮而未獲；新恩賜國，仍席寵以有加。惟兹邦土之名，乃昔宦游之壤。久陶聖化，非復魯僖之所懲；積習仁風，乃常朱邑之見愛。鴻私所被，朽質更榮。」

閔案：楊龜山謂荆公先封舒，後封荆，《詩》云「荆舒是懲」，此宰相不學之過。真可謂望文生義，不求情實矣。荆公謝表明云「惟兹邦土之名，乃昔宦游之壤」，則授封之故可知也。又云

「久陶聖化，非復魯僖之所懲；積習仁風，乃常朱邑之見愛」，一經一史，隸事分明，則與詩義毫無關涉，亦可知也。宋人好遇事吹毛，一至於此。

又有《除依前左僕射觀文殿大學士集禧觀使謝表》中云：「伏念臣學止求心，行多違俗。少隨官牒，徒有志於養親；晚誤聖知，欲忘身而許國。疲曳久瘵於宰事，閔凶適在於私門。中解繁機，特上煩於矜惻；外分憂寄，復難强於支持。方累鴻私，更尸殊寵。既兢慙於非據，輒冒昧以終辭。」

元豐三年九月乙酉，加授舒國公王安石爲特進，改封荆國公。　安石有《封荆國公謝表》中云：「宫庭嘉享，推惠術以及人；田里空餐，濫宸恩而累國。」又云：「有未償之厚責，無可録之微勞。敢冀瘵身，尚叨徽數。」

七年五月庚申，詔中書舍人蔡卞給假一月，令往江寧府省視王安石疾病。　安石謝表有云：「飭醫遣使，已叨訓勉於禔身；輟侍予寧，重累顧哀於慈子。」上令卞將公女子省視，故云。

八年三月，上崩於福寧殿，年三十有八。哲宗即位。　詔特進王安石爲司空。　王安石《辭免司空表》有云：「荒遠攖疴之久，休明嗣服之初。緜力薄材，適甘於屏棄；高秩厚禮，更冒於褒崇。惟器與名，恐身累國。仰祈還令，追寢賛書。」又第二次表云：「臣事勞無紀，操行不修。居竊萬鍾，初未知於辭富；坐彌九載，方有俟於黜幽。豈圖邦命之新，尚眷求人之舊。」又云：「仰冀睿明，顧憐衰朽。改兹非服，免貽官謗之憂；宥以罔功，使獲里居之佚。」

十月，葬神宗皇帝於永裕陵。　王安石《神宗皇帝挽詞》云：「將聖由天縱，成能與鬼謀。聰明初四達，俊乂盡旁求。一變前無古，三登歲有秋。謳歌歸子啓，欽念禹功修。」第二首結聯云：「老臣他日淚，湖海想遺衣。」

閔案：荆公於神宗君臣之遇，實是罕遘。神宗晏駕，而荆公不久亦即世矣。前詩結語，蓋殷念嗣皇之纘服，亦老臣心事不得不然。又若環顧廷臣，逆知必有一番變更者，用意殊深長也。李雁湖注乃謂末語啓後來紹述張本，此則事後文致之言，荆公初不能料身後司馬公之必變熙、豐，元祐之必變紹述也。假嗣皇仍守新法，則何紹述之有？

元祐元年四月癸巳，觀文殿學士、守司空、集禧觀使荆國公王安石薨，年六十八。　司馬光與吕公著簡云：「介甫文章節義過人處甚多，但性不曉事而喜遂非，致忠直疏遠，讒佞輻輳，敗壞百度，以至於今。此方矯其失，革其弊，不幸介甫謝世，反覆之徒必詆毁百端。光意謂朝廷宜優加厚禮，以振起浮薄之風。苟有所得，輒以上聞。不識晦叔以謂如何？更不煩答以筆劄。扆前力主張，則仗晦叔也。」

上聞，詔輟視朝，贈太傅，推遺表恩七人，命所在應副葬事。

蘇軾撰《王安石贈太傅制》云：「敕。朕式觀古初，灼見天意。將以非常之大事，必生希世之異人。使其名高一時，學貫千載。智足以達其道，辯足以行其言。瑰瑋之文，足以藻飾萬物；卓絶之行，足以風動四方。用能於期歲之間，靡然變天下之俗。故觀文殿大學士、守司空、集禧觀使王安石少學孔孟，晚師瞿聃。罔羅六藝之遺文，斷以己意；糠粃百家之陳迹，作新斯人。屬熙寧之有爲，冠群賢而首用。信任之篤，古今所無。方需功業之成，遽起山林之興。浮雲何有，脱屣如遺。屢争席於漁樵，不亂群於麋鹿。進退之際，雍容可觀。朕方臨御之初，哀疚罔極。乃眷三朝之老，邈在大江之南。究觀規模，想見風采。豈謂告終之問，在予諒闇之中。胡不百年，爲之一涕。於戲！死生用舍之際，孰能違天；贈賻哀榮之文，豈不在我。是用寵以師臣之位，蔚爲儒者之光。庶幾有知，服我休命。可特贈守太傅。」

閔案：温公之簡，披公之制詞，尚猶得是非之正，故録於此卷之終。

紹聖中，謚曰文，配享神宗廟庭。

閔案：加謚配享神廟，當日雖惇、京等所爲，猶協情近理，不謬是非。若後日追封王爵，從祀孔庭，則黨人之私，務在求勝，非天下之公心，亦非荆公所樂處矣。今皆不入此編。

黄文節公年譜序

山谷諸孫嵤字子耕，作年譜二卷，專爲攷證詩集，每病繁瑣。乾隆中，緝香堂又刻年譜一卷，復病草略。閔今於其間删繁因舊，補缺訂譌，權衡折衷，别成集外一《黄文節公年譜》，聊備遺忘，以自娱悦，以志仰企，不欲問世也。山谷生平極有道氣，行事具循坊表。觀其深契濂溪，德器可以想見。雖在蘇門，亦爲涑水、華陽所知，而於黨人之林，超然不爲所繫，未嘗偏立議論，真有鳳凰翔千仞氣象也。教後生子弟，諄諄以熟讀書史，深求義味，不可以文人自了。至真至切，不腐不迂。履患難困阸，浩然以義命自安，無纖毫隕穫怨尤意。以其餘興寄梵夾緇流，歌詞諧語，昧者仞以爲真，而不知非也。是在於好學深思、心知其意者矣。

光緒丁丑端午日，江右新城楊希閔鐵傭書於臺陽海東書院。

黄文節公年譜引用書目

本集緝香堂本、任注、史注、翁刻
《宋史》
《通鑑長編》
《續資治通鑑》薛氏、王氏、畢氏
《王文公集》
《司馬温公集》
《蘇文忠公集》
《蘇文定公集》
《劉原父集》
《劉貢父集》
《陳後山集》
《朱子集》
《名臣言行録》

《汪文定集》
《樓攻媿集》
《張文靖集》
《宋元學案》
《四庫全書提要》
《王漁洋集》
《翁覃溪集》
《江西通志》
雜采類書
袁氏《甕牖閒評》
《項氏家説》
周煇《清波雜志》
《石洲詩話》

黄文節公年譜

江右新城楊希閔鐵傭編

宋仁宗慶曆五年乙酉六月十二日，公生

公黄氏，名庭堅，字魯直，豫章洪州分寧人。祖從，進士，贈朝散大夫。父庶，字亞夫，慶曆丙戌進士，知康州，贈中大夫。母李氏，南康郡太君。兄弟六人：伯兄大臨，字元明，號寅菴，萍鄉尹；弟仲熊，字非熊；叔達，字知命；字叔獻，蒼舒。❶公幼警悟，讀書五行俱下。既孤，從舅氏尚書李常公擇學。過其塾，見書帙紛錯，亂抽架上書問，無不通，大驚，以爲一日千里也。原譜。

閔案：公字魯直之故，馬永卿《嬾真録》以爲史克魯人也，嘗引十六相以卻莒僕，故曰魯直也。項氏安世《家説》云：「馬説非也，魯直二字出柳文《先友記》。按《爾雅》：『庭，直也。』直而且堅，故曰魯直。」閔攷《先友記》云王卿有學術，魯直，爲尚書郎，則似是戇直之意。馬、項兩説可以兼會。然袁氏文《甕牖閒評》又云：「庭堅乃八愷之名，宋朝仁宗重魯宗道之爲人，嘗書曰魯

❶「舒」下，據上文疑有缺字。

直，豈太史慕二公之堅直，字而名之焉？」竊疑山谷生仁宗之世，與魯公聲迹不遠。既名庭堅，未必近取御賜之書也。疑事毋質，存備一説可耳。

六年丙戌，二歲

七年丁亥，三歲

八年戊子，四歲

皇祐元年己丑，五歲

二年庚寅，六歲

三年辛卯，七歲

公七歲，作《牧童》詩云：「騎牛遠遠過前村，吹笛風斜隔岸聞。多少長安名利客，機關用盡不如君。」《桐江詩話》。

四年壬辰，八歲

公作《送人赴舉》詩云：「送君歸去玉帝前，若問舊時黄庭堅，謫在人間今八年。」《西清詩話》。

五年癸巳，九歲

至和元年甲午，十歲

二年乙未，十一歲

嘉祐元年丙申，十二歲

二年丁酉，十三歲

三年戊戌，十四歲

四年己亥，十五歲

公母舅李公擇官淮南，公依之。　公跋王子予名雩。外祖劉仲叟墨蹟云：「庭堅十五六，游學淮南。」

五年庚子，十六歲

在淮南。

六年辛丑，十七歲

在淮南，始婚於孫氏。孫覺莘老之女。　公作《二室墓誌》云：「庭堅年十七，從舅氏李公擇學於淮南，始識孫公，得聞言行之要。啓迪勸奬，使知聞道之方者，孫公爲多。孫公憐其少立，故以蘭溪歸之。」原譜。

七年壬寅，十八歲

在淮南。

八年癸卯，十九歲

是年，以鄉貢進士入京師。

英宗治平元年甲辰，二十歲

禮部試未第，留京師。

二年乙巳，二十一歲

是年，當南歸。

三年丙午，二十二歲

是年，再赴鄉舉，膺首選。　主文衡者廬陵李詢，字仲同。以「野無遺賢」命題，公詩有「渭水空藏月，傅巖深鎖煙」之句，擊節稱賞，謂此人不惟文理冠場，異日當以詩名擅四海。原譜。

四年丁未，二十三歲

禮部試登進士第，除汝州葉縣尉。

神宗熙寧元年戊申，二十四歲

赴葉縣尉任，九月到汝州。　公有思親汝州真蹟，題云：「戊申九月到汝，時鎮相富鄭公。」

二年己酉，二十五歲

在葉縣。

三年庚戌，二十六歲

在葉縣。　七月初二日，元配孫夫人歿於官所。　公《二室墓誌銘》云：「蘭溪縣君孫氏，故龍圖閣直學士高郵孫公覺莘老之女，年十八歸黄氏，不幸年二十而卒。閔案：「二十」下脱去一「七」字，辛丑至是九年，當二十七也。殯葉縣者二十二年，元祐八年始克歸葬。」

四年辛亥，二十七歲

在葉。　葉縣日，❶作《新寨》詩，云「俗學近知回首晚，病身常覺折腰難」之句，❷傳至都下，半山老人見之擊節稱歎，以爲清才非俗吏，遂除北京教，❸即爲文潞公所知。《垂虹詩話》。　閔案：詩語與集中所載有同異，或後有改竄。此非論詩，不悉記。

五年壬子，二十八歲

試中學官，除北京國子監教授。　蘇文忠公見其詩文，以爲超軼絶塵，獨立萬物之表，由是聲名始震。公亦心契文忠，與張文潛、晁无咎、秦少游並游蘇門，天下稱爲「蘇門四學士」。參《宋元學案》。

六年癸丑，二十九歲

在北京。　是年，繼室謝夫人來歸。謝景初師厚女。

七年甲寅，三十歲

在北京。

---

❶「葉縣日」上，《山谷集》附録《山谷年譜》卷五有「尉」字，不當省。

❷「常」，《山谷年譜》並《宋名臣言行録》續集卷一作「全」。

❸「教」下，《山谷年譜》有「授」字。

八年乙卯，三十一歲

在北京。

九年丙辰，三十二歲

在北京。　公自到任，距今已三年，時文潞公尚判大名府，器公，奏留再任。參史傳。

十年丁巳，三十三歲

在北京。

元豐元年戊午，三十四歲

在北京。　秋，考試舉人於衛州。

二年己未，三十五歲

在北京。　公《次韻答孔毅甫》詩云：「六年國子無寸功，猶得江南萬家縣。」蓋次年授太和矣。

二月十二日，繼室謝夫人歿於官所。　公《二室墓誌銘》云：「繼室介休縣君謝氏，故朝散大夫南陽謝公景初師厚之女，年二十歸黄氏，年二十六而卒。生一女曰睦，才四歲。殯於大名者十一年，元祐六年乃克歸其殯，八年與元配孫夫人從先夫人葬焉。同宫而異槨。」

三年庚申，三十六歲

入京改官，授吉州太和縣。　秋自汴歸江南。　十月游山谷寺。寺在皖山三祖山，屬舒州，有石牛洞等林泉之勝。公游而樂之，因號山谷道人。　十二月，過南康還鄉。原譜。

四年辛酉，三十七歲

赴太和任。　秋，考試舉人於南安軍。　太和號難治，公平易近民，民亦不忍欺之。會頒鹽策，諸邑爭授多數，獨公平平耳。大吏不悅，而民安之。本傳。

閔案：原譜載公作《檄龍文》，謂歐陽公渡湖，瀧岡阡表爲龍神借觀，公作檄湖中。閱月，碑出，朱圈「祭而豐不如養之薄」八字，龍涎宛然。事載《筠廊偶筆》云云。歐陽公阡表作於熙寧三年，越二年，歐陽公薨。此載於元豐四年，歐陽公未及元豐也，其謬不辨而明。

五年壬戌，三十八歲

在太和。　九月十六日，上運使劉朝請書云：「碌碌下邑，蓋將期年。又承秕政之後，負逋在民，縲繫滿獄。勤苦教養，僅爲細民之安。」　書《戒石銘》。原譜云：郡縣《戒石銘》自唐以來有之，但只有石無文。公任太和，摘孟昶文內「爾俸爾禄，民膏民脂，下民易虐，上天難欺」四語，鐫以自警。後高宗中興，恨不同時，宸奎天縱，摹其筆法，勒石垂戒，頒布天下，世遂以爲山谷《戒石銘》。見《宋史》及周益公《祠堂記》。

閔案：《戒石銘》，蜀孟昶之文也。太宗嘗摘出此數語，山谷至是又書之。紹興五年詔曰「近得黄庭堅所書太宗皇帝御製《戒石銘》，可令頒示天下摹勒。庭堅所書，非獨置之坐隅，亦以爲晨夕之念，豈曰小補之哉」云云。原譜尚未詳悉，更引申之。玉山汪文定亦嘗記其事。

公有《濂溪詩》，其序云：「春陵周茂叔，人品甚高，胸中灑落如光風霽月。好讀書，雅意林壑，初不爲人窘束世故。權輿仕籍，不卑小官，職思其憂。論法常欲與民，決訟得情而不喜。其爲少吏，少吏見《漢書》，謂縣百石以下官。在江湖郡縣蓋十五年，所至輒可傳。司理參軍，❶轉運使以權利變其獄，茂叔争之不能得，投告身欲去，使者斂手聽之。趙公閲道，號稱好賢，人有惡茂叔者，趙公以使者臨之甚威，茂叔處之超然。其後乃悟曰：『周茂叔，天下士也。』薦之於朝，論之於士大夫，終其身。其爲使者，進退官吏，得罪者自以不冤。中歲乞身，老於湓城，有水發源於蓮花峰下，潔清紺寒，下合於湓江，茂叔濯纓而樂之，築屋於其上，用其平生所安樂，媲水而成，名曰『濂溪』。與之游者曰，溪名未足以對茂叔之美。雖然，茂叔短於取名而鋭於求志，薄於徼福而厚於得民，菲於奉身而燕及煢嫠，陋於希世而尚友千古。聞茂叔之餘風，猶足以律貪，則此溪之水配茂叔以永久，所得多矣。茂叔諱惇實，避厚陵，奉朝請名，改惇頤。二子壽、燾，皆好學承家，求予作《濂溪詩》，思詠潛德。茂叔雖仕宦三十年，而生平之志，終在丘壑，故予詩詞不及世故，猶髣髴其音塵。」詩曰：「溪毛秀兮水清，可飯羹兮濯纓，不漁民利兮何有於名。❷絃琴兮觴酒，寫溪聲兮延五老以爲壽。蟬蜕塵埃兮玉雪自清，聽潺湲兮鑑澄明。激貪兮敦薄，非青蘋白鷗兮誰與同樂。津有舟兮蕩有蓮，勝日兮與客就閒。人聞拏音兮不知何處，散髮醉，高荷爲蓋兮倚芙蓉以當伎。霜清水寒兮舟著平沙，八方同宇兮雲月爲家。懷連城兮佩明月，魚鳥親人兮野老同社而争

❶「司」上，黄庭堅《山谷集》卷一《濂溪詩》序有「任」字。

❷「何」上，黄庭堅《山谷集》卷一《濂溪詩》有「又」字。

席。白雪蒙頭兮與南山爲伍，非夫人攘臂兮誰敢余侮。」

閔案：朱子謂「光風霽月」數語，形容得有道氣象出，非胸中有得者不能也。然通篇文字亦高勝，故愛其文而録之。攷周子卒於熙寧六年，元豐間山谷知太和，周子之子壽爲吉州司法，因同官而游從甚熟，故求作詩。周子慶曆元年爲分寧主簿，山谷尚未生。熙寧六年以前，周子官於南，山谷官於北，計兩人身世雖相接，而未及面也。然聲聞親切，臭味不差池，故見於文字者真實。

六年癸亥，三十九歲

在太和。十二月，移監德州德平鎮。

七年甲子，四十歲

赴德州德平鎮任。趙挺之倅德州，希合提舉官意，欲行市易法。公以鎮小民貧，不堪誅求，若行市易，必致星散。公文往來，士人傳笑。《言行録》。

八年乙丑，四十一歲

四月以祕書省校書郎召入館。六月到京。

哲宗元祐元年丙寅，四十二歲

在祕書省。三月，司馬光言：校書黄庭堅好學有文，即日在本省别無職事，望特差與范祖禹及男康同校定《資治通鑑》。從之。十月，除《神宗實録》院檢討官、集賢校理。序遷奉議郎，賜五品服。參史傳。

閔案：明周季鳳別傳載：公在史館，欲書安石「勿令上知」之帖。禮部侍郎陸佃，安石門人也，預修實録，力阻止之。公争辨甚苦，至曰：「如公言，得非佞史乎？」佃曰：「如君言，豈非謗書乎？」佃爲官長，以是竟不得書。攷《宋史》公本傳不載此事，疑脞説造誣，不可憑信。山谷於荆公傾倒甚至，觀公與俞清老書云：「惠及荆公遺墨入手，喟然想風流餘事，❶招慶、定林之間，無復斯人矣。」又跋荆公禪簡云：「荆公學佛，所謂吾以爲龍又無角，吾以爲蛇又無足者也。然予嘗熟觀其風度，真視富貴如浮雲，不溺於財利酒色，一世之偉人也。莫年小語，雅麗精絶，脱去流俗，不可以常理待之也。」又《次韻荆公題西太乙宫壁》云：「風急啼烏未了，雨餘戰蟻方酣。真是真非安在，人間北看成南。」閔案：上二句喻舊政新政議論紛紜，下二句言一鬨佐鬬，實無真是非。「晚風池蓮香度，斜日宫槐影西。❷白下長干夢到，青門紫曲塵迷。」此詩任註言：「荆公厭京洛風塵，而思金陵山水。」閔謂大意是矣，然言外謂荆公超然塵埃之外，紛紛毁謗，視如蚊蚋，付之飄風而已。他日又有《懷半山老人再次韻》二首云：「短世風驚雨過，成功夢迷酒酣。草《玄》不妨準《易》，論詩終近《周南》。」任註云：「追念熙寧間一時建立之事，今已墮渺茫，如醉鄉夢境。至其所可傳，

---

❶「事」，《山谷別集》卷一四作「韻」。

❷「斜」，《山谷集》卷一二作「曉」。

則有不朽者在。後兩句終此意。上句謂其經學，下句謂其詩。」「啜羹不如放麑，樂羊終愧巴西。欲問老翁歸處，故鄉無路雲迷。」任註云：「詩意惠卿之忍正如樂羊，荆公之過當與巴西同科。下二句則謂神考眷遇荆公，始終不衰，升遐之一年，而公亦薨。詩意神考威靈在天，公當從之，非讒邪所能間也。」觀此數詩，可以知山谷之於荆公矣。

三年丁卯，四十三歲

在祕書省兼史局。　正月，除著作佐郎。

公有《題文潞公黄河議後》一絶，云：「澶淵不作渡河梁，由是中原府庫瘡。白首丹心一元老，歸來高枕夢河湟。」史註引蘇子由《遺老傳》云：「元豐中河决大吴，神宗知故道不可復，因導之北流，水性已順。至元祐初，文潞公、吕汲公主回河之議，勞民費財，竟無益也。」

閔案：山谷此詩亦見元豐政事未可全非，元祐政事未爲全得，詞婉而意圓。蓋文、吕諸公原是正人君子，殫心國家，惟識見有偏，爲可惜爾。

三年戊辰，四十四歲

在祕書省兼史局。　正月，東坡知貢舉，公爲參詳。　按，公别集卷七有《題太學試院》云：「元祐三年正月乙丑，鎖太學，試禮部進士四千七百三十二人。三月戊申，奏號進士五百人。子瞻、莘老、經父知舉，熙叔、元輿、彦衡、魯直、子明參詳，君貺、希古、履中、器之、成季、明略、无咎、堯文、元忠、遐叔、子發、君時、天啓、志完點檢試卷。是日，侍御史日晏不來，爲子發書。」　五月，除著作郎。以侍御史趙挺之論，依舊著作佐郎。原註：「以在德平鎮不奉行市易之憾也。」

四年己巳，四十五歲

在祕書省兼史局。七月，除集賢校理。九月，遇明堂大赦，❶以任子恩澤奏補姪樸。按蜀本詩註云：公在京師，多與東坡倡和。四年夏，東坡出知杭州，遂無詩伴，公亦常苦眩冒。多在史局，又多侍母夫人醫藥，因絶不作詩。原譜。

公有《與王立之書》云：「親老至今未下榻。自局中還，則問膳飲湯藥，未嘗得分寸餘陰，以故不能奉記。」又一書云：「比以親老時時小不快，又身亦多病，故百事廢弛，思欲胥疏江湖之上耳。所問應舉事，恐不必爾。士大夫平居，事父兄之餘力，固以讀書學文，不免爲親應舉，得失便有數科，寧有利不利耶？思義理則欲精，知古今則欲博，學文則觀古人之規模。孔子曰：『觚不觚，觚哉，觚哉！』」

閔案：前二書見母夫人病漸篤矣。後一書見平日教人篤實真至，後生所當則也。

五年庚午，四十六歲

在祕書省兼史局。

六年辛未，四十七歲

❶「赦」，《山谷年譜》卷二五並《山谷别集》卷五《乞奏補姪樸狀》均作「禮」，當是。

在祕書省兼史局。　三月，進《神宗實録》，爲起居舍人。　以韓川言，詔祕書省著作佐郎。實録。

實録書成，當進一官，丐回授母夫人李。　六月，特封母壽光縣太君爲安康郡太君。原譜。　六月初八日，❶丁母安康郡太夫人憂。　公事母孝，有曾、閔之行。　母病彌年，晝夜視顔色，衣不解帶，至親滌厠牏，浣中裙。　及亡，廬墓，哀毁幾殆。　先是，蘇軾嘗薦以自代，其略曰：「瑰瑋之文，妙絶當世；孝友之行，追配古人。」世以爲實録。參史傳及原譜。

公《與洪甥駒父書》云：「老舅不孝，天降酷罰。　外婆郡太，六月初八日棄背。　諸孤叩地號天，無所告訴。　苦痛煩冤，心肝崩裂。　日月不居，奄經四七。　攀號不逮，忍苦未死。　奈何！　奈何！　二十一日，七舅來自汝州，兄弟相持，號慟哀絶。　奈何！　奈何！　想吾甥少失所恃，比數見外婆，今復永失，當深悲苦。　幸朝廷恩厚，賻絹二百，下本屬應副葬事。　今已得五舟，並舉二十八叔母、孫謝兩舅母四喪歸葬。　但以暑伏，未敢扶護登舟，然行期亦不過此月下旬矣。　哀荒不能一一。」

七年壬申，四十八歲

正月，護母太夫人等柩抵家。　五月，叔父夷仲給事殁於京師。

《與洪甥駒父書》云：「老舅哀悴荼毒，扶護艱勤，水行略已半年，經此歲序，哀摧感咽，殆不自勝。今日入分寧界，溪山草木，觸事痛心。　奈何！　奈何！　比以雙井舊宅不能容四十口，十四舅已就

---

❶「初八」，《山谷年譜》卷二六作「十八」。

溪濱竹間作一宅，可庇風雨。葬事徐圖之，在九月十月間也。咸臨傳詞采光華，亦足慰泉下之人矣。頗得暇治經否？此乃文章之根，治心養性之鑒。又當及少壯耐辛苦時，加鑽仰之勤耳。草草不次。」又一書云：「老舅孤苦病羸，苟活未死，饘能饘粥，以奉堂殯。日月不居，奄經祥練。追慕不逮，痛深屠割。奈何！奈何！重以給事叔父之喪，號痛幾絶，創鉅慟深，加以砭割。奈何！奈何！」又一書云：「得劉教授書，推與二生文義，頗慰懸情。通知古今，在勤讀書。文章宏麗，在筆墨追古。至於夜行之行，不見之美，極須留意。略説人之常病有十種：喜論人之過，不自訟其過，嫉人之賢己，見賢不思齊，有過不改而必文，不稱事而增語，與人計較曲直，喜窺人之私，樂與不肖者游，好友其所教。試反己而思之，若一日去其一，則十日亦盡去矣。管子曰：『聖人貴夜行。』此之謂也。」又云：「古人言：『説得一丈，不如行取一尺；説得一尺，不如行取一寸。』此至言也。見徐外甥奉議，亦道此意。數十年來，先生君子但用文章提獎後生，故華而不實。諸生寡過，可討郭林宗傳，觀茅季偉、田仲乙，安用文章也。未能相見，千萬自重，勤務學之本。」又一書云：「每與諸人論甥之文學，他日當大成，但願極加意於忠信孝友之地，甘受和，白受采，不但用文章照映今古，乃所望者。」又一書云：「諸文亦皆妙，❶但少古人繩墨耳。可更熟讀司馬子長、韓退之文章。凡作一文，皆須有宗有趣，終始關鍵。有開有闔，如四瀆雖納百川，

❶「妙」，《山谷集》卷一九《答洪駒父書》作「好」。

或滙而爲廣澤，汪洋千里，要自發源注海耳。罵犬文不作可也。東坡文章妙天下，其短處在好罵，慎勿襲其軌也。」又云：「比來頗得治經觀史書否？治經欲鉤其深，觀史欲馳會其事理。❶二者皆須精熟，涉獵而已，無有功也。士朝而肄業，晝而服習，夕而計過，無憾而後即安。此古人讀書法也。」

閔案：以上與洪甥，皆在丁憂時，故類記於此。此即可以見山谷之言行篤實不苟處，非浮華詩人比也。同時又有與徐師川外甥數書，教指略類，不悉記。

八年癸酉，四十九歲

二月戊申，葬母夫人於臺平祖塋内康州使君之兆。

七月，除編修官。因吕大防言：「神宗皇帝正史限一年了畢，契勘昨修兩朝正史，係差史官五員，今來只有三員，竊慮猝難就緒，欲差前實録院檢討黄庭堅、正字秦觀充編修官。」從之。實録。

九月，服除，具奏辭免編修之命。原譜。

公《與范宏父書》云：私家窀穸之事，義當自竭力。雖委屬應副有朝旨，然百事裁損，不敢以溷州縣，實恐以私故病公家耳。然差移兵士亦煩使府多矣。熟念，誠不自安。

紹聖元年甲戌，五十歲

---

❶ 「馳」，《山谷别集》卷一七《與洪氏四甥書》作「融」。

居鄉待辭免之命。除知宣州，又除知鄂州。六月，詔新知鄂州黄庭堅管句亳州明道宫，於開封府界居住，報國史院取會文字。參史。九月，修國史蔡卞、林希言：先帝日曆自熙寧二年正月以後至七年終，係范祖禹修纂，而黄庭堅、司馬康、范祖禹又皆係修先帝實録官。其間所書，相爲表裏，同意增損，❶多失事實。緣國史院已得旨重修，所有昨夜范祖禹所進日曆，❷伏乞一就看詳改正，務盡事實，使後攷觀，無所疑惑。從之。實録。十一月，至陳留，供報文字。十二月，在陳留俟命。丙申，謫涪州别駕、黔州安置。議者謂《神宗實録》多誣失實，召公陳留問狀，三問皆以實對。公書鐵爪治河有同兒戲，至是首問。對曰：某時官北都，親見之，真兒戲耳。凡有問，皆直對，聞者壯之。謫命下，左右或泣下。公顔色自若，投牀大鼾。君子是以知其不以得喪休戚芥蒂其中也。原譜。

二年乙亥，五十一歲

赴貶所。公既被命，與其兄元明出尉氏許昌，由漢沔趨江陵，上夔峽。三月辛亥，次下牢關。四月二十三日，到黔州，寓開元寺。寺有摩圍閣，公居之。任註。

公未到黔，先與秦世章文思書云：「到黔必葺僧舍寓止，徐欲傍山作小菴並數間寮舍，亦欲置數

---

❶「同」，《山谷年譜》卷二六並《太平治迹統類》卷二四均作「用」，當是。

❷「夜」，《山谷年譜》並《太平治迹統類》作「來」，當是。

畝田以爲飯，又欲以二三百千記一人家月供數條，便可足三四人耳。徐徐更作書，煩執事爲區處也。」又一書云：「親隨一人耳。秋凉後，謀般取兒子及一乳母來，亦止四五口爾，不煩大第宅，但欲作草菴，前爲三間堂，繞庵作五六間寮舍，貯茶藥及兒子房耳。生事不須多便有餘，但不能作市井事耳。有數畝田，則免煩在仕者供饋。有人供三五千，則免煩内地親舊割俸爾。公試爲籌之。」

閔案：觀此，亦見山谷簡儉，隨緣取足也。

三年丙子，五十二歲

在黔州。公初未能以家來，次年之秋，其弟知命自蕪湖登舟，攜一妾一子。妾名李慶，子名相，小字韓十，及公之子，小名小德，小字四十，並其所生母俱來。五月六日，抵黔南。參原譜。

公與秦世章文思書云：❶「舍弟叔達將其仲子及所生並護兒子相及其乳母，附蘇伯固宣德船，自蕪湖登舟，不得道中一字，然計亦無他，正是年少忽世間事耳。某黔中尚未有生計，方從向聖與乞得開元寺上園地高下兩段，既募兩户蔬圃矣。年歲閒亦須置二三百房錢，貴悠久不陷没耳。每煩開諭，極荷恩勤，然平生未嘗作市井商販事，又未至寒饑，遂且過歲月爾。富人設見助，亦不欲受之。古人所謂予惟不食嗟來，以至於斯。伏想深見察也。」又一書云：「比舍弟知命攜小

❶「秦世章」，《山谷年譜》卷二六作「秦少章」，指秦觀，當是。

子相、小姪梠並兩兒母到黔中，獨處客舍一年，得骨肉在眼前，少慰岑寂。又女子已嫁，諸兄弟姪各赴官，可以忘念。承存問曲折，故及之。」

又與宋子茂書云：某老矣。虛中饋已十八年，小子相今十四，並其生母在此。知命亦將一妾一子梠同來，今夏又得一男子曰小牛。相及小牛，頗豐厚，矗慰眼前。略治生，亦矗過，買地畦菜，開軒藝竹，水濱林下，萬事忘矣。無緣會面，千萬進學勉官業。

四年丁丑，五十三歲

在黔州。

元符元年戊寅，五十四歲

在黔州。　春，以避外兄張向之嫌，遷戎州。　三月，離黔州。　六月，至戎州，寓居南寺。

公答王觀復書云：「某避嫌易地，尚蒙恩貸。戎州雖地熱，春冬時作瘴癘，不如黔州地寒有雪霜，風土宜人。然米麥衣著差易得，如黔州士大夫亦有可與游者。一裘一葛，蔬飯易足。但爲自東更移稍西，僦船泝流，在道幾三月，不能不費耳。過承致念，故具之。」　又與李長倩書云：「今寓舍在南寺，乃當闤闠中，屋室差勝開元舊居，但無復摩圍江山之勝。此亦有東禪在近城，風物瀟灑，但須整葺。又主人爲治南寺已成功，固不欲謀遷東禪也。」　又與宋子茂殿直書云：「某寓舍已漸完，使令者但擇三四人差謹廉者耳。既不出謁，所與游者亦不多。山花野草，微風動搖，以此終日。衣食所資，隨緣厚薄，更不勞治也。此方米麥皆勝黔中，食飽飯摩腹，❶婆娑以卒歲耳。閒居亦强作文字，❷有樂府長短句數篇，後信寫寄。」又一書云：「子飛、子均、子予想數相見否？每相聚，輒讀數葉《漢書》，甚佳。人胸中久不用古人澆灌，則俗塵生其間。照鏡覺面目可憎，對人亦語言無味也。」

閔案：玩以上書牘，想見胸次灑然，不以境遇困頓嬰其心。與後輩言學，亦每就根本做工夫，真有道君子也。

二年己卯，五十五歲

在戎州。

三年庚辰，五十六歲

在戎州。　正月十三，徽宗登極，大赦州縣散官編管人等。公有供析狀，復宣義郎，監鄂州在城鹽税。　三月，公弟知命歸江南，殁於荆州。　七月，汎舟往青神，省張氏姑。姑，張祉介卿之母。介卿時爲眉山青神尉。以七月二十一解舟，八月十一抵青神。　十月，準告復奉議郎、簽書

❶「食」，《山谷别集》卷一五無此字。

❷「亦强」，《山谷别集》作「絶不」。

寧國軍節度判官。十一月，自青神復還戎州。十二月，發戎州，過江安，爲石信道挽留作歲。❶信道，眉州人，時爲江安令，家於江津，女嫁公之子，是歲十二月成婚。並原譜。

徽宗建中靖國元年辛巳，五十七歲

正月，解舟江安。三月，至峽，準告，復奉議郎、權知舒州。四月，至荆南。準尚書省劄子，已降告命除吏部員外郎，乘遞馬發赴闕。公具奏辭免，乞江淮，一合入差遣，遂寓家荆南。六月二十三日，準尚書省，❷奉旨不許辭已除吏部之命。公再具奏辭免，遂留荆南待命，以至度歲。

崇寧元年壬午，五十八歲

在荆南。正月二十三日發荆州，二十八日至巴陵，❸二月初六日至通城，三月己卯寓萬載，四月乙酉到萍鄉，五月一日過筠州，還至江州，與家相會，二十日過湖口。六月初九日領太平州事，九日而罷，管句洪州玉隆觀。案史，是年五月公與孔平仲等並送吏部與合入差遣，公得領太平州事。時高衛爲太平判官攝州事，公謫久，貧甚。既入境矣，復坐黨事免。高衛得堂帖不以告，迎候如禮。公既視印，已乃知之。高衛爲治歸裝甚飭備，過於久所事。原譜，下同。七月甲

---

❶「作」，《山谷年譜》卷二七作「卒」。

❷「省」下，《山谷年譜》卷二八有「劄子」二字。

❸「八」，《山谷年譜》卷二九作「六」。

午，繫舟遠觀臺，待舒城音問。舒城，即安慶府。　八月，復至江州。　九月，至鄂州。

二年癸未，五十九歲

留鄂州。　十一月，得羈管宜州命。今廣西慶遠府。　初，公自涪歸，道出江陵，與府帥馬城字中玉相從歡甚，請作《承天院塔記》。其略云：儒者嘗謂，一佛宇之費，蓋中民萬家之産，實生民穀帛之蠹。雖予亦謂之然。然自省事以來，觀天下財力屈竭之端，國家無大軍旅勤民丁賦之政，則蝗旱水溢或疾疫連數十州，此蓋生人之共業，盈虛有數，非人力所能勝者云云。時府帥飯諸部於塔下，❶環觀公書碑尾，但書作記者黄某，立石者馬某而已。時閩人陳舉自臺出漕，與運判李植、提舉常平林虡相顧前曰：「某等願託名不朽。」公不答。舉憾甚，知公與趙挺之有怨，趙執政，遂以墨本上之，誣以幸災謗國，遂除名羈管宜州。馬亦以辰州猺賊寇邊，監察御史席震劾之，奪官羈海州，遂俱歿於貶所。不踰年，挺之去位，而舉因指青蟲爲龍物，奏爲祥瑞，遂坐欺罔。夫馬以交公坐累，可見小人陷君子之深，而小人旋亦顛蹶，亦何益哉！參原譜及詩注。　十二月十九日，發鄂渚，泊漢陽。親舊追送漢陽，至岳陽作歲。

三年甲申，六十歲

---

❶「部」下，《宋名臣言行録》續録卷一有「使者」二字，當是。

春自潭州歷衡州、永州、全州、静江府，以趨貶所。　夏至宜州。　十一月，遷居於城南。❶　十二月二十七，伯氏元明自永與唐次公俱來。並原譜。

公跋李資深卷云：予謫處宜州半載，官司謂予不當居關城中，乃抱被入宿子城南。予所僦舍喧寂齋，雖上雨旁風，無有蓋障，市聲喧聵，人以爲不堪其憂，予以爲家本農，使不從進士，則田中廬舍如是，又可不堪其憂耶？既設卧榻，焚香而坐，與西鄰屠牛之機相值。用三文買雞毛筆書此。本集。

四年乙酉，六十一歲

在宜。　二月六日，與諸人飲餞元明於十八里津。　三月十五，成都范寥信中來訪。　五月初七日，與范信中同宿南樓。信中於去年秋客建康，聞公謫嶺表，恨不識之，遂泝大江，取道荆、湘以趨桂。是年三月達宜，翊日拜謁公於僦舍，同徙居於南樓。　九月三十日甲子，公忽以微疾不起，遂薨。子弟無一人在側，獨信中經理其後事，蓋棺於南樓之上。　是月有旨敘復，令吏部與監廟差遣。公未及聞命。　元配孫氏，故龍圖閣直學士高郵孫公覺莘老之女，封蘭溪縣君。繼室謝氏，故朝散大夫南陽謝公景初師厚之女，封介休縣君。一男曰相，中奉大夫。一女曰睦，嫁將仕郎舒城李文伯。

---

❶「於」，《山谷年譜》卷三〇作「子」，當是。

大觀三年乙丑春二月，蘇伯固、蔣偉護公喪，歸葬於雙井祖塋之西。紹興初，❶高宗中興，特贈公直龍圖閣學士，加贈太師，謚曰文節，官子孫各一人。以上並原譜。

元祐間，蘇、黄並世，❷以碩學宏才鼓行士林，引筆行墨，追古人而與之俱。世謂李杜歌詩高妙而文章不稱，李翱、皇甫湜古文典雅而詩獨不傳。惟二公不然，可謂兼之矣。然世之論文者必宗東坡，言詩者必右山谷，其然豈其然乎？山谷自黔州以後，句法尤高，筆勢放縱，實天下之奇作，宋興以來一人而已。《宋史》本傳贊。❸

陳後山初學於曾公，譽望甚偉。及見豫章黄公庭堅詩，愛不捨手，卒從其學。黄亦不讓。或謂後山過之，後山惟自謂不及也。參魏衍《彭城先生集記》。

陳後山《贈山谷》詩云：「陳詩傳筆意，願立弟子行。」又云：「人言我語勝黄語，扶竪夜燎齊朝光。」此紫微所以敘入宗派圖也。《石洲詩話》。

《山谷文集》内集三十卷，外集十四卷，别集二十卷，詞一卷，簡尺二卷，年譜二卷。《四庫全書

❶「紹興初」，《建炎以來繫年要録》卷三二記在「建炎四年三月」。又，此下「贈公直龍圖閣學士」，亦誤，當爲「直龍圖閣」。

❷「世」，《文獻通考》卷二三六《經籍考》作「出」。

❸「宋史本傳贊」，按，以上一段不載《宋史》，《文獻通考》云爲「史贊」。

提要》略曰：葉夢得《避暑録話》載黄元明之言曰，魯直舊有詩千餘篇，中歲焚三之二，存者無幾，故名《焦尾集》。其後稍自喜，以爲可傳，故復名《敝帚集》。晚歲復刊定，止三百八篇而不克成。今傳於世者，尚幾千篇云云。然庭堅所自定者，皆已不存。其存者，一曰内集，甥洪炎所編，即庭堅手定之内篇，所謂退聽堂本者也。一曰外集，李彤所編，所謂邱濬藏本者也。一曰别集，即其孫罃所編，所謂内閣抄出宋蜀人所獻本者也。内集編於建炎二年，别集編於淳熙九年，年譜則編於慶元五年。其孫罃作。蓋外集繼内集而編，年譜繼别集而編。獨李彤之編外集，未著年月。三集皆合詩文同編，後人註釋則惟取其詩。　山谷詩内集二十卷，任淵注。外集七卷，史容注。别集二卷，容之孫季温注。淵字子淵，蜀之新津人，仕至潼川憲。其稱天社者，新津山名也。容字公儀，號薌室居士，青衣人，仕至太中大夫。其孫季温，字子威，舉進士，寶祐中官祕書少監。

閔案：山谷著述，此外又有《刀筆》二十卷，全集中摘出尺牘别行者。向有宋槧本，則是南宋人所編也。又有《精華録》八卷，亦題任淵註，《四庫提要》已辨其僞託。其佳詩亦皆具全集中，故今於此二書不再記入著述。

閔又案：乾隆乙酉，江右分寧緝香堂新刻山谷全書，首卷末有陳豐《夢魚辨疑》四則。一辨世謂山谷著述先《莊子》而後《論語》一條。此不必辨也。山谷教門人子弟，每以熟讀經書《史》《漢》爲諄諄。其言可據，何容致辨？至集中論《莊子》之文，次在《論語》斷篇前，此編集者之失，於山谷無與也。古人作文，亦有編年爲次者。作論《莊子》文在前，作論《論語》文在後，則前後乃作文之年月，非二書之軒輊也，此更何足辨乎？一辨世謂山谷説經尊荆公而遺程子，嘵嘵然曰，於荆公不過節取，於伊川比於游、夏莫贊。嗟乎！議者固瞀儒，辨者亦瞀儒也。山谷當哲、徽之時，程學懸厲禁，敢昌言違明禁乎？荆公新三經及《字説》奉旨刊行，則不啻官書。當時且以取士，又敢排之乎？况山谷明言荆公六藝之學妙處端應不朽，一引及三經、《字説》，不分皂白，便概謂尊荆公乎？瞀儒於知人論世全不明白，一味吠聲，可哀可歎！一辨世議山谷通内典交緇流。此尤不必辨者。但看坡公舉以自代奏曰「孝友之行，追配古人」，則以此議之，庸迂陋儒耳。一辨世病山谷詩以生硬爲主，此直不知詩之人，辨亦多事，對牛豈可彈琴哉？綜此四辨，均可付之一笑。故今議者辨者皆不取，略疏大意於此。

又案周煇《清波雜志》云：山谷在南康落星寺，一日憑闌，忽傳東坡亡，痛惜久之。已而顧寺僧，拈几上香合在手曰：此香匾子自此卻屬老夫矣。豈名素相軋而然？或傳者之過云云。閔謂此自傳之過，坡、谷豈有相軋理？或者拈香几上以致哀悼，既痛故人，行自念耳。傳者不得其真，遂成爾語脞説，當別擇者以此。

宋樓宣獻公鑰《跋黄子邁所藏山谷乙丙家乘》云：「頃歲見張志溥庇家藏《山谷雜記》一小卷，諦玩不已，因略效其筆意手録之，兹見子邁所臨《乙丙家乘》，典刑具存，爲録雜記於卷末而歸之。嗚呼！建中靖國以至崇寧，元祐諸公多已南歸，而先生乃以《承天塔記》更斥宜。人誰能堪之？先生方翛然自適。觀所記日用事，豈復有遷謫之歎？所謂青山白雲江湖之水湛然，寧復有不足者？

家乘止四年八月二十八日，而先生卒於季秋之晦，相去才月餘耳。三山陸待制務觀嘗言先生臨終時，暑中得雨，伸足檐外，沾溼清涼，欣然自以爲平日未有此快。死生之際乃如此。世言范寥信中訪先生於宜，此書信然。」

宋張文靖守《毘陵集》跋山谷帖云：「山谷老人謫居戎僰，而家書周諄，無一點悲憂憤嫉之氣，視禍福寵辱如浮雲，去來何繫欣戚？世之淺丈夫臨小得失，意色俱變。一罹禍辱，不怨天尤人，則哀呼求免。使見此書，亦可少媿也。」

宋魏鶴山《黄太史集序》云：「公黔戎之役，鼪狖之所嗥，木石之與居，間關百罹。然自今論其遺文，則慮淡氣夷，無一毫憔悴隕穫之態。雖百歲之相後，❶猶使人踴躍興起也。」

宋楊文節公萬里。《宜州祠堂記》略曰：「予聞山谷之始至宜州也，有甿某氏館之，太守抵之罪。有浮屠某氏館之，又抵之罪。有逆旅某氏館之，又抵之罪。館於戍樓，蓋圄之也。卒於所貶，❷蓋饑寒之也。先生之貶，得罪於時宰也，亦得罪於太守乎？鹿之肉，人之食。君子之殘，小人之資也。孰使先生之所挾足以授小人之資也哉？夫豈不得罪於太守也？先生得罪於太守，則太守不得罪於時宰矣。豈惟不得罪也，又將取榮也。其取榮於當時者幾何，而先生饑寒窮死之地，今乃爲騷人

❶「歲」，《鶴山集》卷五三作「世」。

❷「貶」，《誠齋集》卷七二作「館」。

文士瞻仰之場，來者思，而去者懷，而所謂太守者，猶有臭焉。則君子之於小人，患不得罪爾，得罪奚患哉？」

閔案：侍講張南軒栻官桂林時，於宜州南城外爲山谷建祠，立屋六楹，俯湖爲閣，名其閣曰清風。祠之落成，則宜州太守韓璧之力。故文節祠記末謂「書其説寄侍講，以遺韓侯」云。山谷到宜，某某館之，有司皆抵以罪，可補年譜之缺。

宋周益公必大《黄文節公祠記》略云：「先生初坐眉山倡酬罰金，棲遲縣鎮，後被史禍，竄謫兩川。晚以非辜，長流嶺南，遂隕其命。中間翱翔館殿，才六年耳。右史之拜，復爲韓川阻止。其生不遇如此，蓋人衆勝天也。❶高宗中興，恨不同時，追贈直龍圖閣，擢從弟叔敖爲八座，寘甥徐俯於西府，皆以先生之故。宸奎天縱，至下取其筆法，戒石刻銘，偏於守令之庭。身後光榮，乃至於此，非天定勝人耶？昔孔子在魯，魯人指爲東家某，歷聘諸侯，伐木削迹，無所不有，孰知後世都邑通祀，南面巍然。一履之微，猶藏武庫，聖人尚爾，先生其奚憾！」

閔案：此分寧縣學宮講堂左之祠堂也。初狹隘，嘉泰元年奉議郎、臨江徐筠孟堅宰是邑，廣而新之，請益公爲記。記後有歌辭，今不録。南渡後，從弟、徐甥皆因山谷故得顯官，可補年譜之缺。

❶「衆」，《文忠集》卷五九作「定」，當是。

宋黄疇若《山谷塋祠記》略云：先生自熙寧初元去鄉里，仕汝、葉間，中入於王官，末以史事忤時宰，謫宜以歿。黨禁既息，歸葬鄉里。然生事瓦解，子孫流落，有寓於巴蜀不能自返者。故其慎終之禮，往往尚多缺遺，况能高垣墉以固封域，敞祠宇以奉烝嘗哉！鄉人士率於墓左創祠堂三間，諸孫嘗嘗碣神道。然歲久，日就傾仄。嘉定丁丑，雲川李君仁方來爲邑。修敬墓下，仰瞻祠宇萊棘，道隧蕪没，喟然興嘆。乃募工重繕祠堂，繚以周垣，延袤百步，嚴其啓閉。落成有日，李君欲得文爲記，疇竊謂士君子之不遇，厄窮在於身前，尊榮每在於身後，雖孔孟亦然，况其下乎？方本朝熙、豐盛時，眉山蘇公與先太史俱以道德文章鳴國家之盛，天下謂之坡、谷而不名。不三十年而禍變横興，各坐重劾遠徙。逮大明經天，幽枉畢達，而逝者有莫留之歎。故東坡卒於常，山谷卒於宜，各齎志以歿，而天下至今宗師之。予頃年使蜀，訪東坡故居，平生經行燕處之地猶可概見，而郟成之墓竟墮冥漠，無以慰其後人霜露之思，視先太史尤憾傷焉。則李君之舉，其崇德高賢而惠於不亢之宗者厚矣。

閔案：楊祠記宜州之祠也，周祠記分寧學宫講堂左之祠也，黄祠記墓塋之祠也。《山谷全書》中尚有宋文及翁、明張元楨、方沆、班衣錦、徐永齡諸祠記，皆膚衍無取，今不悉記。

宋文溪李公昴英題快閣一絶云：「賦詩江閣憑闌日，伸足城樓濯雨時。逆順境殊同一快，先生學力豈專詩。」文溪自注云：「山谷謫居宜州城樓，得熱疾。病中以檐溜濯足，連稱快，未幾仙去。」

閔案：此一注與上樓跋同，可補年譜之缺。快閣者，山谷宰太和有《登快閣》一詩，其閣遂名天下。詩云：「癡兒了卻公家事，快閣東西倚晚晴。❶落木千山天遠大，澄江一道月分明。朱絃已爲佳人絶，青眼聊因美酒橫。萬里歸船弄長笛，此心吾與素鷗盟。」

國朝宋調元理堂《黄文節公犀津專祠記》略云：山谷先生故居在雙井，舊有祠，今圮。馬洲亦有祠，歲月既多，陵遷谷變，求昔時俎豆之墟，荒煙蔓草。此好古學道之士低徊而慨歎者也。壬午秋，予奉調視州事，適其嫡裔諸生榜等建祠於犀津之上，輪奂嚴翼，實完實堅，請予文紀其事。予考先生從未有請崇廟祀者，詎非缺典？予職在表章，請頒先生祀典並立祀生，以永奉祀。犀津爲附郭區，山環水繞，足妥先靈心乎？斯道者可以蹶然興矣。

閔案：觀此，則山谷入祀典及立祠生在乾隆乙酉三十年，由州尊宋公請也。

宋吕居仁《江西宗派圖序》略云：「唐自李杜之出，焜燿一世。後之言詩者，皆莫能及。至韓、柳、孟郊、張籍諸人激揚奮厲，終不能與前作者並。元和以後至國朝，歌詩之作或傳者，多依效舊聞，❷未盡所趣。惟豫章始大出而力振之，抑揚反復，盡兼衆體，而後學者同作並和。雖體製或異，要皆所傳者一。故予録其名字，以遺來者。是爲序。」

---

❶「倚」，《山谷外集》卷七作「倚」。

❷「聞」，《詩人玉屑》卷一八並《漁隱叢話》前集卷四八所引均作「文」，當是。

詩派圖

黃山谷

陳師道　潘大臨　謝無逸　洪朋　洪芻　饒節　祖可　徐俯　林敏修　洪炎　汪革　李錞

韓駒　李彭　晁沖之　江端本　楊符　謝薖　夏倪　林敏功　潘大觀　王直方　善權　高荷　呂本中

是圖傳久多誤，兹王伯厚《小學紺珠》定本也。《苕溪漁隱》有何顗，無高荷。《山堂肆考》洪朋在徐俯後。省志有高荷、何顒，無何顗，呂本中不在二十五中。新建張扶長論定以《小學紺珠》

爲正。

國朝張泰來扶長《詩派圖論》略云：説者謂居仁作圖，既推山谷爲宗派之宗，二十五人皆嗣公法者。今圖中所載，或師老杜，或師儲、韋，或師二蘇，師承非一家也。詩派獨宗江西，惟江西得而有之，何以或産於揚，或産於兗，或産於豫，或産於荆、梁？似風土又有得而限之矣。或謂三百五篇而後，作詩者原有江西一派，自淵明已然。至山谷而衣鉢始傳，似宗派盡於二十五人也。及考紹興初晁仲石嘗與范顧言、曾裘父同學詩於居仁。後湖居士蘇養直歌詩清腴，蓋江西之派别。坡公謂秦少章句法本黄子。夏均父亦稱張彦實詩出江西諸人。范元實曾從山谷學詩。山谷又有贈晁無咎詩「執持荆山玉，要我雕琢之」。彼數子者，宗派既同而不得與於後山之列，何也？吕公嘗譔《紫薇詩話》，見諸篇什者僅八九人而止，餘悉無聞焉。抑又何也？是蓋有説焉者。山谷有《師友淵源》一書，雖今未見，大抵宗派一説其來已久，實不昉自吕公也。嚴滄浪論詩體，始於風雅，建安而後，體固不一。逮宋有元祐體、西昆體。註云，元祐體即江西派，乃黄山谷、蘇東坡、陳後山、劉後村、戴石屏之詩，是諸家已開風氣之先矣。居仁因而結社，一時壇墠所及，遂有二十五人，爰作圖以記之。詎必溯其人之師承、計其地之遠近歟？觀吕公自序有云：「同作並和，雖體製或異，要皆所傳者一。」其厓略殆可觀矣。宋大中丞牧仲先生采風，以此命題。友人有過蓬户而下問者，聊書此意以答之，猶恐世遠年湮，即舉二十五人之姓氏，索其詳而不可得，迺紀厥爵里，遍覽群籍，摭拾遺事，録其有關於宗派圖者，人各立一小傳，編次成帙，名曰《江西詩社宗派圖録》，俾後之學詩者得以覽焉。

扶長名泰來，官吏部，新建人。

國朝王士禛《漁洋集・跋江西詩派圖》云：❶牧仲中丞寄豫章張吏部泰來扶長所撰《江西詩派圖録》，人各爲傳，共二十五人。名氏次第，遵王厚齋《小學紺珠》定本。扶長云：胡氏《苕溪漁隱叢話》與《山堂肆考》有何顗無高荷，又列洪朋於徐俯之後。《豫章志》有高荷、何顒，無何顗，吕本中復不在二十五人之中。予按劉後村《江西詩派序》云，吕紫微作江西宗派，自山谷而下凡二十六人。内三人袁顒、潘仲達大觀有姓名而無詩，詩存者凡二十四家。王直方詩絶少，無可采云云。其次第則首山谷，次後山、韓子蒼、徐師川、潘邠老、三洪龜父、駒父、玉父。夏均父、二謝無逸、幼槃。二林、子仁、子來。晁叔用、汪信民、李商老、三僧、如璧即饒德操，祖可、善權。高子勉、江子之、李希聲、楊信祖、吕紫微，合山谷爲二十四人。王立之無傳，袁顒則與今本作何顗迥異。後村、厚齋皆宋末人，不知各何據依而異同如此。張云梓於厭原山中者，詩派一百三十七卷，續派十三卷，今其書不可得而見矣。張傳頗詳博，而於後村傳無所稱引，蓋未覩後村全集耳。張，康熙庚戌進士。劉後村作《江西詩派序》，不爲王直方立之作傳，牧仲中丞頃寄所刊張吏部《江西詩派圖録》，始補立之傳，亦不甚詳。適讀晁以道《嵩山集》，有立之墓銘，蓋吏部亦未之見，略録之，以備考證：立之少樂從諸

❶「禛」，原爲避清雍正皇帝胤禛諱作「正」，今回改。另《跋江西詩派圖》見王士禛《帶經堂集》，非《漁洋集》。

丈人行游，無他嗜好，惟晝夜讀書。手自傳録，凡大編數十。時遐荒窮海，有先生居焉。立之身不出京師，而傳彼所賦歌詩，獨早且多，若咫尺居而手相授受也。立之於人，顧豈燥濕寒暑之異哉？然非其所好，雖以勢利美官誘致之，莫肯自枉也。嘗監懷州酒税，尋易冀州羅官。僅數月，投劾歸。凡十五年處城隅小園，嘯傲自適，命其園之堂曰「賦歸」，亭曰「頓有」，一時文士多爲賦詩。彭城陳無己卒於京師，立之割田十頃，以周其孤。多此類者。立之病中，取其平生書畫古器，散之四方朋友無遺，慕義樂善如此。此事殆古人所未有也。大觀三年三月日，葬密縣。立之病卧久，口不能良言，猶慷慨忠憤不少懲，且曰我所作詩文，他日無咎序之，死則以道銘我云云。所謂「遐荒窮海，有先生居焉」者，蓋東坡也。後村作《江端本傳》大略，但云：子我，弟也。子我詩多而工，舍兄而取弟，亦不可曉。張不爲端本傳，缺其序，而謂臨川人。予按晁以道《江子和端禮墓誌》云，祖休復，即鄰幾。仁宗時修起居注，有重名。父懋相，朝散郎。又《壽昌縣君劉氏墓誌》曰，夫人劉原父侍讀家女，嫁爲江鄰幾舍人之子婦。男三人，長端禮，次端友、端本。端友等一日白夫人曰：「幸見聽，敢有言。」夫人笑曰：「不欲從科舉乎？是吾素已疑之矣。且汝兄力學能文章，屈於有司二十年。常爲予言，有司待士之禮薄而法益苛，愧之終其身。汝等尚少，而能不樂於此乎？汝安之，則吾何有？」故端友與弟端本俱遂優游於圉城數畝之田，人多高之。又按子和誌云，江氏自轅陽侯德爲陳留圉城人，非臨川也。端友字子我，端本字子之。《石林詩話》載魯直自戎州歸荆南，高荷以五十韻見，魯直極愛賞之。有詩云：「張侯海内長句，晁子廟中雅歌。高郎稍加筆力，我知三傑同科。」

張謂文潛，晁謂無咎也。無咎聞之，頗不平。荷有《雲臺觀》詩云：「親祠聖主鑾曾駐，善夢先生蝶不歸。」見范公偁《過庭録》。晚得蘭州通判以死。頃見張吏部《江西宋派圖録》，高荷有傳而太略，應補入之。

國朝馮詠夔颺《江西詩派論》云，詩之有派，猶水之有瀆也。凡水止者爲澤，别流者爲派。派之出自江西，則北條之河，南條之江也。宋元祐間，海内盛稱蘇、黄，名曰元祐體，亦曰江西體。世謂蘇文勝黄，黄詩勝蘇。無論其勝也，既已獨闢源泉，孤行仄出，其别爲一派也固宜。南渡後，吕舍人本中尤欽仰之，作宗派圖，自山谷而下列陳後山等二十五人，其後刻詩於厭原山中者百三十七卷，續派又十三卷。西江之派於是乎漪瀾既清，波淪湧出矣。西江詩闢自淵明，舍人不宗淵明而宗山谷者，山谷可派，而淵明不可派也。治河者不導崑崙，而導積石龍門以下。治江者至湖漢九水入彭蠡，而後其勢孔殷。此舍人宗派始山谷之意歟？且夫水之勢盛則衆流並納，詩之派盛則百家同歸。圖中所載後山生於徐，二潘、二林、夏、高二子並生於楚，而邠老學於子由。韓子蒼蜀人也，學儲光羲。晁叔用兗人，學杜子美。祖可、善權並學韋蘇州。人不産於江西，而以江西派之。學不出於山谷，而以山谷派之。故曰出異歸同，若洛、汭、渭、涇之同入於河，漢、沔、沱、澧之同入於江也。然則詩固莫盛於江西乎？非也。詩三百篇，海也。所謂測之莫量其深，望之不見其廣，無遠不集，靡幽不通者也。其他漢魏六朝唐宋之詩，萬壑争流而不以派名，非發源者不弘，以揚波者不衆也。江西爲吴楚之交，其俗好文而尚氣。好文故風易動，尚氣故力不摇。凡爲文章，一倡百和，經數十年而不改所宗。此則江河萬古於瀆爲尊耳，而豈謂天下之水盡在是哉！舍人之圖爲一時同社而作，其自序有同作並和之語。四洪並號才子，而鴻父不得與。江子我詩多且工而不與其弟同列。晁仲石、范顧言、曾裘父、蘇養直、秦少章、張彦實諸人並宗江西，而壇坫不及，圖亦逸之。然則二十五人，未足以盡江西之派也明矣。或云圖首後山而終子勉，以先後寓褒貶，故夏均父恥居下列，祖可不欲居行間，❶子蒼自謂學古人。此不過詩人恥爲下人之意，而舍人之作圖，豈有既列之而復貶之者耶？河者下也，衆流所公共而下流所通也。其或流而溢，則爲子蒼之自異。或壅而潰，則爲均父諸子之憤争。然何傷於江河之大哉？

國朝翁方綱覃溪《刻黄詩全集序》云：乾隆壬寅冬，方綱校黄詩三集注上之，詔刊入聚珍板。於是數百年未合之足本，廣布藝林矣。後四年，奉命視學江西，攜其草藁於篋。而寧州新刻本外集之後八卷，即舊本《豫章先生外集》之四卷也。又其别集與史季温注者不同，而寧州新刻分體失其舊式。爰合寫爲一本，附以黄子耕詳，❷通爲五十六卷，時時與學官弟子論證其所以然。蓋自方綱年十九誦浙滸陳蘇菴輯《漢書》，輒奉先生「質厚爲本」一語爲問學職志，今將四十年，所與學侣敬申「修辭立誠」之訓者，不外乎此。書諸卷端，以俟稍有解會處。欲略疏數語爲之序，然每一念及，輒立愳馬

---

❶「間」，原作「問」，今據上下文義改。

❷「詳」，翁方綱《復初齋文集》卷三作「譜」，是。

汗洽襟也。❶

又詩話云：談理至宋人而精，詩則至宋而益加細密。蓋刻抉入裏，實非唐人所能囿也。而其總萃處，則黄文節爲之提挈，非僅江西派以爲之祖，實乃南渡以後，筆虚筆實，俱從此導引而出。善夫劉後村之言曰，國初詩人，如潘閬、魏野規規晚唐格調，楊、劉則又專爲崑體，蘇、梅二子稍變以平澹豪傑，❷而和之者尚寡。至六一公歸然爲大家，❸學者宗焉。然各極其天才筆力之所至，非必綴鍊勤苦而成也。❹豫章稍後出，會稡百家句律之長，究極歷代體製之變，蒐討古書，穿穴異聞，作爲古律，自成一家。雖隻字半句，不輕出，遂爲宋朝詩家宗祖。按此論不特深切豫章，抑且深切宋賢三昧。不然，山谷自爲江西派之祖，何得謂宋人皆祖之？且宋詩之大家無過東坡，而轉祧蘇祖黄者，正以蘇之大處不當以南北之風會論之。舍元祐諸賢外，宋人蓋莫能望其肩背，其何從而祖之乎？蓋繼往開來，源遠流長，所自任者，非一時一地事矣。

閔案：此條見覃溪所作《石洲詩話》，稍從節約。覃溪論詩多僻，恐非定論，姑録之存一説爾。

---

❶「馬」，翁方綱《復初齋文集》卷三作「焉」，是。

❷「傑」，劉克莊《後村集》卷九五作「俊」。

❸「公」上，劉克莊《後村集》卷九五有「坡」字，當是，則「六一」下加頓號。

❹「綴」，《後村集》卷二四《江西詩派小序》作「鍛」。

又《跋山谷手録雜事墨迹》云：黄文節公手録雜事墨迹凡一百六十五題，皆漢晋間事。中間用紅筆塗乙點識。又云某條見前帙，又記其題下云凡若干者，蓋此其中間半册耳，前後所録不知其幾也。册經項子長氏收藏，有嘉靖辛丑文徵仲跋。謂或有會而書，或備忘而書，或爲詩文用而書，蓋亦未能深知此册此書之所以然也。王翁林又據其舊題云山谷志林而補篆之，遂竟以爲《東坡志林》之比，可謂沿誤也已。吾嘗讀任史氏注山谷詩，知先生用力之勤非一日矣。鄱陽許尹序曰，其用事深密，雜以儒佛虞初稗官之説，雋永鴻寶之書，牢籠漁獵，取諸左右。後生晚學，此祕未覩。夫古事非出僻書，掌録亦非難事，何祕之有乎？吾乃歎此言之深中後人錮疾，而積學之非易也。凡人記問誦習者，經史類記而已。及其博辨之久，聞見之多，所謂見異人得異書者，若日有新奇之弋獲焉。回視書塾肄記之事，若無足留目者。一旦叩以經史，習見之故實，而訛舛百出，此天下之通患也。況乎文士之習，護短炫長，寧臨文而乞鄰，勿先事而蓄艾。至於單文偶句，窘迫無措，則苟焉假借而已。山谷際歐、蘇蔚起時，獨以精力沈蓄囊括今古，其取材非一處，而其用功非一日也。嘗於《永樂大典》中見山谷所爲建章録者，故見數十條正與此册相類，然後知古人一字一句皆有來處。至於千彙萬狀，左右逢原，而無不如志者，非可倖而致也。今人平日銖積寸累之功，萬不及古人。及其奮筆爲文，則欲追古人而與之角勝，未有能濟者也。故爲改題曰手録雜事，而著其所以輯録之實。讀先生集者，可持此以爲左券焉，又豈僅作范信中《乙酉家乘》觀乎？

陸文安公年譜序

陸集本有年譜，嫌其詳略失中，今仍其舊者十之七，增之删之者十二三。若卷二附諸兄子姪事，略益以各家序論，均原譜所無者。自來朱、陸異同之辨，最可憎厭。聖有清任和，質有中行狂狷，學有四科，豈能執一？但當論生平行事志業植立如何，言語之疵何足病？亦或有爲而發，求也退，故進之。由也兼人，故退之。速貧速朽之言，夫子各有所爲而發。不得其解，則牴牾多矣。病其言語，併其行事志業没之，尚虚言而不究實行，儒者雖多，無救於國家之敝，必此族矣。周密《志雅堂雜鈔》：嘗聞沈子固先生云，道學之黨起於元祐，盛於淳熙。其徒甚盛，蟠結其間，假此以惑世者，真可嘘枯吹生。凡治財富者則目爲聚斂，開閫扞邊者則目爲麤才，讀書作文者則以爲玩物喪志，留心吏事者則以爲俗吏。所讀書止四書、《近思録》《通書》《太極圖説》《西銘》及語録之類。爲州爲縣爲監司，必須建立書院或道統諸賢之祠。下而士子作詩文，能發明聖賢義藴，亦可不負名教矣。否則立身如温公，文章氣節如東坡，皆非本色也。復有一等僞學之士，競趨之，稍不及，其黨必擠之，雖時君亦不得爲辨之。其氣燄可畏如此。然所行所言略不相顧，往往皆不近人情之事。馴至淳祐、咸淳，則此弊極矣。是時爲朝士者，必議論憒憒，頭腦冬烘，敝衣菲食，出則以破竹轎舁之以村夫。高巾破履，人望之知爲道學君子。名達清要旦夕可致也，然其家囊金匱帛，爲市人不爲之事。賈師憲獨持相柄，惟恐有奪其權者，則專用此等之士，列之要路。名爲尊崇道學，其實幸其憒憒不才，不致掣其肘，以是馴致萬事不理，喪身亡國。嗚呼！孰倡僞學之黨，甚於典午之清談乎！　閔案，周記亦有過處，然目擊時艱，大要不遠。僞學之禁，倡自姦臣，則僞學之黨亦彼輩目之耳。程子、朱子受掊擊最甚。程朱實未嘗立黨，陸子併不在黨禁之列。門人斷斷必分朱陸同異，則初雖無黨，反爲人藉口有黨矣。陸氏家學，一準儒先，並非禪學，乃病其近禪，極力譏詆。夫所謂近禪者，語帶機鋒，警人覺悟而已。非徑援禪語解經也。楊龜山、謝上蔡解經直有糅儒釋爲一者。龜山謂白浄無垢即孟子之言性善，❶形色爲天性亦猶所謂色即是空。又云，《維摩經》直心是道場，儒佛至此，實無二理。　上蔡謂，出辭氣猶佛所謂從此心中流出。又云，儒之仁，佛之覺。又云，釋氏與吾儒有非同非不同處。人都議陸，不議楊謝。一爲洛學，一孤立無附也。學術，天下萬世之公，豈可存門户之見？有門户則群焉庇之，無門户則群然擠之。儒術之敝，至此爲極，豈可尚揚其波乎？近儒陸清獻、張清恪皆不免門户之見。今之所辨，實欲破除門户，廓然見天理之公，學問之廣。聖有清任和，質有中行狂狷，學有四科，皆不可偏有是非，皆爲孔孟之所取。昔人謂朱近曾子，陸近孟子，此亦聽天下萬世公論，不必斷斷。彼陳建者，阿附閹臣，排陸以陷王，作《學蔀通辨》，見《四庫全書提要》。顧端文、陸清獻、張清恪序之刻之，即未嘗取陸子全集一攷。而吴鼎所糾之割裂湊合者，略未照察、真讀書。儒者疏略如此，不可解矣。

光緒丁丑三年八月朔，江右新城楊希閔鐵傭書於臺陽海東書院。

---

❶「無」，原作「元」，今據《龜山集》卷一三《語録四》改。

後攷《李穆堂文集》，有《陸子年譜序》，知李氏亦嘗爲《陸子年譜》，特吾未見耳。其序云：《陸子年譜》，始創稿於高第弟子袁正獻燮、傅琴山子雲，而彙編於李恭伯子愿，宋寶祐四年，劉應之林刻於衡陽者也。其後陸氏家祠附刻於全集之末，凡集中所已見者輒加删汰，至於諸兄爲陸子淵源所自，復齋並稱二陸，合梭山稱三陸，其行實尤未可略，今悉爲補入，而文字有當載者，亦附見焉云云。玩李序意，大旨與閔合，第不審詳略如何。行事又止及復齋、梭山，而從政、處士二兄從略，其子姪更不及。閔則全載陸氏一門之美爲一卷，於陸學尤詳備焉。閔又記。

陸文安公年譜引用書目

《象山集》
《復齋集》
《宋史》
《宋元學案》
《陸子學譜》
《朱子集》《名臣言行録》
《吕成公集》
《張南軒集》
《楊誠齋集》
《陸放翁集》
《周平園集》
《魏鶴山集》
《真西山集》

《吴文正集》
《黄漳浦集》
《劉蕺山集》
《陳幾亭集》
《李穆堂集》
《萬孺廬集》
《江西通志》
《撫州府志》
雜采叢書
《隱居通議》

陸文安公年譜卷一

江右新城楊希閔鐵傭編

宋高宗紹興九年己未二月乙亥，公生

公陸姓，名九淵，字子静，號存齋，撫州金谿人，居延福鄉之青田。父賀，字道卿，贈宣教郎。母饒氏。兄弟六人：長九思，字子强；次九敘，字子儀；次九皋，字子昭；次九韶，字子美，即梭山先生；次九齡，字子壽，號復齋，謚文達；次即公。

十年庚申，二歲

十一年辛酉，三歲

是年，母夫人饒氏卒。

十二年壬戌，四歲

侍父宣教公，一日忽問，天地何所窮際？父笑而不答，遂深思，至忘寢食。

十三年癸亥，五歲

十四年甲子，六歲

十五年乙丑，七歲
公嘗云，某七八歲得鄉譽，只是莊敬自持，心不愛戲。
十六年丙寅，八歲
十七年丁卯，九歲
包敏道祭文云：「九歲屬文能自達。」
十八年戊辰，十歲
十九年己巳，十一歲
二十年庚午，十二歲
二十一年辛未，十三歲
公《與李侍郎書》云：「十三志古人之學。」
二十二年壬申，十四歲
公《與涂任伯書》云：「某氣質素弱，年十四五，手足未嘗温暖。後以稍知所向，體力亦隨壯也。」
二十三年癸酉，十五歲
二十四年甲戌，十六歲
聞長上道靖康之事，乃翦去指爪，學弓馬。嘗云：「二聖之讎，豈可不復？所欲有甚於生，所惡有甚於死。今吾人高居優游，亦可爲恥，乃懷安非懷義也。」

二十五年乙亥，十七歲

二十六年丙子，十八歲

二十七年丁丑，十九歲

二十八年戊寅，二十歲

二十九年己卯，二十一歲

三十年庚辰，二十二歲

三十一年辛巳，二十三歲

三十二年壬午，二十四歲

秋試，以《周禮》鄉舉第四名。　嘗云：「吾自應舉，未嘗以得失爲念。場屋之文，只是直寫胸襟。」　又云：「復齋家兄一日問曰，吾弟今在何處做功夫？　答曰，在人情事勢物理上做功夫。」又云：「吾家合族而食，每輪差子弟掌庫三年。　某適當其職，所學大進。　此方是執事敬。」

孝宗隆興元年癸未，二十五歲

冬十月，丁父憂。

居憂。

二年甲申，二十六歲

居憂。

乾道元年乙酉，二十七歲

服闋。　有《與童伯虞書》云：「僕處足下之館幾半載，而不能回足下眷聲利之心。孟子曰，仁義忠信，樂善不倦，此天爵也；公卿大夫，此人爵也。孟子之時，求人爵者，尚必修其天爵。後世之求人爵者，蓋無事於天爵矣。舍此而從事於彼，何啻養一指而失其肩背？況又求之有道，得之有命，非人力所可必致者，而反營營汲汲於其間，以得喪爲欣戚，惑亦甚矣。」

二年丙戌，二十八歲

三年丁亥，二十九歲

冬，夫人吴氏來歸。

四年戊子，三十歲

五年己丑，三十一歲

六年庚寅，三十二歲

七年辛卯，三十三歲

秋試，以《易經》再鄉舉。　八月，子持之生。

八年壬辰，三十四歲

春試南京，奏名，五月廷對，賜同進士出身。　時尤延之袤知舉，吕伯恭祖謙爲考官，讀公《易》卷，至「狎海上之鷗，游吕梁之水，可以謂之無心，不可謂之道心。以是而洗心退藏，吾見其過焉

案，先生廷對，考官意其必慷慨言天下事，欲取置首列。及唱第，乃在末甲。或問之，先生曰：「見君之初，豈敢過直？」識者稱其得事君之體。

而溺矣。濟溱洧之車，移河内之粟，可以謂之仁術，不可謂之仁道。以是而同乎物交乎物，吾見其淺焉而膠矣」，擊節嘆賞。又讀《天地之性人爲貴論》，至「嗚呼，循頂至踵，皆父母之遺體。俯仰乎天地之間，惕然朝夕求寡乎愧怍而懼弗能，儻可以庶幾於孟子之塞乎天地，而與聞夫子人爲貴之説乎」，愈加歎賞。至策，文意俱高。伯恭遽以内艱出院，乃屬尤公曰：「此卷超絶有學問者，必是江西陸子静之文，此人斷不可失也。」又併屬考官趙汝愚子直。二公亦嘉其文，遂中選。他日，伯恭會先生曰：「未嘗款承足下之教，一見高文，心開目朗，知其爲江西陸子静文也。」是年，在京。徐誼子宜、蔡幼學行之來從學。在浙，楊簡敬仲、孫應時季和等來從學。

秋七月十六日，抵家。家有書齋，舊以存名家之東偏曰槐堂。有古槐樹，至今猶存，乃學徒講學之地，至是修葺之。朱濟道與人書云：近至陸宅，先生所以誨人者，深切著明，大概是令人求放心。其有意作文者，令收拾精神，涵養德性。根本既正，不患不能作文。傅子淵歸家，告人陸先生教人，辨志爲先。或問何辨，曰義利之辨。周伯熊來學，先生問學何經，曰讀《禮記》。問曾用功於九容乎？曰，未也。曰，且用功於此。後往問學於晦菴，具述所言。晦菴曰，公來問某，某亦不過如此説。

乾道九年癸巳，三十五歲

《送毛原善序》云：「無常産而有常心者，惟士爲能。古之時，士無科舉之累，朝夕所講，皆吾身吾心之事，而達之天下者也，夫是以不喪其常心。後世敝於科舉，所嚮日陋，疾其驅於利欲之塗，吾身吾心之事漫不復講，曠安宅而弗居，舍正路而弗由，於是有常心者不可以責士。非豪傑特立，雖其質之僅美者，蓋往往波蕩於流俗，而不知其所歸。斯可哀也。」

淳熙元年甲午，三十六歲

三月，赴部調官，授迪功郎、隆興府靖安縣主簿。　秋八月，子循之生。

二年乙未，三十七歲

吕伯恭約公與兄復齋會朱元晦、劉子澄諸公於信之鵝湖寺。　鵝湖之會論及教人，朱子之意欲令人汎覽博觀，而後歸之約。二陸之意欲先發明本心，而後使之博覽。一以爲太簡，一以爲支離，用此不合。復齋《鵝湖示同志》詩云：「孩提知愛長知欽，古聖相傳只此心。大抵有基方築室，未聞無址忽成岑。留情傳注翻榛塞，著意精微轉陸沈。珍重友朋勤切琢，須知至樂至於今。」　象山和詩云：「墟墓生哀宗廟欽，斯人千古不磨心。涓流積至滄溟海，拳石崇成太華岑。易簡功夫終久大，支離事業竟浮沈。欲知自下升高處，真僞先須辨只今。」　後三年，朱子和詩云：「德義風流夙所欽，别離三載更關心。偶扶藜杖出寒谷，又枉藍輿度遠岑。舊學商量加邃密，新知涵養轉深沈。卻愁説到無言處，不信人間有古今。」

三年丙申，三十八歲

四年丁酉，三十九歲

春正月，丁繼母夫人鄧氏憂。　公事繼母，與諸兄曲盡孝道。孝宗常語近臣，陸九淵滿門孝弟者也。

五年戊戌，四十歲

居憂。

六年己亥，四十一歲

服闋，授建寧府崇安縣主簿。

七年庚子，四十二歲

與朋友讀書滋蘭。書屋名，去家居南五里。　九月，五兄復齋先生卒，　作《復齋先生行狀》。

八年辛丑，四十三歲

訪朱元晦於南康。　時朱子爲南康守，與先生汎舟樂，曰：「自有宇宙以來已有此溪山，還有此佳客否？」乃請公登白鹿書院講席，講「君子喻於義，小人喻於利」一章。　復請公書其説，刻於石。朱子與楊道夫書云：「曾見陸子静講義利否？　此是子静來南康，某請説書，卻説得義利分明。如云今人只讀書便是利，❶如取解後又要得官，得官後又要改官，自少至老，自頂至踵，無非爲利。　説得來痛快，至有流涕者。」　丞相少師史浩薦公。薦語有云「陸某淵源之學，沈粹之行」。　六月二十三日，得旨都堂審察升擢，不赴。

附録：

❶「利」，《朱子語類》卷二九作「爲利」。

白鹿洞書院講義

某維少服父兄師友之訓，❶不敢自棄，而頑鈍疏拙，學不加進。每懷愧惕，恐卒負其初心。方將求鍼砭鐫磨於四方師友，冀獲開發，以免罪戾。比來得從郡侯祕書至白鹿書堂，群賢畢集，瞻覩盛觀，竊自慶幸。祕書先生、教授先生不察其愚，令登講席，以吐所聞。顧惟庸虚，何敢當此？辭避再三，不得所請。取《論語》中一章，陳平日之所感，以應嘉命，亦幸有以教之。

子曰：「君子喻於義，小人喻於利。」

此章以義利判君子小人，辭旨曉白，然讀之者苟不切己觀省，亦恐未能有益也。某平日讀此，不無所感。竊謂學者於此，當辯其志。人之所喻由其所習，所習由其所志。志乎義，則所習者必在於義。所習在義，斯喻於義矣。志乎利，則所習者必在於利。所習在利，斯喻於利矣。故學者之志，不可不辯也。科舉取士久矣，名儒鉅公皆由此出。今爲士者，固不能免此。然場屋之得失，顧其技與有司好惡如何耳，非所以爲君子小人之辯也。而今世以此相尚，使汩没於此而不能自拔，則終日從事者，雖曰聖賢之書，而要其志之所鄉，則有與聖賢背而馳者矣。推而上之，則又惟官資崇卑、禄廩厚薄是計，豈能悉心力於國事民隱，以無負於任使之者哉？從事其間，更歷之

❶「維」，《象山集》卷二三作「雖」，當是。

多，講習之熟，安得不有所喻，顧恐不在於義耳。誠能深思是身，不可使之爲小人之歸，其於利欲之習，怛焉爲之痛心疾首，專志乎義而日勉焉，博學、審問、慎思、❶明辨而篤行之。由是而進於場屋，其文必皆道其平日之學、胸中之藴，而不詭於聖人。由是而仕，必皆共其職，勤其事，心乎國，心乎民，而不爲身計，其得不謂之君子乎？祕書先生起廢以新斯堂，其意篤矣。凡至斯堂者，必不殊志，願與諸君勉之，以毋負其志。

淳熙辛丑春二月，陸兄子静來自金谿，其徒朱克家、陸麟之、周清叟、熊鑑、路謙亨、胥訓實從。十日丁亥，熹率寮友諸生與俱至於白鹿書院，請得一言以警。子静既不鄙而惠許之。至其所以發明敷暢，則又懇到明白，而皆有以切中學者隱微深痼之病，蓋聽者莫不悚然動心焉。熹猶懼其久而或忘之也，復請子静筆之於簡而受藏之。凡我同志於此反身而深察之，則庶乎其可不迷於入德之方矣。新安朱熹識。

九年壬寅，四十四歲

侍從復上薦，得旨與職事官，除國子監正。秋，初赴國學。八月十七，講《春秋》六章。九月，享明堂，爲分獻官。

十年癸卯，四十五歲

---

❶「慎」，原避宋孝宗趙眘諱作「謹」，今回改。以下逕改，不復出校。

在國學。　二月七日，講《春秋》九章。　七月十五，講《春秋》五章。　十一月十三，講《春秋》四章。　諸生聽講，多所啓發。　冬，遷勑令所删定官。

十一年甲辰，四十六歲

在勑局，編朱元晦奏立社倉事。公《與趙監書》云：「社倉事自元晦建請，幾年於此矣。有司不復挂之牆壁，遠方至無知者。某在勑局，因編寬恤詔令，得見此文，與同官咨歎者累日，遂編入廣賑卹門。」

閔案：與趙監書應在十五年，今以類次此。趙名汝謙。

因輪對上殿，陳五劄。一論讎恥未復，願博求天下之俊傑，相與舉論道經邦之職。二論願致尊德樂道之誠。三論知人之難。四論事當馴致而不可驟。五論人主不當親細事。　朱元晦見公劄子，貽書云：「奏篇垂示，得聞至論，慰沃良深。其規模宏大，源流深遠，豈腐儒鄙生所可窺測？❶然區區私憂，未免有萬牛回首之歎，然於我何病耶？　語圓意活，渾浩流轉，益見所養之深，❷所蓄之厚，但向上一層未曾撥著。」❸　公答書云：「奏劄蒙褒揚奬譽，無以當之，深慙疏愚。肺肝悉

❶「可」，《晦庵集》卷三六《寄陸子静》作「能」。

❷「益見」，《晦庵集》作「有以見」。

❸「層」，《晦庵集》作「路」。

以書寫，而兄尚有向上一路未曾撥著之疑，豈待之太重，望之太過，未免金注之昏耶？」改授承奉郎。以修寬恤詔令書成。　與樞密使王謙仲語及《孟子》辟土地充府庫一段，因云：「方今正在求此輩而不可得。」謙仲爲之色變。又舉柳子厚捧土揭木而致之廟堂之上，蒙以紱冕，翼之徒隸而趨走其左右，豈有補於萬事之勞苦哉？聖人之道，無益於世，凡以此也。謙仲默然。公嘗云：「當時諸公見上下相安，内外無事，便爲太平氣象。獨鄭溥之有一語極好，而今只要虜人借路登泰山云耳。」

十二年乙巳，四十七歲

與尤延之書略云：「此閒不可爲久居之計。吾今終日區區，豈不願少自效？至不容著脚手處，亦只得且退而俟之。職事閒又無可修舉，睹見弊病，又皆須自上面理會下來方得。在此但望輪對，可以少展胸臆。對班尚在後年，鬱鬱度日而已。」或勸以小人闖伺宜乞退，公曰：「吾之未去，以君也。不遇則去，豈可以彼爲去就耶？」

十三年丙午，四十八歲

轉宣義郎，除將作監丞，給事王信疏駮。十一月二十九日得旨，主管台州崇道觀。　與朱子淵書云：「某浮食周行，侵尋五六載，不能爲有無，日負愧惕。向來面對，麤陳大略，明主不以爲非。❶

❶「非」，《象山集》卷一三作「狂」。

而條貫靡竟，統紀未修，❶所以低徊之久者，思欲再望清光，少自竭盡，以致臣子之義耳。去對班纔數日，忽有匠丞之除，遂爲東省所逐。然吾人之遇不遇，道之行不行，固有天命，是區區者，安能使予不遇哉？寬恩畀祠，歸伏田畝，日得與家庭尊幼、鄉里俊彦繙古書，講古道，舞雩詠歸，不敢多遜。然此心之靈，此理之明，周嫠之憂，益所不能忘也。」

十四年丁未，四十九歲

如臨川訪倉使湯公思謙。湯言風俗不美，公曰：「此事亦由天，亦由人。」湯曰：「如何由天？」公曰：「且如三年一科舉，中者篤厚之人多，浮薄之人少，則風俗自此而厚。不幸篤厚無幾，全是浮薄，則後生從而視效，風俗日以敗壞。」湯曰：「如何亦由人？」公曰：「監司守令是風俗之宗主，只如判院在此，無只爲位高爵重、旗旄導前、騶卒擁後者，是崇是敬。陋巷茅茨之間，有篤敬忠信好學之士，不以其微賤而崇敬之，則風俗庶幾可回矣。」湯再三稱善。

五月，仲兄子儀先生卒。　十月，作子儀墓誌。

與朱元晦書：「仲兄子儀仲夏一疾不起，前月末甫得襄事。七月末喪一幼穉三歲，乃擬爲先教授兄後者。比又喪一姪孫女，姪壻張輔之抱病累月，亦以先兄襄事之後長往。痛哉！禍故重仍，未有甚於此者。觸緒悲摧，殆所不堪。某舊有血疾，二三年寖劇，近又轉而成痔，良以爲苦。數

❶「修」，《象山集》作「終」。

日方少瘳耳。」

十五年戊申，五十歲

講學象山精舍。易貴溪應天山名爲象山。學徒結廬，公居精舍，又得勝處爲講堂。與姪孫濬書云：「山間近來結廬者甚衆，吾祠禄既滿，無以爲糧，諸生始聚糧相迎。今講堂前又成一閣，部勒群山，氣象益偉。今夏更去迭來，常不下百人，若一時俱來，亦未有著處。」與楊敬仲書云：「精舍二字出《後漢·包咸傳》，其事在建武前，儒者講習之地用此名，甚無歉也。」馮元質云：先生講學，每旦精舍鳴鼓，則乘山簥至，會揖升講，容色粹然，精神炯然。學者以一小牌書姓名年甲，以序揭之，觀此以坐。數十百人，齋肅無譁。首誨以收斂精神，涵養德性，虛心聽講。諸生皆俯首拱聽，非徒講經，每啓發人之本心也，間舉經語爲證。吐音清響，聽者無不感動興起。初見者或欲質疑，或欲致辯，或以學自負，或立厓岸自高者，聞誨之後，多自屈服。其有欲言而不能自達者，則代爲之説，宛如其所欲言。乃從而開發之，至有片言半辭可取，必奬進之，故人皆感激奮勵。平居或觀書，或撫琴。佳天氣則徐步觀瀑，至高誦經訓，歌楚辭及古詩文，雍容自適。雖盛暑，衣冠必整肅，望之如神。諸生登函丈請誨，和氣可掬。傅季魯齒最少，坐必末，嘗挂一坐於側，令代説。語人曰，季魯，英才也。大率二月登山，九月末始歸，中間亦往來無定。居山五年，閱其簿，踰數千人。傅季魯云：「公居山多告學者云，汝耳自聰，目自明，事父自能孝，事兄自能弟。本無少缺，不必他求，在乎自立而已。學者於此多有興起。」嚴松年問今學者爲誰，公屈指數之，以傅子淵居首，鄧文範、傅季魯、黄元吉居次。且云：「浙間煞有人，有得之深者，有得之淺者，有一見而得之者，有久而後得之者。廣中一陳去華，省發偉特，惜乎此人亡矣。」

與江西帥王謙仲書云：鄉人彭世昌新得一山，在信之貴溪西境，距敝廬兩舍而近。唐僧有所謂馬祖者，廬於其陰，鄉人因呼禪師山。元豐中有僧瑩者，爲寺其陽，名曰應天寺，廢久矣。屋廬毁撤無餘，故址埋於荆榛，良田清池没於茅葦。彭子竭力開闢，結一廬以相延。去冬嘗一登山，見其隘，復建一草堂於其東，山間亦麤有田可耕。社日後，攜二息，偕數友朋登山，盤旋數日，盡發兹山之秘。要領之處，眼界勝絶，乃向來僧輩所未識也。去冬之堂在寺故址，未愜人意，方於勝處爲方丈以居。顧視山形，宛然鉅象，遂名以象山，草堂則扁曰象山精舍。鄉人蓋素恨此山之名辱於異教，今皆翕然以象山爲稱。故侍郎張南仲之居，實在山下。南仲諱運，其諸子鄙，徙居鄱陽，其諸姪咸在故里，皆尊尚儒術。舊亦多遊從者。彭世昌極貧，開山之役，諸張實佽助之。其經營之初，亦張爲之地。今張氏子弟咸來相從，一家結廬於東塢之上，比方丈爲少高，名之曰儲雲。兹山常出雲，雲之自出，常在其高故也。一家結廬於前山之右，石澗飛瀑，縈紆帶其側，因名曰佩玉。相繼而來結廬者未已，未及名也。方丈簷間，層巒疊嶂，奔騰飛動。近者數十里，遠者數百里，争奇競秀。朝暮雨暘雲煙出没之變，千狀萬態，不可名模。兩山迴合其前，如兩臂環拱。臂間之田，不下百畝。沿流而下，懸注數里，因石賦形，小者如線，大者如練。蒼林陰翳，巨石錯落，盛夏不知有暑。挾册其間，可以終日。東山之巖，有繙經石，可憩十許人。西山之巖，有歇石，可坐五六人。皆有蒼松蟠覆其上，其下壁立萬仞。山之陰有澄湖在其巔，天成一池，泓然如鑑，大旱不竭，可以結廬居之。自澄湖而北，數山之外，有馬祖庵，其處亦勝。有風洞，有浸月池，有東壠，有樺木壠，有東西塢，有第一峰。凡此皆舊名嘉者。此山大勢南來，折而東，又折而南，其高在西北。堂之西最高，九峰聯絡如屏，名曰翠屏，其上皆林木也。北峰之高者如蓋，可以登望。南望屏山益遠，❶溪谷原野畢露。東望靈山，特起凌霄，縹緲如畫。山形端方廉利，吳越所未見有也。下見龜峰，昂首穹背，形狀逼真。玉山之水蓋四百里而出於龜峰之下，略貴溪以經茲山之右。西望藐姑、石琵琶諸峰，崷崪逼人，從天而下。溪之源於光澤者，間見山麓如青玉版。北視上清仙巖、臺山，僅如培塿。東西二溪，窈窕如帶。二溪合處，百里而近。然地勢卑下夷曠，非甚清徹，嘗没於蒼芒煙靄中矣。

與撫州守錢伯同書云：荆公英才蓋世，平日所學，未嘗不以堯舜爲標的。及遭逢神廟，君臣議論，未嘗不以堯舜相期。獨其學不造本原，而悉精畢力於其末，故至於敗。去古既遠，雖當世君子，往往不免安常習故之患，故荆公一切指爲流俗。於是排者蜂起，極詆訾之言，不復折之以至理。既不足以解荆公之蔽，反堅神廟信用之心。故新法之行，當時詆排之人，當與荆公共分其罪。此學不明，至今吠聲者日以益衆，是奚足以病荆公哉？祠宇隳敗，爲日之久，莫有敢一舉手

❶「屏」，《象山集》卷九作「群」。

者，亦習俗使然耳。執事慨然而一新之，非特見超卓，其何能如此！

與趙詠道書云：爲學有講明，有踐履。《大學》致知格物，《中庸》博學審問慎思明辨，《孟子》「始條理者，智之事」，此講明也。《大學》修身正心，《中庸》篤行之，《孟子》「終條理者，聖之事」，此踐履也。「物有本末，事有終始。知所先後，則近道矣。」「欲修其身者，先正其心。欲正其心者，先誠其意。欲誠其意者，先致其知。致知在格物。」自《大學》言之，固先乎講明矣。自《中庸》言之，學之弗能，問之弗知，思之弗得，辯之弗明，則亦何所行哉？未嘗學問思辯，而曰吾唯篤行之而已，是冥行者也。自《孟子》言之，則事蓋未有無始而有終者。講明之未至，而徒恃其能力行，是猶射者不習於教法之巧，而徒恃其有力，謂吾能至於百步之外，而不計其未嘗中也。故曰，其至爾力也，其中非爾力也。講明有所未至，則雖材質之卓異，踐行之純篤，如伊尹之任，伯夷之清，柳下惠之和，不思不勉，從容而然，可以謂之聖矣。而孟子顧有所不願學，拘儒瞽生，又安可以其硜硜之必爲，而傲知學之士哉？然必一意實學，不事空言，然後可以謂之講明。若謂口耳之學爲講明，則又非聖人之徒矣。

閔案：象山此書論講明踐履，與朱子絲毫不異，特口耳學者不能託足耳。請世之訾陸學者平心一讀此書。

與羅春伯書云：屬閲來示，尤爲惕然。天地開闢，本只一家。地之相去千有餘里，世之相後千有餘歲。得志行乎中國，若合符節，蓋一家也。來書乃謂自家屋裏人，不亦陋乎？朱、林之事，謂

自家屋裏，不知孰爲他家？古人但問是非邪正，不問自家他家。舜於四凶，亦治其家人耳。安分儔黨，此乃自用其私之通病也。❶

案：春伯謂林黄中劾朱子，以爲自家屋裏人水火。象山箴其陋，道理正大，非小儒所識。

十六年己酉，五十一歲

祠秩滿，居山講學。

壽皇内禪，光宗即位，詔知荆門軍，覃恩轉宣教郎，磨勘轉奉議郎。

與黄循中書云：某居山講習，麤適素懷。荆門之命，固出廟朝不忘之意，然雅未有爲吏之興。幸尚遲次，可徐決去就耳。人之不可以不學，猶魚之不可以無水。而世至視若贅疣，豈不甚可歎哉！穹壤間竊取富貴何限，惟庸人鄙夫羨之耳。識者視之，方深憐甚憫，傷其賦人之形，而不求盡人之道，至與蟻蟲同其飽適好惡，虚生浪死。其在高位者，適足以播惡遺臭，貽君子監戒而已。此固循中所宜深曉。第居今之世，不得不申言之，諒亦不厭於此也。

與王順伯書云：來教謂若要稍展所學，爲國爲民，日見難如一日。此固已然之成勢。然所以致此者，亦人爲之耳。能救此者，將不在人乎？孟子曰，責難於君謂之恭。吾人平日所以自勵，與朋友所以相勉者，素由斯道，而後能責難於君。大禹所謂后克艱厥后，臣克艱厥臣，夫子所謂爲

❶「自用其私」下，《象山集》卷一三有「者」字。

君難，爲臣不易者，皆欲思其艱以圖其易耳，非懼其難而不爲與知其難而謂其必不可爲也。天下固有不可爲之時矣，而君子之心，君子之論，則未嘗必之以不可爲。春秋戰國何如時也，而夫子則曰，如有用我者，吾其爲東周乎？又曰，如有用我者，期月而已可也，三年有成。孟子則曰，以齊王，猶反手也。又曰，飢者易爲食，渴者易爲飲。故事半古之人，功必倍之，惟此時爲然。曰，王猶足用爲善，王如用予，則豈徒齊民安，天下之民舉安。王庶幾改之，予日望之。曰，千里而見王，是予所欲也。不遇故去，豈予所欲哉？人之遇不遇，道之行不行，固有天命，而難易之論，非所以施於此也。曩者尸位之人，固爲朝廷之大祟，群小之根柢，而往年天去之，今年天殺之，則天之所以愛吾君而相斯人者，爲力宏矣。有官君子，豈可不永肩一心，相與勵翼，以助佑吾君，仰承天意乎？人之才智各有分限，當官守職，惟力是視。商之三仁，亦人自獻於先王，不容一概。至於此心此德，則不容不同耳。沮、溺、接輿，豈是庸人凡士？然所以異乎聖人者，未免自私耳。來教謂，既非以此要官職，只是利國利民處，隨力爲之，不敢必朝廷之從與事功之成。此真長者之本心也。誠能廓而充之，推而廣之，則高明廣大，誰得而禦？由前之説，將自昭白，有不待區區之言者矣。

光宗紹熙元年庚戌，五十二歲

居山講學。

二年辛亥，五十三歲

居山講學。　得旨疾速之任。　七月四日啓行，九月三日至荆門。　《荆門軍到任謝表》有云：「擁江帶漢，控蜀撫淮，豈惟古争戰之場，實在今政守之要。政須英傑，以佐恢規。敢謂疲駑，濫膺委寄？」

初領郡事，吏以故例白，必有揭示約束，接賓受詞分日。公曰：「安用此。」接賓受詞無早暮，下情直達無壅。學譜。　往時郡有追逮，皆特遣人。公惟令訴者自執狀以追，以地近遠立限，皆如期，即日處決。　輕罪多酌人情，曉令解釋。至人倫之訟既明，多使領原詞自毁之，以厚其俗。惟怙終不可誨化，乃始斷治。詳其文狀，以防後日反覆。築城之役，先是憚於重費，不敢輕舉。公召集義勇四十，❶强壯可用，優給庸直，躬自勸督，役者樂趨，竭力工倍，二旬訖築。初計費緡錢二十萬，至是僅五千。後復議成砌三重，置角臺，增二小門，置敵樓，衝天渠、荷葉渠、護險牆之制畢備，才費緡錢三萬。　又郡學、貢院、客館、官舍，衆役並興，督役官吏布衣雜役夫佐力，相勉以義，不專以威。盛役如此，人情晏然，郡中恬若無事。　庫藏空竭，調度倚辦商税。先是，差官吏伺商於門，檢貨給引，然後至務。務惟據引入税，出門又覆視。官收無幾，而出入之費已多。且門吏取賄，多所藏覆，禁物亦或通行。商賈重費，多由僻遠。公罷去之。或曰，門譏所以防奸，如此恐商冒利，有不至務者。公曰：「非爾所知。」即日揭示，俾徑至務，復减正税援例。是日，税

---

❶「四十」，《慈湖遺書》卷五《象山先生行狀》作「四千」，當是。

入立增。一巨商已遵僻途，聞新令，改出正路，巡卒於岐捕之。公詰得其實，勞而釋之。行旅聞者，誓以毋欺。商曰：「罷三門，引減援，❶去我輩大害，不可不報德。」稅增倍，酒課亦如之。《與廟堂乞築城劄子》云：荆門在江漢之間，爲四集之地。南捍江陵，北援襄陽，東護隨、郢之脅，西當光化、夷陵之衝。荆門固則四鄰有所恃，否則有背脅腹心之虞。善制事者，常令其利在我，其患在彼。法曰，無恃其不來，恃吾有以待之。無恃其不攻，恃吾有所不可攻。謂能銷患致利，備豫不虞也。荆門雖四山環合，易於備禦，而素無城壁，倉廩府庫之間，麋鹿可至。竊謂郡無城郭，内地尚且不可，况其在邊？平居形勢不立，扃鑰不固，無以係民心，待暴客。患害之致，何啻丘山？權今費役，曾不毫末，惜毫末之費，忽丘山之害，難以言智。一旦有警，誰執其咎？去冬妄意聞於帥府，請就此役。尋得帥檄，令委官置局，徑自修築。欲令冬土堅密，❷庶幾可久。已於十二月初四日發手，兩旬上工畢事，❸規模稍壯。事力殫竭，累政之積，僅足辦此。會計用甎包砌，立門施樓，其費尚多，當用緡錢三萬。本軍有買石銀一萬七千餘兩，❹隸在常平。稽之專

❶「援」下，《慈湖遺書》卷五《象山先生行狀》有「例」字。
❷「令」，《象山集》卷一八作「趁」，當是。
❸「上」，《象山集》作「土」。
❹「石」，《象山集》作「名」。

條，不可擅用。欲乞鈞慈特爲敷奏，於數内撥支銀五千兩應副包支砌用，❶使城壁一新，形勢益壯，姦宄沮謀，民心有賴，實爲無窮之利。

與羅春伯書云：某夏中拜之任之命，適感寒伏枕，幾至於殆。月餘少甦，又苦腸痔。七月四日始得離家，九月三日抵二泉，即日交割。是閒素號閒静，至此未嘗有一字揭示，每事益去其煩，事至隨手決之，似頗不忤於人心。士民相敬向，吏輩亦肅肅就職。獄中但有向來二大囚，一已奏未報，一已報而憲臺未來審覆。除此，牢户可闃寂矣。自外視之，真太平官府。然府藏困於連年接送，實亦匱乏。簿書所當整頓，廬舍所當修葺，道路當治，田萊當闢，城郭當立，武備當修者不少。朝夕潛究密考，略無少暇，外人蓋不知也。真所謂心獨苦耳。今時仕宦書問常禮與朝夕非職事應接者，費日力過半。比來於此等固不敢簡忽，第亦不敢以此等先職事。拙鈍之質，迺今尚有缺典。如臺諫侍從當有啓劄，今皆未辦，所恃群賢必不以此督過。萬一致簡慢之疑，更賴故人有以調護之。職事閒有當控訴者，續得盡情。春伯資望日隆，宜在兩地優矣。濡筆以待慶牘。向寒，爲國保愛。

與薛象先書云：此月三日抵二泉，即日交割，公文諒久已徹視。諸事皆仍舊貫，到此並無一字揭示。無隨行人，一榜亦吏呈舊比從之，户庭頗無壅塞。事至隨手決之，頗無忤於人心。是閒元少

---

❶「包支砌用」，《象山集》作「包砌支用」，當是。

訟訴，今至於無。其血脈蓋有在號令形政之表者，兄能諒之。然事當料理者甚衆，潛究密稽，日不暇給，外殊不見其形也。財計亦以連三年接送，占壓頗多，卒未有還補之策。考其實，與言者殊不相應。元章交割時，公庫緡錢萬八千有奇，今所存僅五千緡耳。歲入倚槳肆，所以爲來歲資者，又當取諸其中。軍資庫尤爲匱乏。其勢未至於不可爲，然不爲之樽節，則日蹙矣。監司郡守數易，誠今日之大弊。比閱邸報，知兄未得請，亦不獨屬郡之幸，幸少安以惠重湖之民。乍到首遣兩司迎接，兵卒各有借請，義勇又適秋閱，見迓兵卒，又有未請衣賜。會慶聖節，吏以儀式諸物弊壞，舉陳當修，所不敢忽。子城甎工費目取於軍資。❶又創東嶽廟，工纔半。諸庫日支，率多於所入。會計之事，不容不精詳而爲之所。荆門歲輸馬草二千緡，分作四季起發，赴使臺郡錢物庫交納。春夏已納足，今正當輸秋季錢。前此係三分輸納銅錢，本軍比年係行使鐵錢地分，令禁日嚴，無得銅錢輸納。每是將會子到鄂渚兑换銅錢，所費頗多。今欲乞只以會子輸納，望特達允從爲幸。此間形勢，正宜積粟聚兵。前此諸人乃未及講求。張帥有意爲城於此，元善聞有分戍之意，前日相聚時，乃不及此。到應城見劉宰，言元善有此意。二公慨然如此，豈亦天時耶？幸有以相之。子城次第，秋閱畢便發手爲之，俟見端緒，當一一具聞也。

又一書云：「某到此詢訪民間疾苦，但得二事。其一是税錢役錢等令民户分納銅錢。比年銅錢

❶「目」，《象山集》卷一五作「日」。

之禁日嚴，此地已爲鐵錢地方，❶民户艱得銅錢爲苦。官或出銅錢以易會子，收三分之息，而吏胥輩收其贏，故民以重困。其一事是坊場買名錢，須納銀買名，人户亦困於此。然買名銀須聞於朝與倉臺乃可，又所困者非農民。至如税錢役錢納銅錢，乃州郡與胥吏得其利，故斷然因民之情而盡罷之。❷蓋以鐵錢地分，其銅錢之禁嚴，民不敢有此，義不當責之輸於公。今歲計方窘，平時所藉者商税。比以邊郡榷禁嚴甚，商旅爲之蕭條。此兩月税課之損，幾及千緡。若令民户輸銅錢，於郡計亦有補，然不敢計此，以爲制事以義，乃當然耳。故敢求免貼陌於使臺。前書未蒙垂允，無乃執事未之深察。更望斷之以義，賜仁筆免之，不勝幸甚。湖北係鐵錢地分無幾，決無他處援例之患。且在使臺，亦何聞此？不然異時官吏或挾此以擾百姓，誰其執咎？切幸痛察，力疾布此，未暇他及。」

與劉伯協書云：「人家之興替，在義理不在富貴。假令貴爲公相，富等崇、愷，而人無義理，正爲家替。若簞食瓢飲，肘見纓絶，而人有義理，正爲家興。吾人爲身謀，爲子孫謀，爲親戚謀，皆當如此，然後爲忠。自爲謀者，或不然，亦是不忠於吾身矣。」又云：「來示所謂輕犯名分之語，甚未當理。近時郡守貪黷庸謬，爲厲民之事，縣令以義理争之，郡守輒以犯名分劾令，朝廷肉食者

❶「地方」，《象山集》卷一作「地分」。按此爲宋代時語，下文即作「地分」。

❷「情」，《象山集》作「請」。

不能明辨其事，令竟以罪去。此何理也？理之所在，匹夫不可犯也。犯理之人，雖窮富極貴，世莫能難，當受《春秋》之誅矣。」

閔案：此書警發世俗，吾極喜誦之，因録於此，見陸子卓不可及焉。

十月，三兄庸齋先生卒。作《陸修職墓表》。

三年壬子，五十四歲

正月十三日，會吏民講《洪範》「五皇極」一章。郡有故事，上元設醮黄堂，其説曰爲民祈福。公於是會吏民講《洪範》「斂福錫民」一章以代醮事。發明人心之事，❶所以自求多福者，莫不曉然有感於中，或爲之泣。既逾年，笞箠不施，至於無訟。閭里人心，日以加厚，吏亦能相勉以義，視官事如家事。識者知其有出於政刑號令之表者。周益公判湖南帥府，復傅子淵書云：「象山荆門之政如古循吏，躬行之效至矣。」與姪焕之書略云：正月十三日，以講義代醮，除官員士人吏卒之外，百姓聽講者不過五六百人，以不曾告戒也，然人皆感動。其所以相孚信者，又在言語之外也。此間不復挂放狀碑，人有訴事，不拘早晚接受。雖入夜未閉門時，亦有來訴者，多立遣之，壓服而去。見客亦無時。

附録：

---

❶「事」，《象山集》卷三三作「善」。

荆門軍上元設聽講義❶

五皇極，皇建其有極，斂時五福，用敷錫厥庶民。惟時厥庶民於汝極，錫汝保極。皇，大也。極，中也。《洪範》九疇，五居其中，故謂之極。是極之大，充塞宇宙，天地以此而位，萬物以此而育。古先聖王皇建其極，故能參天地，贊化育。當此之時，凡厥庶民，皆能保極。比屋可封，人人有士君子之行。和氣嘉生，❷薰爲太平。嚮用五福，此之謂也。「皇建其有極」，即是斂此五福以庶民。❸捨極而言福，是虚言也，是妄言也，是不明理也。「惟皇上帝，降衷於下民」，衷即極也。凡民之生，均有是極，但其氣禀有清濁，智識有開塞。天之生斯民也，使先知覺後知，使先覺覺後覺。古先聖賢與民同類，所謂天民之先覺者也。以斯道覺斯民者，即皇建其有極也，即斂時五福，用敷錫厥庶民也。今聖天子重明於上，代天理物，承天從事，皇建其極，是彝是訓，於帝其訓，無非斂此五福，以錫爾庶民。郡守縣令，承流宣化，即是承宣此福，爲聖天子以錫爾庶民也。凡爾庶民，知愛其親，知敬其兄者，即惟皇上帝所降之衷，今聖天子所錫之福也。若能保

❶「聽」，《象山集》卷二三作「廳」，當是。
❷「和」，《象山集》卷二三作「叶」。
❸「庶」上，《象山集》有「賜」字。

有是心，即爲保極，宜得其壽，宜得其富，❶宜得康寧。是謂攸好德，是謂考終命。凡爾庶民，知有君臣，知有上下，知有中國夷狄，知有善惡，知有是非，父知慈，子知孝，兄知友，弟知恭，夫義婦順，朋友有信，即惟皇上帝所降之衷，今聖天子所錫之福也。身或不壽，此心實壽。家或不富，此心實富。縱有患難，心實康寧。或爲國死事，殺身成仁，亦爲考終命。實論五福，但當論人一心。此心若正，無不是福。此心若邪，無不是禍。世俗不曉，只將目前富貴爲福，目前患難爲禍，不知富貴之人，若其心邪，其事惡，是逆天地，逆鬼神，悖聖賢之訓，畔君師之教。天地鬼神所不宥，聖賢君師所不與。忝辱父祖，自害其身。静時回思，亦有不可自欺自瞞者。若於此時更復自欺自瞞，是直欲自絶滅其本心也。縱是目前富貴，正人觀之，無異在囹圄糞穢之中也。患難之人，其心若正，其事若善，是不逆天地，不逆鬼神，不悖聖賢之訓，不畔君師之教。天地鬼神所當佐，聖賢君師所當與。不辱父母，❷不負其身。仰無所愧，俯無所怍。雖在貧賤患難中，心自亨通。正人達者觀之，即是福德。作善降之百祥，作不善降之百殃。積善之家，必有餘慶。但自考其心，則知福祥殃咎之至，如影隨形，如響應聲，必然之理也。愚人不能遷善遠罪，但貪求富貴，卻祈神佛以求福，不知神佛在何處，何緣得福以與不善之人也。皇極在《洪範》九疇之中，乃《洪範》根

❶「富」，《象山集》作「福」。

❷「父母」，《象山集》作「父祖」，據上文，當是。

本。經曰：「天乃錫禹洪範九疇。」聖天子建用皇極，亦是受天所錫。斂時五福，錫爾庶民者，即是以此心敷於教化政事，以發明爾庶民天降之衷，不令陷溺。爾庶民能保全此心，不陷邪惡，即爲保極，可以報聖天子教育之恩，長享五福，更不必别求神佛也。《洪範》一篇著在《尚書》，今人多讀，未必能曉大義。若其心正，其事善，雖不曾識字，亦自有讀書之功。其心不正，其事不善，雖多讀書，有何所用？用之不善，反增罪惡耳。常歲以是日建醮於設廳，爲民祈福。竊惟聖天子建用皇極，以臨天下。郡縣之吏，所宜與爾庶民惟皇之極，以近天子之光。謹發明《洪範》「斂福錫民」一章，以代醮事，亦庶幾承流宣化之萬一。仍略書九疇次敘，圖其象數於後，[1]恐不曾讀書者，欲知大概，亦助爲善求福之心。《詩》曰「自求多福」，正謂此也。

❶「後」，原作「后」，今據文義改。

易有大極，是生兩儀。兩儀生四象，四象生八卦。乾爲天，坤爲地，震爲雷，巽爲風，坎爲水，離爲火，艮爲山，兑爲澤。

《乾》三連，《坤》六斷，《震》仰盂，《艮》覆碗，《兑》上缺，《巽》下斷，《離》中虛，《坎》中滿。

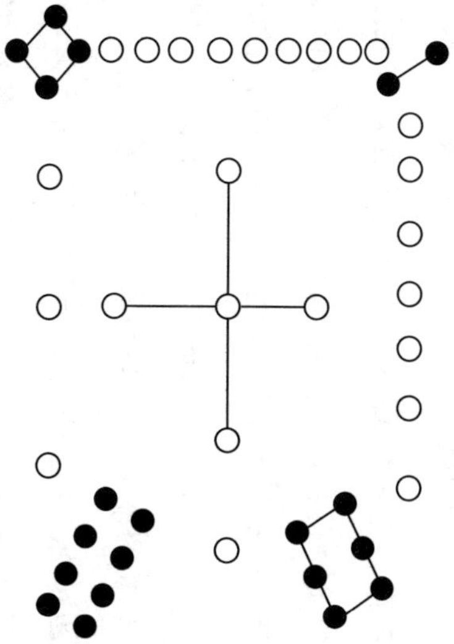

數

二	七	六
九	五	一
四	三	八

《洪範》九疇，初一曰五行，次二曰敬用五事，次三曰農用八政，次四曰協用五紀，次五曰建用皇極，次六曰乂用三德，次七曰明用稽疑，次八曰念用庶徵，次九曰嚮用五福，威用六極。

戴九履一。　左三右七。　二四爲肩。

六八爲足。　縱横數之皆十五。

荆南府帥章森德茂以公政績上薦。

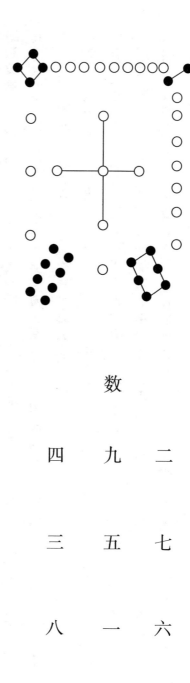

十二月七日，公疾。十一日，禱雪。次日雪驟降，告僚屬曰：「某將告終。」接見僚屬，論政理如平時。宴息静坐，❶命灑埽焚香，家事壹不挂齒。雪降，命具浴。浴罷，盡易新衣幅巾端坐。家人進藥，卻之，自是不復言。十四日日中卒，郡屬棺斂，哭泣哀甚。吏民哭奠，充塞衢道。

僉判洪伋率寮屬祭文略云：斯道麗洪，充塞兩儀。孔孟既没，日以湮微。賴我先生，主盟正學。開悟聾聵，惟時先覺云云。

學録黄嶽祭文略云：先生之學，正大純粹。先生之教，明白簡易。其御民也，至誠之外無餘術。其使人也，寸長片善未始或棄。若夫憂國忘家，愛人利物，所謂造次於是，顛沛於是。是以先生之亡，雖小夫賤隸、婦人女子，莫不咨嗟歎息，至於流涕。

父老李斂等祭文云：刺史以詩書爲政，待邦人如子弟，百姓安之，何遽驚哲人之萎也？蓋刺史之賢，周孔之學，方將公是道於天下，慰四海蒼生之望，非我民得以私之也。然斂此大惠，施於一邦，近者服其教，遠者化其德，豈期天不憖遺，而奪我父師之速也？古之君子，所居民愛，所去民思，而况賢刺史之亡！其遺愛在人，真有不可解於心者。我民將子子孫孫，尸而祝之，社而稷之，以至於無窮也。

湖北帥章森祭文略云：惟公學本之經，行通於天。淵源之漸，伊孟之傳，自本自根，即聞即見。

❶「坐」，《慈湖遺書》卷五《象山先生行狀》作「室」。

見之躬行，死守不變。德業培深，我臯我夔。用之斯世，舍公其誰？

湖廣總領張體仁祭文略云：儒者之學，入孝出弟。人言江西陸氏兄弟，儒者之仕，信道行志。人言荆門如古循吏，有修其綆，汲深未既。有恢其規，游刃餘地。詞流滔滔，壽考日遂。豈伊斯人，而俾憔悴云云。

江淮總領鄭湜祭文略云：聖去千載，所傳者書。獨公深造，忘其緒餘。謂心至靈，可通百聖。謂物雖繁，在我能鏡。欲世知師，欲人知味。未之能行，慨其將廢。

湖南漕豐誼祭文略云：公稟正氣，早以道鳴。叱呵非聖，奔走諸生云云。

四年癸丑，二孤扶柩歸，沿途弔哭致祭者甚衆。三月至家，九月葬於延福鄉朱陂之下。門人奔哭會葬者以千數。夫人吴氏，封孺人。子二：持之，循之。

嘉定十年，賜謚文安。

長子持之，字伯微。七歲能文。文安授徒象山之上，學者數百人。有未達，持之爲敷繹之，年十三耳。荆門郡治火，持之倉卒指示中程，文安器之。韓侂胄將用兵，特憂時不懌，❶見徐誼於九江。時議防江，持之請擇僚吏察地形，孰險而守，孰易而戰，孰隘而伏，毋專爲江守。具言自古興事造業，非有學而輔之，往往皆以血氣盛衰爲鋭惰。誼憮然。常平使袁燮薦於朝，謂持之議論不

❶ 「特」，《宋史》卷四二四《陸持之傳》作「持之」。

爲空言，緩急有可倚仗。不報。嘉定十六年，特詔祕書省讀書。固辭，不獲。既至，又詔以迪功郎入省。乞歸，不許。理宗即位，轉修職郎，差幹辦浙西安撫司。以疾請致仕，特命改通直郎。所著有《易提綱》《諸經雜説》，又有《贛説》十篇。子二：溎、洞。次子循之。學譜參《鶴山集》。

楊簡祭文略云：先生之道，亦既昭昭然矣，何俟乎知？仰觀乎上，先生確然示人易矣。俯察乎下，先生隤然示人簡矣。垂象著明者，先生之著明。寒暑變化者，先生之變化。《書》者，先生之政事。《詩》者，先生之詠歌。《禮》者，先生之節文。《春秋》，先生之是非。《易》，先生之變易。學者之所日誦，百姓之所日用。何俟乎復思？❶何俟乎復思？不可復思，矧可斁思。

袁燮祭文略云：嗟維先生，任道以躬。方其未得，憤悱自攻。一日洞然，萬里俱融。如天清明，如日正中。毫髮無差，涵養日充。乃號於世，曰天降衷。至大至精，至明至公。兹焉良心，萬變不窮。學者初來，膠擾塞胸。先生之教，如橐鼓風。弟子化之，如金在鎔。有蔽斯決，有空斯通。❷手舉足履，視明聽聰。式全其大，不淪虛空。此於斯世，允矣有功云云。

傅子雲祭文略云：道塞宇宙，而人至靈。不蔽於物，易知易行。惟天憂民，篤生斯聖。乃徹厥蔽，俾安正性。周衰文弊，孟没學絶。功利橫流，道術分裂。所見益鑿，所言益支。易知易行，誰

❶「思」，《慈湖先生遺書》卷四作「知」。

❷「空」，《袁正獻公遺文鈔》卷上作「窒」，當是。

其覺斯？千七百載，乃有先生。先生之德，濬哲粹英。道喪既久，無所取證。深研力索，俯仰參訂。或啓於家訓，或得於群籍。或由省察之深，或資辯白之力。惟至當之不磨，卒會歸於有極。始信夫良知良能，降於上帝，可久可大，道實簡易。儻正僞之不辯，而先後之舛施，則己私之是憑，豈天德之在兹？遠紹孟氏之旨，極陳異説之非。世之學者，標末是求，而吾先生，自源徂流。世切如鞭之刑，❶而吾先生，充稽其情。世之於人，多察鮮容，而吾先生，善與人同。世之於善，迹似情非，而吾先生，誠實自持。世排異端，惟名是泥，而吾先生，即同辯異。世讀古書，立論紛然，而吾先生，先實後言。嗚呼先生，視古如反諸掌，視見如納諸溝。❷斯學斯志，曾不一施，今則已矣。弧矢不去手，關河不忘懷，搜求忠勇，義欲一伸。曾不一遂，今則息矣。莫大於歷，夜觀星象。莫神於《易》，畫索蓍卦。考禮問樂，遠稽古制，曾不畢究，今則墜矣。間世之英，拔萃之議，作於斯世，亦如此而已矣云云。

楊文元公簡陸先生文集序云：有宋撫州金谿陸先生，字子静，嘗居貴溪之象山，四方學者畢至，尊稱之曰象山先生。先生冢嗣持之，字伯微，集先生遺言爲二十八卷，又外集六卷，命簡爲之序。簡自主富陽簿時已受教於先生，因言忽覺澄然清明，應用無方，動静一體，乃知此心本靈，本神，本明，

---

❶「世切」，《象山先生年譜》作「世論一切」，本書脱誤。

❷「見」，《象山先生年譜》作「民」。

本廣大，本變化無方。奚獨簡心如此？舉天下萬世人心皆如此。《易》曰「百姓日用而不知」，孔子曰「二三子以我爲隱乎？吾無隱乎爾，吾無行而不與二三子者」。《大戴記》孔子之言，謂忠信爲大道。忠者忠實，信者誠信不詐僞。而先儒過求諸幽深，故反不知道。孔子又名大道曰中庸。庸者，常也，日用平常也。孟子亦謂徐行後長即堯舜之道，又謂以羊易牛之心足以王。先生諄諄爲學者剖白斯旨，深切著明，而學子領會者寡。簡不自揆度，敢少致輔翼之力，專敘如右。開禧元年夏六月乙卯，門人四明楊簡敬書。

袁正獻公燮陸先生文集序云：天有北辰，而衆星共焉。❶地有泰岳，而衆山宗焉。人有師表，而後學歸焉。象山先生，其學者之北辰泰岳與？自始知學，講求大道，弗得弗措，久而寖明，又久而大明。此心此理，貫通融會，美在其中，不勞外索。揭諸當世，❷曰學問之要，得其本心而已。之心本真，❸未嘗不善。有不善者，非其初然也。孟子嘗言之矣，鄉爲身死而不受，今爲宫室之美，妻妾之奉，所識窮乏，得我而爲之，此之謂失其本心。其言昭晰如是，而學者不能深信。謂道爲隱，而不知其著。謂道爲遠，而不知其近，求之愈過愈湮鬱。至先生始大發之，如指迷途，如藥久病。迷者悟，

---

❶「共」，《絜齋集》卷八作「拱」。
❷「世」，《絜齋集》作「時」。
❸「之心」，據《絜齋集》當作「心之」。

病者愈，不越於日用之間，而本心在是矣。學者親承師訓，向也跂望，若千萬里之隔，今乃知與我同本。培之溉之，皆足以敷榮茂遂，豈不深可慶哉！嗚呼！先生之惠後學弘矣。先生之言悉此出，❶上而啓沃君心，下而切磨同志，又下而開曉黎庶。及其他雜然著述，皆此心也。儒釋之所以分，義利之所由別，剖析至精，如辨白黑。遏俗學之横流，援天下於既溺。吾道之統盟，不在兹乎？燮識先生於行都，親博約者屢矣。或竟日以至夜分，未嘗見其少有昏怠之色。表裏清明，神采照映。得諸觀感，鄙吝已消。矧復警策之言，字字切己與！先生之殁，餘二十年。遺言炳炳，精神猶在。敬而觀之，心形俱肅，❷若親炙然。臨汝嘗刊行矣，尚多缺略。先生之子持之伯微裒而益之，合三十三卷，❸今爲刊於倉司。流布寖廣，書滿天下，而精神亦無不徧。言近而指遠，雖使古人復生，莫之能易。嗚呼！兹其所以爲後學之師表與！先生諱九淵，字子静，撫州金谿人。嘗講學於貴溪象山，學者尊爲象山先生云。嘉定五年九月戊申，門人四明袁燮書。

王文成公守仁陸子文集序云：聖人之學，心學也。堯舜禹之相授受曰，人心惟危，道心惟微，惟精惟一，允執厥中。此心學之源也。中也者，道心之謂也。道心精一之謂仁，所謂中也。孔孟之學，惟

---

❶「此」，《絜齋集》作「由中」。

❷「形」，《絜齋集》作「神」。

❸「合三十三卷」，《絜齋集》作「合二十卷」。

務求仁。蓋精一之傳也，而當時之弊，固已有外求之者。故子貢致疑於多學而識，而以博施濟衆爲仁。夫子告之以一貫，而教以能近取譬，蓋使之求諸其心也。迨於孟氏之時，墨氏之言仁至於摩頂放踵，而告子之徒又有仁內義外之説，心學大壞。孟子闢義外之説，而曰仁，人心也。學問之道無他，求其放心而已矣。又曰仁義禮智，非由外鑠我也，我固有之，弗思耳矣。蓋王道息而伯術行，功利之徒外假天理之近似，以濟其私，而以欺於人，曰天理固如是。不知既無其心矣，而尚何有所謂天理者乎？自是而後，析心與理而爲二，而精一之學亡。世儒之支離，外索於形名器數之末，以求明其所謂物理者，而不知吾心即物理，初無假於外也。佛老之空虛，遺棄其人倫事理之常，以求明其所謂吾心者，而不知物理即心，不可得而遺也。至宋周程二子，始復追尋孔孟之宗，而有「無極而太極」「定之以仁義中正而主静」之説。動亦定，静亦定，無内外，無將迎之論，庶幾精一之旨矣。自是而後，有象山陸子，雖其純粹和平，若不逮於二子，而簡易直截，直有以接孟氏之傳。❶其議論開闔時有異者，乃其意見氣質之殊，而要其學之必求諸心，則一而已。故吾嘗以斷陸氏之學，孟氏之學也，而世之議者以其嘗與晦翁之有同異，而遂詆以爲禪。夫禪之説，棄人倫，遺物理，而要其歸極，不可以爲天下國家。苟陸氏之學而果若是也，乃其所以爲禪也。今禪之説與陸氏之説、孟氏之説，其書具存，學者苟取而觀之，其是非異同當有不待於辨説者。而顧一倡群和，勦説雷同，如矮人

---

❶「直」，《王文成全書》卷七作「真」。

之觀場，莫知悲笑之所自，豈非貴耳賤目，不得於言而勿求諸心者之過與？ 夫是非同異，每起於人持勝心，便舊習而是己見。故勝心舊心之爲患，❶賢者不免焉。撫守李茂元將重刻象山之文集，而請予一言爲之序，予何所言哉？ 惟讀先生之文者，務求諸心，而無以舊習己見先焉，則糠秕精鑿之美惡，入口而知之矣。正德辛巳七月朔，陽明山人王守仁書。

明楊月湖公廉。語録序云：近世學者率未見象山先生之書，而往往能指目其學，徒以朱子之言家傳人誦而知之耳。先生文集語録寖出於世，而學者遂不復契勘焉。若是者，不知先生，兼亦不知朱子。朱子嘗謂，子静所説專是尊德性，其學者亦多持守可觀，則有以知先生矣。先生語録無類，不便觀覽。廉僭類之，釐爲十卷。讀者誠以朱子尊德性之説而求之，則所以師我者，固有餘地矣。

閔案：月湖序陸子語録，亦未見有深得，外貌而已。

宋傅季魯子雲。《槐堂記》云：象山先生稟特異之姿，篤信孟氏之傳，虚見浮説不得以淆其真，奪其正，故推而訓迪後學，大抵簡易明白，開其固有，無支離繳繞之失，而有中微起痼之妙。士民會聽，沈迷利欲者，惕然改圖。蔽惑浮末者，翻焉就實。膠溺意見者，凝然適正。莫不有主於内，則知足以明，仁足以守，勇足以立。猶出珠璧於泥淖，而濯之清泉。脱鴻鵠於密網，而游之天衢。抉浮雲

❶「舊心」，《王文成全書》作「舊習」。審上文，當是。

之翳，以開東明，而有目者快幽隱纖微之覩也。豈天以啓悟斯人之長畀先生，❶而先生惟覺其天予之善，非有識知之私加其間，則感通之效固若是耶？惜乎天嗇之年，志既不遂，而遺文垂世，又特見於往來論學之書與夫奏對記序贈説等作，然於著誠息僞、興起人心之功，亦可謂有光於孟氏矣。先生没，郡縣往往多於其講學之地立祠。矧惟金谿鍾秀生賢，先生屢嘗講道於學，故紹熙壬子，邑大夫王公諱有大時合先生之季兄復齋先生，立祠於學之講堂，而門人慈湖楊公爲之記。嘉定癸未，倉使蕭公舜咨因先生被謚文安，命縣特於學之東偏卜地建祠。越三年，朝廷謚復齋曰文達，縣又並立塑像，以便祭享，易其扁曰二陸先生祠堂。部使者或命縣修葺，❷而頗給其費，蓋欲以尚德崇化厲屬縣也。紹定癸巳春，天台陳侯來宰是邑，祗謁禮畢，亟訪問先生學徒之存者。有以子雲告，則旋辱書價，命即學講書，聽者數百人，感動者衆。陳侯曰：是所謂人心之同然者，可不因之而示以勿失所向乎？矧昔先君子之剌臨川也，捐民田之入官者，入郡庠以養士。金谿於臨川爲屬邑，推遺規以承先志，玆其敢緩？學有止善堂，下列諸齋。既命修其敝壞，悉就整固。乃捐己俸買民廢地，自縣治之西、祠堂西北，築道接屋，以達於堂。陳侯治事之暇，時由此道臨誨諸生，勉以道而課其文辭。又於祠堂隙地建象山書院而隸於學，將使聞先生之訓者通領之。且痛節諸費，益以士民

❶ 「長」，李子愿《象山先生年譜》作「徒」。
❷ 「或」上，《象山先生年譜》有「時」字。

之助，買田儲廩，選補弟子員，使用志於此而時習焉。祠後之堂扁曰「存齋」，識先生自名其常所居之齋也。祠右有閣，閣下之室扁曰「滋蘭」，識先生所取以名其受徒之堂也。進北數步，據其塏，挹奇巒，爲屋五間，扁曰「槐堂」，識二先生受徒於家東偏之堂名，於以見共斯事也。築杏壇、舞雩壇，欲諸生游息而不忘洙泗之風也。既成，氣象雄偉，至者感奮。及率諸生行舍采禮，肅雍奉事，心志齊同，命子雲記之。子雲竊謂陳侯之政克承先志，知所先務，於以推行在上之所風厲，斯可謂偉然特達之舉。而自顧渺末，辱陳侯忘勢賓禮，既欲俾予冒居書院主教之職，而請於臺郡，示不敢專，則又適遇毘陵李侯兼總斯任，樂於作成，亟可其請，亦可謂幸會之非偶然者，所不宜以愚劣辭。然衰頽益甚，懔然恐無以仰副陳侯委責之意，則又安可惟記歲月，而不稍揭書院本旨進學大端，以爲陳侯教育之助乎？兹所以輒不自揆，本古昔以敘其概也。

宋葉夢得《槐堂記》云：二陸先生之學問宏深，智識超卓，以斯道而任諸身，以先知而覺乎後。其生也，海宇仰而宗之。其没也，郡邑尸而祝之。朝家又從而褒表之。非偶然也。若稽厥始，紹熙癸丑，邑令王君有大附祠於學之左而繪像焉，慈湖楊公實記之。嘉定丁丑，邑令蕭君舜咨建祠於學之東，且剏止善堂，聯於學，絜齋袁公又記之。紹定癸巳，邑令陳君詠之且增剏書堂於祠之西，乃以二先生家塾之名扁曰「槐堂」。而記之者，琴山傅公也。其後邑士請於臺郡，以琴山饗於祠。而記之者，宏齋包公也。劖諸堅珉，發明昭晰。夢得少受業於琴山先生，膺二先生之教。迨淳祐庚戌，假守臨川，夙夜祗栗，懼忝師訓。夏五月，邑令王君中立以增葺來告，夢得竦然作曰，崇教善俗，他有重於此者乎？乃畫規模，乃捐泉布，俾遷祠於槐堂之前。周於兩廡，分爲四齋。職舍參列，庖廩翼傍。敞門徑，崇垣牆。以止善之堂廢，乃修舊祠，移其扁而揭之。樓曰桂樓，軒曰滋蘭，各加整葺，悉存厥初。經始於孟秋，越三月落成。高明靚深，氣象軒煥。筆峰聳於前，繡谷環於後。翠雲仙山，映帶於左右。地靈秀發，殆若天設。乃延門人李子愿爲堂長，以主教事。職事生員，各立定數。因其歲之所收，而差次其廪給。自前令陳君詠之始置田，迨計使吳公子良撥絶户産，而計使尹公焕又從而均租正籍，得米僅千斛，豆錢三百緡，猶未足用，今復析荷源寺廢田以補之，月撥縣解郡用錢楮以助之，而歲用贏給。且慮時久事變，體統無屬，以提督之權歸之於令。凡有更創易置之事，則必次第而聞於郡。庶幾上下相維，可持於久。修規立程，著爲定志。❶士咸樂其有條，而請夢得記，以傳不朽。重惟前後修刱，既有諸名公鴻筆記述，何庸復贅辭其間？然念二先生之教師表四方，而金邑爲二先生洙泗之鄉，故皆思之深而信之篤，則聚辨之地不容不嚴。今揭虔妥靈、游居講習之所，皆爰安爰處，則盍思所以無負於二先生之教可也。二先生之教，大抵體認本心之靈明，而口耳非所尚。省察一身之踐履，而議論非所先。以宇宙内事爲己分内事，而富貴利達非所計。來遊衿佩，克知乎此，則斯堂之建，豈惟不愧於今，亦可不廢於後。此夢得所以拳拳於同志，願相與勉焉。於是乎書。後學朝請大大、知撫州軍州兼管内勸農營田事、節制軍馬葉夢得記。

❶「志」，《象山先生年譜》作「制」，當是。

李穆堂曰：按《西江陸氏家乘》卷之八云：槐堂書院在金谿縣學東，宋紹定間邑令陳詠之建，祀復齋、象山二先生，元季燹於兵，爲邑人王氏所據。天順間，巡按吕公臨縣訪裔孫同倫，徵其故址，復創書院，建三先生像。年久傾圮，正德丙子裔孫志和、志從具呈僉事程果重修。

《袁蒙齋集》有《初建書院告陸象山先生文》云：先生之精神，其在何所耶？在金谿之故廬，優游而容與耶？在象山之精舍，言言而語語耶？抑周流乎上下四方，與天地遊，與四時序耶？某將指東江，志興正學山之傍近。爰咨爰度，得勝境於徐巖，離家山而非邈。❶三山環峙兮高可仰，大溪橫陳兮清可濯。殆天造而地設，匪人謀之攸作。是可以宅先生之精神，振先生之木鐸。或曰，建象山之書院，當於象山之故址，而又焉可改也？是求先生於形迹，而未知先生之精神無在無不在也。先生之道精一匪二，揭本心以示人，此學問之大致。嗣先生之遺響，警一世之聾聵。平易切近，明白光粹，至今讀其遺書，人人識我良貴。由仁義行與行仁義者，昭昭乎易判也。集義所生與義襲取者，截截乎不亂也。宇宙内事即己分内事，渾渾乎本一貫也。議論一途，朴實一途，極天下之能言者，斯言不可贊也。嗚呼！先生之學如此，先生之精神如此，然則在金谿之故廬者如此，在象山之精舍者如此，周流乎上下四方者亦如此，誰謂徐巖而獨非如此耶？工役俶興，禮宜虔告。先生精

❶「家」，《象山集》卷三六作「象」。

神，淵淵浩浩。謹爲告詞曰：先生之學，得諸孟子。我之本心，光明如此。未識本心，如雲翳日。既識本心，元無一物。先生立言，本末無弊。不墮一偏，萬物皆備。書院肇建，躬致一奠。可見可聞，非聞非見。

陸文安公年譜卷二

江右新城楊希閔鐵傭編

附陸文安五兄事略

陸從政公事略

公名九思，字子疆，宣教公長子。初與鄉舉，後以恩封從政郎。著有《家問》一卷，朱子爲之序。其略云：《家問》所以訓飭子孫，不以不得科第爲病，而深以不識禮義爲憂。其殷勤懇切，反覆曉譬，説盡事理，無一毫勉强緣飾之意，而慈祥篤實之氣藹然。諷味數四，不能釋手云。

李穆堂曰：此文朱子集中未載。

九思舉進士，幼弟九淵始生。鄉人有求抱養爲子者，二親以子多，欲許之，子疆力請以爲不可。是年子疆適生子焕之，因語妻曰：「我子付田婦乳，爾當乳小叔。」妻欣然從之。九淵既長，即象山先生也，事兄嫂如父母。及守荆門，迎侍以往，不半年而歸。後因書以郡政告，子疆猶責其矜功，其嚴毅如此。府志。

子焕之與文安同歲生，即從政令田婦乳之，留其母之乳以乳文安者也。學行甚高，屢舉於鄉不第，未及出仕。學者尊之曰山堂先生。陸放翁游誌其墓有云：學益成，文章益奇。憫世學多淪於異端，尤務自拔出，以張吾道。意所不可，雖名儒顯人爲時所宗者，必力斥之，恨力之不足也。年六十有四，子三：洽、濬、浹。《學譜》，下同。

濬，字深甫，山堂子，從政孫。舉國學，升上舍。開禧末，朝廷罪啓兵端者，欲函首以謝。濬謂失國體，上書争之，不報。吉寇披猖，憲使李珏檄入幕中贊畫。寇平，欲上其功，固辭。嘉定四年登進士第，授饒州教授而卒。

冲字翔父，號寶溪，亦從政之孫，濬之從兄也。德年並高，率子弟恪守家學。孝友雍睦之風，聲稱益遠，冲之力爲多。嘗任廣西王府伴讀。淳祐元年十月，金谿進義居表。二年九月，勑旌陸氏義門。皇帝制曰：「青田陸氏，代有名儒，載在謚典。聚食踰千指，合爨二百年。一門翕然，十世仁讓。惟爾睦族之道，副朕理國之懷。宜特褒異，勑旌爾門。光於閭里，以勵風化。欽哉！」冲時爲青田義門家長，進謝恩表云：「十世義居，族表已頒於廊廟；九天申命，勑書復畀於門閭。乾坤之露澤新承，里宅之風聲益振。叨塵過分，榮耀下懷。臣誠惶誠恐，稽首頓首。臣聞修身齊家乃大學之根本，化民成俗實聖治之權輿。自有唐張公藝以來，至我宋彭氏程而下，懷始終群居之義，乃荷蒙聖典之褒。眷念儒門，尤加篤愛。疇兹二老，乃先知先覺之民；政奉兩朝，賜文達文安之謚。既以千餘指宗枝之衆，聚於三百年古屋之間。詩禮相傳，饔飧合爨。祇謂閭閻之共處，詎期綸綍之昭垂？郡邑争先而快覩，室家相慶以騰觀。自愧深恩，孰堪報稱？兹蓋恭遇皇帝陛下，化民長久，霈澤豐隆。中三極以作君，奄四海以光澤。人處唐虞之治，比屋可封；士遵洙泗之傳，里仁爲美。遂令瑣末，亦被寵榮。臣敢不仰體聖恩，俯察族類，聖益聖，明益明，長藉照臨之德；老吾老，幼吾幼，叨盡孝弟之誠。臣無任瞻天激切屏營之至。」

泓字傳甫，從政之孫，經園先生行之之四子。歷仕至殿閣學士，事迹無攷。惟吴文正公澄集中有《題陸傳甫墓誌後》，有云：粹行遠識，不隕家聞。號燕居之室曰頤菴。江西運管黄侯爲撰誌銘，事覈辭達，足彰厥美。子士檷，字景薦，介特寡合，博記工文。士檷號青田，仕至觀察使。

李穆堂侍郎云：自文安厥考以上，五世同居，積慶甚厚。自文安以下，又五世同居，至宋元改革，室廬焚毁，然後蕩析。此五世中，科名爵位甚盛，不獨文安兄弟六人兩進士，兩鄉舉，一徵君，而子孫通顯者，指不勝屈。長兄從政公一門尤盛，八子十六孫，三十三曾孫。諸孫中，瀹修職郎，濬進士國學政，浹祭酒，浩御史，澥禮部郎中，澧給事中，泓學士，濟汀州守，澋國學録，冲王府伴讀，洪五軍都統制，滂御史，湜嚴州判。曾孫中，士𣙜户部侍郎，士椝同安簿，士楚刑部主事，士森工部尚書，士棁金紫光禄大夫，士權吏部員外郎，士新議禮局序班，士槐工部贊教，士楷以武功封西安侯，士檷觀察使，士松迪功郎，士本吏部尚書，士桂順義令，士機僉判，士東元山東參政，士和瑞安尹，士杞河南府判，士樫户部主事，士楠應天府助教，士栻元山東宣撫使司。孫曾兩世，仕宦至二十餘人，史册所未有也。積厚流光，豈不信哉？其處士公及先生五門子孫，亦皆各有仕宦，然不如從政公孫曾之盛，今不備著焉。

陸處士公事略

公名九敘，字子儀，文安公仲兄。善治生，總藥肆，以足其家。文安爲作墓誌云：公氣禀恢廓公正，不事形迹。群居族談，公在其間，初若無與。至有疑議，或正色而斷之以一言，或談笑而解之以一説，往往爲之涣然。家素貧，無田業，伯叔氏皆從事場屋，公獨總藥肆事。一家之衣食百用，盡出於是。子弟僕役分役其間者甚衆，公未嘗屑屑於稽檢伺察，而人莫有欺之者。商旅往來，不任權譎計數，而人各獻其便利以相裨益，故能以此足其家而無匱乏。公之子女衣服敝敗特甚，必伯叔氏爲之處，乃始得衣。雖公之衣服器用，亦往往如此。伯季有四方游，雖至窘急，裹囊無不立具。自公云亡，遠方士友聞訃慰唁諸孤，與公之伯季稱公德，痛悼傷惋無異辭。子四：望之、麟之、立之、尚之。女六：適鄉貢進士張商佐、黄叔豐、危三畏、徐翔龍、周清叟、熊鑑。孫三皆幼。《象山集》。

李穆堂曰：許魯齋謂學者以治生爲急。處士治家，以成諸弟之學，且十世同居。處士之功，不可不録也。

陸修職公事略

公名九皋，字子昭，文安公第三兄也。少力學，與鄉舉，仕終修職郎。文安表其墓略云：公自課經子文集，❶必成誦。持論根據經理，恥穿鑿之習。雖蹭蹬場屋，而人所推尊，不在利達者後。授經之士，或獨步膠庠，或擅場南省，而公之與否，曾不以是，一視其言行何如耳。今其徒有忠信自將，退然里巷庠序之間，若將終焉而進修不替，公之教也。先君子居約時，門户艱難之事，公所當，每以修理精密，❷濟登平易。吾家素無田，伯兄總家務，仲兄治藥寮，公授徒家塾，以束修之饋補其不足。先君晚歲，用是得與族黨賓客優游觴詠，從容琴奕，無窮匱乏憂。當是時，公於妻子裘葛未嘗問也。先君子之喪已除，公不復御講席，家塾教授屬諸其季。過從之隙，時時杖策徜徉畦壟阡陌間，檢種藝，若無與斯世者，豈各以其時耶？番陽許氏爲書院桐嶺，介其鄉之賢者，致禮以延公。公卻之再三，請益固，公爲一出。桐嶺學者於是變而樂義理之言，厭場屋之陋。士大夫聞風，莫不願與參席。自遠至者，踵繫不絶，興起甚衆。淳熙丁未，江西歲旱，金谿爲甚。當道造廬問公計策，且屈公爲鄉官。於是鄉之所處多忠信之士，而吏不得制其權以牟利。明年賑糶行，出粟受粟，舉無異時之弊。里閈熙熙，不知爲歉歲，而俗更以善，公力爲多。公平居混然無異於人，不以學自命，而就證者類有愜志；不以智自多，而就謀者類有寤心。公之得於天者，如玉在山，如珠在淵，其可量哉！見善未嘗不喜，而稱道不浮其實；見惡未嘗不惡，而指摘不加其罪。兩益之辭無所和，一切

❶ 「自」，《象山集》卷二八《陸修職墓表》作「日」。

❷ 「修」，《象山集》作「條」。

之論無所取，疑似之迹不輕實，浮傳之事不輕據。近年以文祭舊生徒劉堯夫，頌其平日之美，責其晚節之過，謂改之冥冥，尤足爲貴。其辭深切著明，讀者感動。常名所居齋曰「庸學」者，因號庸齋先生。公著述頗多，皆未編次。享年六十有七，子四：損之、益之、賁之、升之。初授迪功郎，後以覃恩進修職郎。《象山集》。

象山爲靖安簿時，子昭勉以書曰：吾曹不可兒戲度日，視聽言動之際，三千三百之微，不可不察。若止主張見在，正恐道無時而備，德無時而盛，仁無時而熟云。《江西通志·人物》。

陸梭山公事略

公名九韶，字子美，文安第四兄。隱居不仕，講學梭山，因號梭山先生。晝之言行，夜必書之。其家累世義居，一人最長者爲家長，一家之事聽命焉。歲遷子弟，分任家事。凡田疇租税出納庖爨賓客之事，各有主者。公以訓戒之詞爲韻語，晨興，家長率衆子弟謁先祠畢，擊鼓誦其詞，使列聽之。子弟有過，家長會衆子弟責而訓之，不改則撻之，終不改，度不可容，則言之官府，屏之遠方。參史傳、《宋儒學案》。

公與閩朱元晦相敬愛，見其註釋《大極圖説》，疑「無極」二字出《老子》，非周子之言，往復辨論。嘗損益其社倉法，以濟鄉黨，人甚德之。諸司列薦以居士應詔舉遺逸，與弟九齡、九淵，天下稱爲三陸先生。二弟没，公獨後，臨終自撰《終禮篇》，戒不得銘墓。生平所著有日記、類篇、經解、新説及州郡圖、家制、文集凡三十五卷。《家制》多行於世。日記中有《居家正本》及《制用》各二篇，今録於後。《學譜》。

其《居家正本》上篇云：古者民生八歲入小學，學禮、樂、射、藝、書、數。至十五歲，則各因其材，而歸之四民。故爲農工商賈者，亦得入小學，七年而後就其業。其秀異者，入大學而爲士，教之德行。凡小學大學之教，俱不在言語文字，故民皆有實行而無詐僞。自井田廢壞，民無所養，幼者無小學之教，長者無大學之師。有國者設科取士，其始也投名自薦，其終也糊名考校，禮義廉恥絶滅盡矣。學校之養士，非養之也，賊夫人之子也。父母之教子，非教之也，是驅而入争奪傾險之域也。愚謂人之愛子，但當教之以孝弟忠信。所讀須先六經、《語》《孟》，通曉大義，明父子君臣夫婦昆弟朋友之節，知正心修身齊家治國平天下之道。以事父母，以和兄弟，以睦族黨，以交朋友，以接鄰里，使不得罪於尊卑上下之際。次讀史，以知歷代興衰，究觀皇帝王霸與秦漢以來爲國者規模措置之方。此皆非難事，功效逐日可見，惟患不爲耳。世之教子者不知務此，惟教以科舉之業，在志於薦舉登科。難莫難於此者。試觀一縣之間，應舉者幾人，而與薦者有幾，至於及第尤其希罕。蓋是有命焉，非偶然也。此孟子所謂求在外者得之有命是也。至於止欲通經知古今，修身爲孝弟忠信之人，特恐人不爲耳。此孟子所謂求則得之，求在我者也。此有何難，而人不爲耶？况既通經知古今，而欲應今之科舉，亦無難者。若命應仕宦，必得之矣。而又道德仁義在我，以之事君臨民，皆合義理，豈不榮哉！

其《居家正本》下篇云：人孰不愛家、愛子孫、愛身？然不克明愛之之道，故終焉適以損之。試請言其略。一家之事，貴於安寧和睦悠久也。其道在於孝弟謙遜仁義之道。口未嘗言之，朝夕之所從事者名利也，寢食之所思者名利也。相聚而講究者，取名利之方也。言及於名利，則洋洋然有喜色。言及於孝弟仁義，則淡然無味，惟思卧。幸其時數之遇，則躍躍以喜。小有阻意，則躁悶若無容矣。如其時數不偶，則朝夕憂煎，怨天尤人。至於父子相夷，兄弟叛散，良可憫也。豈非愛之適以損之乎？夫謀利而遂者不百一，謀名而遂者不千一，今處世不能百年，而乃徼幸於不百一，不千一之事，豈不痴甚矣哉？就使遂志，臨政不明仁義之道，亦何足爲門户之光耶？愚深思熟慮之日久矣，而不敢出諸口。今老矣，恐一旦先朝露而滅，不及與鄉曲父兄子弟語及於此，懷不滿之意於冥冥之中，無益也。故輒冒言之，幸垂聽而擇焉。夫事有本末。智愚賢不省者本，貧富貴賤者末也。得其本則末隨，趨其末則本末俱廢。此理之必然也。何謂得其本則末隨？今行孝悌，本仁義，則爲賢爲智。賢智之人，衆所尊仰。簞瓢爲奉，陋巷爲居，己固有以自樂，而人不敢以貧賤而輕之，豈非得其本而末自隨之？夫慕爵位，貪財利，則非賢非智。非賢非智之人，人所鄙賤，雖紆青紫，懷金玉，其胸襟未必通曉義理，亦無以自樂，而人亦莫不鄙賤之，豈非趨其末而本末俱廢乎？况貧賤富貴自有定分，富貴未必得，則將隕穫而無以自處矣。斯言往往招人怒駡，然愚謂或有信之者，其爲益不細，雖怒駡有所不恤也。况相信者稍衆，則賢才自此而盛，又非小補矣。

其《居家制用》上篇云：古之爲國者，冢宰制國用，必於歲之杪，五穀皆入，然後制國用。用地大小，視年之豐耗，三年耕必有一年之食，九年耕必有三年之食。以三十年之通制國用，雖有凶旱水溢，民無菜色。國既若是，家亦宜然。故凡家有田疇足以贍給者，亦當量入以爲出，然後用度有準，豐儉得中，怨讟不生，子孫可守。今以田疇所生，除租税及種蓋糞治之外，所有若干以十分均之。留三分爲水旱不測之備，一分爲祭祀之用，六分分十二月之用。取一月合用之數，約爲三十分。日用其一，可餘而不可盡。用至七分爲得中，不及五分爲嗇。其所餘者，别置簿收管，以爲伏臘裘葛、修葺牆屋、醫藥賓客、弔喪問疾、時節饋送。又有餘，則以周給鄰族之貧弱者，賢士之困窮者，佃人之饑寒者，過往之無聊者。毋以妄施僧道，蓋僧道本是蠹民。況今之僧道，無不豐足。施之適足以濟其嗜欲，長其過惡，而費農夫血汗勤勞所得之物，未必不增吾冥罪，果何福之有哉？其田疇不多，日用不能有餘，則一味節省，裘葛取諸蠶績，牆屋取諸蓄養。雜種蔬果，皆以助用。不可侵過次日之物。一日侵過，無時可補，則便有破家之漸，當謹戒之。其有田少而用廣者，但當清心儉素，經營足食之路。於接待賓客、弔喪問疾、時節饋送、聚會飲食之事，一切不講，免至干求親舊以滋過失，責望故索以生怨尤，❶負諱通借以招恥辱。居家如此，方爲稱宜，而遠吝侈之咎。積是成俗，豈惟一家不憂水旱之災，雖一縣一郡，通天下皆無憂矣。其利豈不博哉？

其《居家制用》下篇云：居家之病有七：曰笑，曰遊，曰飲食，曰土木，曰爭訟，曰玩好，曰惰慢。有

---

❶「索」，陸九韶《陸氏家制》作「素」，當是。

一於此，皆能破家。其次貧薄而務周旋，豐餘而尚鄙嗇。事雖不同，其終之害，或無以異，但在遲速之間耳。夫豐餘而不用者，疑若無害也。然既已豐餘，則人望以周濟。今乃恝然，必失人之情。已失人情，則人不佑，人惟恐其無隙。苟有隙可乘，則争媒蘖之。雖其子孫，亦懷不滿之意。一旦入手，若決隄破防矣。前所言存留十之三者，爲豐餘之多者制也。苟所餘不能三分，則有二分亦可。又不能二分，則存一分亦可。又不能一分，則宜樽節用度以存贏餘，然後家可長久。不然一旦有意外之事，必遂破家矣。前所謂一切不講者，非絶其事也，謂不能以貨財爲禮耳。如弔喪則以先往後罷爲助，賓客則樵蘇供爨清談而已。至於奉親，最急也。啜菽飲水盡其歡，斯之謂孝。祭祀，最嚴也。蔬食菜羹，足以致其敬。凡事皆然，則人固不我責，而我亦何歉哉？如此，則禮不廢而財不匱矣。前所言以其六分爲十二月之用，以一月合用之數約爲三十分者，非謂必於其日用盡，但約見每月每日之大概。其間用度，自爲贏縮，惟是不可先次侵過，恐難追補。宜先餘而後用，以無貽鄙嗇之譏。世所用度，有何窮盡？蓋是未嘗立法，所以豐儉皆無準，則好豐者妄用以破家，好儉者多藏以斂怨。無法可依，必至於此。愚今考古經國之制爲居家之法，隨貲産之多寡制用度之豐儉。合用萬錢者，用萬錢不謂之侈，合用百錢者，用百錢不謂之吝。是取中可久之制也。

李穆堂侍郎曰：梭山與朱子辨《太極圖説》三書在其文集，今逸不傳，止見朱子所答三書。按《大極圖》即《無極圖》云云，而小變其説，實出道家，非周子所作。本朝朱檢討彝尊作《太極圖授受考》云：自漢以來，諸儒言《易》，莫有及《太極圖》者。惟道家者流，有《上方大統真元妙經》，著太極三五之説。唐開元中，明皇爲製序，而東蜀衛淇注《玉清無極洞仙經》，衍有無極大極諸圖。按陳子昂《感遇》詩云：「太極生天地，三元更廢興。至精諒斯在，三五誰能徵？」三元本律曆至陰陽至精之數，❶三五本魏伯陽《參同契》。要之，《太極圖説》唐之君臣已先知之矣。陳搏居華山，曾以《無極圖》刊諸石。爲圖者四，位五行其中。自下而上，初一曰元牝之門，次二曰煉精化氣，煉氣化神，次三五行定位，曰五氣朝元，次四陰陽配合，取坎填離，最上曰煉神還虚，復歸無極，故謂之《無極圖》，乃方士修煉之術耳。相傳搏受之吕嵒，嵒受之鍾離權，權得其説於伯陽，伯陽聞其旨於河上公。在道家未嘗詡爲千聖不傳之祕也。元公取而轉易之，亦爲圜者四。位五行其中，自上而下，最上曰無極而太極，次二陰陽配合，曰陽動陰静；次三五行定位，曰五行各一其性；次四曰乾道成男，坤道成女；最下曰化生萬物。更名之曰《太極圖》，仍不没無極之旨。由是諸儒推演其説。南軒張氏謂元公自得之妙，蓋以手授二程先生者，自孟氏以來未之有也。晦菴朱子謂先生之學，其妙具於太極一圖。山陽度正作元公年譜，書慶曆六年知虔州興國縣程公珦倅南安，因與先生爲友，令二子師之。時明道年十五，伊川年十四爾。其後先生作《太極圖》，獨手授之，他莫得而聞焉。攷是年元公以轉運使王逵薦移知郴縣。自是而後，二程子未聞與元公覿面，然則從何地手授乎？伊川撰《明道行狀》云，先生爲學，自十五六時聞汝南周茂叔論道，

❶ 上「至」字，朱彝尊《曝書亭集》卷五八作「志」，當是。

遂厭科舉之業，慨然有求道之志，未知其要，泛濫於諸家，出入於老釋者幾十年。反求諸六經，而後得之。繹其文旨，似乎未受業於元公者。不然何以求道未知其要，復出入於老釋也耶？潘興嗣志元公墓，亦不及二程子從游事。明道之卒，其弟子朋友若范淳夫、朱公掞、邢和叔、游定夫敘其行事，皆不言其以元公爲師。惟劉斯立謂從周茂叔問學，斯猶孔子問禮於老子，問樂於萇弘，問官於郯子云，然蓋與受業有閒矣。吕與叔《東見録》則有昔受學於周茂叔之語，然弟子稱師，無直呼其字者。而遺書凡司馬君實、張子厚、邵堯夫皆目之曰先生，惟元公直呼其字，至以窮禪客目元公，尤非弟子義所當出。且元公初名惇實，後避英宗藩邸嫌名，改惇頤。夫既以學傳伊川矣，不應下同其名，而伊川亦不引避。昔朱子表程正思墓，稱其名下字同周程，亟請其父而更焉，孰謂二程子而智反出正思下哉？此皆事之可疑者。檢討之論如此，亦可知《太極圖説》之不足信矣。至其理之未安，則詳見於陸子與朱子書。

陸文達公事略

公名九齡，字子壽，號復齋，文安第五兄。年譜稱其少有大志，浩博無涯涘。嘗與鄉舉，補入大學爲學録，已負重名。乾道四年登進士第，授桂陽教授。以親老，改興國。母憂歸，服除授全州教授，未上卒，年四十九。寶慶二年，賜謚文達。本集。

秦丞相當國，場屋無道程氏學者。公從故編得其説，獨委心焉。久之，新博士且至，聞其魏晋放逸自許，❶慨然嘆曰：「此非吾所願學也。」賦詩徑歸，結茅舍旁講習，晨夜不怠。時年猶未冠，取舍向背，已知所擇如此。吕成公所作墓誌，下同。

吏部郎襄陵許忻直道清節著名，屏居臨川，少所賓接。一見公，折輩行與交，恨相遇之晚。他日許公起守邵陽，公從其招，凡治體升降，舊章損益，前賢律度軌轍，每爲公言不厭。既歸，益肆其力於學。廣覽博咨，深觀默養。如是者蓋十餘年。休暇則與弟子習射，曰是故君子之事也。❷自是，里中始不敢鄙弓矢爲武夫末藝。值歲惡，多剽刼，或欲睥睨垣牆，曹耦必摇手相戒：是家射多命中，毋取死。盧陵嘗有茶寇，聲摇旁郡，聚落皆入保，並舍民走郡，請公主之。郡如其請，門下人多不悦。公曰：古者比閭之長，五兩之卒也，❸士而恥之，則豪俠武斷者專之矣。今文移動以軍興從事，郡縣欲事之集，勢必假借主者。彼乘是取必閭里，亦何所不至哉！寇雖不入境，閑習屯禦，皆可爲後法。

公和順不違物，而非意自不能干。簡直不狥人，而與居久益有味。四方學者踵門請益，有疑不能解，公從容啓告，莫不涣然釋其疑而退。有扞格不入者，則引而不發。嘗曰：「人之惑，有難以口舌

---

❶「其」下，《名臣言行録》外集卷一五有「以」字，當是。

❷「君子」，《東萊吕太史文集》卷一三作「男子」。

❸「卒」，《東萊吕太史文集》作「率」。

争者。言之激，適固其意。少需，未必不自悟也。」此條參《學案》。屬纊之夕，與其昆弟語，猶以天下學術人才爲念。少焉正坐，整衣衾，理鬚髯，恬然而終。所謂仁以爲己任，死而後已者，蓋於此見。娶王氏，子良之幼。以上皆吕成公墓誌。

寶慶二年，特贈奉郎直祕閣，謚文達。史傳。

朱子祭陸子壽文云：學非私説，惟道是求。苟誠心而擇善，雖異序以同流。如我與兄，少不並遊。蓋一生而再見，遂傾倒以綢繆。念昔鵝湖之下，實云識面之初。兄命駕而鼎來，載季氏而與俱。出新篇以示我，意懇懇而無餘。厭世學之支離，新易簡之規模。顧予聞之淺陋，中獨疑而未安。始聽熒於胸次，卒紛繳乎談端。徐度兄之不可遽以辯屈，又知兄必將反而深觀，遂巡逡而旋反，悵猶豫而盤旋。別來幾時，兄以書來。審前説之未定，曰子言之可懷。逮予辭官而未獲，停驂道左之僧齋。兄乃枉駕而來教，相與極論而無猜。自是以還，道合志同。何風流而雲散，乃一西而一東。蓋曠歲以索居，僅尺書之兩通。期杖屨之枉顧，或未滿乎予衷。❶屬者乃聞，兄病在牀。亟函書而問訊，併藥裹而攜將。曾往使之未返，何來音之不祥。驚失聲而隕涕，沾予袂以淋浪。嗚乎！今茲之歲，非龍非蛇。何獨賢人之不淑，屢興吾黨之深嗟。惟兄德之尤粹，儼中正而無邪。至其降心以從善，又豈有一毫驕吝之私耶？嗚乎哀哉！兄則已矣，此心實存。炯然參荷，可覺惰昏。孰泄予

---

❶「未」，《晦庵集》卷八七作「慰」，當是。

哀，一慟寢門。緘辭千里，侑此一尊。

李穆堂侍郎曰：按文達之卒，朱子傷之甚切。其與吕伯恭第八十六書云：陸子壽復爲古人，可痛可傷！不知今年是何氣數，而吾黨不利如此。蓋是年張南軒亦先卒也。其與吕伯恭八十九書云：子壽云亡，深可痛惜。近遣人酹之。吾道不振，此天也，奈何！奈何！其第九十書云：子壽之亡，極可痛惜，誠如所喻。近得子静書云，已求銘於門下，屬某書之，此不敢辭。蓋其反覆勤拳如此。朱子於南軒身後，雖無不足之辭，於其遺集，猶有取舍。若伯恭，則閒有譏議。惟文達公，則粹然無間言。其待文達，蓋在張、吕之上。今張、吕二公俱從祀孔廟，而文達祀典猶虚，必有起而定之者矣。

又曰：朱子祭文達既云志同道合，文達臨終有言，比來見得子静之學甚明。嚴松記語録。是朱子與文達、文安始終無同異，則朱陸之學，實無同異也。其彼此未能相信，實由兩家門人傳語之誤，而後人又逞其褊心，必欲歧而二之耳。無論陳建輩猖狂妄論，如近日張清恪改薛方山《考亭淵源録》爲《伊洛淵源續録》，去同父、止齋二陳，併去三陸。文安無異同猶不可去，乃併去志同道合之文達。朱子有知，必不以爲然矣。

宋包文肅公恢《勑賜旌表陸氏門閭記》云：❶天地本一家，人己本一體。况其所自出者，猶水同源而

---

❶ 「閭」，《永樂大典》卷三五二八、清道光《金谿縣志》卷五四所録均無。

木同根者乎？自古在昔，篤敘親睦，周於九族。五宗之法，其不遷者，固將百世；而其遷者，亦流轉而無窮。尊尊親親，老老幼幼，未始一日離析。綱常秩然，不壞不滅，而風俗淳厚，禮義興隆，世之所以極盛大治者，繇此其選也。彝倫斁，❶宗法廢，天理無所維持，人心失所管攝。極而至於拔本塞源，滅恩絶義。以父子而異居者有矣，以兄弟而争訟者有矣。旁視群從，則又若塗人之不相識而反相攻者有矣。斧斤自縱，骨肉相離，此天下之所以乖亂而不可收拾也。其所關係，豈徒曰一家之理亂而已？然則歷千百餘載而下，乃有如陸氏之門者，豈非世之寥寥乎絶無而僅有者乎？卓卓乎光前而裕後者乎？此我皇上所以特出睿旨，以行旌表之盛典也。然世蓋有之矣，而陸氏有非他人之所可及者五焉。我國朝之所以許賜旌表者，❷特曰義居三世，或四五世而已，是以過此以往爲難矣。時人之能應所許，受所賜者，多不過六世焉。其在雍熙、淳祐時，❸則有若三世者兩家。在太平興國時，則有若四世、六世者兩家。在元祐、政和時，則有若四世、五世者兩家。在乾道、至道時，則有若六世者兩家。今陸氏自德遷以來，以迄於今乃十世，二百年如一日，合門三千餘指如一人。同居共爨，始終純懿。此非他門之所可及者一。自家道既興，家政已成，孝友之行孚於中

❶「彝」上，《永樂大典》《金谿縣志》有「自」字，本書蓋脱。

❷「許」下，《永樂大典》《金谿縣志》有「以」字，本書蓋脱。

❸「淳祐」，《永樂大典》《金谿縣志》作「淳熙」，似皆誤，此述北宋時事，疑爲「淳化」之訛。

外，輯睦之風播於遐邇。自一世至於十世，若陸氏者，固已度越他人之門閭幾等矣。然門閭之高，不惟其世，惟其人，此古今之所尤難者。惟陸氏五世，尚有文達九齡、文安九淵二大儒者，以人品之高，道術之明，特起東南，上續道統，實以師表四海，非僅以師表一家。《大學》「知至」「誠意」「正心」「修身」「齊家」「治國」「平天下」之全體大用，❶具在是矣。陸氏之所以名家者，繇二先生之名世也。此非他門之所可及者二。人之世家，固以長久爲貴，然孰主張是，孰綱維是，雖有美意，必有良法所以行其意也。而更續緝熙，美以濟世，又非一人一日之所能爲之。號爲義者，豈必美意良法之純備皆長久之計哉？故疆扶力制，以至於五六世者，已不易得矣。陸氏四世，至居士公號潛德，不試而施於家，嘗采冠昏喪祭禮儀而推行之，至文達又能繹先志而修明之，故其家法著於鄉社而聞於天下。文達、文安有兄四人，九思、九敘、九皋、九韶皆豪傑非常流，能共起家者。九韶稱梭山先生，尤能加詳密於治家之制，而大綱則有《正本》《制用》，上下凡四條。其小紀則有家規，凡十八條。本末具舉，大小無遺。雖下至鼓磬聚會之聲，莫不各有品節，且爲歌以寓警戒之機焉。至此，則三代威儀盡在於此，誠有如先儒之所歎者。非他門之所可及者三。家難齊，其來已久。先儒謂家難而天下易，故《睽》次《家人》，以難合而易睽也。一世猶難也，況累世乎？名曰義居，安得人皆知義，不過强合爾。如張公藝九世之出於忍是也。先朝之所賜，多百姓之家，非以私其家，意以風天下，

❶「知至」，《永樂大典》《金谿縣志》作「致知」，當是。

不必别其爲民爲士也。聞有同屋而處矣，果有居天下之廣居，而非逸居者乎？聞同堂而食矣，果有知養大人之體，而非小體者乎？若陸氏，則世世師聖賢，人人知義理，所謂居廣居、養大體者。此非他門之所乃其素所講習，視彼徒聚於衆以養口體而如張公藝之堅忍以持久者，天壤異處矣。此非他門之所可及者四。唐崔元暉不異居者三世爾，家人怡怡，群從會食無他爨，當時已爲美談。蓋以身清家貧，爲之良不易矣。彼嘗被旌表之家，往往庫有餘財，廩有餘粟，而足以爲之，當不難矣。今陸氏以清白傳家，常産素薄，而子孫日以蕃衍，已至三百餘人。産業曾無加益，是常有不給之憂。所恃者梭山清心素儉，經營足食之計，且隨貲産之多寡，制用度之豐儉爾。是故能處貧若富而實貧，處匱若裕而實匱，其又孰有難於此者？此非他門之所可及者五。以是五者論之，是皆前代先朝之時士民間之所未聞者，可不謂之絶無而僅有，光前而裕後者哉？宜太常有特旨之請，以其不可以循常典也。文安昔嘗受知孝宗，今皇上克知其家，亦必有素旌表之命。恩意厚矣，又豈容徒以常典論哉？厥今爲家長而主家事者，冲也。冲毅然直確，然能持其家者，其以次弟姪輩又類皆負才氣，道問學，穎脱以出，能爲公堂用志而不分，爲族衆服勞而無倦。恩相愛而文相接，炳相扶而蔚相輝。保合太和，一門盎如也。自祖父老成淪謝之後，而能繼志述事，以扶植十世三百口二百年之門户，不惟不至衰替，又若加興盛焉者，尤可以爲難得矣。然以前人始爲之實難，當其欲求全美，雖百年成之，而尤患其未足。若後人終成之尤難，苟其少有違缺，將一日壞之而已慮其餘，又誠不可忘戒懼也。今承聖恩褒嘉之後，肇起門閭，鼎新如式。近者見而榮之，遠者聞而慕之。非僅一時之光輝也，其遺休餘烈，宜何如哉！　自子而孫，孫而又子，有之似之，常無間然，則小大永盛，源深流長，雖自十世至百世，自三百人以至三千人，自二百年以至二千年可也。　祖宗之澤，皇上之恩，固無終窮。惟在永保此意而不替，長守此法而無弊。　上以報君，中以榮家，外以率人，當有聞陸氏之風而興起者。　運動鼓舞，寖久寖廣，則人倫民德之彌厚，教化習俗之益美，雖古人比屋可封之風可期而致也。然則今日之旌表，所以風天下者，豈曰小補？　而要其終，豈曰淺功近效云乎哉？　淳祐八年歲次戊申，五月戊申朔，朝請郎權發遣福建路轉運判官兼知建寧軍兼管内勸農事、節制左翼軍屯戍軍馬、借紫包恢記。

吴聘君年譜序

慥慥於庸德庸言，遯世不見知而無悔者，古今罕見其人。吾於明儒中則以吴聘君爲稱首。聘君之學，壹由程朱，以希孔孟。不談玄遠，不事著述。雖有世道之憂，己德未明，新民之事，若不暇及。其日録孜孜進德，於諸儒語録中，别是一種考道論業之書。在先生雖止自勵，非以勵人，而百世下讀其書，想見其人，亦即可以共勵，且感發興起，益人更深。張楊園所以歎爲振古豪傑也。集無年譜，兹就史傳、行狀、《明儒學案》等書鉤考成編。日録有年歲可稽者，按年録入一二。其門人如胡敬齋、陳白沙皆已從祀，先生獨否。在先生立身行己，求無愧於程朱孔孟而已，他何知焉？然則從祀與否，議禮者之責，於先生無加損也。光緒丁丑五月之望，江右新城楊希閔鐵傭書於臺陽海東書院。

吴聘君年譜引用書目

本集明刻、道光間新刻

《明史》

《明儒學案》

《理學宗傳》

《胡敬齋集》

《陳白沙集》

《吕涇野集》

《顧涇陽集》

《顧涇凡集》

《劉蕺山集》

孫退谷《益智録》

《孫夏峰集》

《張楊園集》

《魏敏果集》
《張清恪集》
《江西通志》

吴聘君年譜

江右新城楊希閔鐵傭編

明太祖洪武二十四年辛未十二月十二日，公生

公吴氏，名與弼，字子傅，别號康齋，撫州崇仁人。父溥，字德潤，號古厓。建文時爲國子司業，永樂中爲翰林修撰。母周氏，繼母鄭氏。生時，祖逸愚公夢祖墓産一藤盤旋而上，故小名夢祥。資稟英異，八九歲已負氣岸。參史傳、行狀。

二十五年壬申，二歲

二十六年癸酉，三歲

二十七年甲戌，四歲

二十八年乙亥，五歲

二十九年丙子，六歲

入小學。見《與章士言書》

三十年丁丑，七歲

三十一年戊寅，八歲

惠帝建文元年己卯，九歲

二年庚辰，十歲

是年，隨伯父至京省父，父爲國子司業故也。即留居京。參行狀及本集。

三年辛巳，十一歲

四年壬午，十二歲

是年，丁母周太夫人憂。　幼失所恃，事繼母如所生，待異母諸弟友愛極篤。行狀。

閔案：行狀不載何年丁母憂，攷集中公作《務東周氏譜序》云，與弼十歲，别母京師游，京師指金陵。又十歲歸，母卒七寒暑，踣地號天墓側，欲絶不能云云。則知丁母憂當在此年。

成祖永樂元年癸未，十三歲

二年甲申，十四歲

三年乙酉，十五歲

四年丙戌，十六歲

五年丁亥，十七歲

學詩賦。見《與章士言書》。

六年戊子，十八歲

學舉子業。見《與章士言書》。

七年己丑，十九歲

是年，當還里。見《務東周氏譜序》。

八年庚寅，二十歲

是年，省親於金陵，❶從洗馬楊文定公溥學，見《伊洛淵源録》，慨然有志於道。謂明道亦嘗有獵心，乃知聖賢猶夫人也，詎不可學而至哉？遂棄舉子業，謝人事，獨處小樓，玩四書五經、諸儒語録，收斂身心，❷沈潛義理，不下樓者二年。參《宋元學案》及《與章士言書》。❸

九年辛卯，二十一歲

是年，父命還鄉授室。長江遇風，舟幾覆，公正襟危坐。舟定，問之，曰守正以俟耳。既婚，不入室，復命於父而後歸。居鄉，動必以禮。每省親太學，粗衣敝履，人不識司成之子也。參行狀及《宋元學案》。

十年壬辰，二十二歲

---

❶「是年省親於金陵」，黄宗羲《明儒學案》卷四記作「十九歲永樂己丑，覲親於京師金陵」。

❷「收斂」，《明儒學案》作「體貼於」。

❸「宋元學案」，審所述文字并譜前引用書目，知當爲《明儒學案》，下同。

十一年癸巳，二十三歲

十二年甲午，二十四歲

十三年乙未，二十五歲

十四年丙申，二十六歲

十五年丁酉，二十七歲

十六年戊戌，二十八歲

十七年己亥，二十九歲

十八年庚子，三十歲

十九年辛丑，三十一歲

金溪胡九韶來從學。

閔案：集中公《與胡九韶書》始於辛丑，則知當在此數年。公有《與嚴親書》略云：「十歲方隨伯父至京，父子初見，皆不相識。居京時，大人嘗夜卧語男云：吾昔在外，時思爾不見，淚下多少矣。今爾在傍，宜努力進學，期於成人。當時男未知此言之切也。及年十八九，雖略知讀書，志氣太鋭，自謂古人不難到，每輕前人，忽慢行事。大人雖時時切責之，狂妄之心終不能改。年二十一回鄉，粗涉人事，然後知力行之果不爲易。又天之所以拂亂其所爲者，恒極其至。兼疾病纏綿，茫然不知道路所由，安得而順乎親哉？去年六月來侍，冀得一面親顔，盡告十年所歷，思自奮於後日，而罪惡貫盈，親心未回，抱痛還鄉。天下豈有無父之國？信如窮人無所歸也。原註：去歲古厓不知以何事拒先生，先生負罪引慝，早暮號跪累日，終不納。是年冬，先生復往省古厓。感先生純孝，父子復如初。今年重欲來省，就迎老奶奶回，徘徊悵怏，欲進復却。男不孝之軀何足恤，惟益大人之憂耳。本欲爲悦親以來，反重親之憂，豈人子之心哉？於是再至湖口，既不敢下，又不敢回，遂至湖廣。自湖口至湖廣凡一月。今以禾熟，附舟回家，偶遇四川朋友，遂拜字奉報。六月初四日，寓武昌舟中，男與弼百拜。」

閔案：史傳、行狀於公家庭行事不甚詳，故録公家書二首，以見大略。

二十年壬寅，三十二歲

二十一年癸卯，三十三歲

公有《上嚴親書》略曰：「鄉村僻處，無師友之資，兼以多病，家務無可委，不得大進，而歲月不返，無由少望聖賢藩籬，時發浩歎。諸弟正好用功，萬望大人善養之，俾不才而才，不中而中，甚幸！甚幸！所讀書宜以《小學》、四書爲急，次及諸經。其子史雜書，未可輕讀。此大人常以訓男，今漸覺之，而用力晚矣。」

二十二年甲辰，三十四歲

仁宗洪熙元年乙巳，三十五歲

公有自記云：與弼氣質偏於剛忿，永樂庚寅年二十，從洗馬楊先生學，方始覺之，欲下克之之功。

十五六年，用功甚力，而日用之間，覺得愈加辛苦，疑下愚終小人之歸矣。五六月來，心氣稍稍和平。雖時當逆境，不免少動於中，尋即排遣，終無大害。二十日又一逆事，排遣不下，心愈不悦。蓋平日但制而不行，未有拔去病根之意。反復觀之，而後知吾近日之病，在於欲得心氣和平，而惡夫外物之逆以害吾中。此非也，心本太虚也，情不可有所干。物之相接，甘辛鹹苦，萬有不齊，而吾惡其逆我者，可乎？但當於萬有不齊之中，詳審其理以應之，則善矣。於是中心灑然。此殆克己復禮之一端乎？蓋制而不行者硬苦，以理處之則順暢。因思心氣和平，非絶無於往日，但未如此八九日之無間斷。又往日家和平，多無事之時，今乃能於逆境擺脱。懼學之不繼也，故特書於册，冀日新又新。讀書窮理，從事於敬恕，漸進於克己復禮之地，此吾志也。效之遲速，非所敢知。洪熙元年乙巳七月二十一日，與弼識於南軒。南軒柱帖云：「淡如秋水貧中味，和似春風静後功。」

《日録》云：南軒讀《孟子》甚樂，湛然虚明，平旦之氣略無所撓。緑陰清晝，薰風徐來，而山林闃寂，天地自闊，日月自長。邵子所謂「心静方能知白日，眼明始會識青天」，於斯可驗。大凡處順境不可喜，喜心之生，驕侈之心所由起也。處逆境不可厭，厭心之生，怨尤之所由起也。一喜一厭，皆爲動其中也，其中不可動也。聖賢之心如止水，或順或逆，處以理耳，豈以自外至爲憂樂哉？嗟乎！吾安得而臻兹也？勉旃！勉旃！

上饒婁克貞諒來從學，當在此數年。克貞聞公講學臨川，乃往從之。一日，公治地，召克貞往視，云：「學者須親細務。」克貞素豪邁，由此折節。雖埽除之事，必躬爲之，不責僮僕。公學規，來學者始見，餘則否。羅一峰未第時往訪，公不出。克貞請曰：「此一有志知名之士，如何不見？」公曰：「我那得工夫見此小後生耶？」一峰不悦，移書四方，謂是名教中作怪，張東白從而和之，公若不聞。克貞語人曰：❶「君子小人不容並立。後世以康齋爲小人，二兄爲君子無疑。倘後世以君子處康齋，不知二兄安頓何地？」兩人之議遂息。參《明儒學案》。

宣宗宣德元年丙午，三十六歲

是年，丁父憂。公奔喪於金陵，及門胡九韶從。

閔案：行狀不載丁憂年歲，今攷詩集，有戊申十月服闋之語，則知當在此年。

二年丁未，三十七歲

居憂。

三年戊申，三十八歲

居憂，十月服闋。

是年，公居小陂。新會陳白沙獻章來從學。

---

❶「人」上，《明儒學案》卷五有「兩」字，當是。

閔案：《白沙集・書玉枕詩話後》云：❶予年二十七游小陂，聞康齋論學。故當在此時。陳白沙自廣來學，晨光纔辨，公手自簸穀，白沙未起。公大聲曰：「秀才若爲懶惰，即他日何從到伊川門下？又何從到孟子門下？」參《明儒學案》。

《日録》云：夜讀《中庸》素位不願乎外，及游、吕之言，微有得。游氏曰，居易未必不得，窮達皆好；❷行險未必常得，窮達皆醜。非實經歷，不知此味。又曰，要當篤信之而已，從今安得不篤信之也？

四年己酉，三十九歲

《日録》云：讀罷思債負難還，生理蹇澀，未免起計校之心。徐覺計校之心起，則爲學不能專一矣。❸平生經營，今日不過如此。况血氣日衰一日，若再苟且因循，則學何可向上？此生將何堪？於是大書「隨分讀書」於壁以自警。窮通得喪，死生憂樂，一聽於天。此心須澹然，一毫無動於中可也。　人生但能不負神明，則窮通死生皆不足惜矣。欲求如是，其惟慎獨乎？董子云，人之所爲，其美惡之極乃與天地流通，往來相應。噫！天人相與之際，可畏哉！　人心須

---

❶「玉枕詩話」，《陳白沙集》卷四作「玉枕山詩話」。按，《玉枕山詩話》，明人張汝弼撰。

❷「窮達」，《康齋集》卷一一《日録》兩處均作「窮通」。

❸「學」下，《日録》有「之志」二字。

整理，使心下教瑩浄，常惺惺地方好。此敬以直内工夫也。嗟乎！不敬則不直，不直便昏。昏倒了，萬事從此墮，可不懼哉！凡事須斷以義，計校利害便非。人須於貧賤患難上立得脚住。數日守屯困工夫，稍有次第。須使此心泰然超乎貧富之外方好。應事後即須看書，不使此心頃刻走作。精白一心，對越神明。

五年庚戌，四十歲

《日録》云：夜大雨，屋漏無乾處，吾意泰然。

六年辛亥，四十一歲

《日録》云：昨日欲書戒語云，温厚和平之氣，有以勝夫暴戾逼窄之心，則吾學庶幾有進耳。今日續之云，欲進乎此，舍持敬窮理，❶則吾不知其方矣。七月初五日，臨鍾帖，明窗浄几，意思甚佳。平生但親筆研及聖賢圖籍，則不知貧賤患難之在身也。人遇患難，須平心易氣以處之。厭心一生，必至於怨天尤人。貧困中事事纏人，雖則如此，然不可不勉。一邊處困，一邊進學。

七年壬子，四十二歲

《日録》云：昨晚以貧病交攻，不得專一於書，未免心中不寧。熟思之，須於此處做工夫，教心中泰然，一味隨分進學方是。不然，則有打不過處矣。君子無入而不自得，然是難事，於此可以見

---

❶「理」下，《日録》有「之功」二字。

聖愚之分，可不勉哉？凡怨天尤人，皆是此關不透耳。

八年癸丑，四十三歲

《日録》云：月下詠詩，獨步緑陰，時倚修竹，好風徐來，人境寂然，心甚平淡，無康節所謂攻心之事。

九年甲寅，四十四歲

《日録》云：處困之時，所得爲者，言忠信、行篤敬而已。寄身於從容無競之境，游心於恬淡不撓之鄉。患難中好做功夫，然學力淺者鮮不爲所困。嗟乎！梁棟之材非禁風雨、耐冰雪，安能勝其重哉？男兒須挺然生世間。

十年乙卯，四十五歲

《日録》云：處大事須深沈詳審。

英宗正統元年丙午，四十六歲

《日録》云：暫閲舊稿，二十八年前事，恍如一夢，豈勝感慨！

二年丁巳，四十七歲

《日録》云：累日看《遺書》甚好，因思二程先生之言，真得聖人之傳。何也？其説理不高不低，不急不緩，温乎其夫子之言也。讀之自然令人心平氣和。看朱子六十後長進不多之語，恍然自失。嗚呼！日月逝矣，不可得而追矣。十一月單衾，徹夜寒甚，腹痛，以夏布帳加覆，略無厭貧之意。

三年戊午，四十八歲

四年己未，四十九歲

五年庚申，五十歲

是年，居種湖祖墓。行狀。

六年辛酉，五十一歲

是年，居種湖祖墓。行狀。

七年壬戌，五十二歲

是年，仍居小陂。行狀。

八年癸亥，五十三歲

九年甲子，五十四歲

十年乙丑，五十五歲

十一年丙寅，五十六歲

是年，山西僉事何自學薦公於朝，請授以文學高職。後御史徐謙、撫州知府王宇復薦之，皆不出。行狀。

十二年丁卯，五十七歲

十三年戊辰，五十八歲

十四年己巳，五十九歲

代宗景泰元年庚午，六十歲

二年辛未，六十一歲

三年壬申，六十二歲

四年癸酉，六十三歲

五年甲戌，六十四歲

是年，餘干胡敬齋居仁來從學。

閔案：《敬齋集》與于先生書云：「甲戌冬，將《小學》習讀，略有所感，於是往受教於臨川吴先生之門，乃知古昔聖賢之學，以存心窮理爲要，躬行實踐爲本。德進身修，治平之道有諸己。進而行之，足以致君澤民；退而明道，亦可傳於後世。豈記誦詞章、智謀功利之可同日語哉！」又云：「擬來歲復游吴先生之門，但不肖之質不知終能有所進否？」是敬齋從學實此年。

六年乙亥，六十五歲

《日録》云：累日思平生，架空過了時日。　晚知書史真有益，却恨歲月來無多。

七年丙子，六十六歲

是年，御史陳述又奏請禮聘與弼，俾侍經筵，或用之成均，教育胄子。詔江西巡撫韓雍備禮敦遣，不出。本集。

英宗復辟，天順元年丁丑，六十七歲

《日録》云：康節詩「閒窗一覺從容睡，❶願當封侯與賜金」，亦不必如此説。朱子云「從容深宴養」，好。

是時，石亨欲引賢者爲己重，謀於大學士李賢，上疏薦公學行之高，❷士類所矜式，朝廷宜禮聘至京，重以禄位，❸俾展嘉猷。上乃命賢草勅，加束帛，遣行人曹隆賜璽書，賫禮幣，徵赴闕。十二月，行人奉詔至小陂。參史傳及行狀。

二年戊寅，六十八歲

是年三月十六日，應聘上道。五月十五日至京，十六日引見。行狀。比至，上問李賢曰：「與弼宜何官？」對曰：「宜以宫僚侍太子講學。」遂授以左春坊左諭德。公疏辭。賢請賜召問，且與館次供具。於是召見文華殿。顧語曰：「聞處士高義，特行徵聘，奚辭職爲？」對曰：「臣草茅賤士，本無高行，陛下垂聽虛聲。又不幸有犬馬疾，束帛造門，臣慙被異數，匍匐京師。今年且六十

❶「閒」，原作「間」，今據景印清文淵閣四庫全書本《康齋文集》改。下「優閒」「閒散」同。

❷「上疏」，《明史》卷二八二《吴與弼傳》作「屬草疏」。

❸「重」，《明名臣琬琰續録》卷一〇《康齋先生行狀》作「崇」。

八矣，實不能官也。」上曰：「宮僚優閒，不必辭。」賜文綺酒牢，遣中使送館次，顧謂賢曰：「此老非迂濶者，務令就職。」時眷遇良厚，公辭益力。詔不許，乃請以白衣就邸舍，假讀秘閣書。上曰：「欲觀秘書，勉受職耳。」命賢爲諭意。公留京二月，以疾篤，請賢請曲從放還，始終恩禮，以光曠舉。上然之，賜敕慰勞，賚銀幣，復遣行人送還，命有司月給米二石。公歸，上表謝，陳崇聖志、廣聖學等十事。參史傳。公既辭，上令内臣傳旨，勅行人王惟善曰：「天氣寒，吴與弼年老，一路好生看顧，莫教他費力。」上眷遇至矣。公拳拳愛君之誠，豈忍遽去？豈不欲行其所學？蓋有不得已焉耳。九月遣門生車泰進謝表，十月十二日抵家。參行狀。

閔案：陳白沙曰：康齋以布衣爲石亨所薦，以故不受職。求觀祕書，冀得開悟主上。時相不悟，以爲實然，言之上，令受職然後觀書，殊戾康齋意，遂决去。又孫退谷《益智録》云：康齋歸過南京，士夫候之者多不見。有問者曰：「先生何爲不致君而還？」但摇手曰：「吾保性命而已。」歸未幾，石亨敗，凡與亨處者悉被重譴，而公不及，人服其先見。觀以上二條，石亨之敗，公洞若觀火，豈有爲石亨跋族譜自稱門下士者？此或當日重其名假借爲之，未可知也。黄藜洲《明儒學案》述師説曰：石亨族譜之跋自署門下士，亦或宜然。徐孺子於諸公推轂，雖不應命，及卒，必千里赴弔。先生之意，其猶行古之道乎？後人以成敗論人，見亨他日以反誅，便謂先生不當與作緣，豈知先生之不與作緣，已在應聘辭官之日矣。不此之求，而屑屑於語言文字之間，甚矣責人之無已也。閔謂此説固有理，終不如顧涇凡所謂「好事者爲之也」數語更直截，詳見卷末黄藜洲條。此閔所以初亦疑假借爲之也。又案：若果真有筆迹稱門下士，他日豈能無染累？則假借信矣。後人刻其集仍入之，則瞀儒而已矣。

三年己卯，六十九歲

四年庚辰，七十歲

五年辛巳，七十一歲

是年，公過楚，拜舊師楊少傅之墓。行狀。

六年壬午，七十二歲

春適閩，謁朱子考亭，以申平生慨慕之懷。行狀。

七年癸未，七十三歲

八年甲申，七十四歲

憲宗成化元年乙酉，七十五歲

二年丙戌，七十六歲

三年丁亥，七十七歲

四年戊子，七十八歲

《日録》云：夜卧閣，思朱子言，閒散不是真樂，因悟程子云「人於天地間，並無窒礙處，大小大快活」乃真樂也。勉旃！勉旃！年老厭煩，非理也。一日未死，一日要是當。於事厭倦，皆是無誠。

行狀。

五年己丑，七十九歲

是年十月十七日卯時，以疾卒。娶五峰陳氏。子一，瑑；女三，適豐城胡全、同饒循、❶臨川饒協。

公《日録》最切身心，章衮謂爲一人之史，良然。今於無年歲可定及前所遺者，彙録其尤要者於此。

日夜痛自檢點且不暇，豈有工夫檢點他人耶？責人密，自治疏矣，可不戒哉！明德、新民雖無二致，然己德未明，遽欲新民，不惟失本末先後之序，豈能有新民之效乎？徒爾擾成私意也。

貧困中事務紛至，兼以病瘡，不免時有憤躁。徐整衣冠讀書，便覺意思通暢。古人云，不遇盤根錯節，無以別利器。又云，若要熟也，須從這裏過。然誠難能，只得小心寧耐做將去。朱子云，終不成處，不去便放下。旨哉！言也。

夜病臥思家務，不免有所計慮，心緒便亂，氣即不清。徐思可以力致者，德而已，此外非所知也。吾何求哉？求厚吾德而已。心於是乎定，氣於是乎清。

今日覺得貧困上稍有益，看來人不於貧困上著力，終不濟事，終是脆輭。

朱子謂延平先生終日無疾言遽色，與粥嘗嘆何修而至此？又自分雖終身不能學也。朱子又云，李先生初間也是豪邁底人，後來也是琢磨之功。觀此，則李

❶「同」下，《明名臣琬琰續録》卷一〇《康齋先生行狀》有「邑」字，本書蓋脱。

先生豈是生來便如此？蓋學力所致也。然下愚末學，若不能克去血氣之剛。平居則慕心平氣和，與物皆春。少不如意，躁急之態形焉。因思延平先生所與處者，豈皆聖賢而能無疾言遽色者？豈非成湯「與人不求備，檢身若不及」之功效與？而今而後，吾知聖賢之必可學，而學之必可至，人性本善，而氣質之可化也的然矣。下學之功，此去何如哉？枕上默誦《中庸》至「大德必受命」，惕然而思。舜有大德，既受命矣。夫子之德雖未受命，却爲萬世帝王師，是亦同矣。嗟乎！知有德者之應，則宜知無德者之應矣。何修而可厚吾德哉？看漚田，晚歸大雨，中途雨止月白，衣服皆溼，貧賤之分當然也。七月十二夜，枕上思家計窘甚，不堪其處。反復思之，不得其方。日晏未起，久方得之。蓋亦别無巧法，只隨分節用而已。誓雖寒餓死，不敢易初心也。於是欣然而起。又悟若要熟也，須從這裏過。處事少寬裕氣象。❶一事少含容則一事差，當痛加克己復禮之功，務使此心湛然虚明，則應事可以無失。静時涵養，動時省察，不可須臾忽也。苟本心爲事物所撓，無澄清之功，則心愈亂，氣愈濁，梏之反覆，失愈遠矣。心是活物，涵養不熟，不免摇動。只常常安頓在書上，庶不爲外物所勝。《與胡九韶書》云：凡人宜以聖賢光明正大之學爲根本，則外物之來有以燭之，而吾心庶得以不失。此心一失，幾何不爲水之蕩、雲之飄揚，莫之據哉？又云：大丈夫毋爲習俗所溺也。

❶「處事」，《日録》作「處家」。

又《與九韶書》云：人生只如此碌碌混衆度日，義理俱無所知，孤負降衷，何異群物？歲月如流，强壯能幾？可勝歎哉！

《與友人書》云：大抵聖賢授受，緊要惟在一敬字。人能衣冠整肅，言動端嚴，以禮自持，則此心自然收斂。雖不讀書，亦漸有長進。但讀書明理以涵養之，則尤佳耳。苟此心常役於外，四體無所管束，恣爲放縱，則雖日夜苦心焦思，讀書亦恐昏無所得。即講説得紙上陳言，於身心竟何所益，徒敝精神，枉過歲月，甚可惜也。

又與某書云：大要《小學》既熟，方好用功。四書五經須令成誦，使其言如自己出，則味自別。古人云「讀書千徧，其義自見」，非虚言也。四書五經本文既熟，方可讀注，旁及子史。汎然雜看，終不濟事。

公始至京，大學士李賢推之上座，以賓師禮事之。編修尹直至，令坐於側。直大愠，出即謗公。及公歸，知府張瓚謁見不得，大恚，募人代其弟投牒訟公，立遣吏攝之，大加侮慢，始遣還。公諒非弟意，友愛如初。編修張元禎不知其始末，遺言誚讓，有「上告素王，正名討罪，豈容先生久竊虚名」語。直復筆其事於《瑣綴録》，又言公跋石亨族譜自稱門下士，士大夫用此訾公。後顧允成論之曰，此好事者爲之也。公門人後皆從祀，而公竟不果。所著《日録》，悉自言生平所得。其門人最著者曰胡居仁、陳獻章、婁諒，次曰胡九韶、謝復、鄭伉。參史傳。

閔案：崇禎十四年秋八月，禮部、翰林院、國子監等衙門會同詳議，宜以吴與弼、羅倫、蔡清、陳真晟、陳琛、吕柟、王艮、章懋、羅洪先、鄧元錫、顧憲成等從祀。議上，帝令候旨行。見《闕里文獻考》卷十四《祀典門》。

公中歲家益貧，衣食不給，風雨不蔽。躬親稼穡，手足胼胝，非其義，一介不取。好學之篤，不知晝夜寒暑。雖在途，或夜牧，❶或枕上，亦默誦精思，無一雜念。敬義夾持，明誠兩進，自强不息，日新又新。世利紛華，毁譽欣戚，不一動其心。古之聖賢嘗形諸夢寐，昨非今是，日改月化。門人胡九韶歎曰：先生可謂日進無疆者矣。剛毅疾惡，慕明道之和易，凡遇逆境，必加含容。用力既久，渾然無復圭角之露。然當風頹俗靡之中，壁立萬仞，非剛毅不能也。深慨嗜利者多，師道不立，四方來學者却其束修，雖饑寒切身，有所不顧。嘗語學者曰，吾平生得患難進了學。胡九韶曰：惟先生遇患難能進學，在他人則隳志矣。嘗歎箋註之繁，無益有害，故不輕著述。參行狀。公風格高邁，議論英偉，胸次灑落，師道尊嚴，善感悟啓發人。其學術質任自然，務涵養性情，有孔門陋巷風雩之意，亦通時務能用世。凡天文、兵法、陰陽、醫卜無不諳悉。《理學宗傳》。

成化八年乙酉，葬本邑五十五都羅源岡。

集十二卷，文五卷，詩七卷，道光十五年，崇仁有新刻本。

嘉靖中，有司於崇仁北郭外迎恩橋側，即昭清觀舊址，改建公專祠，賜名曰崇儒，載入祀典，立有祀生。

門人陳獻章《祭先師康齋墓文》曰：維成化十八年，歲次壬寅，十一月日，門人新會陳某被徵赴闕，道出劒江，謹具牲醴，告於先師聘君康齋先生之墓曰：於乎！元氣之在天地，猶其在人之身，盛則

❶「牧」，《明名臣琬琰續録》卷一〇作「分」。

耳目聰明，四體常春。其在天地，則庶物咸亨，太和絪緼。先生之生，孕三光之精，鍾河嶽之英，其當皇明一代元氣之淳乎！始焉知聖人之可學而至也，則因純公之言而發軔；既而信師道之必尊而立也，則守伊川之法以迪人。此先生所以奮起之勇、擔當之力，而自況於豪傑之倫也。先生之教不躐等，由涵養以及致知，先據德而後依仁。下學上達，日新又新。啓勿忘勿助之訓，則有見於鳶魚之飛躍；悟無聲無臭之妙，則自得乎太極之渾淪。弟子在門牆者幾人，尚未足以窺其閫域。彼丹青人物者，或未暇深考其故，而徒摘其一二近似之迹描畫之，又焉足以盡先生之神？某也生長東南，摳趨日少。三十而後立者，❶五十而未聞道。今也欲就而正諸，而悲不及先生之存。先生有知，尚鑑斯文。尚饗！

又《書玉枕山詩話後》略云：東海平日自謂具隻眼，能辨千古是非人物，而近遺夫康齋，又何也？康齋易知耳。予年二十七游小陂，聞其論學多舉古人成法，由濂洛關閩以上達洙泗，尊師道，勇擔荷，不屈不撓，如立千仞之壁，蓋一代之人豪也。其出處大致不暇論，然而世之知康齋者甚少。如某輩往往譏訶太甚，群喙交競，是非混淆，亦直東海之未察也。❷微吾與蘇君今日之論，則東海之

❶「者」，《陳白沙集》卷四作「志」。

❷「直」，《陳白沙集》卷四作「宜」。

康齋，其晏嬰之孔子，❶了翁之伯淳也。
顧涇陽曰：先生一團元氣，可追太古之樸。
劉蕺山曰：康齋之學，大要在於涵養性情，而以克己安貧爲實地。此正孔顔向上工夫，故不事著述而獨契道真。言動之間，悉歸平澹，充所詣，庶幾《中庸》「遯世不見知而不悔」氣象。又曰：薛文清多困於流俗，陳白沙猶激於聲名，惟康齋醇乎醇。此見於黄藜洲述師説。
孫夏峰曰：一友問，吴聘君如何爲石亨所薦。予曰：石亨薦聘君，非聘君有求於石亨也。只不因亨薦受官，便得自處之道。黄藜洲曰：世議先生者多端，以爲先生不受職，因敕書聘以伊、傅之禮，至而授諭德，失所望，故不受官。夫舜且歷試諸艱而後納於百揆，伊、傅亦豈初命爲相？即世俗安人無如此校量官職之法，而况先生乎？此陳建《通記》拾世俗無根之謗耳，而薛方山《憲章録》復仍其謬。又謂與弟訟田，褫冠蓬首，短衣束裙，跪訟府庭。張廷祥有「上告素王，正名討罪，豈容久竊虚名」之語。劉先生言，予於本朝極服康齋。其弟不簡，私鬻祭田，先生訟之，遂囚服以質，絶無矯飾之意。非名譽心浄盡，曷克至此！然考之楊端潔《傳易考》，先生自辭宫諭歸，絶不言官，以民服力田。撫守張璝番禺人。因先生拒不見，知京貴有忌先生者，尹直之流。欲壞其節行，令人訟之。久之無應者，璝以嚴法令他人代弟訟之。牒入，即遣人執牒拘之。門人勸以官服往，先生服民服從拘

❶「其」下，《陳白沙集》有「爲」字。

者至庭。瓚加侮慢，方以禮遣。先生無愠色，亦心諒非弟意，相好如初。瓚以此得内貴心。張廷祥元禎。始亦信之，後乃釋然。此爲實録也。又謂跋石亭族譜自稱門下士，顧涇凡曰，此好事者爲之也。先生樂道安貧，曠然自足，真如鳳凰翔於千仞之上，下視塵世，曾不足過而覽焉。區區總戎一薦，何關重輕，乃遂不勝私門桃李之感，而事之以世俗座主舉主之禮乎？且總戎之汰甚矣，行路知其必敗，而况於先生？先生所爲堅辭諭德之命，意蓋若將浼焉，惟恐去之不速也，况肯褰裳而赴，以附於匪人之黨乎？此以知其必不然也。

又曰：先生上無所傳而聞道最早，身體力驗，只在走趨語默之間。出作入息，刻刻不忘，久之自成片段。所謂敬義夾持、誠明兩進者也。一切玄遠之言絶口不道，學者依之，真有途轍可循。《明儒學案》。

張楊園曰：三百年小人誣謗君子者，方正學、吴康齋爲甚。誣正學者，一時敗節偷生之士。其謗康齋者，一時趨時娼嫉之徒。豈知人品學術，自有其真，事久論定，終不能損也。

又曰：吴康齋從胼手胝足中充養得睟面盎背，斯振古豪傑也。見《備忘録》。

又曰：涇野議康齋不免以貧累其心，疑猶未能易地而觀也。關陝之富饒，既不同江右之貧瘠；科甲之清華，又不同布衣之困阨。一歲躬耕，所得幾何？其外雖至饑寒交迫，而弟子之贄亦有所不受，則康齋之爲康齋可知。已當其勢不獲已，則至於稱貸。念及負人不可，償人不能，憂貧亦天理也。士生後世，動以顔子、原思律之，盍以論其世乎？同上。

張清恪伯行。曰：閲康齋語録，見其每言己之貧困。有云「由是知貧難處，思之不得，付之無奈」，又云「貧困中事事纏人」，因歎康齋生平所學何事，貧困二字不離於口，其後竟至與弟争田。宜乎張廷祥致書痛詆，不容其久竊虚名也。

閔案：清恪此條，可謂鹵莽立言矣。與弟訟田事，其時《明史》或未頒行，不知本末，漫據無稽之《憲章録》，已屬輕信。而又牽引貧困之言，以致弟訟。然則康齋其有争財失義之行乎？玷汙古人，其過不細，何不取全集閲之？康齋説處貧之難，正見真實不欺處。病世俗師道不立，弟子束修且有不受，其壁立如此，此尚可議乎？大凡開口向人説貧困者，則爲無志，不可也；若自己私記在《日録》，時時自訟困貧不能進德，此有何害？今日衆人所見之《日録》，在當日則康齋自省之《日録》也。吕仲木亦嘗以此病康齋，張楊園《備忘録》爲洗滌極明白。

又案：康齋《日録》每説夢見孔子、朱子，大概結想之極，時或有之，然無義，實可以不記。在康齋或據實言夢，非以自夸，傳之後世，則成笑柄矣。他日刻集者，此等處可略。近代蔚州魏敏果公《寒松堂集》卷八有《夢謁孔廟記》云，夢先師賜飯一盂，又令二人導謁四賢祠云云。年譜於庚申歲，是年六十四。又夜夢孔子爲司寇，余執弟子禮相從云云。他日《答刁蒙吉書》云，所問昔日神交數語，録稿請正。所謂夜夢驗工夫固學者事，難乎勉於康齋之誚也云云。敏果亦嘗有康齋之夢，不足異，不必諱矣。

胡文敬公年譜序

顧端文與子書云，吴康齋、胡敬齋兩先生只是布衣，却成了大儒，連科目亦無用處。識得此意，一生真受用也。至哉言乎！吾誠慕兩先生，既爲康齋年譜，今又爲敬齋年譜。敬齋文集，余子積編輯草略，併其行狀、墓誌亦不附載，行事不能詳攷。生平力學躬行，嚴毅清苦，與其師康齋無異。故爲《麗澤堂學約序》，謂海内道明德尊，足爲師表者，康齋先生一人而已。確守師訓，可想師若弟窮居闇淡，不求聞達，而澤物覺民之念流衍充溢，《大易》所言「不易乎世，不成乎名，遯世無悶，不見是而無悶」，亹亹於兩先生見之。婁克貞、陳白沙皆受業康齋，亦皆有所立。然接師門正軌者，終推敬齋焉。

光緒丁丑七月朔，江右新城楊希閔鐵傭書。

胡文敬公年譜引用書目

本集明刻、正誼堂刻、乾隆間餘干刻
《明史》
《理學宗傳》
《明儒學案》
《江西通志》

胡文敬公年譜

江右新城楊希閔鐵傭編

明宣宗宣德九年甲寅，公生

公姓胡，名居仁，字叔心，號敬齋，饒州餘干人。始祖檢閱公泰州人，隨宋高宗南渡，居進賢之歸仁鄉，後徙臨川白玕。六世祖斗南公徙餘干鄒店，九世祖日新公徙梅溪。本集《移居記》。父子儀讀書教授鄉里，號竹友先生。母王氏。兄弟二人，長居安，次即公也。參本集《先君墓誌》。

十年乙卯，二歲

英宗正統元年丙辰，三歲

二年丁巳，四歲

三年戊午，五歲

四年己未，六歲

五年庚申，七歲

七歲受學於家塾，言動類成人，塾師異之。《理學宗傳》。

六年辛酉，八歲
七年壬戌，九歲
八年癸亥，十歲
九年甲子，十一歲
十年乙丑，十二歲
十一年丙寅，十三歲
十二年丁卯，十四歲
十三年戊辰，十五歲
十四年己巳，十六歲
代宗景泰元年庚午，十七歲
二年辛未，十八歲
三年壬申，十九歲
是年從于世衡先生準。受《春秋》學。本集《與于先生書》。
四年癸酉，二十歲
五年甲戌，二十一歲
是年，讀《小學》有感，於是往受教於臨川吴先生之門，乃知古聖賢之學以存心窮理爲要，躬行實踐爲本，故德益進，身益修，治平之道固有諸己，是以進而行之，足以致君澤民，退而明道，亦可以傳於後世，豈記誦詞章、智謀功利之可同日語哉！本集《與于先生書》。弱冠，奮志聖賢之學，從吴先生游後，遂絶意科舉，築室於梅溪山中，事親講學之外，不干人事。《明儒學案》。

六年乙亥，二十二歲

七年丙子，二十三歲

是年，從吴康齋先生往閩。見本集《婁克貞芸閣記》。

英宗天順元年丁丑，二十四歲

二年戊寅，二十五歲

三年己卯，二十六歲

四年庚辰，二十七歲

五年辛巳，二十八歲

六年壬午，二十九歲

是年三月，吴先生至公里，題其居曰「禮吾書舍」。本集《與邑宰書》。

七年癸未，三十歲

八年甲申，三十一歲

公有《麗澤堂學約序》云，方今海内之士，學明德尊，足爲師表者，康齋先生一人而已。愚往復從游數載，仿佛有以得其依歸，但相去遠，不獲常親炙，恐離群獨學，終無以成德也。於是乃與同志搆麗澤堂，相與肄業其中，蓋本《易・兑》傳「君子以朋友講習」之義也。凡學於此者，謹德行，明義理，持其志，敏其功，❶期底於成，庶乎麗澤之益爲無窮矣。本集。

閔案：公與邑宰書云，壬午，吴先生賜題禮吾書舍，因其地而寓號焉。今歲同類漸衆，屋狹難容，舍後有空間麥地五六餘畝，可作學基。復有義士某等願舍田换易，以成其事。某學雖疏寡，敢不竭盡心思，推廣師説，以爲多士之倡，而作興之任，實在於賢侯云云。則知此堂之作，當在此一二年。

憲宗成化元年乙酉，三十二歲

公有《移居記》云：年十二三，隨親居安仁之大原，今二十載矣。終以其山川偏逼，無以託子孫於悠久。近得梅溪南五六里，有地曰福壽墩。墩屹立於地數仞，兩溪交流於下。墩之西寬曠數里，四山遠聳，中有高爽之地數畝，可卜居焉。至於平疇可供耕種，山林可供樵爨，長岡可牧，溪水可漁，固足以爲理生要務。逮夫暇日，或縱步於平道，或登覽於高峰，或盥濯於清流，又足以暢素懷而遂幽志。於是與兄居安請親命而遷家焉。乙酉冬，移屋數間，覆檐以茅，墐壁以泥，周屋以土爲塹而雜植竹木於上，蓋取其功之易成而不費，亦予貧賤之所樂也。本集。

---

❶「功」，《胡文敬集》卷二作「力」。

二年丙戌，三十三歲

是年二月，丁父憂。執親之喪，水漿不入口，柴毁骨立，非杖不能起。三年不入寢室，動依古禮。參史傳及《學案》。喪葬之儀，悉依古典，不苟卜兆，爲鄉里鶡兒所阨，不得已而訟之。墨衰以入公門，識者知其爲特立獨行之士，則不識者咸非笑之。張吉《居業録要語序》。

三年丁亥，三十四歲

是年二月，葬父於梅溪下。

四年戊子，三十五歲

是年，丁母憂。先是，父服闋後，僉事潮陽李公李名齡。延主白鹿書院講席。甫定規約，會丁母憂，歸。

續白鹿洞學規六則

一、正趨向以立其志

《書》曰：惟狂克念作聖，惟聖罔念作狂。人求多聞，時惟建事，學於古訓乃有獲。事不師古，以克永世，匪説攸聞。孔子曰：吾十有五而志於學。子曰：志於道，據於德，依於仁，游於藝。子曰：古之學爲己，今之學爲人。子以四教：文、行、忠、信。顔子曰：舜何人也，予何人也，有爲者亦若是。成覸曰：彼丈夫也，我丈夫也，吾何畏彼哉？公明儀曰：文王我師也，周公豈欺我哉？孟子道性善，言必稱堯舜。又曰：人皆可以爲堯舜。孟子曰：乃所願則學孔子也。周子曰：聖希天，賢希聖，士希賢。伊尹、顔淵大賢也。伊尹恥其君不爲堯舜，一夫不得其所，若撻於市。顔淵不遷怒，不貳過。志伊尹之所志，學顔淵之所學，過則聖，及則賢，不及則亦不失於令名。聖人之道入乎耳，存乎心，藴之爲德行，行之爲事業，彼以文辭而已者，陋矣。程子曰：天下第一等事，不可讓與别人做。程子自十五六，遂厭科舉之學，慨然有求道之志。古人惟務修德而已，有德者必有言。韓退之因學爲文，而求其所至，是倒學了。言學便以道爲志，言人便以聖人爲志。吕氏稱，程子寧學聖人而未至，不欲一善成名。横渠先生曰：二程自十四五，脱然便學聖人。横渠張子語學者曰：孰能少置意科舉，相從入堯舜之域？關中學者翕然從之。多告以知禮成性，變化氣質，學者必如聖人而後已。尹氏曰：吾，學聖人者也。聖人所言，吾當言之。聖人所行，吾當行之。故力排異端，以扶正道。陳忠肅公曰：幼學之士，先要分别人品上下。何者是聖賢所爲之事，何者是下愚所爲之事。向善背惡，去彼取此，此幼學所當先也。朱子曰：爲學須思所以超凡入聖。如昨日爲鄉人，❶今日便要爲聖人，須竦拔後，方始有進。今日克念即可爲聖，明日罔念即爲狂矣。古之學者始乎爲士，終乎爲聖人。爲學先須立志。志既立，然後學問可次第着力。立志不定，終不濟事。世之志利欲者，與志理義者自不干事。志利欲便是趨禽獸之徑，志理義便是正路鄉里。熹於科舉，自

❶「如」下，《朱子語類》卷八有「何」字。

幼便見得輕。今人不去講義理，只去學詩文，已落第二等。學莫先於立志，志道則心存於正而無他。聖人教人，無非講明義理以修身，然後推以及人，非徒欲其務記覽爲詞章，以釣聲名取利禄而已也。此道理與生俱來，今人棄了，都不理會，浮生浪死，甚可惜。南軒張先生曰：學者當以立志爲先，不爲異端惑，不爲文采眩，不爲功利汩，庶幾可以言讀書矣。愚謂聖人設教，無非因人固有之理而品節之。使由是而學焉，則德無不明，身無不修矣。今之學者，有氣高者，則馳騖於空無玄妙之域，明敏者類以該博爲尚，科名爲心，又其下者，不過終於詩句浮詞，以媚世取容而已，未嘗知有聖賢之學也。夫聖賢之學，得之於己，可以成善治，美風俗，興教化，三代可復也。或者以爲聖人之道高遠難至，非後學之所敢及，殊不知有生之類，其性本同，但聖人不爲物欲所昏耳。今學者誠能存養省察，使本心常明，物欲不行，則天性自全，聖人可學而至矣。聖人豈隱其易者，反使人由於艱難阻絶之域哉？又有以爲道學固美，但非世俗所尚，不利行耳。殊不知日用之間，無非此道之流行。近自灑掃應對、事親接物之間，推而至於仁民愛物，無所用而不周，無所施而不利，特由教養無方，人不自察耳。居仁不揆愚陋，竊有志於斯焉。於是不敢自私，將欲與有志之士講明而踐行之，故爲此規以告同類。必先開發此志，然後進於有爲也。至於用力之方，條列於左云。

二、主誠敬以存其心

《易》曰：忠信所以進德也，修辭立誠所以居業也。閑邪存其誠。孔子曰：主忠信。言忠信，行篤敬。　居處恭，執事敬，與人忠，雖之夷狄，不可棄也。　出門如見大賓，使民如承大祭。《曲禮》曰：毋不敬，儼若思，安定辭，安民哉？　足容重，手容恭，目容端，❶口容止，聲容靜，頭容直，氣容肅，立容德，色容莊。　坐如尸，立如齋。　莊敬日强，安肆日偷。　丹書曰：敬勝怠者吉，怠勝敬者滅。　孟子曰：仁，人心也。　學問之道無他，求其放心而已矣。　程子曰：若不能涵養，❷即是説話。❸　聖賢千言萬語，只是欲人將已放之心，約之使反，復入身來，自能尋向上去，下學而上達也。　古之人耳之於樂，目之於禮，左右起居，盤盂几杖，有銘有戒，動息皆有所養。今皆廢壞，獨有理義之養心耳。但此涵養，久自熟矣。敬以直内，是涵養意。　吕與叔患思慮之多不能驅除，程子曰：此正如破屋禦寇，東面一人來未逐得，西面一人又至矣。左右前後，驅逐不暇，蓋其四面空疎，盜故易入，無緣作得主。　蓋中有主，則外患不能入，自然無事。居處恭，執事敬，與人忠，是徹上徹下語，聖人元無二語。　學者當守此心，不可急迫。當栽培深厚，涵泳於其間，然後可以自得。但急迫求之，只是私己，終不足以達道。　思無邪，毋不敬。此二句循而行之，安得有差？　有差者，皆由不敬不正也。　入道莫如敬，未有致知而不在敬者。

❶「容」，原作「客」，今據《曲禮》改。

❷「涵」，《二程遺書》卷一作「存」。

❸「即」，《胡文敬集》卷二並《二程遺書》均作「只」。

今人心主不定，視心如寇讎而不可制。不是事累心，乃是心累事。孔子言仁，只説出門如見大賓，使民如承大祭。看其氣象，便須心廣體胖，動容周旋，自然中禮。唯慎獨便是守之之法。君子修己以敬，以安百姓。篤恭而天下平，惟上下一於恭敬，則天地自位，萬物自育，氣無不和，四靈何有不至？此體信達順之道，聰明睿智皆由此出，以此祀天饗帝。人道唯在忠信，不誠無物，且出入無時，莫知其鄉者，人心也。苟無忠信，豈復有物乎？心要在腔子裏。學者患思慮紛亂，不能寧静。此則天下之公病。學者只要立箇心，此上頭儘有商量。閑邪則誠自存，不是外面提一箇誠將來存著。今人外面役役爲不善，於不善中尋箇善來存著，如此則豈有入善之理？故孟子言性善皆由内出，只爲誠便存閑邪，更著甚工夫，但惟是動容貌整思慮，則自然生敬。敬只是主一也。主一則既不之東，又不之西，如是則只是中。既不之此，又不之彼，如是只是内。存此則自然天理明。學者須是將「敬以直内」涵養此意，直内是本。閑邪則固一矣，主一則不消言閑邪。有以一爲難見，不可下工夫，如何一者？無他，只整齊嚴肅，則心便一。一則自無非僻之干，此意但涵養久之，則天理自然明。敬則自虚静，但不可把虚静唤作敬。學者先務，固在心志。然有謂欲屏去聞見知慮，則是絶聖棄智，有欲屏去思慮，患其紛亂，則是坐禪入定。如明鑑在此，萬物畢照，是鑑之常，難爲使之不照。人心不能不交感萬物，難爲使之不思慮。若欲免此，惟是心有主。如何爲主，敬而已矣。有主則虚，虚謂外邪不能入。無主則實，實謂物來奪之。大凡人心不可二用，用於一事，則他事更不能入矣。事之爲主，尚無思慮紛擾之患，況主於敬，又焉有此患乎？所謂敬，主一之謂敬。所謂一，無適之謂一。且欲涵泳主一之義，不一則二三矣。至於不敢欺，不敢慢，尚不愧於屋漏，皆是敬之事。嚴威儼恪，非敬之事，但致敬自此入。朱子曰：敬者，聖學所以成始而成終者也。爲小學者，不由乎此，固無以涵養本原，而謹乎灑埽、應對、進退之節與夫六藝之教。爲大學者，不由乎此，亦無以開發聰明，進德修業，而致乎明德新民之功也。聖賢之學，徹頭徹尾只是一敬字。致知不以敬，則昏惑紛擾，無以察義理之歸。躬行不以敬，則怠惰放肆，無以致義理之實。或問敬字當不得小學，朱子曰，看來小學却當不得敬，敬已自包得小學。敬是徹上徹下工夫，雖做到聖賢田地，也放下這敬不得。持其志，則氣自清明。學者當提醒此心，使如日之方升，則群邪自息。纔主一，便覺意思卓然精明。人一時間外面整肅，便一時醒。一時放寬了，便昏怠也。敬者一心之主宰，萬事之本根。古人於小學中已自把捉成了，故於大學無所不可。今人既無小學之功，卻當以敬爲本。妄誕欺詐爲不誠，怠惰放肆爲不敬。范氏曰，一心之微，衆欲攻之。其所存者，嗚呼幾希。君子存誠，克念克敬。天君泰然，百體從令。西山真先生曰，敬則萬善俱立，怠則萬善俱廢。愚聞人之一心，萬理咸備。蓋其虚靈之體得之於天，所以主乎吾之一身。宰制天下之事者，孰有大於此者乎？孰有貴於此者乎？然放而不存，日以昏昧，至大至貴之物，反流於卑污苟賤之域，而不自知矣。然所以放者，由於物欲牽引，舊習纏繞，故雜慮紛紜，不能休息，而無時在腔子之内也。惟能主乎誠敬，則本心全體，即此而存。外邪客慮，無自入矣。蓋真實無妄之謂誠，主一無適之謂敬。二者既立，則天理安有不明，人欲何從而生哉？但其功夫效驗，周徧精切，非一言所能形容。是以類集聖賢所言誠敬之道，共爲一篇，庶乎可以體驗而有得焉。愚以爲今之學者，但當盡己之心，毋使有一毫之虚妄；齋莊嚴肅，毋使有一毫之惰弛。則所謂真實無妄、主一無適者，自可至矣。由是以窮理修身，由是以齊家治國，亦何所不可，何所不能哉？程子所謂聰明睿智，皆由此出，信不欺我矣。

三、博窮事理以盡致知之方

程子曰，涵養須用敬，進學則在致知。凡一物，必有一理，須是窮致其理。窮理亦多端，或讀書，講明道義；或論古今人物，别其是非；或應接事物，處其當否；皆窮理也。窮理者，非謂必窮盡天下萬物之理，又非謂止窮得一理便到。但積累多後，❶自然見去。自一身之中以至萬事萬物之理會得多，自當脱然有覺悟處。格物非欲盡窮天下之物，但於一物窮盡，其他可以類推。至於言孝，則當求其所以爲孝者如何。若一事上窮不得，且别窮一事。或先其易者，或先其難者，各隨人淺深。譬如千蹊萬徑，皆可以適國，但得一道而入，則可以通其餘矣。萬物各具一理，萬物共出一原，此所以可推而無不通也。或問觀物察己者，豈因見物而反求諸己乎？程子曰，不必然也。物我一理，纔明彼，即曉此。此合内外之道也。語其大，天地之高厚，語其小，

---

❶ 「但」，《胡文敬集》卷二作「只要」。

至一物之所以然，皆學者所宜致思也。曰然則先求之四端可乎？曰求之性情，固切於身。然一草一木，亦皆有理，不可不察。　致知之要，當知至善之所在。如父止於慈，子止於孝之類。若不務此，而徒欲泛然以觀萬物之理，則吾恐其如大軍之遊騎，出太遠而無所歸也。格物莫若察之於身，其得之尤切。　延平李先生曰，凡遇一事，即當且就此事反復推尋，以究其理。待此一事融釋脱落，然後循序少進，而別窮一事。如此既久，積累之多，胸中自當有灑然處。　朱子曰，讀書是格物一事。　致知之方，或考之事爲之著，或察之念慮之微，或求之文字之中，或索之講論之際，使於身心性情之德，人倫日用之常，以至天地鬼神之變，鳥獸草木之宜，自其一物之中，莫不有以見其所當然而不容已，與其所以然而不可易者。必其表裏精粗，無所不盡，而又益推其類以通之，至於一日脱然而貫通焉。則於天下之物，皆有以究其義理精微之所極。而吾之聰明睿智，亦皆有以極其心之本體，而無不盡矣。　盈天地之間，皆物也。以其至切而近者言之，則心之爲物，實主於身。其體則有仁義禮智之性，其用則有惻隱羞惡、恭敬是非之情，渾然在中，隨感而應，各有攸主，而不可亂也。次而及於身之所具，則有口鼻耳目四肢之用。又次而及於身之所接，則有君臣、父子、夫婦、長幼、朋友之常。是皆有所當然之則，自不容已。所謂理也，外而至於人，則人之理不異於己也。遠而至於物，則物之理不異於人也。極其大，則天地之運，古今之變，不能外也。盡於小，則一塵之微，一息之頃，不能遺也。

愚謂大學之教，以致知爲先。蓋能推致吾之知識，使無不盡，則本心洞然，萬變畢照。由此而之焉，則意誠心正而身修，天下國家可得而治矣。但其用力之方，則在於即物推求，以究其理，方爲的實。若汎然從事於言語訓詁之末，則講説雖勤，文辭雖麗，乃程子所謂翫物喪志之學，徒弊精神，於身心無纖毫之益。其遇事變，亦茫然不知理之所在，顛倒錯繆，殆有甚焉，尚望其能成己成物而無誤乎？然亦無以他求爲也。今學者誠能讀聖賢之書，反復尋究以求其理，亦可以得致知之大端矣。更於日用之間，窮其何爲是，何爲非，事事求其至善，物物尋其當然，則致知之功，莫切於此。如此既久，則知益明，理益精矣。

四、審察幾微以爲應事之要

《易》曰，幾者動之微，吉凶之先見者也。知幾其神乎。《詩》曰，潛雖伏矣，亦孔之昭。《中庸》曰，故君子内省不疚，無惡於志。君子之所不可及者，其惟人之所不見乎。子思曰，莫見乎隱，莫顯乎微，故君子慎其獨也。周子曰，誠無爲，幾善惡。朱子曰，欲動未動之間，便有善惡，正學者用心理會。天理人欲，幾微之間。天理人欲之分，只争些子，故周子只管説幾字。幾微之間，善者便是天理，惡者便是人欲。纔覺如此，便存其善，去其惡可也。

愚謂人生日用之間，起居動息，以至設施措置，不能不與物接，故不能無事。然所以爲事之理，固已具於性分之内也。若厭其煩擾，欲絶而去之，則陷於老佛之空寂。若不察其理之當然，以機變爲足以應事，則流於儀、秦、申、商智謀之末，爲小人之歸矣。然事物之間，雖曰無非天理所在，苟失於省察，則不覺陷於人欲之私。雖或悔悟，亦無及矣。故必於事物初接、本心萌動之際，謹察精辨，孰爲天理，孰爲人欲，使善惡是非、公私義利判然於前，然後從其善而去其惡。如此既久，則理義益精，自無過與不及之差矣。

五、克治力行以盡成己之道

《易》曰，君子終日乾乾，夕惕若。　天行健，君子以自强不息。　《書》曰，直而温，寬而栗，剛而無虐，簡而無傲。　顔淵問克己復禮之目，子曰，非禮勿視，非禮勿聽，非禮勿言，非禮勿動。程子曰，學問之道無他也，知其善則速改以從善而已。　人能克己，則仰不愧，俯不怍，其樂可知。有息則餒矣。　伊川問謝顯道，相别半年，做得甚工夫？對曰，只去箇矜字。　矯輕警惰。朱子曰，窮理以致其知，反躬以踐其實。　此間講説時少，踐履時多，事事都要我自去理會。❶凡是私己，不是天理者，便克將去。行之久，則善與自家爲一，爲一則得之在我。未能行，則善自善，我自我。　人於道理不能行，只是在我之道理有未盡耳。不當咎其不可行，當反而求盡其道。愚聞人之有生，便有所以爲人之理。是皆天之所賦，非人力之所爲也。雖聖人，不過盡爲人之理而已。孟子所謂踐形是，❷非聖人於此身之外，别有所以爲聖人之理也。今所以不能如聖人之從容中道者，是氣質有偏，物欲有蔽，故必克治其氣質之偏、物欲之蔽，使所行無過不及之差，然

❶「我」，《胡文敬集》作「人」。
❷「是」下，《胡文敬集》卷二有「也」字。

後可以盡此身之理，以成乎己也。苟或知而不行，則前所窮之理無所安頓，徒費講學之功，無以爲己有，豈不重可惜乎！　今學於此者，務必實體此理，而力行以終之，以脱乎俗學之陋。　其力行之方，聖賢方册已詳，姑舉大端於此，以示同志。

六、推己及物以廣成物之功

愚聞子朱子曰，天之明命，有生之所同得，非有我之得私也。　是以君子之心廓然大公，其視天下，無一物而非吾心之所當愛，無一事而非吾職之所當爲。　雖或在匹夫之賤，所以堯舜其君，堯舜其民者，未嘗不在吾之分内也。　竊謂學者須要有如此心胸，則規模廣大，私吝之心自消。　推而行之，豈有一民不被其澤，一物不得其所哉？　此儒者之學，必至於參天地，贊化育，然後爲功利之全也。　聖賢開示後學心切如此，[1]顧乃背其名教，偏狹淺陋，成一己之功名，苟一家之富貴，使明德新民之大道、正君善俗之大業不行於世，嗚呼惜哉！　有志之士，尚當勉力於此，以進復先王之治。

白鹿洞講義

古之學者，必以修身爲本。　修身之道，必以窮理爲先。　理明身修，則推之天下國家，無不順治。今諸君在洞者，務必用功於此，虚心一意，絶其雜慮，而於聖賢之書熟讀，精思明辯，反之於身，而

[1]「心」，《胡文敬集》卷三作「深」。

力行之。又於日用之間，凡一事一物，必精察其理。一動一静，必實踐其迹。則所學在我，而於酧應之際，以天下之理處天下之事，必沛然矣，又何古人之不可學哉？且諸君以爲今人之性與古人之性，同乎？異乎？今人之心與古人之心，同乎？異乎？苟異矣，不敢强諸君。若吾之心，吾之性，不異於古人，又何古人之不可學哉？諸君其勉之，務使今日白鹿洞即昔日之白鹿洞，今日之學即文公昔日之學，今日之道即文公昔日之道。不惟能盡乎吾身所賦之理，而於國家崇建人文之盛典、諸名公作興之盛意，庶不負焉。諸君勉之哉！

閔案：續規以六則爲大綱，條引經書先儒之言爲註，選言精簡，非融洽通貫不能，不可視爲鈔掇語也。科舉之學興，有三病，平日從事兔園册子者，則儒先書直未入目，得此以引其新機，亦一藥也。若平日襍博，以詩文自豪者，則視此等語以爲老生常談，反卑之無甚高論。此病比前一類人更難醫，所謂自暴者也。其或醉心於功名富貴，雖不以此等語爲非，然以爲非吾生切要之圖，姑憖置之。此病亦不易醫，所謂自棄者也。又有一種人，在前三者之外。偏好説儒先話，色取仁而行違。外面是一無病人，却内面病有百種，秦越人亦難恃其洞見垣一方也。嗟乎！此文敬所以兩聘主講白鹿，卒亦無所成就而歸，豈非此輩之衆乎？

五年己丑，三十六歲

六年庚寅，三十七歲

是年，母服闋。

七年辛卯，三十八歲

公有《復于先生》書云：伏聞先生力學不已，廉謹自守，爲國爲民之心久而益切。敬仰！敬仰！竊以爲上之於民，尊臨撫育，有父子之義，故賢君憂勤惻怛，所以愛民如子者，非出於强爲也。彼其視民漠然而無干者，亦以爲利欲所汩，失其天地之心。且如《康誥》言如保赤子一句，人誰不讀？實能體此者寡焉。如此讀書雖讀萬卷何益？若上之憂民真如慈母之憂赤子，則凡以安其生、防其逸、新其德者，無所不用其至矣。然非得賢才講究條畫，亦無以盡施設之方也。故古之爲政者，以修身爲本，愛民爲重，求賢爲急。又蒙教翰，言居仁於父母之喪葬能盡禮。拜讀之餘，愈慙愈懼。自念學力疏淺，操存不密，違理甚多。過後悔悟，追回不及。自今以後，再欲改過，庶全人道，以求無辱於親。不知果能如何。末云，康齋先生前年十月捐館，不審知否？

閔案：此書未定何年。玩父母喪葬盡禮及康齋先生捐館等語，知當在此一二年。

八年壬辰，三十九歲

九年癸巳，四十歲

十年甲午，四十一歲

十一年乙未，四十二歲

十二年丙申，四十三歲

十三年丁酉，四十四歲

十四年戊戌，四十五歲

十五年己亥，四十六歲

公有《與晏湑書》云：居仁自丙戌年喪父，戊子年喪母，至辛卯年後，❶疾病纏綿，八年方愈。故血氣早衰，不能精進。今又喪妻，無一好况。但此道理，無處不在。雖居憂患，苟能存心察理，亦無非進學之地。今未能然，所以可愧也。本集。

閔案：公自辛卯至戊戌患病八年，大概在家講學。喪妻不定何年，玩語氣，總在己亥之間。

十六年庚子，四十七歲

是年，祁參政、鍾憲副、莊僉憲等聘主白鹿書院講事。正月二十六日起行，二月初三日到院。與上三憲書云：居仁學陋才疏，何足以副委任。夫天下之事，得人則興，不得人則廢。今欲興復文公數百年之絕學，以倡明於當時，非得四方英明豪傑之士相與講論切琢於其間，曷足以及此！伏望廣行推訪有才氣英明、志向高遠及純篤温厚者，訪得其人，命有司以禮敦送入院，則士氣必振，海内風動，豪傑英偉之才必不遠千里而至。作興之道，無過於此者。若夫凡下之才，汲汲於奔競者，不必招致也。謹薦所知數人，伏望禮請到院。幸甚！ 又一書云：士習頹靡已久，必得第一等人才倡率，庶使中人之才皆可激勵而進。若汎取凡庸之才，非惟不能率教，必將怠惰放

❶「後」，《胡文敬集》卷一《寄晏湑》作「得」，屬下。

肆，反道敗德，有玷名教必矣。又云：若成就人才既多，將來必爲世用，其澤豈有窮哉！向薦陳剛，不知曾去請否？伏望命下本縣，遣使禮請入院訓迪。幸甚！又一書云：居仁恭承嘉命，靡不盡心竭力，期以成功。不幸舊疾復作，蓋因廬山風高，弱體不堪，恐病日深。是以於六月初二日回家醫治，又慮有荒院教，伏望擇請道隆德備者爲之師，則後學有宗。居仁雖抱疾在家，亦無憂慮。《答陳大中》即陳剛字。云：白鹿洞事，在上者不知擇人，多是奔競勢利之徒，教不可施。内中又任小人行事，故辭疾而歸。世道窮極如此，奈何？《寄邱時雍》云：蒙示以有教無類，不可有所擇，此先生之盛心，居仁所當佩服。然其以慕道之心而來者，固當歡然樂得其人，豈論其類哉？若其心本非慕道，只因見上司作興，爲利禄而來者，教之以善則不聽，導之以德則不從，成群作隊，習爲怠惰放肆之行，見利則争，聞義不服，壞文公之教，反玷上司作興之盛心。若此者，尊兄將何以處之乎？外人聞此，必將諠起謗議，又將何以自解乎？是以居仁益憂益懼，恐教無所施也。夫謹其始，尚恐不能保其終，况不謹其始，能保其終乎？居仁蓋不欲爲拙工改廢繩墨。開聖學門庭，以來豪傑之士。若汩於舉業，但招得一等凡才，英邁超卓之人肯至乎？如此則文章尚不能得其上者，况道德乎？其必自壞其德業，况能成就人之德業乎？若崇道德，舉英才，振士氣，則四方豪傑必將漸至。遲以數年，人才輩出，又何患教之不興乎？❶欲望時雍

❶「教」，《胡文敬集》卷一《寄邱時雍》作「洞」，指白鹿洞。

條具此意，以達於諸公，扶持名教高明之本心。故以此爲請。以上本集。《貫道橋記》。《延賓館記》。皆白鹿洞作。

十七年辛丑，四十八歲

是年三月，游浙西湖，有《游西湖記》。本集。

十八年壬寅，四十九歲

十九年癸卯，五十歲

是年，番陽余子積祐來從學，時年十九。公以女妻之，後登弘治二年進士，至吏部右侍郎。吏傳。

二十年甲辰，五十一歲

是年二月十二日，公卒。子一，崇修。萬曆十三年從祀孔廟，追謚文敬。其學以主忠信爲先，以求放心爲要。操而勿失，莫大乎敬，因以敬名其齋。端莊凝重，對妻子如嚴賓。語治世，則曰惟王道能使萬物各得其所。所著有《居業録》，蓋取修辭立誠之義。與羅倫、張元禎友善，數會於弋陽龜峰。嘗言陳獻章學近禪，又痛儒者撰述繁蕪。謂朱子註《參同契》《陰符經》，皆不作可也。閤修自守，布衣終其身。人以爲薛瑄之後，粹然一出於正。參史傳。公言治法，寓兵未復，且先行屯田，賓興不行，且先薦舉。井田之法，當以田爲母。區畫有定數，以人爲子，增減以受之。設官之法，正官命於朝廷，僚屬大者薦聞，小者自辟。皆非迂儒所能言。後有王者，所當取法也。《明儒學案》。

閔案：《明史》及《學案》皆言與羅倫、張元禎友善，爲會於弋陽之龜峰、餘干之應天寺，又講學貴溪桐源書院，然皆不繫年月，莫定何時。今節集中與羅一峰、張東白論學之書，彙録一二於後，以徵講學之概。

公《與羅一峰書》云：伏聞先生作《易經集説》，不知尊意所在，願附一本見教。《易》之爲書，始於伏羲，成於文王、周公，備於孔子，而明於程、朱。所以然者，因風氣不同，世變不一。太古之時，世質民純，只用卦畫以示吉凶，而開物成務，利用厚生，辭不繫可也。至文王、周公之時，則世故漸多，情僞百出，德不可不正，辭不可不繫。故曰《易》之興也，其於中古乎？作《易》者，其有憂患乎？然須知文王、周公所憂患者何事。至孔子當周末，王教不明，世道益下，其所憂者，又非文王、周公之比。故十翼之作，不得已也。與拭淚而作《春秋》同意。至孟子以後，諸儒妄以己意穿鑿，溺象數而不知求理，循流而不知源，❶遂失聖人之意。程子憂且懼矣，故作傳文，然後體用一源，顯微無間，而《易》大明矣。朱子又推本伏羲、文王立卦繫辭之本義，使古今一貫。非以程《易》之未善，更作《本義》也。愚意《易》之書具於未畫之前，明於既畫之後。因世變風移而有詳略，所謂隨時變易以從道是也。羲《易》者，太古之《易》也。《周易》者，中古之《易》也。孔《易》者，末世垂教之《易》也。程《易》者，今世當用之《易》也。《本義》者，推原古《易》以及今也。姑撮

❶「源」上，《胡文敬集》卷一《與羅一峰》有「求」字。

其大要，其餘詳細，尚圖面質。又一書云：竊疑朱子門人親炙朱子日久，❶尚未甚失。然訓解漸繁，實體之功少矣。再傳則流於口語，遂失其真。又云，日用間工夫，最怕做得不真。二則怕間斷。近見《語類》中有做主敬存心工夫，不得其要，遂入於禪學者。又有不知主敬存心，廣覽博記，遂成博雜，無以貫通乎體用之妙者。又有恃其才氣剛大，自謂能任道力行，不知聖賢操存省察之要，終爲一節之士者。又有氣質温厚恬淡，自能涵養工夫，不知戒謹恐懼之實者。又有工夫間斷，卒無成德者。❷又有兼好詩文，遂爲所迷，造道不純者。大抵要傳聖賢，須實有聖賢工夫。稍有所偏，便爲全體之害。故不真者多害道，間斷者無成功，未知是否？本集。

又《與張東白書》云：居仁欲修《春秋集傳》，此志已久，惜學力未至，不敢下筆。夫《春秋》，仲尼用意最深者。當時群聖制作已備，然皆當代事，聖人固已述之爲後世法。若《春秋》則亂世之事，聖人是其所當是，非其所當非，裁酌損益，爲百王之中制，萬事之程準。❸先儒發明宗旨雖多，惟程子以爲經世之大典，乃約而盡。諸儒之傳，亦惟程子發明精切有力。如胡氏雖議論發越，然義理切當不及程傳多矣，况未免張大穿鑿之病乎？居仁欲取程傳爲正，旁取諸儒之言以附翼之。

---

❶ 「門」上，《胡文敬集》卷一《奉羅一峰書》有「没」字，當是。

❷ 「德」，《胡文敬集》卷一作「得」，當是。

❸ 「事」，《胡文敬集》卷一《寄張廷祥》作「世」。

仿《詩經集傳》，先訓文義，敘事迹，然後用胡傳及先儒言之精切者，以發明聖人之意，要使王道燦然，可舉而行也。先儒謂聖人心事難知。聖人心事，天理也。謂聖人行事難知。聖人行事，王道也。理精道明，豈有不知《春秋》哉？愚以先知《春秋》，莫如孟子。後知《春秋》，莫如程子。謹以愚見，質於高明。又一書云：聖道之大害有二，功利、異端也。愚意莫先自治。躬率學者去了許多好高妙病痛，日將四書反復熟究，程朱之書切己體察，使吾身心義理有以洞貫大本，然後方能指其病而正之。此内修而外攘之道，高明以爲如何？聞一峰廣大剛健，無驕吝之私，樂與人爲善，欲賴共扶此道，但不知窮理工夫如何？所欲言者甚多，略述數端，具陳别紙。

閔案：觀與羅、張書言《易》，言《春秋》，皆精卓，論學亦篤實有繩準。

又《與夏憲副》案，夏名寅，字正夫。云：古者學校所繫甚重，凡國家之事，無不出於學者。非惟舉用賢才出於學，雖行兵出師亦受成於學也。蓋以政由教出，治以道明。故士之所學者，無非修身致治之道。上之所行者，無非學校所窮之理也。自漢魏以下，學校之教不過訓註記誦爲業，未嘗即物以窮天下之理，故無修身致治之具。上之所用者，非得乎明德致治之人。如蕭、曹、房、杜等號稱賢相，然亦以其智謀才力之長。其於天下之事，不過補其罅漏，修其缺壞，豈能事事物物盡其當然之則，使生民各得其所乎？程子謂其未嘗以道治天下，不過以法把持是也。至宋之時，其安定胡先生能知乎此，故立經義齋、治事齋以教學者。凡治民、治兵、水利、算數，無不講究。其後關洛諸公繼出，故格物窮理之學，修身治世之道，焕然如出三代之上。居仁質雖愚弱，竊有感焉，每欲學之而未能也。向因家貧饑旱，窮究水利，編集成篇，特以卑下，未能推行。痛念鄉鄰貧困，無以爲生，謹此上呈。雖曰救時之急，亦所以示學者，使知即事窮理，不專爲紙筆無用之學也。

閔案：録此以見敬齋求實用之一端。

明陝西道監察御史李及泉頤疏請從祀孔庭，略云：餘干故儒胡居仁，質本深潛，學由積累。其進修以力行爲實地，其要領以主敬爲持循。慕道安貧，日尋孔顔之樂；窮經講學，深得濂洛之傳。燕處而存省益嚴，飭躬而細微必謹。其他如孝友之實行，歷履之大致，今愚夫小子皆能述之。所謂躬行君子，斯道先覺也。當時本省副使夏寅往問時政，得其水利十條，命有司行之，百姓至今稱便。提學僉事李齡聘主鹿洞，立講學約規，後學守之，與朱子教條並傳。其平居著述有《易傳》《春秋傳》，今頗散佚失次，存於世者有《居業録》，有《粹言》，有文集。其間議論廣大精微，高明平實，莫非羽翼六經，發揮斯道。其有功於聖門非淺鮮已也。故先臣楊廉集國朝理學諸臣，首簡所序，獨薛瑄、胡居仁。近副都御史鄭世威因議從祀，亦云宋儒自周、程、張、朱而下，我朝理學薛瑄、胡居仁皆傳得其宗。聖學正裔，此皆歷歷可考者。伏乞皇上敕下禮部，廣集群議。如臣言不謬，將胡居仁從祀孔廟，以所著《居業録》《粹言》行儒臣纂修，編於《性理大全》之後，列於黌宫云云。

明楊畏軒廉《居業録序》云：其言精確簡當，《讀書録》之外，所見惟此耳。廉聞敬齋嚴毅清苦，力行可畏，其議論實出涵養體驗所得，非攷索探討致然。

國朝蔡文勤公世遠曰：敬齋先生一布衣耳，巋然獨立，蔚爲一代儒宗，遂至從祀廟庭，享食百代，人可不自奮哉！攷其生平，以求放心爲要，以居敬窮理爲宗。其研極天人，剖析理欲，不遺餘力，而剛大之氣發見於語言行事之間。觀其主白鹿洞之教，毅然以斯道自任，與白沙同游康齋之門，至譏其凌虚駕空，儱侗自大。羅一峰、張東白皆當時鉅公，往復論辨無所屈。攘斥佛老，痛抑功利，毫無假借。使其立朝，則伊川經筵之疏，横渠召對之言，斷可爲敬齋信之也。

《儒藏》精華編選刊已出書目

白虎通德論
曹月川先生遺書
誠齋集
春秋本義
春秋集傳大全
春秋左氏傳賈服注輯述
春秋左氏傳舊注疏證
春秋左傳讀
道南源委
桴亭先生文集
復初齋文集
公是集
廣雅疏證
龜山先生語録
郭店楚墓竹簡十二種校釋
國語正義
涇野先生文集
敬和堂集
康齋先生文集
孔子家語　曾子注釋
禮經學
李文公集
論語全解
毛詩後箋
毛詩稽古編
孟子正義

孟子注疏
閩中理學淵源考
木鐘集
念菴羅先生文集
群經平議
三魚堂文集　外集
上海博物館藏楚竹書十九種校釋
尚書集注音疏
尚書全解
詩本義
詩經世本古義
詩毛氏傳疏
詩三家義集疏
書疑　東坡書傳　尚書表注
書傳大全

四書集編
四書蒙引
四書纂疏
宋名臣言行録
孫明復先生小集　春秋尊王發微
文定集
五峰集　胡子知言
小學集註
孝經大全
孝經注解　温公易説　司馬氏書儀　家範
性理大全書
揅經室集
伊川擊壤集
儀禮集釋
儀禮圖

儀禮章句
易漢學
逸周書
游定夫先生集
御選明臣奏議
豫章先賢九家年譜
周易口義　洪範口義
周易姚氏學